JN276818

会社法判例インデックス

一橋大学大学院法学研究科教授　野田　博　著

a precedent index

商事法務

はしがき

　本書は、判例インデックスシリーズの一書として、160件の会社法判例を選び、見開き2頁の枠の中で、当該判例の「概要」を端的に提示し、「事実関係」をまとめ、「判決（決定）要旨」をできる限り原文を抜き書きする形で示したうえ、当該判決（決定）の「位置づけ・射程範囲」を、ときには問題点も交えつつ、解説し、最後に「さらに理解を深める」欄において、参考文献・関連判例を紹介したものである。図解を用い事実関係をイメージしやすくしていることは、本シリーズの特徴になっている。また、単独の著者によるものであることは、本シリーズでは、『労働判例インデックス』に続くものである。

　本書の執筆に当たっては、会社法判例の情報源の一つであることのみならず、会社法を学ばれる方々の良き補助教材となることを目的とした。教科書等を読み進める際の副読本として、また、学部のゼミや法科大学院の演習等における判例研究（判決の原文にあたることがしばしば求められる）のいわば道案内として、本書が会社法を少しでも親しみやすく感じていただくことの一助となれば幸いである。さらに、本書は、重要な会社法判例の多くを収録し、そこに含まれている論争点にできる限り触れるようにしていることから、すでにある程度会社法の学習が進んだ方々や実務に携わる関係者の方々にも、前者にあっては会社法判例の全体を概観し、総まとめとすること等において、また後者にあっては簡便な参考書たり得ること等において、役立つところがあるのではないかと考えている。

　本書で収録した判例には、多くの優れた判例解説・評釈等が存在しているものが少なくない。本書で紹介した参考文献は、紙幅の制約を考慮し、原則として、判例解説・評釈については、『最高裁判所判例解説（民事篇）』（法曹会）に収録された調査官解説のほか、学習者が比較的アクセスしやすいと思われる

ものを中心とし、その他の文献については、原則として教科書や注釈書のいくつかにとどめていることをお断りする。

　本書の刊行を勧めてくださったのは、株式会社商事法務書籍出版部の浅沼亨氏である。そして、浅沼氏、同出版部の水石曜一郎氏および澁谷禎之氏は、資料収集の段階から図解の原案作成に至るまで、本書の完成を後押ししてくださった。本書が上記の目的の幾ばくかでも達成できているとすれば、そのお力添えによるところが大きいといえ、厚くお礼申し上げる。また、本書で収録した判例には、私の担当する学部ゼミや法科大学院の演習等において採り上げたものも少なからず含まれており、その中での討論や質問により、私の方でもあらためて考えるきっかけを与えられることがあった。この場をお借りして、それら卒業生たちにも感謝の意を表したい。そして、もし本書を目にする機会があり、当時を懐かしく感じてもらえることがあるとすれば、望外の幸せである。

2013年9月10日

野田　博

目　次

第1章　会社総則

1. 会社の能力と定款所定の目的の範囲···2
   ——最二判昭和27・2・15（民集6巻2号77頁）
2. 会社の政治献金——八幡製鉄政治献金事件·································4
   ——最大判昭和45・6・24（民集24巻6号625頁）
3. 法人格否認の法理···6
   ——最一判昭和44・2・27（民集23巻2号511頁）
4. 法人格否認の法理と親子会社——仙台工作事件····························8
   ——仙台地判昭和45・3・26（金判211号17頁）

第2章　株式会社

(1)　設　立

5. 発起人組合···10
   ——最二判昭和35・12・9（民集14巻13号2994頁）
6. 発起人の開業準備行為···12
   ——最二判昭和33・10・24（民集12巻14号3228頁）
7. 財産引受の無効主張と信義則··14
   ——最一判昭和61・9・11（判時1215号125頁）
8. 設立費用の帰属··16
   ——大判昭和2・7・4（民集6巻428頁）
9. 創立総会による変態設立事項の変更··18
   ——最三判昭和41・12・23（民集20巻10号2227頁）
10. 見せ金による払込みの効力···20
    ——最二判昭和38・12・6（民集17巻12号1633頁）
11. 現物出資と詐害行為取消··22
    ——東京地判平成15・10・10（金判1178号2頁）

(2)　株　式

12. 他人名義による株式の引受け···24
    ——最二判昭和42・11・17（民集21巻9号2448頁）
13. 持分（株式）の相続と訴訟の承継···26
    ——最大判昭和45・7・15（民集24巻7号804頁）

| 14 | 共有株式についての権利行使者の指定・・・・・・・・・・・・・・・・・・・・・・・28
———最三判平成11・12・14（判時1699号156頁）
| 15 | 持分（株式）の共有者間における権利行使者の指定方法・・・・・・・・・・・・・30
———最三判平成9・1・28（判時1599号139頁）
| 16 | 共有株式の権利行使者の指定と権利の濫用・・・・・・・・・・・・・・・・・・・・32
———大阪高判平成20・11・28（判時2037号137頁）
| 17 | 相続による株式の共有と総会決議不存在確認の訴えの原告適格・・・・・・・・34
———最三判平成2・12・4（民集44巻9号1165頁）
| 18 | 株主平等の原則・・・・・・・・・・・・・・・・・・・・・・・・・・・・・・・・・・・・・・・36
———最三判昭和45・11・24（民集24巻12号1963頁）
| 19 | 議決権行使阻止工作と利益供与・・・・・・・・・・・・・・・・・・・・・・・・・・・・38
———最二判平成18・4・10（民集60巻4号1273頁）
| 20 | 利益供与の規制と株主優待制度・・・・・・・・・・・・・・・・・・・・・・・・・・・・40
———高松高判平成2・4・11（金判859号3頁）
| 21 | 名義書換未了の株式譲受人を会社の側から
株主として取り扱うことの可否・・・・・・・・・・・・・・・・・・・・・・・・・・・42
———最一判昭和30・10・20（民集9巻11号1657頁）
| 22 | 名義書換未了の株主と株式交換無効の訴えの原告適格・・・・・・・・・・・・・・44
———名古屋地一宮支判平成20・3・26（金判1297号75頁）
| 23 | 名義書換未了の株主と異議催告手続・・・・・・・・・・・・・・・・・・・・・・・・・46
———最三判昭和52・11・8（民集31巻6号847頁）
| 24 | 株券提出期間経過後の名義書換請求・・・・・・・・・・・・・・・・・・・・・・・・・48
———最一判昭和60・3・7（民集39巻2号107頁）
| 25 | 株主割当てによる募集株式の発行と失念株・・・・・・・・・・・・・・・・・・・・50
———最一判昭和35・9・15（民集14巻11号2146頁）
| 26 | 失念株と不当利得返還の成立する範囲・・・・・・・・・・・・・・・・・・・・・・・52
———最一判平成19・3・8（民集61巻2号479頁）
| 27 | 株券の発行・・・54
———最三判昭和40・11・16（民集19巻8号1970頁）
| 28 | 株券発行前の株式譲渡・・・・・・・・・・・・・・・・・・・・・・・・・・・・・・・・・56
———最大判昭和47・11・8（民集26巻9号1489頁）
| 29 | 一人株主の承認による譲渡制限株式譲渡の効力・・・・・・・・・・・・・・・・・58
———最三判平成5・3・30（民集47巻4号3439頁）
| 30 | 譲渡制限に違反した株式譲渡の効力・・・・・・・・・・・・・・・・・・・・・・・・60
———最二判昭和48・6・15（民集27巻6号700頁）
| 31 | 競売による譲渡制限株式の取得・・・・・・・・・・・・・・・・・・・・・・・・・・・62
———最三判昭和63・3・15（判時1273号124頁）
| 32 | 譲渡制限株式の評価・・・・・・・・・・・・・・・・・・・・・・・・・・・・・・・・・・64
———広島地決平成21・4・22（金判1320号49頁）

|33| 全部取得条項付種類株式の所得価格の決定
　　　——レックス・ホールディングス事件···66
　　　　——最三決平成21・5・29（金判1326号35頁）
|34| 株主の権利行使と個別株主通知···68
　　　　——最三決平成22・12・7（民集64巻8号2003頁）
|35| 従業員持株制度と退職従業員の株式譲渡の合意···································70
　　　　——最三判平成21・2・17（判時2038号144頁）
|36| 従業員持株制度と退職従業員の株式譲渡義務······································72
　　　　——最三判平成7・4・25（集民175号91頁）
|37| 略式株式質の効力··74
　　　　——東京高判昭和56・3・30（高民集34巻1号11頁）
|38| 完全子会社による親会社株式の取得と親会社取締役の責任················76
　　　　——最一判平成5・9・9（民集47巻7号4814頁）
|39| 違法な自己株式取得による会社の損害···78
　　　　——大阪地判平成15・3・5（判時1833号146頁）
|40| 株式分割差止めの可否···80
　　　　——東京地決平成17・7・29（判時1909号87頁）

(3) 株式の発行

|41| 第三者に対する新株の有利発行と株主総会決議の欠缺··························82
　　　　——最二判昭和46・7・16（判時641号97頁）
|42| 新株発行事項の公示の欠缺と新株発行の効力······································84
　　　　——最三判平成9・1・28（民集51巻1号71頁）
|43| 株主総会の特別決議を欠く非公開会社の新株発行の効力·····················86
　　　　——横浜地判平成21・10・16（判時2092号148頁）
|44| 新株発行不存在確認の訴え···88
　　　　——東京高判平成15・1・30（判時1824号127頁）
|45| 買取引受けと著しく不公正な払込金額··90
　　　　——最三判昭和50・4・8（民集29巻4号350頁）
|46| 第三者割当てによる企業提携··92
　　　　——東京高判昭和48・7・27（判時715号100頁）
|47| 著しく不公正な方法による第三者割当増資··94
　　　　——東京地決平成元・7・25（判時1317号28頁）
|48| 新株の第三者割当ての差止め···96
　　　　——東京高決平成16・8・4（金判1201号4頁）
|49| 買占めに対する防衛策としての第三者割当増資と有利発行··················98
　　　　——東京地決平成16・6・1（判時1873号159頁）

| 50 | 発行差止仮処分違反の新株発行の効力 · 100
——最一判平成 5 ・12・16（民集47巻10号5423頁）
| 51 | 著しく不公正な方法によってされた新株発行の効力 · · · · · · · · · · · · · · · 102
——最一判平成 6 ・ 7 ・14（判時1512号178頁）
| 52 | 特別決議を経ない新株の有利発行と会社の損害 · · · · · · · · · · · · · · · · · · 104
——東京地判平成12・ 7 ・27（判タ1056号246頁）
| 53 | 新株発行と検査役選任請求の持株要件 · 106
——最一決平成18・ 9 ・28（民集60巻 7 号2634頁）

（4）　新株予約権

| 54 | 新株予約権の発行無効 · 108
——高知地判平成16・12・24（資料版商事251号208頁）
| 55 | 募集新株予約権の有利発行 · 110
——東京地決平成18・ 6 ・30（判タ1220号110頁）
| 56 | 行使条件に違反した新株予約権の行使と新株発行無効 · · · · · · · · · · · · · 112
——最三判平成24・ 4 ・24（民集66巻 6 号2908頁）
| 57 | 買収対抗策としての第三者割当てによる新株予約権発行の差止め · · · · · 114
——東京高決平成17・ 3 ・23（高民集58巻 1 号39頁）
| 58 | 買収対抗策としての無償割当てによる新株予約権発行の差止め · · · · · · 116
——最二決平成19・ 8 ・ 7 （民集61巻 5 号2215頁）
| 59 | 買収対抗策としての新株予約権の株主割当ての差止め · · · · · · · · · · · · · 118
——東京高決平成17・ 6 ・15（判時1900号156頁）

（5）　株主総会

| 60 | 株主名簿閲覧請求と会社の拒絶事由 · 120
——東京高決平成20・ 6 ・12（金判1295号12頁）
| 61 | 累積投票と招集通知の記載 · 122
——最一判平成10・11・26（金判1066号18頁）
| 62 | 代理出席を含む全員出席総会の決議の効力 · 124
——最二判昭和60・12・20（民集39巻 8 号1869頁）
| 63 | 一人会社の株主総会 · 126
——最一判昭和46・ 6 ・24（民集25巻 4 号596頁）
| 64 | 総会招集禁止の仮処分違反の効果 · 128
——浦和地判平成11・ 8 ・ 6 （判タ1032号238頁）
| 65 | 株主提案の取扱い · 130
——札幌高判平成 9 ・ 1 ・28（資料版商事155号107頁）

| 66 | 議決権行使の代理資格の制限 ················· 132
　　——最二判昭和43・11・1（民集22巻12号2402頁）
| 67 | 代理人による議決権行使の拒絶 ················· 134
　　——神戸地尼崎支判平成12・3・28（判タ1028号288頁）
| 68 | 従業員持株制度と株式信託契約の有効性 ············· 136
　　——大阪高決昭和58・10・27（高民集36巻3号250頁）
| 69 | 取締役の説明義務と一括回答 ··················· 138
　　——東京高判昭和61・2・19（判時1207号120頁）
| 70 | 取締役の説明義務の範囲と程度 ················· 140
　　——東京地判平成16・5・13（金判1198号18頁）
| 71 | 取締役退職慰労金贈呈決議と取締役の説明義務 ········· 142
　　——奈良地判平成12・3・29（判タ1029号299頁）
| 72 | 総会開場前の従業員株主の前方着席 ··············· 144
　　——最三判平成8・11・12（判時1598号152頁）
| 73 | 総会決議の方法（挙手による採決）··············· 146
　　——東京地判平成14・2・21（判時1789号157頁）
| 74 | 委任状勧誘合戦と株主総会決議の取消事由 ··········· 148
　　——東京地判平成19・12・6（判タ1258号69頁）
| 75 | 他の株主に対する招集手続の瑕疵と決議取消の訴え ······· 150
　　——最一判昭和42・9・28（民集21巻7号1970頁）
| 76 | 株主総会決議による株主の地位喪失と決議取消訴訟の原告適格・
　　決議後の吸収合併による会社消滅と決議取消訴訟の訴えの利益 ······· 152
　　——東京高判平成22・7・7（判時2095号128頁）
| 77 | 決議取消の訴えと取消事由の追加 ················· 154
　　——最二判昭和51・12・24（民集30巻11号1076頁）
| 78 | 役員選任決議取消の訴えの利益
　　——役員が退任した場合と訴えの利益 ············· 156
　　——最一判昭和45・4・2（民集24巻4号223頁）
| 79 | 計算書類承認決議の取消の訴えと訴えの利益 ··········· 158
　　——最三判昭和58・6・7（民集37巻5号517頁）
| 80 | 決議取消の訴えと裁量棄却 ··················· 160
　　——最一判昭和46・3・18（民集25巻2号183頁）
| 81 | 総会決議不存在確認の訴えと訴権の濫用 ············· 162
　　——最一判昭和53・7・10（民集32巻5号888頁）
| 82 | 取締役選任決議の不存在とその後の取締役選任決議の効力 ······ 164
　　——最三判平成2・4・17（民集44巻3号526頁）
| 83 | 決議無効確認の訴えと決議取消の主張 ············· 166
　　——最二判昭和54・11・16（民集33巻7号709頁）

(6) 取締役

- 84 会社の破産と取締役の地位・・168
  ——最二判平成21・4・17（判時2044号74頁）
- 85 取締役解任の正当な理由・・・170
  ——最一判昭和57・1・21（判時1037号129頁）
- 86 取締役の職務執行停止仮処分の効力・・・・・・・・・・・・・・・・・・・・・・・・・・・・・172
  ——最二判昭和45・11・6（民集24巻12号1744頁）
- 87 代表取締役職務代行者による臨時総会の招集と会社の常務・・・・・・・・・174
  ——最二判昭和50・6・27（民集29巻6号879頁）
- 88 取締役会の決議を欠く代表取締役の行為の効力・・・・・・・・・・・・・・・・・・・176
  ——最三判昭和40・9・22（民集19巻6号1656頁）
- 89 代表取締役の権限濫用・・・178
  ——最一判昭和38・9・5（民集17巻8号909頁）
- 90 表見代表取締役と第三者の過失・・・・・・・・・・・・・・・・・・・・・・・・・・・・・・・・・・・180
  ——最二判昭和52・10・14（民集31巻6号825頁）
- 91 選任決議に瑕疵がある代表取締役の行為の効力・・・・・・・・・・・・・・・・・・・182
  ——最二判昭和56・4・24（判時1001号110頁）
- 92 取締役の競業避止義務・・・184
  ——東京地判昭和56・3・26（判時1015号27頁）
- 93 退任取締役による従業員引抜きと忠実義務違反・・・・・・・・・・・・・・・・・・・186
  ——東京高判平成元・10・26（金判835号23頁）
- 94 取締役の競業取引と会社の損害額の推定・・・・・・・・・・・・・・・・・・・・・・・・・188
  ——名古屋高判平成20・4・17（金判1325号47頁）
- 95 株主全員の合意と利益相反取引・・・・・・・・・・・・・・・・・・・・・・・・・・・・・・・・・・190
  ——最一判昭和49・9・26（民集28巻6号1306頁）
- 96 手形行為と利益相反取引規制・・・・・・・・・・・・・・・・・・・・・・・・・・・・・・・・・・・・192
  ——最大判昭和46・10・13（民集25巻7号900頁）
- 97 取締役の承認を経ずになされた利益相反取引の効力——間接取引・・・・194
  ——最大判昭和43・12・25（民集22巻13号3511頁）
- 98 検査役選任の請求事由・・・196
  ——大阪高決昭和55・6・9（判タ427号178頁）
- 99 違法行為の差止請求権・・・198
  ——東京高判平成11・3・25（判時1686号33頁）
- 100 取締役の報酬請求権——定款の定めまたは株主総会決議のない場合・・・200
  ——最二判平成15・2・21（金判1180号29頁）
- 101 役員の退職慰労金と報酬規制・・・・・・・・・・・・・・・・・・・・・・・・・・・・・・・・・・・・202
  ——最二判昭和39・12・11（民集18巻10号2143頁）

| 102 | 取締役の報酬の変更 ·· 204
　　　——最二判平成 4・12・18（民集46巻 9 号3006頁）
| 103 | 元取締役に対する退職慰労年金の一方的打切りの可否 ········· 206
　　　——最三判平成22・ 3・16（判時2078号155頁）
| 104 | 総会決議を経ずに支払われた役員報酬と事後の総会決議 ········· 208
　　　——最三判平成17・ 2・15（金判1218号45頁）
| 105 | 株主総会決議を経ない退職慰労金の支給と不当利得返還請求の許否 ··· 210
　　　——最二判平成21・12・18（判時2068号151頁）

(7) 取締役会

| 106 | 取締役会決議が必要な重要な財産の処分 ························ 212
　　　——最一判平成 6・ 1・20（民集48巻 1 号 1 頁）
| 107 | 取締役会決議を欠く重要な財産の処分と取引の無効を
　　　主張できる者の範囲 ··· 214
　　　——最二判平成21・ 4・17（民集63巻 4 号535頁）
| 108 | 招集手続の瑕疵と取締役会決議の効力 ·························· 216
　　　——最三判昭和44・12・ 2（民集23巻12号2396頁）
| 109 | 取締役会決議における特別利害関係——代表取締役解職の場合 ······ 218
　　　——最二判昭和44・ 3・28（民集23巻 3 号645頁）

(8) 取締役の責任等

| 110 | 取締役の善管注意義務と経営判断の原則 ························ 220
　　　——東京地判平成16・ 9・28（判時1886号111頁①事件）
| 111 | 取引相場のない株式の買取りと経営判断原則 ···················· 222
　　　——最一判平成22・ 7・15（判時2091号90頁）
| 112 | 融資判断と銀行の取締役の善管注意義務
　　　——拓銀カブトデコム事件 ······································ 224
　　　——最二判平成20・ 1・28（判時1997号148頁）
| 113 | 違法事実の不公表と取締役・監査役の責任 ····················· 226
　　　——大阪高判平成18・ 6・ 9（判時1979号115頁）
| 114 | 法令違反に基づく取締役の責任 ································· 228
　　　——最二判平成12・ 7・ 7（民集54巻 6 号1767頁）
| 115 | リスク管理体制の整備と取締役の責任——大和銀行事件 ············ 230
　　　——大阪地判平成12・ 9・20（判時1721号 3 頁）
| 116 | 有価証券報告書の虚偽記載とリスク管理体制構築義務違反にかかる
　　　会社の責任 ·· 232
　　　——最一判平成21・ 7・ 9（判時2055号147頁）

117 子会社管理に関する取締役の責任·······················234
　　──東京地判平成13・1・25（判時1760号144頁）
118 取締役の対会社責任と寄与度に基づく賠償額の算定···········236
　　──東京地判平成8・6・20（判時1572号27頁）
119 取締役の任務懈怠に基づく対会社責任の消滅時効期間···········238
　　──最二判平成20・1・28（民集62巻1号128頁）
120 株主代表訴訟の対象となる取締役の責任の範囲···············240
　　──最三判平成21・3・10（民集63巻3号361頁）
121 株主代表訴訟における会社の被告取締役側への訴訟参加·········242
　　──最一決平成13・1・30（民集55巻1号30頁）
122 株主代表訴訟と担保提供命令における悪意·················244
　　──東京高決平成7・2・20（判タ895号252頁）
123 取締役の対第三者責任の意義························246
　　──最大判昭和44・11・26（民集23巻11号2150頁）
124 取締役の対第三者責任──監視義務····················248
　　──最三判昭和48・5・22（民集27巻5号655頁）
125 取締役の株主に対する不法行為責任····················250
　　──東京高判平成17・1・18（金判1209号10頁）
126 選任決議を欠く登記簿上の取締役と対第三者責任·············252
　　──最一判昭和47・6・15（民集26巻5号984頁）
127 取締役の辞任登記の未了と対第三者責任··················254
　　──最一判昭和62・4・16（判時1248号127頁）
128 計算書類の虚偽記載と取締役の対第三者責任···············256
　　──名古屋高判昭和58・7・1（判時1096号134頁）
129 会計監査人の責任·······························258
　　──大阪地判平成18・2・23（判時1939号149頁）

（9）監査役

130 弁護士である監査役の訴訟代理と兼任禁止·················260
　　──最三判昭和61・2・18（民集40巻1号32頁）

（10）計　算

131 「公正な会計慣行」の意味·························262
　　──最二判平成20・7・18（刑集62巻7号2101頁）
132 帳簿閲覧請求の対象となる会計帳簿・資料の意義·············264
　　──横浜地判平成3・4・19（判時1397号114頁）

| 133 | 帳簿閲覧請求の要件 ·· 266
　　　——最一判平成16・7・1（民集58巻5号1214頁）
| 134 | 帳簿閲覧請求と拒絶事由 ·· 268
　　　——東京地判平成19・9・20（判時1985号140頁）
| 135 | 親会社株主による帳簿閲覧請求と拒絶事由 ···························· 270
　　　——最一決平成21・1・15（民集63巻1号1頁）
| 136 | 係争中の債権者と「知れている債権者」······························ 272
　　　——大判昭和7・4・30（民集11巻706頁）

(11) 社　債

| 137 | 社債権者の単独償還請求 ·· 274
　　　——大判昭和3・11・28（民集7巻1008頁）
| 138 | 社債を受働債権とする相殺 ·· 276
　　　——最二判平成15・2・21（金判1165号13頁）
| 139 | 新株予約権付社債の有利発行 ·· 278
　　　——東京地決平成19・11・12（金判1281号52頁）

(12) 基礎的変更

| 140 | 事業譲渡の意義 ·· 280
　　　——最大判昭和40・9・22（民集19巻6号1600頁）
| 141 | 解散判決における業務執行上の著しく困難な状況 ······················ 282
　　　——東京地判平成元・7・18（判時1349号148頁）
| 142 | 合併発表後に取得した株式の買取価格 ································ 284
　　　——東京地決昭和58・10・11（下民集34巻9＝12号968頁）
| 143 | 上場株式の買取価格——日興コーディアル事件 ························ 286
　　　——東京地決平成21・3・31（判タ2040号135頁）
| 144 | 上場株式の買取価格——東京放送事件 ································ 288
　　　——最三決平成23・4・19（民集65巻3号1311頁）
| 145 | 上場株式の買取価格——テクモ事件 ·································· 290
　　　——最二決平成24・2・29（民集66巻3号1784頁）
| 146 | 合併比率の不当と株主代表訴訟 ······································ 292
　　　——大阪地判平成12・5・31（判時1742号141頁）
| 147 | 合併比率の不公正と合併無効事由 ···································· 294
　　　——東京高判平成2・1・31（資料版商事77号193頁）
| 148 | 債務の履行の見込みと会社分割無効事由 ······························ 296
　　　——名古屋地判平成16・10・29（判時1881号122頁）

149 会社分割により事業を承継した会社の名称続用責任・・・・・・・・・・・・・・・ 298
　　──最三判平成20・6・10（判時2014号150頁）
150 会社分割と詐害行為取消権・・・・・・・・・・・・・・・・・・・・・・・・・・・・・・・・・・・ 300
　　──最二判平成24・10・12（民集66巻10号3311頁）
151 会社分割の無効の訴えと原告適格・・・・・・・・・・・・・・・・・・・・・・・・・・・・ 302
　　──東京高判平成23・1・26（金判1363号30頁）
152 企業買収の基本合意書中の協議禁止条項の効力・・・・・・・・・・・・・・ 304
　　──最三決平成16・8・30（民集58巻6号1763頁）
153 企業買収と表明保証条項・・・・・・・・・・・・・・・・・・・・・・・・・・・・・・・・・・・・ 306
　　──東京地判平成18・1・17（判時1920号136頁）

第3章　刑事事件

154 預合いの意義・・ 308
　　──最一判昭和42・12・14（刑集21巻10号1369頁）
155 見せ金と公正証書原本不実記載罪・・・・・・・・・・・・・・・・・・・・・・・・・・・ 310
　　──最三決平成3・2・28（刑集45巻2号77頁）
156 総会屋に対する贈収賄罪の成立・・・・・・・・・・・・・・・・・・・・・・・・・・・・・ 312
　　──最一決昭和44・10・16（刑集23巻10号1359頁）

第4章　持分会社

157 債権者による退社予告・・・・・・・・・・・・・・・・・・・・・・・・・・・・・・・・・・・・・・ 314
　　──最二判昭和49・12・20（判時768号101頁）
158 同時退社申出と総社員の同意・・・・・・・・・・・・・・・・・・・・・・・・・・・・・・・ 316
　　──最一判昭和40・11・11（民集19巻8号1953頁）
159 合資会社の社員の出資義務と持分払戻請求権・・・・・・・・・・・・・・・・ 318
　　──最一判昭和62・1・22（判時1223号136頁）
160 利益を侵害されている少数派社員による解散請求・・・・・・・・・・・・ 320
　　──最一判昭和61・3・13（民集40巻2号229頁）

凡　例

1　法令等の略語
　　　会　　　社　　　　　　会社法
　　　会　社　規　　　　　　会社法施行規則
　　　旧　　　有　　　　　　旧有限会社法
　　　金　　　商　　　　　　金融商品取引法
　　　金　商　令　　　　　　金融商品取引法施行令
　　　刑　　　　　　　　　　刑　法
　　　商　　　　　　　　　　商　法
　　　民　　　　　　　　　　民　法
　　　民　　　訴　　　　　　民事訴訟法
　　　民　　　保　　　　　　民事保全法

2　判例引用の略語
　　　大　　判（決）　　　　大審院判決（決定）
　　　最〇判（決）　　　　　最高裁判所第〇小法廷判決（決定）
　　　最　大　判（決）　　　最高裁判所大法廷判決（決定）
　　　高　　判（決）　　　　高等裁判所判決（決定）
　　　地　　判（決）　　　　地方裁判所判決（決定）
　　　支　　判（決）　　　　支部判決（決定）

3　判例集の略語
　　　民　　　録　　　　　　大審院民事判決録
　　　新　　　聞　　　　　　法律新聞
　　　民　　　集　　　　　　大審院民事判例集・最高裁判所民事判例集
　　　刑　　　集　　　　　　最高裁判所刑事判例集
　　　集　　　民　　　　　　最高裁判所裁判集民事
　　　高　民　集　　　　　　高等裁判所民事判例集
　　　高　刑　集　　　　　　高等裁判所刑事判例集
　　　下　民　集　　　　　　下級裁判所民事裁判例集
　　　労　民　集　　　　　　労働関係民事裁判例集
　　　判　　　時　　　　　　判例時報
　　　判　　　タ　　　　　　判例タイムズ
　　　金　　　法　　　　　　金融法務事情
　　　金　　　判　　　　　　金融・商事判例

4 文献引用の略語
　＜雑誌＞

資料版商事	資料版商事法務
重　判	重要判例解説
ジュリ	ジュリスト
商　事	旬刊商事法務
曹　時	法曹時報
法　協	法学協会雑誌
法　教	法学教室
法セミ	法学セミナー
民　商	民商法雑誌
民　訴	民事訴訟雑誌
リマークス	私法判例リマークス

　＜単行本＞

会社法百選2版	江頭憲治郎＝岩原紳作＝神作裕之＝藤田友敬編『会社法判例百選〔第2版〕』（有斐閣、2011年）
会社法百選	江頭憲治郎＝岩原紳作＝神作裕之＝藤田友敬編『会社法判例百選』（有斐閣、2006年）
会社百選6版	鴻常夫＝落合誠一＝江頭憲治郎＝岩原紳作編『会社判例百選〔第6版〕』（有斐閣、1998年）
会社百選5版	鴻常夫＝竹内昭夫＝江頭憲治郎編『会社判例百選〔第5版〕』（有斐閣、1992年）
会社百選新版	矢沢惇編『会社判例百選〔新版〕』（有斐閣、1970年）
総則・商行為百選5版	江頭憲治郎＝山下友信編『商法（総則・商行為）判例百選〔第5版〕』（有斐閣、2008年）
最判解民事篇	『最高裁判所判例解説〔民事篇〕』（法曹会）
最判解刑事篇	『最高裁判所判例解説〔刑事篇〕』（法曹会）
江頭4版	江頭憲治郎『株式会社法〔第4版〕』（有斐閣、2011年）
神田15版	神田秀樹『会社法〔第15版〕』（弘文堂、2013年）
商判5版	山下友信＝神田秀樹編『商法判例集〔第5版〕』（有斐閣、2012年）
弥永・重要判例3版	弥永真生『最新重要判例200商法〔第3版〕』（弘文堂、2010年）
弥永・新判例	弥永真生『会社法新判例50』（有斐閣、2011年）
判例講義2版	倉澤康一郎＝奥島孝康＝森淳二朗編『判例講義会社法〔第2版〕』（悠々社、2013年）
酒巻・尾崎3版補正	酒巻俊雄＝尾崎安央編著『会社法重要判例解説〔第3版補正版〕』（成文堂、2008年）
会社法コンメ(1)	江頭憲治郎編『会社法コンメンタール(1) 総則・設立(1)』（商事法務、2008年）

会社法コンメ(3)	山下友信編『会社法コンメンタール(3) 株式(1)』（商事法務、2013年）
会社法コンメ(4)	山下友信編『会社法コンメンタール(4) 株式(2)』（商事法務、2009年）
会社法コンメ(5)	神田秀樹編『会社法コンメンタール(5) 株式(3)』（商事法務、2013年）
会社法コンメ(6)	江頭憲治郎編『会社法コンメンタール(6) 新株予約権』（商事法務、2009年）
会社法コンメ(7)	岩原紳作編『会社法コンメンタール(7) 機関(1)』（商事法務、2013年）
会社法コンメ(8)	落合誠一編『会社法コンメンタール(8) 機関(2)』（商事法務、2009年）
会社法コンメ(10)	江頭憲治郎＝弥永真生編『会社法コンメンタール(10) 計算等(1)』（商事法務、2011年）
会社法コンメ(11)	森本滋＝弥永真生編『会社法コンメンタール(11) 計算等(2)』（商事法務、2010年）
会社法コンメ(12)	落合誠一編『会社法コンメンタール(12) 定款の変更・事業の譲渡等・解散・清算(1)』（商事法務、2009年）
会社法コンメ(16)	江頭憲治郎編『会社法コンメンタール(16) 社債』（商事法務、2010年）
会社法コンメ(17)	森本滋編『会社法コンメンタール(17) 組織変更、合併、会社分割、株式交換等(1)』（商事法務、2010年）
会社法コンメ(18)	森本滋編『会社法コンメンタール(18) 組織変更、合併、会社分割、株式交換等(2)』（商事法務、2010年）
会社法コンメ(21)	落合誠一編『会社法コンメンタール(21) 雑則(3)・罰則』（商事法務、2011年）
逐条解説会社法(1)	酒巻俊雄＝龍田節編代『逐条解説会社法(1) 総則・設立』（中央経済社、2008年）
逐条解説会社法(2)	酒巻俊雄＝龍田節編代『逐条解説会社法(2) 株式(1)』（中央経済社、2008年）
逐条解説会社法(3)	酒巻俊雄＝龍田節編代『逐条解説会社法(3) 株式(2)』（中央経済社、2008年）
逐条解説会社法(4)	酒巻俊雄＝龍田節編代『逐条解説会社法(4) 機関(1)』（中央経済社、2009年）
逐条解説会社法(5)	酒巻俊雄＝龍田節編代『逐条解説会社法(5) 機関(2)』（中央経済社、2011年）

第1章　会社総則

1　会社の能力と定款所定の目的の範囲

最高裁昭和27年2月15日第二小法廷判決
　事件名等：昭和24年（オ）第64号家屋明渡請求事件
　掲載誌：民集6巻2号77頁

概要　本判決は、仮に定款に記載された目的自体に包含されない行為であっても目的遂行に必要な行為は社団の目的の範囲内に属するものと解すべきであり、当該目的遂行に必要かどうかは、定款の記載自体から観察して、客観的に抽象的に必要であり得べきかという基準に従って決すべきとしたものである。

事実関係　S家一族を社員とし、同家の財産を会社財産として設立されたS社団法人（合資会社）は、同家所有不動産等の財産を保存しその運用利殖を図ることを目的としていた（❶）ところ、その代表社員Aが死亡したため、S社団の社員は、Y₁（Aの家督相続人）、B、Cの3名となった（❷）。その後Bは自ら代表社員であると称して登記を経由し、他の2名に無断で、S社団の所有財産でありY₁～Y₄が居住する家屋をXに売却した（❸）。XがY₁らに対して家屋の明渡しを求めて訴えを提起した（❹）のに対し、Y₁らは、Bが代表社員に選任された事実はなく、また、Bによる不動産の売却行為は社団の目的に属しない行為である等として争った（❺）。第1審・控訴審ともにXの請求を棄却。X上告。

判決要旨　破棄差戻し。「S社団の定款に定められた目的は不動産、その他財産を保存し、これが運用利殖を計ることにある……が、このことからして、直ちに……本件建物の売買は右社団の目的の範囲外の行為であると断定することは正当でない。財産の運用利殖を計るためには、時に既有財産を売却することもあり得ることであるからである。……のみならず、仮りに定款に記載された目的自体に包含されない行為であっても目的遂行に必要な行為は、また、社団の目的の範囲に属するものと解すべきであり、その目的遂行に必要なりや否やは、問題となっている行為が、会社の定款記載の目的に現実に必要であるかどうかの基準によるべきではなくして定款の記載自体から観察して、客観的に抽象的に必要であり得べきかどうかの基準に従って決すべきものと解すべきである。」
「本件建物の売却がS社団の目的の範囲に属するかどうかを判断するには、かかる売却行為がS社団目的遂行に現実に具体的〔に〕必要であったかどうかを基準とすべきでないことは前述のとおりである。けだし、当該行為がその社団にとっ

> て、目的遂行上、現実に必要であるかどうかということのごときは社団内部の事情で第三者としては、到底これを適確に知ることはできないのであって、かかる事情を調査した上でなければ、第三者は安じて社団と取引をすることができないとするならば到底取引の安全を図ることはできないからである。……本件建物の売却もこれを抽象的に客観的に観察すればまた、同社団の定款所定の目的たる財産の保存、運用、利殖のために必要たり得る行為であることは云うまでもないのであるから原判決が……本件建物の売却を以て同社団の目的の範囲外にありとしこれを前提として同社団は本件建物をXに売却する権能はないものとしたのはあやまりである。」

本判決の位置づけ・射程範囲

本判決は、会社の権利能力が定款所定の目的によって制限されることを前提として、会社の取引行為が定款所定の目的の範囲に含まれるか否かについての具体的な判断基準を判示する。この問題は古くから議論され、初期の大審院判決には定款に明記されない事項はすべて目的の範囲外とする厳格な解釈を採るものもみられたが（大判明治37・5・10 関連判例 等）、それでは取引の安全が保てないばかりでなく、会社の業務自体にも支障を来たすため、その後の判例はしだいに目的の範囲を広く解するようになった（大判大正元・12・25 関連判例、大判昭和13・2・7 関連判例 等）。本判決は、戦後最高裁として初めて、大審院判決で形成されていた判断基準を引き継ぎ、①定款所定の目的自体でなくても目的遂行に必要な行為は、目的の範囲に属すると解すべきであり、②その目的遂行に必要か否かは、定款の記載自体から観察して、客観的・抽象的に必要であり得るべきかどうかの基準に従って判断すべきであるとしたものである。その考え方は、その後の最高裁判決でも維持され（八幡製鉄政治献金事件 本書2事件）、それらの下では、会社の能力の目的による制限を否定する考え方（平成18年改正民法の下では、この考え方を採ることは困難になっている。同改正後の民法33条2項および34条参照）と、結果においてほとんど差異はないと考えられている。

さらに理解を深める 会社法百選2版1事件〔北村雅史〕 商判5版Ⅰ-2事件、弥永・重要判例3版136事件、判例講義2版2事件、江頭4版31頁、神田15版5頁、会社法コンメ(1)81頁〔江頭憲治郎〕 関連判例 大判明治37・5・10民録10輯638頁、大判大正元・12・25民録18輯1078頁、大判昭和13・2・7民集17巻50頁

第1章　会社総則

② 会社の政治献金――八幡製鉄政治献金事件

最高裁昭和45年6月24日大法廷判決
　事件名等：昭和41年（オ）第444号取締役の責任追及請求事件
　掲載誌：民集24巻6号625頁、判時596号3頁、判タ249号116頁、
　　　　　金判217号5頁

概要　本判決は、会社の権利能力は定款所定の目的により制限されるとしたうえ、従来判例が積み重ねてきた判断基準を基礎に、会社による政治資金の寄付は、会社の定款所定の目的の範囲内の行為であるとしたものである。

事実関係　定款の目的を「鉄鋼の製造及び販売並びにこれに附帯する事業」とするA株式会社（❶）の代表取締役であるYらは、同社を代表して自民党に350万円を寄付した（❷）ところ、同社の株主であるXは、かかる寄附は定款所定の目的外の行為であり、取締役の忠実義務に違反すると主張して株主代表訴訟を提起した（❸）。第1審はXの請求を認容したが、原審は第1審判決を取り消したため、Xより上告。

判決要旨　上告棄却。「会社は定款に定められた目的の範囲内において権利能力を有するわけであるが、目的の範囲内の行為とは、定款に明示された目的自体に限局されるものではなく、その目的を遂行するうえに直接または間接に必要な行為であれば、すべてこれに包含されるものと解するのを相当とする。そして必要なりや否やは、当該行為が目的遂行上現実に必要であったかどうかをもってこれを決すべきではなく、行為の客観的な性質に即し、抽象的に判断されなければならない」。「会社は、一定の営利事業を営むことを本来の目的とするものであるから、会社の活動の重点が、定款所定の目的を遂行するうえに直接必要な行為に存することはいうまでもない〔が〕……、会社は、他面において、自然人とひとしく、国家、地方公共団体、地域社会その他（以下社会等という。）の構成単位たる社会的実在なのであるから、それとしての社会的作用を負担せざるを得ないのであって、ある行為が一見定款所定の目的とかかわりがないものであるとしても、会社に、社会通念上、期待ないし要請されるものであるかぎり、その期待ないし要請にこたえることは、会社の当然になしうるところである……。そしてまた、会社にとっても、一般に、かかる社会的作用に属する活動をすることは、無益無用のことではなく、企業体としての円滑な発展を図るうえに相当の価値と効果を認めることもできるのであるから、その意味において、これらの行為もまた、間接ではあっても、目的遂行のうえに必要なものであるとするを妨げ

ない。……会社が、その社会的役割を果たすために相当な程度のかかる出捐をすることは、社会通念上、会社としてむしろ当然のことに属するわけであるから、毫も、株主その他の会社の構成員の予測に反するものではなく、したがって、これらの行為が会社の権利能力の範囲内にあると解しても、なんら株主等の利益を害するおそれはないのである。」「以上の理は、会社が政党に政治資金を寄附する場合においても同様である。……会社による政治資金の寄附は、客観的、抽象的に観察して、会社の社会的役割を果たすためになされたものと認められるかぎりにおいては、会社の定款所定の目的の範囲内の行為であるとするに妨げないのである。」

本判決の位置づけ・射程範囲

八幡製鉄政治献金事件として社会的注目を浴びた事件の上告審判決であり、その争点の1つは、政治献金をなすことが会社の権利能力内の行為か否かであった。本判決は、定款所定の目的の範囲内の行為について従来判例が積み重ねてきた判断基準（最判昭和27・2・25 本書1事件）を前提としたうえ、会社の政治献金の寄付は、会社の定款所定の目的の範囲内の行為であるとした。なお、本件は任意加入団体たる会社による政治献金について扱うものであり、その後判例は、強制加入団体である税理士会の政治献金の事例においては、目的の範囲外とした（最判平成8・3・19 関連判例）。

本判決は、取締役の忠実義務が本質的に善管注意義務と異なるものではないことを明らかにした判決としても著名である。本件については、支出は合理的な範囲を超えたものではなく、忠実義務違反がないとしたが、その際、会社の規模、経営実績その他社会的経済的地位および寄付の相手方などを考慮要素として挙げ、忠実義務との関係で、一定の制約を課していることにも留意の必要がある（本判決と同様の枠組みで判断し、取締役の責任を認めた判決として福井地判平成15・2・12 関連判例 がある。ただし、控訴審である名古屋高金沢支判平成18・1・18 関連判例 はこれを取り消した）。

さらに理解を深める 会社法百選2版2事件〔泉田栄一〕最判解民事篇昭和45年度（下）883頁〔柳川俊一〕、商判5版Ⅰ-5事件、弥永・重要判例3版135事件、判例講義2版3事件、酒巻・尾崎3版補正2事件、江頭4版21・404頁、神田15版5頁、会社法コンメ(1)82頁〔江頭憲治郎〕・283頁〔森淳二朗〕 関連判例 最判昭和27・2・25 本書1事件、最判平成8・3・19民集50巻3号615頁、福井地判平成15・2・12判時1814号151頁、名古屋高金沢支判平成18・1・18判時1937号143頁

第1章　会社総則

③ 法人格否認の法理

最高裁昭和44年2月27日第一小法廷判決
　事件名等：昭和43年（オ）第877号建物明渡請求事件
　掲載誌：民集23巻2号511頁、判時551号80頁、判タ233号80頁、
　　　　　金判154号2頁、金法544号24頁

概要　本件は、最高裁が法人格否認の法理を正面から適用したリーディング・ケースである。

事実関係　Aが代表取締役であるY株式会社（電気商）は、Xの所有店舗を賃借し、賃貸借契約はXY間で締結されていた（❶）。契約期間が満了するころ、XはAに対して明渡しを請求し、Aよりこれに応じる旨の念書の交付を受けたが、Aが念書の約定期限を過ぎても明渡しをしないため、XはAに対して店舗の明渡請求訴訟を提起し、Aが明渡しをすることを内容とする和解が成立した（❷）。ところがY会社は明渡しをしないため、Xがあらためて本訴に及んだ（❸）。第1審・控訴審ともにXの請求を認容したためY会社より上告。Y会社は、上記和解はXとA個人の間に成立したものであり、XY間における合意解除を認定した原判決は不当であるとして上告した（❹）。

判決要旨　上告棄却。「およそ法人格の付与は社会的に存在する団体についてその価値を評価してなされる立法政策によるものであって、これを権利主体として表現せしめるに値すると認めるときに、法的技術に基づいて行なわれるものなのである。従って、法人格が全くの形骸にすぎない場合、またはそれが法律の適用を回避するために濫用されるが如き場合においては、法人格を認めることは、法人格なるものの本来の目的に照らして許すべからざるものというべきであり、法人格を否認すべきことが要請される場合を生じるのである。」
「思うに、……株式会社形態がいわば単なる藁人形に過ぎず、会社即個人であり、個人則会社であって、その実質が全く個人企業と認められるが如き場合を生じるのであって、このような場合、これと取引する相手方としては、その取引がはたして会社としてなされたか、または個人としてなされたか判然しないことすら多く、相手方の保護を必要とするのである。……このような場合、会社という法的形態の背後に存在する実体たる個人に迫る必要を生じるときは、会社名義でなされた取引であっても、相手方は会社という法人格を否認して恰も法人格のないと

第1章 会社総則 7

```
賃借人 ──────── ①賃貸借契約 ──────── 賃貸人
```

④「②の和解はX・A間に成立したものである。」 — Y会社

Y会社の代表取締役 — A

②Aが念書の約定期限を徒過
→明渡請求訴訟・和解成立

③本訴提起

X

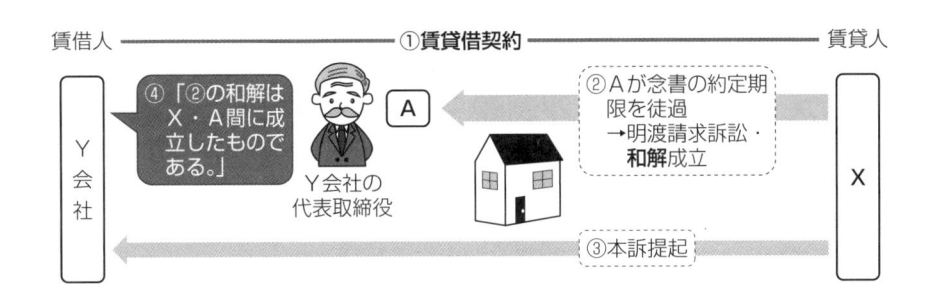

同様、その取引をば背後者たる個人の行為であると認めて、その責任を追及することを得、そして、また、個人名義でなされた行為であっても、相手方は敢て商法504条を俟つまでもなく、直ちにその行為を会社の行為であると認め得るのである。」「〔本件では、〕Y会社は株式会社形態を採るにせよ、その実体は背後に存するA個人に外ならないのであるから、XはA個人に対して右店舗の賃料を請求し得、また、その明渡請求の訴訟を提起し得るのであって……、XとAとの間に成立した前示裁判上の和解は、A個人名義にてなされたにせよ、その行為はY会社の行為と解し得るのである。」

本判決の位置づけ・射程範囲

　法人格否認の法理は、戦後いち早く、アメリカ・ドイツの判例・学説の影響を受けた学説によりその導入が主張されていたが、実務の大勢はそれに慎重であった（事実認定や既成の解釈理論による解決）。本判決は、そのような中で最高裁が正面からこの法理の適用を認め、同法理の定着に重要な意義をもった判決である。なお、この法理の理念は本判決においてよく説かれているが、実定法上の根拠は明確でない。学説では、権利濫用禁止（民1条3項）の適用・類推適用とする考えが多い。

　本判決は、法人格否認の法理が適用される場合として、法人格がまったくの形骸にすぎない場合（形骸化事例）、および法人格が法律の適用を回避するために濫用される場合（濫用事例）を挙げる。正義・衡平の理念に基づく例外的な判例法理であるこの法理の適用範囲については、この2類型に限定する説が多い。本判決は、形骸化事例について同法理の適用を認めた。ただし、本件の具体的事実の解決にそれが必要であったかについては、疑問視する見解も少なくない（商法504条の適用や契約の趣旨を合理的に解釈することによる解決。最判昭和49・9・26 本書95事件 も参照）。なお、手続法上、法人格否認の法理により判決の既判力・執行力の範囲を会社・株主間に拡張することは認められないのが通常である（最判昭和53・9・14 関連判例 ）。

さらに理解を深める 会社法百選2版3事件〔森本滋〕 最判解民事篇昭和44年度（上）427頁〔野田宏〕、商判5版Ⅰ-4事件、弥永・重要判例3版137事件、判例講義2版4事件、酒巻・尾崎3版補正3事件、江頭4版39頁、神田15版4頁、会社法コンメ(1)92頁〔後藤元〕 関連判例 最判昭和53・9・14判時906号88頁

第1章　会社総則

4　法人格否認の法理と親子会社——仙台工作事件

仙台地裁昭和45年3月26日判決
　事件名等：昭和42年（ヨ）第405号賃金支払仮処分請求事件
　掲載誌：労民集21巻2号330頁、判時588号38頁、判タ247号127頁、
　　　　　金判211号17頁

概要　本判決は、親子会社関係について法人格形骸化を認定し、法人格否認の法理を適用した事例である。

事実関係　XらはA会社の従業員であった（❶）が、A会社が解散決議をし、Xらの解雇に及んだ（❷）ことから、賃金・諸手当を保全するためA会社工場内の資材・半製品等について仮差押えをした（❸）ところ、A会社の親会社であるY会社は、上記差押財産の所有権を主張するなどして第三者異議の訴えを提起した（❹）。これに対抗してXらは、A会社の実体はY会社の一工場であるにすぎず、また、A会社の解散はY会社が計画した組合潰しのための偽装解散であり、さらに本件は法人格否認の法理が適用される場面であると主張して、Y会社に対して未払賃金の支払仮処分を求めて訴えを提起した（❺）。

判決要旨　請求認容。「子会社に対する親会社の法人格の独立性が一定の債権者に対する関係で限界を画され子会社の責任を親会社において自からの責任として負担すべきものとされるための条件としては、第一に親会社が子会社の業務財産を一般的に支配し得るに足る株式を所有すると共に親会社が子会社を企業活動の面において現実的統一的に管理支配していること、第二に株主たる親会社において右責任を負担しなければならないとするところの債権者は、親会社自から会社制度その他の制度の乱用を目的として子会社を設立し又は既存の子会社を利用するなどの事情がない限り子会社に対する関係で受動的立場にあるところの債権者に限ること、しかも親会社と子会社との間に右第一の支配関係があるときは子会社の受動的債権者に対する債務関係は常にしかも重畳的に親会社において引受けている法律関係にあると解するを相当とする。」

「〔Xらは、本件〕解雇の意思表示を受けるまでは直接A会社の従業員たる身分を有しており、本件請求債権はXらがA会社に対して直接労務を提供した代償としての債権であることが明らかであり、しかもその請求債権は、Xにおいて任意選択してA会社に入社した結果生じたものとしてもこれは積極的にA会社との取引

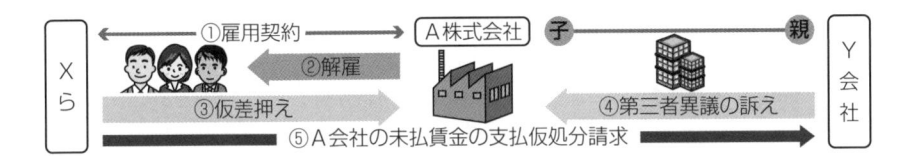

```
X ら ←―①雇用契約―→ A株式会社  子    親  ←―――― Y会社
       ←―②解雇――
       ―③仮差押え→         ←―④第三者異議の訴え―
       ―――――⑤A会社の未払賃金の支払仮処分請求――――→
```

を選択して自己の信用拡大を図った債権者ということができず、むしろ雇傭関係における債権者の地位は……従属労働関係にあって、その賃金債権もこの従属労働関係から生じた債権であるということができるから、Xらはその実体においてA会社の一方的意思により因果的に支配された受動的債権者というべきである。しかも……Y会社とA会社との関係は、親会社であるY会社が子会社であるA会社の業務財産を一般的に完全に支配し得る全株式を所有しているうえ、親会社であるY会社が子会社であるA会社を企業活動の面において現実的統一的に完全に管理支配していることが明らかであるから……第一の条件を完全に具備しているということができる。……したがってXらの解雇が、Y会社の不当労働行為によるものとして無効となるときは、法人格否定〔ママ〕の法理によりXらに対する雇傭関係についての責任も親会社であるY会社において引受けているものと解すべきである」。

本判決の位置づけ・射程範囲

　本判決は、初めて親子会社関係について法人格形骸化を認定し、法人格否認の法理を適用した事例である。法人格の形骸化につき、多くの裁判例は、単に株主等による会社の完全な支配だけでは足りず、会社と株主個人の財産・業務の全般的・継続的な混同、取締役会・株主総会の不開催等、強行法的組織規定の無視の反復などの法人形式無視の諸徴表の積重ねがある場合をいうとする（形式的形骸化要件論）。親子会社の場面では法人形式無視が相対的に少なく、形式的形骸化要件論ではその認定が難しいところ、本判決は、それらがなくても、受動的立場にある債権者（本件では従業員）に限ってではあるが、親会社が株主権を行使して子会社の業務財産を一般的に支配し得るに足る株式を所有すること、および、親会社が子会社の企業活動を現実的統一的に管理支配していることの2つの要件の下で、法人格否認の法理の適用を認めている。しかし、判旨によると、親会社が子会社従業員の賃金債権との関係で常に責任を負わされかねない。本件では、親会社による支配力の不当な行使による利益移転があり、子会社が倒産した旨の主張が原告からなされている。学説では、かかる子会社債権者保護の実質的理由を直視し、支配力の不当な行使を認定したうえで、結論が出されることが適切であったとの指摘もある。

　さらに理解を深める　酒巻・尾崎3版補正5事件、江頭4版45頁、会社法コンメ⑴97頁〔後藤元〕　関連判例　最判昭和44・2・27 本書3事件

第2章　株式会社　(1) 設　立

5　発起人組合

最高裁昭和35年12月9日第二小法廷判決
　事件名等：昭和31年（オ）第859号売掛代金請求事件
　掲載誌：民集14巻13号2994頁

概　要　本判決は、組合契約その他により業務執行組合員が定められている場合でない限り、発起人組合の組合員の過半数がした取引の効果は発起人組合員全員に帰属するとしたものである。

事実関係　Y_1ら7名は、石炭の販売等を目的とするA株式会社の発起人として、いわゆる発起人組合を結成していた（❶）が、設立登記が行われる以前の段階で、発起人組合の本来的な目的であるA会社設立に関する行為以外に、A会社の名義を用いて石炭売買の事業を行うことを合意した（❷）。その後、上記7名中Y_1～Y_4の4名は、実際にXより石炭を購入し、B社に対してこれを転売し、B社が振り出したXを受取人とする手形を用いてXに代金を支払った（❸）が、その手形が不渡りになった（❹）ため、Xは、Y_1ら7名に対して石炭代金を求めて訴えを提起した（❺）。第1審はX社の請求を棄却したが、控訴審は、Y_1ら4名による石炭売買はA社の商号を用いてしたY_1ら7名全員のための商行為であり、7名全員が連帯して代金支払義務を負うとして、X社の請求を認容したため、Y_1らより上告。

判決要旨　上告棄却。「原判示〔は〕……、Y_1らはA株式会社設立の目的を以て発起人組合を結成したが、右組合本来の目的でない石炭売買の事業を『A株式会社』名義で営み、そのため本件売買取引を行ったものと認定した趣旨と解すべきである。」
「原判決は、本件石炭売買取引の実際にあ〔た〕ったのがY_1、Y_2、Y_3、Y_4の4名にすぎないことは当事者間に争いのないところであるが、右売買の法律上の効果は本件組合員たるY_1ら7名全員について生じたものと判断した趣旨と解すべきであり、右判断は正当である。何故ならば、組合契約その他により業務執行組合員が定められている場合は格別、そうでないかぎりは、対外的には組合員の過半数において組合を代理する権限を有するものと解するのが相当であるからである。」

参考　控訴審判決（東京高判昭和31・7・9民集14巻13号3017頁）
「本件石炭の売買は、A株式会社の商号を以て石炭売買の事業を営んだY_1等全員

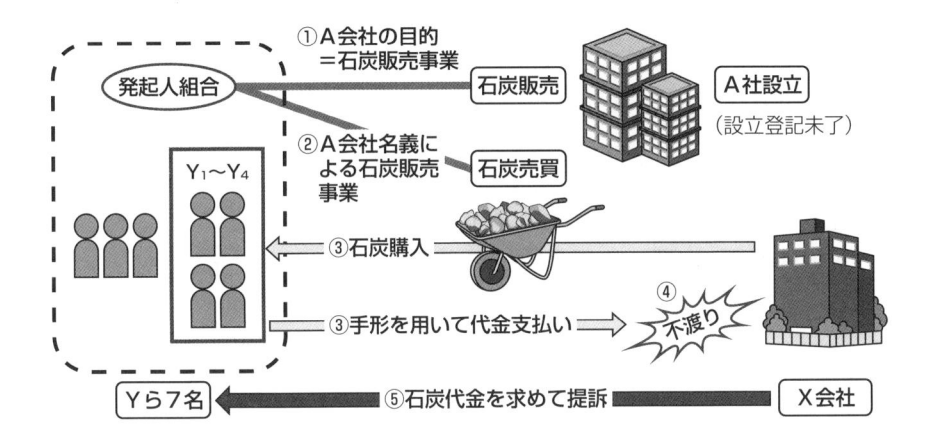

のために商行為たる行為であるから、Y₁等は、商法第511条第1項の規定により、連帯してX会社に対し、**本件石炭の代金……及び……遅延損害金を支払う義務が**あるものと言わなければならない。」

本判決の位置づけ・射程範囲

　発起人が複数存在する場合は、発起人間に発起人組合という民法上の組合関係が成立している。本判決は、組合契約その他により業務執行組合員が定められている場合でない限り、発起人組合の組合員の過半数がなした取引の効果は発起人組合員全員に帰属するとした点に意義がある。発起人は設立中の会社の機関であるが、本件において発起人らがなした石炭の買入れは、設立中の会社の機関としての範囲外の行為であるため、その効果は発起人組合または発起人個人に帰属する。

　もちろん、本件のような営業行為がたとえ発起人組合の名で行われていたとしても、当然に全組合員についてその効力が生じるわけではない。本件では、従来から石炭売買の事業が営まれており、本件発起人組合の目的に当該事業が含まれるに至っていたと解されるため、買入れの衝に当たった4名に本件発起人組合を代理する権限があるといえれば、全組合員に効力が及ぶことになる（商511条1項）。本判決はこれを認めたが、民法670条の適用を肯定する判例（大判明治40・6・13 関連判例）を踏襲したうえでの判示であるかは明らかでなく（本件では、過半数の者による共同代理があるにすぎない）、業務執行組合員が定められていない場合各組合員が単独で組合を代表し得るとする通説に従うものと捉える見解も少なくない。

さらに理解を深める　**会社法百選4事件〔青竹正一〕**最判解民事篇昭和35年度424頁〔川添利起〕、商判5版Ⅰ-18事件、弥永・重要判例3版140事件、判例講義2版6事件、酒巻・尾崎3版補正6事件、江頭4版64頁、神田15版57頁、会社法コンメ(1)265頁〔江頭憲治郎〕　**関連判例**　大判明治40・6・13民録13輯648頁

第2章　株式会社　(1) 設　立

6 発起人の開業準備行為

最高裁昭和33年10月24日第二小法廷判決
事件名等：昭和32年（オ）第483号報酬金請求事件
掲載誌：民集12巻14号3228頁、判時165号25頁

概　要　本判決は、株式会社の設立を計画発起した者が、未だ設立登記をしないうちに、その代表取締役として第三者との間に会社設立に関する行為に属しない契約を締結した場合、その者は、上記第三者に対し民法117条の類推適用により責任を負うとしたものである。

事実関係　株式会社であるA会社の設立を計画発起していたYは、設立登記をしていないにもかかわらず自らA会社の代表取締役と称して事実上の営業をしていた（❶）ところ、野球競技の興行等を目的とするX会社（球団Bの運営会社）との間で、A会社を主催者とし、X会社（B球団）とC球団が野球の試合を行う内容の契約を締結した（❷）。本件契約どおり試合は行われた（❸）ものの、Yより出場報酬金の支払いがなかった（❹）ため、X会社があらためてA会社の調査をしてみたところ、契約締結当時A会社は未だ法律上は存在していなかったことが判明した（❺）。そこでXは、YはA会社との関係で民法117条の無権代理人としての責任を負うとして、Yに対して出場報酬金等の支払いを求めて訴えを提起した（❻）。第1審・控訴審ともにX会社の請求を認容したため、Yは、民法117条は契約当時本人が実在し、かつ追認し得る状態にあることを前提とした規定であり、本件には類推適用できない等と主張して上告。

判決要旨　上告棄却。「Yらは、かねてA株式会社の設立を計画発起し、昭和30年9月12日に至りその設立登記を了したものであるが、Yは、昭和30年3月、未だその設立手続未了で設立の登記をしていない右会社の代表取締役として、X会社との間に本件契約を締結したというのである。而して、……本件契約は、会社の設立に関する行為といえないから、その効果は、設立後の会社に当然帰属すべきいわれはなく、結局、右契約はYが無権代理人としてなした行為に類似するものというべきである。尤も、民法117条は、元来は実在する他人の代理人として契約した場合の規定であって、本件の如く未だ存在しない会社の代表者として契約したYは、本来の無権代理人には当らないけれども、同条はもっぱら、代理人であると信じてこれと契約した相手方を保護する趣旨に出たも

第2章　株式会社　設立　13

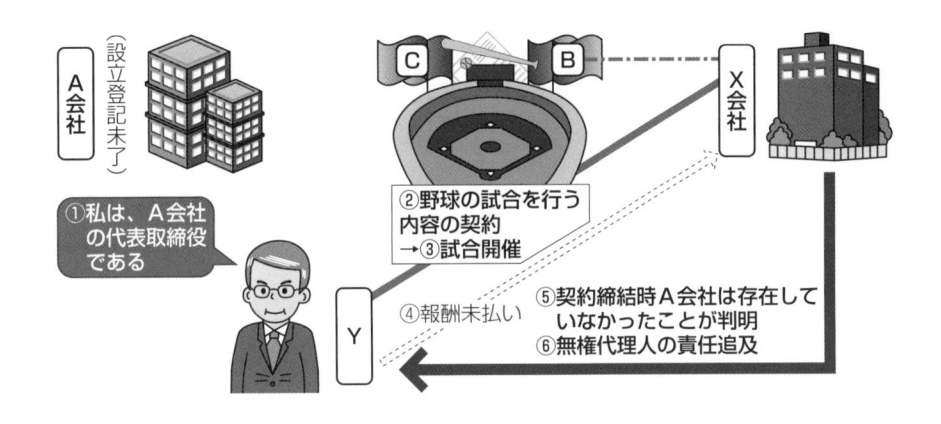

①私は、A会社の代表取締役である
（設立登記未了）A会社
②野球の試合を行う内容の契約
→③試合開催
④報酬未払い
⑤契約締結時A会社は存在していなかったことが判明
⑥無権代理人の責任追及
C　B
X会社
Y

のであるから、これと類似の関係にある本件契約についても、同条の類推適用により、前記会社の代表者として契約したYがその責に任ずべきものと解するを相当とする。」

本判決の位置づけ・射程範囲

　本件において設立手続未了の段階で発起人が締結した設立中の会社を宣伝するための契約は、成立後の会社の営業開始のために必要ないし有益な行為であり、開業準備行為に該当する。本判決はまず、本件契約につき、会社の設立に関する行為とはいえないから、その効果は成立後の会社に帰属しないとした。設立中なされた行為の効果が成立後の会社に帰属する範囲に関して重要な意味をもつ発起人の権限の範囲については学説上争いがあるところ、開業準備行為に関しては、財産引受として特に会社法が定める要件を満たしたもののみが発起人の権限の範囲内の行為であると解するのが判例（最判昭和28・12・3 関連判例）、最判昭和38・12・24 関連判例）・多数説である。

　成立後の会社に対して履行を求め得ないとき、発起人個人の責任が問題になる。本判決は、発起人が会社の代表取締役と称して契約を締結した場合に、本人たる会社は未だ成立していないが、民法117条が類推適用されるとしたことに意義がある（その意味で、本人の不存在や権利能力の欠如の場合に民法117条の類推適用を認めた東京地判昭和25・10・7 関連判例、大阪高判昭和39・10・14 関連判例などと連続的に捉えられる）。なお、無権代理人の責任を追及するためには、相手方の無過失が要件になるが、本件の相手方は本件契約の締結に際し、すでに会社が存在すると信じていた。

さらに理解を深める
会社法百選2版5事件〔久保田光昭〕 最判解民事篇昭和33年度289頁〔土井王明〕、商判5版Ⅰ-33事件、弥永・重要判例3版141事件、判例講義2版7事件、酒巻・尾崎3版補正7事件、江頭4版73頁、神田15版57頁
関連判例　最判昭和28・12・3民集7巻12号1299頁、最判昭和38・12・24民集17巻12号1744頁、東京地判昭和25・10・7下民集1巻10号1608頁、大阪高判昭和39・10・14判時397号41頁

第2章 株式会社　(1) 設立

7 財産引受の無効主張と信義則

最高裁昭和61年9月11日第一小法廷判決
　事件名等：昭和56年（オ）第1094号売掛金請求事件
　掲載誌：判時1215号125頁、判タ624号127頁、金判758号3頁、
　　　　　金法1143号82頁

概要　本判決は、違法な財産引受と営業譲渡について絶対無効であるとする一方、信義則違反を理由に当該無効の主張が許されない「特段の事情」を認めたものである。

事実関係　X株式会社はAとの間で、その有する長岡工場の営業の一切を譲渡する営業譲渡契約を締結し（❶）、Aはその後に設立したY株式会社において営業を承継した（❷）。ただ、この営業譲渡契約が締結されるに当たり、X会社において株主総会の承認決議はなされておらず（❸）、譲受会社であるY会社においては原始定款に財産引受の記載を欠いていた（❹）。Y会社はその後経営が行き詰まり、X会社に対して譲渡代金の支払いがなされないため、X会社は譲渡代金等を求めて訴えを提起した（❺）。Y会社は、上記営業譲渡契約について上記❸・❹の無効原因を主張したが、第1審・控訴審ともにX会社の主張を認容し、Yの主張を排斥した。Y会社より上告。

判決要旨　上告棄却。本件営業譲渡契約について、上記❸・❹の無効原因が存在する（❹については譲受会社であるY社も主張できるとする）ことを前提に「譲受会社であるY会社は、特段の事情のない限り、本件営業譲渡契約について右の無効をいつでも主張することができる」としたうえで、次のように判示した。
「Y会社に本件営業譲渡契約の無効を主張することができない特段の事情があるかどうかについて検討するに、……X会社は本件営業譲渡契約に基づく債務をすべて履行ずみであり、他方Y会社は右の履行について苦情を申し出たことがなく、また、Y会社は、本件営業譲渡契約が有効であることを前提に、X会社に対し本件営業譲渡契約に基づく自己の債務を承認し、その履行として譲渡代金の一部を弁済し、かつ、譲り受けた製品・原材料等を販売又は消費し、しかも、Y会社は、原始定款に所定事項の記載がないことを理由とする無効事由については契約後約9年、株主総会の承認手続を経由していないことを理由とする無効事由について

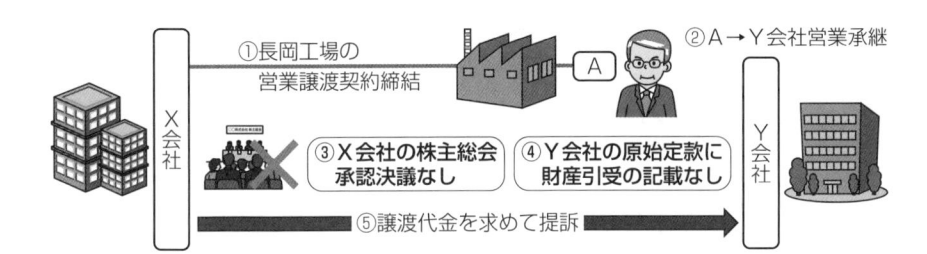

は契約後約20年を経て、初めて主張するに至ったものであり、両会社の株主・債権者等の会社の利害関係人が右の理由に基づき本件営業譲渡契約が無効であるなどとして問題にしたことは全くなかった、というのであるから、Ｙ会社が……その無効を主張することは、法が本来予定したＹ会社又はＸ会社の株主・債権者等の利害関係人の利益を保護するという意図に基づいたものとは認められず、右違反に藉口して、専ら、既に遅滞に陥った本件営業譲渡契約に基づく自己の残債務の履行を拒むためのものであると認められ、信義則に反し許されないものといわなければならない。したがって、Ｙ会社が本件営業譲渡契約について商法の右各規定の違反を理由として無効を主張することは、これを許さない特段の事情がある」。

本判決の位置づけ・射程範囲

本件事案には、営業譲渡（会社法の下では、事業譲渡）契約が譲受会社にとって財産引受に当たるのに定款に記載しなかったことにより無効であるとの主張が含まれている。定款に記載のない財産引受の効力について、判例はこれを確定的に無効として、会社のみならず譲渡人も無効をいつでも主張できると解し（最判昭和28・12・3 関連判例）、また、成立後の会社がこれを追認しても、無効が治癒され有効になり得るわけではないとしている（前掲最判昭和28・12・3、最判昭和42・9・26 関連判例）。本判決は、これらの判例の一貫した立場を踏襲しながら、信義則違反を理由に当該無効の主張が許されない「特段の事情」を認めた最初の最高裁判決である。上記判例の一貫した立場は、そうでないと成立時の会社の財産的基盤の確保が十分に貫き得ないとするものである。判例の立場では、成立後の会社が当該財産を利用しているとき、不当利得返還請求権を認めることも考えられるが（前掲・最判昭和42・9・26）、本判決も、相手方保護の要請との関係で妥当な解決を図ろうとした一例と位置づけることができる（その他、契約上の地位を譲り受けたとみる構成を採ることで解決を図るものとして、東京高判昭和51・7・28 関連判例、東京地判平成7・11・17 関連判例 等）。

さらに理解を深める　**会社法百選2版6事件〔山下眞弘〕** 商判5版Ⅰ-20事件、弥永・重要判例3版142事件、判例講義2版135事件、酒巻・尾崎3版補正148事件、江頭4版72・886頁、神田15版46頁、会社法コンメ(1)315頁〔江頭憲治郎〕
関連判例　最判昭和28・12・3民集7巻12号1299頁、最判昭和42・9・26民集21巻7号1870頁、東京高判昭和51・7・28判時831号94頁、東京地判平成7・11・17判タ926号244頁

第2章 株式会社 (1) 設　立

8 設立費用の帰属

大審院昭和2年7月4日第一民事部判決
　事件名等：昭和元年（オ）第1369号広告料請求事件
　掲載誌：民集6巻428頁

概要　本判決は、株主募集の広告費用が会社法28条4号（当時の商122条5号）にいう設立費用に当たるとし、その金額が定款に記載され、かつ創立総会の承認を経ている場合には、当該広告に関する契約より生じる権利義務は当然に設立後の会社に帰属し、会社は広告料支払義務を負うとしたものである。

事実関係　新聞広告の取扱いを業とするX会社は、設立手続中のA株式会社の発起人であるYらの依頼（❶）により、A会社の株主募集広告を手配し、募集広告は新聞その他の媒体に掲載され（❷）、その後A会社は成立した（❸）。X会社はYらに対し広告料を請求した（❹）が、Yらは、広告料は定款所定の設立費用に含まれるから設立後のA会社が負担すべきとして支払いを拒んだ（❺）ため、X会社は広告料7,312円余の支払いを求めて、Yらに対して訴えを提起した。なお、A社の創立総会では、設立費用中の広告料総額として22,000円余が承認された。原審は、創立総会が上記広告料について会社の債務として設立費用額の中から直接にX会社に対して支払うべき旨の承認をしたという事実を認めることができないとして、X会社の請求を認容した。Yらより上告。

判決要旨　破棄差戻し。「発起人が株式会社の為にする行為には、其の設立事務の執行に必要なる行為と然らざる行為とあるものにして、右の中設立事務の執行に必要なる行為に付ては、発起人は会社を成立せしむることを目的とし、既に成立したる上は其の行為の一切の効力を之に帰属せしめんとするの目的を以て之を為すものなれば、会社が成立し其の創立総会に於て発起人の為したる行為を承認したるときは、発起人の第三者と為したる契約より生ずる権利義務は其の性質上当然会社に移転し、発起人は其の法律関係より脱退するものとす。……発起人が株主を募集する為新聞紙に其の旨の広告を為し、之が費用を支払ふことを約するは、会社の為株式引受人を求め資本を充実せしむる方法たるに外ならざれば、株式を引受けしめ株金を払込ましむると同じく会社設立事務の執行に必要なる行為なりと云はざるを得ず。然り而して、右の広告費用は商法第122条第5号に所論会社の負担に帰すべき設立費用に属するを以て、其の金額が定款に

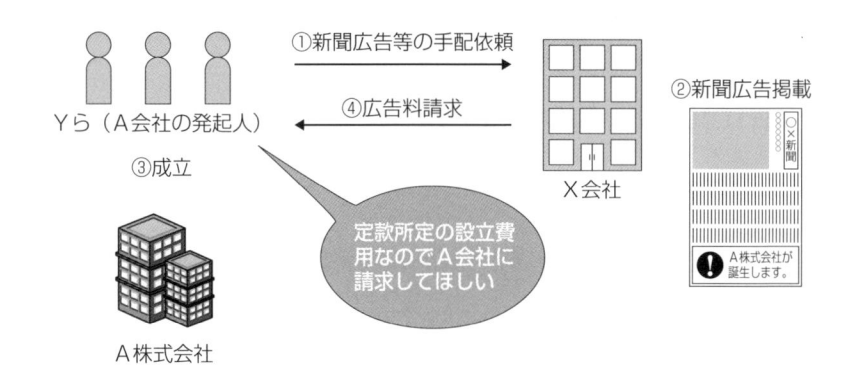

記載せられありて創立総会に於て之を承認し、商法第135条に掲ぐる変更の手続を為さざる限り、右広告に関する契約より生ずる権利義務は当然会社に移転し、会社は広告料支払の義務を負担すべく、発起人は全く其の義務を負担せざるものと謂はざるを得ず。」

本判決の位置づけ・射程範囲

設立費用（会社の設立事務の執行のために必要な費用であり、本判決では株主募集の広告もこれに含まれるとされた）につき、発起人がいったん立替払いをし、定款に記載され、検査役の調査を受けた限度で（会社28条4号・33条）成立後の会社に対して求償するのであれば問題はないが、発起人が取引相手方に対し未払額を残したまま会社が成立した場合どうなるか。本判決はこの問題を扱い、定款に記載され、かつ創立総会の承認を得ている金額の範囲で、債務は当然成立後の会社に帰属し、発起人が負担するものではないとした。しかし、これによると、とくに費用の総額が定款に記載した金額を超えている場合どうなるかという問題を生じ（なお、会社規5条参照。定款の認証手数料等は当然に成立後の会社に帰属する）、取引相手方の地位が著しく害されるため、学説の多くはこれに反対し、債務の帰属は会社法28条4号とは無関係に一律に決せられ、負担部分との差額につき求償関係が残るものとする。

債務の帰属主体につき、大きくは発起人とする説と会社とする説とが対立している。発起人が無資力のとき、両者の対立が実質的な問題となり、後者の見解によると、その場合最終的に会社が定款に記載した金額以上の額の債務を負担することになる（前者の見解は、取引の相手方は、一般に発起人を信用して取引しており、成立後の会社財産をその担保財産とする必要はないとの判断を前提とする）。

さらに理解を深める **会社法百選2版7事件〔小林量〕** 商判5版Ⅰ-21事件、弥永・重要判例3版143事件、判例講義2版9事件、酒巻・尾崎3版補正10事件、江頭4版74頁、神田15版47頁、会社法コンメ⑴268頁〔江頭憲治郎〕 **関連判例** 大判明治44・5・11民録17輯281頁

第2章　株式会社　(1) 設　立

9　創立総会による変態設立事項の変更

最高裁昭和41年12月23日第三小法廷判決
事件名等：昭和39年（オ）第259号建物所有権保存登記抹消登記手続等請求事件
掲載誌：民集20巻10号2227頁、判時474号45頁、判タ202号116頁

概要　本判決は、創立総会において決議することができる変態設立事項の変更は、その縮小または削除に限られ、新たに変態設立事項に関する定めを追加し、または既存の規定を拡張することは許されないとしたものである。

事実関係　株式会社であるX会社の原始定款には、現物出資や財産引受契約についてのいわゆる変態設立事項の記載は存在していなかった（❶）。ところがX会社は、発起人総代Yより実父所有の土地を、Aよりその土地上建物の提供を受け、これを株式引受の対価の一部とするとともに、その残額の限度でX会社に売却、その代金を貸付金とする旨の現物出資および財産引受の合意をするに至った（❷）。その後に開催された創立総会では、上記合意を承認する旨の決議がなされた（❸）が、Y・AはX会社に対して所有権移転登記手続等をしないため、X会社はYらに対して、所有権移転登記手続等を求めて提訴した（❹）。第1審はX会社の主張を認容したが、原審がこれを排斥したため、X会社より上告。X会社は、たとえ本件土地建物の取得行為が現物出資または財産引受に該当するとしても、創立総会には厳格な要件のもとに定款変更権が認められ、株主の自主権を法は認めているのであって、株式引受人全員の出席した創立総会において満場一致で承認決議がなされた以上はX会社の所有権取得は有効である等と主張した。

判決要旨　上告棄却。「商法上、現物出資、財産引受のようないわゆる変態設立事項は、原始定款の相対的記載事項とされ、その記載がなければ効力を生ぜず（168条1項）、設立経過中において特に裁判所の選任する検査役の調査を受けるべきことが要求され（173条、181条）、発起設立の場合には裁判所、募集設立の場合には創立総会において、その事項を不当と認めたときは変更することができ（173条2項、185条1項）、また、募集設立の場合には株式申込証にその事項を記載し株式を引受けようとする者にその内容を知らせることが必要とされている（175条2項）。かような厳重な法の規制は、これらの事項が、発起人

の濫用の対象となり、発起人その他の第三者の利益のために会社の財産的基礎が害される危険が多いため、会社資本の充実を期して会社債権者を保護し、併せて他の株主の利益が害されることを防止する目的に出たものであることは明らかである。されば、右185条1項による創立総会の変更権は、原始定款記載の変態設立事項が不当と認められる場合に、これを監督是正する立場から、かような事項を縮小または削除するためにのみ行使されるべきものであって、創立総会で新たに変態設立事項に関する定めを追加し、あるいは既存の規定を拡張することは許されないものというべく、187条の規定する創立総会の定款変更権は、変態設立事項については及ばないと解するのが相当である。右と同旨の解釈に立って、X会社の原始定款に現物出資および財産引受に関する事項の記載のないことを理由に、本件土地建物のX会社への帰属を認めなかった原審の判断は、正当というべきである。」

本判決の位置づけ・射程範囲

本判決は、創立総会において決議できる変態設立事項の変更の範囲は、その縮小または削除に限られ、新たに変態設立事項に関する定めを追加し、あるいは既存の規定を拡張することは許されないとした初めての最高裁判決である。発起人の権限濫用を防止するという監督是正の立場によるものであるが、その判旨が会社法制定後も妥当するかどうかについて見解が分かれる。会社法制定前と比べて、会社法の下では、創立総会は変態設立事項を不当と認めたときだけに変更できるとは限定されておらず（改正前商185条1項と会社96条とを対比）、また、変態設立事項に係る定款変更に反対した設立時株主には設立時発行株式の引受けにかかる意思表示を取り消すことが認められている（会社97条）。これらにより、たとえば当該決議に反対する設立時募集株式の引受人の立場についても、必ずしも事後の引受条件の変更を強制することになるとはいえなくなっている。しかし、会社法の下でも、本判決は維持されるとする見解も少なくない（たとえば、創立総会に欠席した設立時株主の利益の考慮、発起設立の場合に、少なくとも会社成立前には、変態設立事項の追加・拡張を内容とする定款変更が認められない（会社30条2項）こととの均衡等がその理由とされている）。

さらに理解を深める　**会社百選5版10事件〔金澤理〕**　最判解民事篇昭和41年度568頁〔横山長〕、判例講義2版10事件、酒巻・尾崎3版補正14事件、江頭4版99頁、神田15版52頁、会社法コンメ(1)305頁〔江頭憲治郎〕　**関連判例**

第2章　株式会社　(1) 設立

10 見せ金による払込みの効力

最高裁昭和38年12月6日第二小法廷判決
　事件名等：昭和35年（オ）第1154号売掛代金請求事件
　掲載誌：民集17巻12号1633頁、訟月9巻12号1349頁、判時355号36頁、
　　　　　判タ155号186頁

概要　本判決は、当初から真実の株式払込みとして会社資金を確保する意図なく行われた、いわゆる見せ金による株式払込みの効力を否定したものである。

事実関係　A株式会社は資本金200万円全額払込済みの株式会社として設立登記を経由した（❶）が、Yは発起人総代として設立事務一切を委任されて担当し、株式払込みについては、Yが主債務者としてその余の発起人のため一括してB銀行名古屋支店から金200万円を借り受け（❷）、その後右金200万円を払込取扱銀行である同銀行支店に株式払込金として一括して払い込み（❸）、同支店から払込金保管証明書の発行を得て設立登記手続を進め（❹）、右手続を終えて会社成立後、同会社は右銀行支店から株金200万円の払戻しを受けた（❺）上、Yに右金200万円を貸し付け（❻）、Yはこれを同銀行支店に対する前記借入金200万円の債務の弁済にあてた（❼）。A会社に対して売掛金債権を有するX公団は、A会社がYに対して払込担保責任を追及できるにもかかわらずこれをしないなどとして、請求権の代位行使に及んだ（❽）。第1審はXの請求を認容したが、控訴審は以上のような払込みが必ずしも虚偽仮装のものとは断定できないとして第1審判決を取り消し、Xの請求を棄却したため、Xより上告。

判決要旨　一部破棄差戻し。「当初から真実の株式の払込として会社資金を確保するの意図なく、一時的の借入金を以て単に払込の外形を整え、株式会社成立の手続後直ちに右払込金を払い戻してこれを借入先に返済する場合の如きは、右会社の営業資金はなんら確保されたことにはならないのであって、かかる払込は、単に外見上株式払込の形式こそ備えているが、実質的には到底払込があったものと解し得ず、払込としての効力を有しないものといわなければならない。」「〔本件では、〕会社成立後前記借入金を返済するまでの期間の長短、右払戻金が会社資金として運用された事実の有無、或は右借入金の返済が会社の資金関係に及ぼす影響の有無等、その如何によっては本件株式の払込が実質的には会社の資金とするの意図なく単に払込の外形を装ったに過ぎないものであり、従って株式

第 2 章　株式会社　設立　21

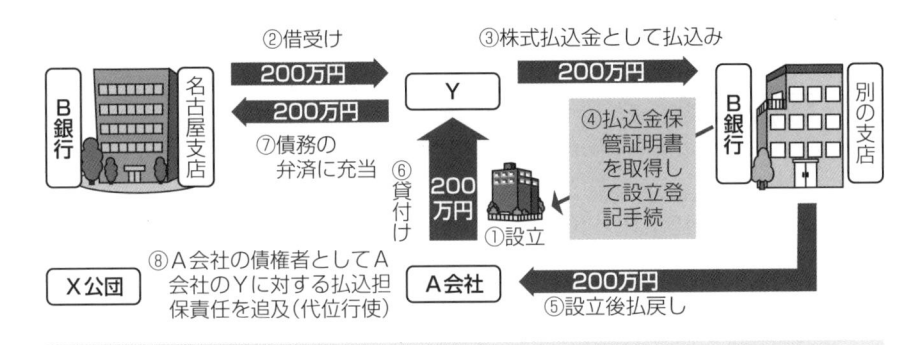

①設立
②借受け 200万円
B銀行 名古屋支店 → Y
200万円
⑦債務の弁済に充当
⑥貸付け 200万円
③株式払込金として払込み 200万円 → B銀行 別の支店
④払込金保管証明書を取得して設立登記手続
X公団
⑧A会社の債権者としてA会社のYに対する払込担保責任を追及（代位行使）
A会社
⑤設立後払戻し 200万円

の払込としての効力を有しないものではないかとの疑いがあるのみならず、……Yの前記銀行支店に対する借入金200万円の弁済は会社成立後間もない時期であって、右株式払込金が実質的に会社の資金として確保されたものではない事情が窺われないでもない。然るに、原審がかかる事情につきなんら審理を尽さず、従ってなんら特段の事情を判示することなく、本件株式の払込につき単にその外形のみに着目してこれを有効な払込と認めてYらの本件株式払込責任を否定したのは、審理不尽理由不備の違法があるものといわざるを得〔ない〕。」

本判決の位置づけ・射程範囲

　見せ金は、典型的には、発起人（新株発行の場合は取締役）が払込取扱機関以外の第三者から借入れをし、それを株式の払込にあて、会社の成立（または新株発行の効力発生）後直ちにこれを払込取扱機関から引き出して借入先に返済することをいう。本件では、借入れは払込取扱機関からなされているが、払込取扱機関と発起人との間に通謀がないことから、預合い（会社965条。最決昭和42・12・14 本書154事件 ）には該当せず、見せ金に含まれる。見せ金でも払込み自体は有効で、ただ会社の金を自己の借入金の弁済にあてたことにつき業務上横領罪（刑253条）・特別背任罪（会社960条）の成立や会社法423条の責任を負う可能性が問題になるとする説もあるところ、本判決は、外形上払込みの形式を整えたにすぎず、払込みとしての効力を有しないことを明らかにした点に意義がある。また、かかる仮装払込みに当たるか否かには、借入金返済までの期間の長短、払込金が会社資金として運用された事実の有無、借入金の返済が会社の資金関係に及ぼす影響の有無等が判断基準になることも示されている。会社法の下においても基本的に本判決の立場は維持されると考えられ、見せ金による払込みは、払込みの欠缺として設立無効原因（会社828条1項1号）となり得る。また、公正証書原本不実記載・行使罪（刑157条）も問題になる（最決平成3・2・28 本書155事件 ）。

さらに理解を深める　会社百選6版10事件〔野村修也〕最判解民事篇昭和38年度385頁〔千葉裕〕、弥永・重要判例3版144事件、酒巻・尾崎3版補正11事件、江頭4版414頁、神田15版51頁、会社法コンメ（21）120頁〔佐伯仁志〕　関連判例　最決昭和42・12・14 本書154事件 、最決平成3・2・28 本書155事件

第2章　株式会社　(1) 設立

11　現物出資と詐害行為取消

東京地裁平成15年10月10日判決
　事件名等：平成13年（ワ）第19030号詐害行為取消請求事件
　掲載誌：金判1178号2頁

概要　本判決は、株式会社に対する現物出資行為について、少なくとも株式会社の資本を毀損しない範囲では、詐害行為として取り消すことができるとしたものである。

事実関係　X銀行はAとの間で昭和63年ごろ銀行取引約定書を締結し、融資取引を開始した（❶）が、次第にAの返済は滞りはじめ、平成9年になると弁済は完全に停止した（❷）。平成11年になり、Aは自ら発起人として設立したY会社に、その所有する商業ビルを現物出資し、所有権移転登記を経由した（❸）。現物出資当時のAの総資産は、X銀行への残債務を含む総債務を下回っており、また、現物出資が取り消されたとしてもY会社の資本が毀損されることはなかった（❹）。X銀行は、平成13年、AのY会社に対する上記現物出資は詐害行為に該当すると主張し、その取消を求めて訴えを提起した（❺）。これに対してY会社は、株式会社設立の際の現物出資を詐害行為として取り消すことはできない等として争った。

判決要旨　請求認容。「株式会社に対する現物出資行為についても、少なくとも株式会社の資本を毀損しない範囲では、設立行為を直接取り消すことにはならないから、詐害行為として取り消すことができると解するのが相当である。……Y会社は、商法141条の規定が株式会社に適用されないこと、設立無効の訴えが制限されていることを指摘するが、商法141条は設立取消しの訴えであり、上記のような現物出資の詐害行為取消しを認めることは、Y会社が指摘する商法の各規定に矛盾するものではない。……また、Y会社は、株式会社の重要な財産の現物出資の取消しを認めることは会社の存立を不可能にし、取引の安全を害するとも主張するが、会社の設立行為自体を害するものに当たらないことは前述のとおりであるし、かかる事態は現物出資に限らず、その後の譲受行為によって取得された会社財産においてもいえることであり、およそ株式会社に対する重要な財産の譲受行為は詐害行為の対象とならないと解すべき理由はない。」
「Aが所有する不動産のうち本件自宅土地建物を除く不動産全部を現物出資した

```
[X銀行] ──①銀行取引約定書締結──→ ②弁済停止 [A]
         ⑤詐害行為取消権の行使              ③現物出資
         ④現物出資時のAの総資産＜Aの総債務
           現物出資が取り消されたとしてもY会
           社の資本は毀損せず                [Y会社]
```

ことは、Aの債権者に対する関係で債務の引当てとなる資産を減少させるものであり、詐害行為性が認められる。」

「〔Aは、現物出資当時、〕自己のX銀行に対する元金約３億3000万円弱の債務につき延滞により１億円を明らかに超える利息及び遅延損害金が発生しており、その他の金融機関に対する債務及び滞納税等もあることを認識するとともに、本件自宅土地建物等、本件現物出資に供する不動産以外の自己の資産の価値がこれに不足することを認識していたものと認めるのが相当であり、したがって、本件現物出資が債権者の引当てとなる資産を減少させるものであることを認識していたものということができる。」

本判決の位置づけ・射程範囲

本判決は、株式会社に対する現物出資に民法424条の適用を明確に肯定した初めての裁判例として先例的意義を有する。債務者が債権者の追及から逃れるため保有資産を出資して会社を設立する事例に関して、株式会社には、持分会社について認められる設立取消の訴えの制度（改正前商141条・147条、旧有75条１項。会社832条２号）がなく、民法424条の適用の有無が問題になっていたところ、それに消極的な裁判例も出ており（宇都宮地判昭和33・７・25 関連判例）、そこでは、現物出資が取り消されると、株式会社の設立無効を来たし会社関係者に大きな影響を与える可能性があること等が理由とされていた（このような考慮に基づき適用を否定する説では、債権者の保護は法人格否認の法理によることが考えられる）。しかし、本判決が指摘するように、現物出資の取消しを認めることが直ちに設立自体の無効に結びつくものではない（会社828条１項１号）。また、設立無効を来たすことは、現物出資以外でも生じ得る。なお、本判決が民法424条の適用を株式会社の資本を毀損しない範囲に限定するようにも読めること（本件は、取消しは認容されても株式会社の資本が毀損されないケースであった）には批判も多く、会社に一定の財産があると信頼して取引に入った債権者には、任務懈怠責任（会社53条２項）による保護があること等が指摘される。

さらに理解を深める 平成15年度重判（ジュリ1269号）商法２事件〔尾崎安央〕弥永・重要判例３版145事件、酒巻・尾崎３版補正13事件、江頭４版94頁、会社法コンメ(1)259頁〔森田果〕・312頁〔江頭憲治郎〕 関連判例 宇都宮地判昭和33・７・25下民集９巻７号1433頁

第2章　株式会社　(2) 株　式

12　他人名義による株式の引受け

最高裁昭和42年11月17日第二小法廷判決
　事件名等：昭和42年（オ）第231号株券引渡請求事件
　掲載誌：民集21巻9号2448頁、判時504号85頁、判タ215号101頁、
　　　　　金判91号7頁

概　要　本判決は、他人の承諾を得てその名義を用いて株式の引受がされた場合においては、名義貸与者ではなく、実質上の引受人が株主になるとしたものである。

事実関係　Y株式会社が2度にわたって新株を発行するに当たり、代表取締役Aは、他の役員と通じて会社の資金をもって新株発行の払込みにあてることを計画した（❶）。そのための具体的な実行方法は、Xを含むY会社の従業員12名から名義を借り受けて引受け・払込みの手続をするというものであり、Aは、あらかじめの上記12名の承諾を得た（❷）。Aは、払込金額に相当する金額を特別賞与として従業員らに支給したように装い、発行手続を済ませた。Xは計500株の名義上引受人となった（❸）。

その後Xは、当該500株の新株については自らが引き受けたものであると主張し、Y会社に対して、株券の引渡しを求めて訴えを提起した（❹）。

第1審は「名義貸与者と名義借用者とが意思を通じて名義貸与者の名義で株式の引受がなされた場合は、両者間の実質関係の如何に拘らず、対会社関係においては、株式引受人従って株主となるのは名義貸与者であって名義借用者ではない」としてXを株主と認めたものの、本件では「Xらは自己名義の株式について凡ての権利をAに対して与える旨の明示又は黙示の合意があった」としてXの請求を棄却した。控訴審は、Xは株主となりえないとして、Xの請求を棄却した。Xより上告。

判決要旨　上告棄却。「他人の承諾を得てその名義を用い株式を引受けた場合においては、名義人すなわち名義貸与者ではなく、実質上の引受人すなわち名義借用者がその株主となるものと解するのが相当である。ただし、商法第201条は第1項において、名義のいかんを問わず実質上の引受人が株式引受人の義務を負担するという当然の事理を規定し、第2項において、特に通謀者の連帯責任を規定したものと解され、単なる名義貸与者が株主たる権利を取得する趣旨を規定したものとは解されないから、株式の引受および払込については、一

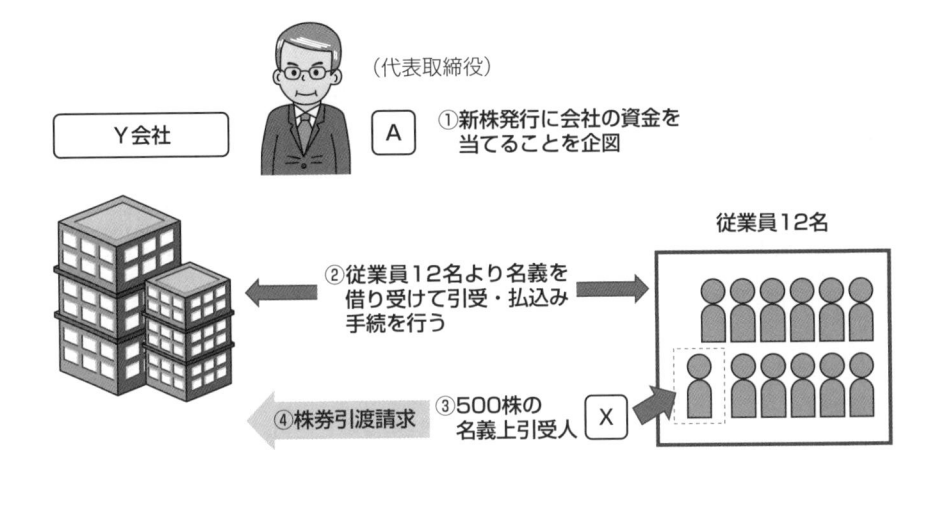

第2章　株式会社　株式　25

[図：Y会社、代表取締役A、従業員12名、X（500株の名義上引受人）に関する図解
①新株発行に会社の資金を当てることを企図
②従業員12名より名義を借り受けて引受・払込み手続を行う
③500株の名義上引受人
④株券引渡請求]

> 般私法上の法律行為の場合と同じく、真に契約の当事者として申込をした者が引受人としての権利を取得し、義務を負担するものと解すべきであるからである。」

本判決の位置づけ・射程範囲

　本判決は、他人の承諾を得てその名義で株式を引き受けた場合、一般私法上の法律行為の場合と同じく、真に契約の当事者として申込みをした者が株主になること（実質説）を最高裁が初めて判示したものである。仮設人名義または承諾なく他人の名義を用いた場合の判断（神戸地判昭和27・6・5 関連判例）と同様の結論である。この問題について名義貸与者が株主となるとする見解（形式説）も有力であり、その根拠の1つは、改正前商法201条2項の文言からは名義人が第1次的な払込義務者であると読めることであったが、同条が削除された会社法の下では、実質説が一層妥当するともいえ

る（その他、形式説の論拠には、今日では必ずしも妥当しないと思われるものが少なくない）。

　実質説では、誰が実質上の引受人であったかの事実認定の問題が残る。通常は実際に経済的出捐をしたのが誰かによって判断されようが、経済的出捐をした者の意思または当事者間の合意いかんによっては、経済的出捐をしていない名義貸与者が株主と認定されることもあり得ると指摘され、立証責任の問題ということになる。なお、本件では会社資金による払込みと認定されているところ、名義借用者が実質的な引受人であることが前提とされている点につき必ずしも説得的な理由づけがされているとはいえない。

さらに理解を深める

会社法百選2版8事件〔神作裕之〕 最判解民事篇昭和42年度512頁〔千種秀夫〕、商判5版Ⅰ-22事件、弥永・重要判例3版147事件、判例講義2版15事件、酒巻・尾崎3版補正42事件、江頭4版94頁、神田15版49頁、会社法コンメ⑴256頁〔森田果〕　**関連判例**　神戸地判昭和27・6・5下民集3巻6号777頁

第2章　株式会社　(2)　株　式

13 持分（株式）の相続と訴訟の承継

最高裁昭和45年7月15日大法廷判決
　事件名等：昭和42年（オ）第1466号会社解散、社員総会決議取消等請求事件
　掲　載　誌：民集24巻7号804頁、判時597号70頁、判タ251号152頁、
　　　　　　　金判224号6頁

概　要　本判決は、有限会社社員の提起した会社解散の訴え等の係属中に上記社員が死亡した場合には、相続により持分を取得した相続人がその訴訟の原告たる地位を承継するとしたものである。

事実関係　亡AはY有限会社の社員であったが、生前、Y会社に対して会社解散の訴え、社員総会決議取消の訴えおよび同無効確認の訴えを提起していた。A死亡後遺産分割の結果Aの持分すべてを相続したXは、上記訴訟について承継したものとしてY会社に対する本訴を遂行した。Y会社はXの当事者適格を争い、第1審・控訴審ともにXの請求を棄却した。Xより上告。

判決要旨　破棄差戻し。「自益権の価値の実現を保障するために認められ……社員自身の利益のために与えられたものであることは否定することができない……〔という〕共益権の性質に照らせば、それは自益権と密接不可分の関係において全体として社員の法律上の地位としての持分に包含され、したがって、持分の移転が認められる以上（有限会社法19条）、共益権もまたこれによって移転するものと解するのが相当であり、共益権をもって社員の一身専属的な権利であるとし、譲渡または相続の対象となりえないと解するいわれはないのである。」
「以上説示したところによれば、本件における会社解散請求権、社員総会決議取消請求権、同無効確認請求権のごときも、持分の譲渡または相続により譲受人または相続人に移転するものと認められる。その理は、本件におけるように、社員が社員たる資格に基づいて会社解散の訴、社員総会決議の取消または無効確認の訴を提起したのち持分の譲渡または相続が行なわれた場合においても、異なるところはない。
　ところで、社員が右のような訴を提起したのちその持分を譲渡した場合には、譲受人は会社解散請求権、社員総会決議取消請求権および同無効確認請求権のごときは取得するけれども、譲渡人の訴訟上における原告たる地位までも承継する

ものとはいえない。これに反して、相続の場合においては、相続人は被相続人の法律上の地位を包括的に承継するのであるから、持分の取得により社員たる地位にともなう前記のごとき諸権利はもとより、被相続人の提起した訴訟の原告たる地位をも承継し、その訴訟手続を受け継ぐことになるのである。もし、原告たる被相続人の死亡により同人の提起した訴訟が当然に終了するものとするならば、本件の社員総会決議取消の訴におけるように提訴期間の定め（有限会社法41条、商法248条1項）がある場合において、被相続人の死亡当時すでにその提訴期間を経過しているときは、相続人は新たに訴を提起することができず、原告たる被相続人の死亡なる偶然の事情により、社員がすでに着手していた社員総会決議のかしの是正の途が閉ざされるという不合理な結果となるのを免れないのである。

してみれば、本件訴訟については、原告たるAの死亡により、同人の有したY会社の持分の全部を相続により取得したXにおいて原告たる地位をも当然に承継したものというべきであ」る。

本判決の位置づけ・射程範囲

本判決は、有限会社の出資持分の相続があった場合に、会社解散請求権等、共益権といわれる権利に基づく訴訟を承継できるかが争われた事案において、株式・持分の性質につきいわゆる「社員権説」を採用することを明らかにし、共益権の譲渡性・相続性を認めたうえで、相続人による訴訟承継を肯定した大法廷判決である（なお、本判決には、「社員権否認論」の立場から、共益権は一身専属的権利であるため、原告たる社員の死亡によって訴訟手続は終了するとし、原判決を正当とする反対意見が付されている）。本件は有限会社の事案であるが、本件判旨からも明らかなように、その論理は株式会社についても妥当する（会社法では、有限会社は株式会社と一体化されている）。これにより下級審における対立（訴訟承継を肯定するものに名古屋高判昭和42・9・29 関連判例 、否定するものに仙台高秋田支判昭和31・4・30 関連判例 ）は決着をみた。訴訟経済（別訴の必要性など）や当事者の保護（提訴期間など）の点でも妥当な結論を導くものとみられる。

なお、傍論ではあるが、持分（株式）が譲渡された場合には、訴訟の承継が認められないことが示唆されている。これは実体法の観点からは受け入れやすい見解であるとしても、既存の訴訟状態を引き継ぐことで訴訟経済や当事者の保護を図るという訴訟承継の趣旨を考慮すると、必ずしもそれのみが承継の可否の判断基準にはならないとの指摘がある。

さらに理解を深める

会社法百選2版11事件〔松山美和子〕 最判解民事篇昭和45年度（上）249頁〔宇野栄一郎〕、商判5版Ⅰ－23事件、酒巻・尾崎3版補正17事件、判例講義2版14事件、江頭4版126・347・915頁、神田15版66頁、会社法コンメ(3)301頁〔前田雅弘〕　関連判例　名古屋高判昭和42・9・29高民集20巻4号429頁、仙台高秋田支判昭和31・4・30高民集9巻4号240頁

第2章　株式会社　(2)　株式

14 共有株式についての権利行使者の指定

最高裁平成11年12月14日第三小法廷判決
　事件名等：平成10年（オ）第866号取締役会決議無効確認、臨時株主総会決
　　　　　　議不存在確認等請求事件
　掲載誌：判時1699号156頁、判タ1024号163頁、金判1087号15頁

概　要　本判決は、共有に属する株式につき権利行使者の指定および会社に対する通知を欠くときは、共有者全員が議決権を共同して行使する場合を除き、会社の側から議決権の行使を認めることは許されないとしたものである。

事実関係　Y株式会社は、その発行済株式の80％をAが、残りについて10％ずつをAの長男Xと次男Bが保有していたが、Aが死亡してその保有株式の相続をめぐり相続人間で争いとなった（❶）。共有株式については権利行使者を指定し、会社に通知する必要があるが、以上のような経緯から、Y会社に対してそれがなされないまま臨時株主総会が開催され（❷）、議長であるBは、Aの保有株式については法定相続分で株主の持株とすると宣言し、議事を進行しようとした（❸）。これに反対する意思を表示したXを除く全員一致で議事は進行し、Bらが取締役に選任された（後に登記を経由した）（❹）。これを不服としてXは、上記株主総会決議の不存在確認とその後に開催された取締役会決議の無効確認を求めて訴えを提起した（❺）。第1審・控訴審ともにXの主張を認容したため、Y会社より上告。

判決要旨　上告棄却。「株式を共有する数人の者が株主総会において議決権を行使するに当たっては、商法203条2項の定めるところにより、右株式につき『株主ノ権利ヲ行使スベキ者一人』（以下「権利行使者」という。）を指定して会社に通知し、この権利行使者において議決権を行使することを要するのであるから、権利行使者の指定及び会社に対する通知を欠くときには、共有者全員が議決権を共同して行使する場合を除き、会社の側から議決権の行使を認めることは許されないと解するのが相当である。なお、共有者間において権利行使者を指定するに当たっては、持分の価格に従いその過半数をもってこれを決することができると解すべきであるが……、このことは右説示に反するものではない。

　これを本件についてみると、原審が適法に確定したところによれば、（一）亡Aの有していた本件株式は、Xを含む亡Aの共同相続人が相続により準共有する

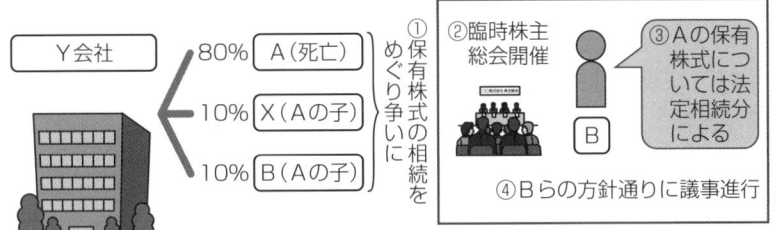

図中:
- Y会社 ← 80% A(死亡)、10% X(Aの子)、10% B(Aの子)
- ①保有株式の相続をめぐり争いに
- ②臨時株主総会開催
- ③Aの保有株式については法定相続分による
- ④Bらの方針通りに議事進行
- ⑤株主総会不存在確認請求等 → X

に至ったが、本件株主総会に先立ち、権利行使者の指定及びY会社に対する通知はされていない、（二）本件株主総会には、右共同相続人全員が出席したが、Xが本件株式につき議決権の行使に反対しており、議決権の行使について共同相続人間で意思の一致がなかった、というのである。そうすると、本件株式については、権利行使者の指定及び会社に対する通知を欠くものであるから、共同相続人全員が共同して議決権を行使したものとはいえない以上、たといY会社が本件株式につき議決権の行使を認める意向を示していたとしても、本件株式については適法な議決権の行使がなかったものと解すべきである。」

本判決の位置づけ・射程範囲

共同相続人間における遺産相続協議が紛糾した場合、相続株式の権利行使者の指定・通知（改正前商203条2項、会社106条本文）ができない事態が生じ得、とくに中小企業の支配株式の共同相続の場合には問題が深刻になる。本判決はそのような問題を扱う諸判例の一環をなすものであり、権利行使者の指定と通知がない場合に、会社の側から共有株式に基づく議決権行使を認めることはできるものの（会社法の下では、会社法106条ただし書がこれを明示的に認めている）、それは共有者全員が共同して行使する場合に限られる旨を明らかにしたものである。このような考え方に対しては、総会の開催が困難になり会社運営に支障が生じるとの批判もみられたが、本判決も引用する最判平成9・1・28 [本書15事件] が権利行使者の指定を持分価格の過半数で行うことを肯定しており（ただし、学説上は、同判決に反対する説も有力である）、上記批判は説得力の乏しいものになっている。

なお、権利行使者の指定、通知は株主総会決議不存在確認の訴え等の会社訴権の場合も同様に必要である。この関係で、本件では原告がすでに自己固有の株式を保有していたため問題にならなかったが、原告適格が問題になった事案として、前掲最判平9・1・28のほか、最判平成2・12・4 [本書17事件] や平成3・2・19 [関連判例] がある。

さらに理解を深める 平成11年度重判（ジュリ1179号）商法1事件〔片木晴彦〕江頭4版118頁、神田15版65頁、会社法コンメ(3)38頁〔上村達男〕

[関連判例] 最判平成9・1・28 [本書15事件]、最判平成3・2・19判時1389号143頁

第2章　株式会社　(2)　株　式

15　持分（株式）の共有者間における権利行使者の指定方法

最高裁平成9年1月28日第三小法廷判決
　事件名等：平成5年（オ）第1939号社員総会決議不存在確認請求事件
　掲　載　誌：判時1599号139頁、判タ936号212頁、金判1019号20頁、
　　　　　　金法1489号29頁

概　要　本判決は、有限会社の持分が数人の共有に属する事例に関して、旧有限会社法22条、改正前商法203条2項（会社106条本文）にいう社員の権利を行使すべき者は、その共有持分の価格に従い過半数をもって定め得るとしたものである。

事実関係　亡Aは、Y₁有限会社・Y₂有限会社の持分のすべてを所有していた（❶）。その法定相続人は、妻であるX₁、子であるX₂およびX₃のほか、亡AとBとの間に生まれたCの4名であった（❷）。X₁らは、Cの法定代理人であったBが権利行使者を指定するための協議に応じないとして、権利行使者の指定および通知をすることなくY₁会社・Y₂会社の準共有社員としての地位に基づき、社員総会決議不存在確認の訴えを提起した（❸）。第1審・控訴審ともに権利行使者の指定および通知をCにしていないことを理由としてX₁らの原告適格を否定し、訴えを却下した。X₁らは、X₁・B間で亡A作成の遺言をめぐる争いがあることから、権利行使者を指定するための協議ができず、権利行使者の指定および通知を不要とする「特段の事情」が存在していたとして上告。

判決要旨　上告棄却。「有限会社の持分を相続により準共有するに至った共同相続人が、準共有社員としての地位に基づいて社員総会の決議不存在確認の訴えを提起するには、有限会社法22条、商法203条2項により、社員の権利を行使すべき者（以下「権利行使者」という）としての指定を受け、その旨を会社に通知することを要するのであり、この権利行使者の指定及び通知を欠くときは、特段の事情がない限り、右の訴えについて原告適格を有しないものというべきである……。そして、この場合に、持分の準共有者間において権利行使者を定めるに当たっては、持分の価格に従いその過半数をもってこれを決することができるものと解するのが相当である。けだし、準共有者の全員が一致しなければ権利行使者を指定することができないとすると、準共有者のうちの一人でも反対すれば全員の社員権の行使が不可能となるのみならず、会社の運営にも支障を来すおそれがあり、会社の事務処理の便宜を考慮して設けられた右規定の趣旨に

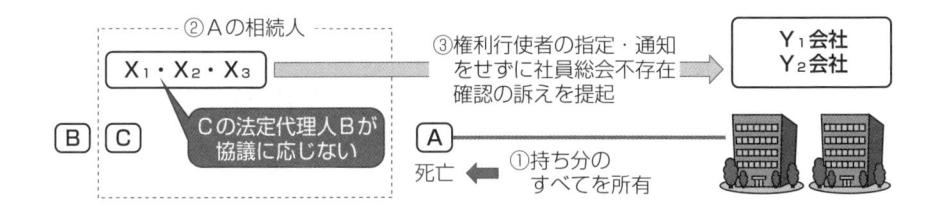

も反する結果となるからである。」

「〔本件では、〕BないしCが協議に応じないとしても、亡Aの相続人間において権利行使者を指定することが不可能ではないし、権利行使者を指定して届け出た場合にY会社らがその受理を拒絶したとしても、このことにより会社に対する権利行使は妨げられないものというべきであって、そもそも、有限会社法22条、商法203条2項による権利行使者の指定及び通知の手続を履践していない以上、X₁らに本件各訴えについて原告適格を認める余地はない。その他、本件において、右の権利行使者の指定及び通知を不要とすべき特段の事情を認めることもできない。」

本判決の位置づけ・射程範囲

相続により持分（株式）を準共有するに至った共同相続人が権利行使者の指定・通知（旧有22条・改正前商203条2項、会社106条本文）を欠く場合、特段の事情がない限り、社員（株主）総会決議不存在確認の訴えについて原告適格を有しない（最判平成2・12・4 本書17事件）。本判決は、この権利行使者の決定について、相続分に応じた持分の過半数でこれをなし得ること（民252条参照）を最高裁として明確にした点に意義がある。主として会社の円滑な運営への配慮という観点の理由づけが示されている。これに対し、権利行使者の指定は共同相続人の利益に重大な影響を及ぼす共益権の行使を含め、社員（株主）としての権利の行使を包括的に権利行使者にゆだねてしまう面があり、争っている少数持分権者の利益が無視されかねず、共有物の処分行為に準ずる行為（民251条）として共有者全員の同意を要するとする反対説も有力であるが、最判平成11・12・14 本書14事件も本判決を踏襲していることから、判例はこの立場で固まったといえる。

本件では、原告らのみで権利行使者を指定することは不可能であったとして、「特段の事情」の存在が主張されているが、原告らの相続分に応じた持分は9割に達しているため、本判決の見解によれば、それは認められないことになる。ただ、仮に本件の原告らが少数持分権者であった場合はどうかということは、本判決の射程外の問題として残されている。

さらに理解を深める 会社法百選2版10事件〔柴田和史〕商判5版Ⅰ-24事件、判例講義2版16事件、酒巻・尾崎3版補正19事件、江頭4版119頁、神田15版64頁、会社法コンメ(3)40頁〔上村達男〕 **関連判例** 最判平成2・12・4 本書17事件、最判平成11・12・14 本書14事件

第2章　株式会社　(2)　株　式

16 共有株式の権利行使者の指定と権利の濫用

大阪高裁平成20年11月28日判決
　事件名等：平成20年（ネ）第1758号総会決議存否確認請求控訴事件、
　　　　　　平成20年（ネ）第1961号同附帯控訴事件
　掲載誌：判時2037号137頁、金判1345号38頁

概要　本判決は、共同相続人による共有状態にある株式の権利行使者の定め等が権利の濫用に当たり許されないとされた事例である。

事実関係　Y株式会社を創業したAには、妻B、長女X₁、三女X₂および次女CがおりCの夫DはA・Bと養子関係にあった。AおよびBが順次死亡した後、Y会社株式のB持分についてはX₁・X₂・C・Dの準共有となった（❶）。X₁・X₂はC・Dに対し、X₂を権利行使者であることの受諾を求めたが、C・Dはこれに応じなかった（❷）ため、X₁・X₂は、協議不調のままY会社に対して権利行使者をX₂と指定する旨通知した（❸）が、その後に開催されたY会社の株主総会では議長であるDがX₂による権利行使を拒否し、X₁・X₂の提案に係る議案は否決された。そこでX₁・X₂は、自らの提案議案の可決決議が成立したこと等の確認を、予備的請求として（1）Y会社提案議案の可決決議不存在確認と（2）本件各決議の取消しを求めて訴えを提起した。原審が予備的請求（2）を認容したため、Yより控訴。X₁・X₂が附帯控訴した。

判決要旨　原判決一部取消、Xの請求棄却、附帯控訴棄却。「共同相続人間の権利行使者の指定は、最終的には準共有持分に従ってその過半数で決するとしても、……準共有が暫定的状態であることにかんがみ、またその間における議決権行使の性質上、共同相続人間で事前に議案内容の重要度に応じしかるべき協議をすることが必要であって、この協議を全く行わずに権利行使者を指定するなど、共同相続人が権利行使の手続の過程でその権利を濫用した場合には、当該権利行使者の指定ないし議決権の行使は権利の濫用として許されないものと解するのが相当である。」

「〔本件では、〕X₁らは、平成18年のAとBの死亡を契機として本件株式が準共有の状態となり、これが遺産分割が終了するまでの暫定的な事態にもかかわらず、この間に限り、前記のとおり、X₁らにおいてわずか400株の差で過半数を占めることとなることを奇貨とし、Y会社の経営を混乱に陥れることを意図し、〔Aを

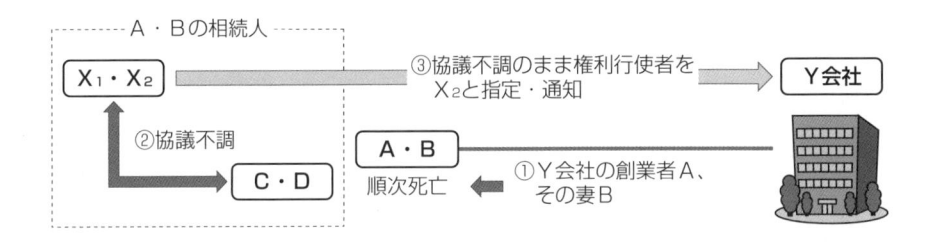

```
     ┌─── A・Bの相続人 ──┐
     │                           ③協議不調のまま権利行使者を
     │  X₁・X₂  ─────────────→  X₂と指定・通知  ─────────→   Y会社
     │    ↑                                           
     │    │②協議不調        A・B                      
     │    ↓               順次死亡 ←── ①Y会社の創業者A、
     │   C・D                              その妻B
     └──────────────────┘
```

被相続人とする遺産分割審判にかかる〕本件抗告審決定で問題点を指摘されたにもかかわらず、権利行使者の指定について共同相続人間で真摯に協議する意思を持つことなく、単に形式的に協議をしているかのような体裁を整えただけで、実質的には全く協議をしていないまま、いわば問答無用的に権利行使者を指定したと認めるのが相当である。

　そうとすれば、仮に一連の経緯のなかで、X₁らとD、Cとの間で協議が一応されたとみる余地があるとしても、前記認定事実によれば、X₁らの本件株式についての権利行使者をX₂とする指定は、法の定める手続を無視すると同様な行為と評価せざるを得ず、もはや権利の濫用であって、許されないものといわざるを得ない。」

本判決の位置づけ・射程範囲

　本判決は、株式の共同相続人間における権利行使者の指定（会社106条本文）は相続分に応じた持分の過半数でこれをなし得るとした最判平成9・1・28 本書15事件 を前提としつつ、単に形式的に協議をしているかのような体裁を整えただけで、実質的にはまったく協議をしていないまま、いわば問答無用的に権利行使者を指定したと認められる事案につき、その決定過程は権利の濫用に当たり、許されないとしたものである。本判決は事例判決であるが、準共有は一時的暫定的状態にすぎないから、会社の事務処理の便宜のため権利行使者は会社との関係で準共有者を代表するとされている制度を濫用あるいは悪用することは許されず、共同相続人間で事前に議案内容に応じしかるべき協議をすることが必要であることを明らかにした点で注目される（この関係で、前掲最判平成9・1・28、大阪地判平成9・4・30 関連判例 も参照）。

　本件は、創業者の死亡を契機として、従来創業者が保有していた株式が準共有の状態となり、現経営者よりもわずか400株の差で過半数を占めることになった本件原告ら（それらの者は被告会社の経営そのものに関与したことはなかった）が、それを奇貨として経営支配権を奪取しようとしたものであり、本件審理の時点では、別途遺産分割審判が行われているところから、権利行使者の指定について慎重に判断したことが窺われる。

さらに理解を深める

大野正道・リマークス40号（2010）98頁、大久保拓也・金判1345号（2010）2頁（いずれも「本件判批」）、江頭4版119頁、神田15版64頁　関連判例　最判平成9・1・28 本書15事件、大阪地判平成9・4・30判時1608号144頁

第2章　株式会社　(2) 株　式

17　相続による株式の共有と総会決議不存在確認の訴えの原告適格

最高裁平成2年12月4日第三小法廷判決
　事件名等：平成元年（オ）第573号株主総会決議不存在確認請求事件
　掲載誌：民集44巻9号1165頁、判時1389号140頁、判タ761号154頁、
　　　　　金判876号3頁、金法1297号28頁

概　要　本判決は、株式の共有者が株主総会決議不存在確認請求を行う場合には、通常の株主権の行使におけるのと同様に改正前商法203条2項（会社106条）に規定する権利行使者の指定が必要であるとしたうえで、例外的に権利行使者としての指定がなくとも上記請求訴訟を提起し得る場合のあることを示したものである。

事実関係　Aは、Y株式会社の発行済株式の全部である7,000株を所有していたが、Aが死亡し、その後Aの妻Bも死亡したことから、長男であるX、二男でありY会社の代表者であるC、三男であるZほか4名の子が上記株式を共同相続した。ところがB死亡直後に開催されたY会社の株主総会において、Cほか2名を取締役に、Zを監査役にそれぞれ選任する旨の決議がされたとして、その旨が商業登記簿に登記された（❶）ため、Xは、右株主総会が開催されて本件決議がされた事実は存在しない旨主張して、Y会社に対し、本件決議の不存在確認を求めて提訴した（❷）。これに対し、Y会社は、共同相続人間において本件株式の遺産分割は未了であり、上記株式につき権利行使者を定めてその旨Y会社に通知する手続もされていないとして、Xの訴えの利益ないし原告適格を争った（❸）。第1審および原審はXの請求を認容したため、Y会社より上告。

判決要旨　上告棄却。「株式を相続により準共有するに至った共同相続人は、商法203条2項の定めるところに従い、右株式につき『株主ノ権利ヲ行使スベキ者一人』（以下「権利行使者」という。）を定めて会社に通知し、この権利行使者において株主権を行使することを要するところ……、右共同相続人が準共有株主としての地位に基づいて株主総会の決議不存在確認の訴えを提起する場合も、右と理を異にするものではないから、権利行使者としての指定を受けてその旨を会社に通知していないときは、特段の事情がない限り、原告適格を有しないものと解するのが相当である。
　しかしながら、株式を準共有する共同相続人間において権利行使者の指定及び会社に対する通知を欠く場合であっても、右株式が会社の発行済株式の全部に相

第2章 株式会社　株式

【図】
- ②株主総会決議不存在確認請求　Y会社 ← X（株主）（株式の共同相続人）
- ①株主総会で役員選任決議（選任役員＝株式の共同相続人）
- ③訴えの利益・原告適格を争う
- 共同相続人間で遺産分割が未了であり、権利行使者の通知がされていない

当し、共同相続人のうちの一人を取締役に選任する旨の株主総会決議がされたとしてその旨登記されている本件のようなときは、前述の特段の事情が存在し、他の共同相続人は、右決議の不存在確認の訴えにつき原告適格を有するものというべきである。」

本判決の位置づけ・射程範囲

　株式につき共同相続が開始した場合、共同相続人間に相続分に応じた準共有関係が生じ（最判昭和45・1・22 関連判例 等）、準共有株式について権利行使者の指定および通知を欠く場合には、原則として、その株主権を行使することはできない（改正前商203条2項、会社106条）。本判決は、「特段の事情」が存在する場合に上記原則に対する例外を認める余地を残すとともに、本件における「特段の事情」の存在を肯定し、共同相続人単独の総会決議不存在確認の訴え提起につき原告適格を認めた点に意義がある。また、本判決とほぼ同様の理由づけの下に、「特段の事情」の存在を肯定したものに平成3・2・19 関連判例 （合併無効の訴え）がある。他方、最判平成9・1・28 本書15事件 では「特段の事情」が認めら

れなかった。この関係で、相続開始後に開催された株主総会の決議が問題にされた本判決および平成3年判決の事案では、権利行使者の指定がないとして当該共同相続人の原告適格を争うことは、同時に会社側が維持しようとしている総会の有効性を否定することを意味し、会社の主張が自己矛盾を来たすのに対し、相続開始前に開催された社員総会の決議が問題にされた平成9年判決では、権利行使者の指定がないという抗弁を認めても、そのような矛盾が生じないという相違がある。

　なお、本判決では相続株式が発行済株式の全部に該当し、平成3年判決では当事者の一方が過半数を保有する場合であった。これ未満の比率ではどうか。会社の主張が自己矛盾を来たすか否かの観点が一応の基準になろうが、なお明確とはいえない。

さらに理解を深める

会社法百選2版9事件〔大野正道〕最判解民事篇平成2年度434頁〔篠原勝美〕、商判5版Ⅰ-25事件、判例講義2版17事件、酒巻・尾崎3版補正18事件、江頭4版119頁、神田15版64頁、会社法コンメ⑶41頁〔上村達男〕

関連判例　最判昭和45・1・21民集24巻1号1頁、最判平成3・2・19判時1389号140頁

第2章　株式会社　(2) 株　式

18 株主平等の原則

最高裁昭和45年11月24日第三小法廷判決
　事件名等：昭和45年（オ）第642号贈与義務履行請求事件
　掲　載　誌：民集24巻12号1963頁、判時616号97頁、判タ256号127頁、
　　　　　　金判246号10頁

概　要　本判決は、特定の大株主に対する金員の贈与契約が、株主平等の原則に違反し無効であるとしたものである。

事実関係　海上運送業を営むY株式会社は、折からの政府による金融引締政策、主に輸出面における出荷取扱いの伸び悩み、人件費の膨張などから昭和38年9月決算期において配当金を計上することができない状態に立ち至った（❶）ため、同年11月9日開催の取締役会において、決算案承認および定時株主総会開催を議案とする取締役会の決議により、同月30日開催の定時株主総会には無配決算議案を付議する旨決定した（❷）。これを受けてY会社は、定時株主総会対策として、無配決算議案に対する大株主の事前の了解取付けに奔走したところ、X以外のすべての大株主は不満ながらもほぼ上記議案を了承した（❸）一方、Xのみは不満を表明し、かえって無配当による損失の填補および自己の顧問就任を要求するとともに、委任状の交付を拒否するなどした（❹）ため、紆余曲折を経た後、Y会社は、Xとの間で、毎月8万円、毎年中元および歳末に各5万円を支払う旨の贈与契約を締結した（❺）。

Xは、同年11月分から数回にわたり支払いを受けていたが、その後Y社による支払いが停止されたことから、贈与契約の履行を求めて訴えを提起した（❻）。第1審および控訴審は、本件贈与契約は株主平等の原則に反し無効であるとしてXの請求を棄却したため、Xより上告。

判決要旨　上告棄却。「本件贈与契約が締結されるにあたり、Xが当初要求した月額金10万円は、昭和38年3月の決算期（Y会社において無配決算となる直前の有配の決算期）におけるXおよびその家族所有の株式206,500株についての、利益配当率1割2分、1株につき金6円の割合で計算した配当金年額金1,239,000円の1か月分金103,250円に見合うものであり、この金額を基礎として本件贈与契約が締結されるに至ったものであり、本件贈与契約は無配によるXの投資上の損失を填補する意味を有するものである旨、そして、本件贈与契約は右のように株主中Xのみを特別に有利に待遇し、利益を与えるものであるから、

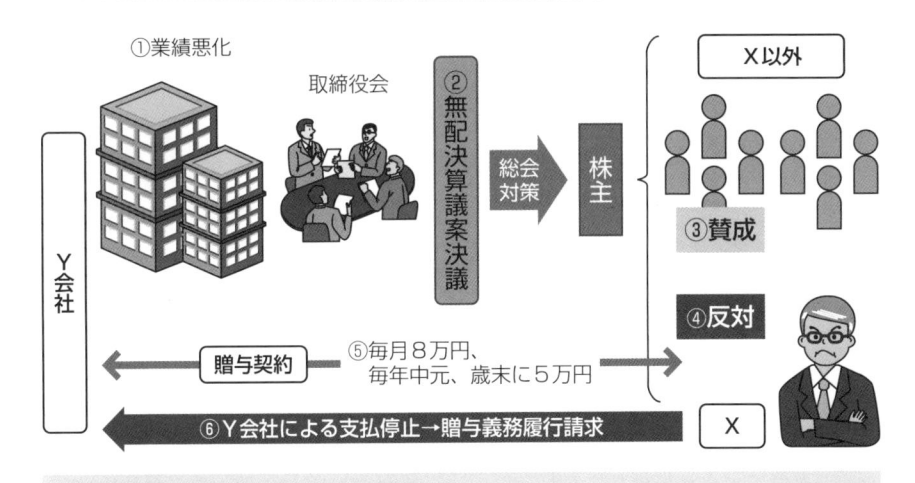

「株主平等の原則に違反し、……無効である旨の原審の認定判断は、原判決挙示の証拠関係に照らして首肯でき」る。

本判決の位置づけ・射程範囲

本判決は、株主平等の原則について最高裁が判断を示した初めてのケースである。株主平等の原則は、株主としての資格に基づく法律関係においては、その有する株式の内容および数に応じて会社は株主を平等に取り扱わなければならないという原則である（会社109条1項）。剰余金配当請求権は、株主が株主の地位に基づいて会社との間に有する法律関係に該当し、平等原則の適用があることは疑いない（改正前商293条、会社454条3項）。本判決は、本件の贈与契約が実質上剰余金配当の性格をもつという原審の認定を前提として、それに平等原則を適用して無効であるとした。

本件は、実質上剰余金配当と異ならないとされたものが、株主総会で決議するという手続（取締役会で決定できる場合につき、会社459条）を経ずに特定の株主に支払われた事案とみることもできる。また、計算上も配当そのものを行い得ない事情にあったのだから、改正前商法290条1項（会社461条）違反の問題も生じる。そして平等原則の適用が株主資格に基づくものである以上、当該会社と株主間の法律関係は適法なものでなければならないといえ、本件にあっては平等原則適用以前の問題として、上記の違法を理由に無効とすべきであったとする見解も有力である。なお、本件は、昭和56年商法改正によって導入された利益供与禁止規定（会社120条・970条）に違反する可能性も高い。

さらに理解を深める 会社法百選12事件〔関俊彦〕最判解民事篇昭和45年度（下）587頁〔鈴木重信〕、商判5版Ⅰ-26事件、弥永・重要判例3版209事件、判例講義2版132事件、酒巻・尾崎3版補正20事件、江頭4版127頁、神田15版69頁、会社法コンメ(3)154頁〔上村達男〕、酒巻俊雄・民商70巻5号（1974）116頁 関連判例 最判平成8・11・12 本書72事件

第2章　株式会社　(2) 株式

19　議決権行使阻止工作と利益供与

最高裁平成18年4月10日第二小法廷判決
　事件名等：平成15年（受）第1154号損害賠償請求事件
　掲載誌：民集60巻4号1273頁、判時1936号27頁、判タ1214号82頁、
　　　　　金判1249号27頁、金法1808号48頁

概要　本判決は、会社から見て好ましくないと判断される株主が議決権等の株主の権利を行使することを回避する目的で、当該株主から株式を譲り受けるための対価を何人かに供与する行為は、改正前商法294条ノ2第1項（会社120条1項）にいう「株主ノ権利ノ行使ニ関シ」利益を供与する行為に当たるとしたものである。

事実関係　I社の代表者であるAは、B社の発行株式を大量に取得後同社の取締役に就任し（❶）、B社やI社が共同で設立する新会社に自身がした巨額の借入れの肩代わりをさせたいとB社社長Y₁に要求した（❷）。この新会社構想に対してメインバンクであるC銀行が反対したため、Aは、Y₁の後任であるY₂に善後策を講じるよう要請したところY₂は失敗し、かえってAから非難され、「Aが保有するB社株の買取り等につきY₂が責任を負う」旨の念書を作成し、Aに交付するところとなった（❸）。その後Aは、B社株を上記念書とともに暴力団筋に売却した旨述べ、これを取り消したいのであれば300億円を用立てよと迫るなどして副社長であるY₃を脅迫し（❹）、結局B社は、Aに言われるまま迂回融資の形式でI社に約300億円を融資し、Aの逮捕を機縁としてI社は破綻し回収は不可能となった（❺）。B社の株主であるXは、上記金員の交付はAに対する巨額の利益供与であるとして、Yらに対し、株主代表訴訟を提起した（❻）。第1審・控訴審ともにXの請求を棄却したためXより上告。

判決要旨　破棄差戻し。「株式の譲渡は株主たる地位の移転であり、それ自体は『株主ノ権利ノ行使』とはいえないから、会社が、株式を譲渡することの対価として何人かに利益を供与しても、当然には商法294条ノ2第1項が禁止する利益供与には当たらない。しかしながら、会社から見て好ましくないと判断される株主が議決権等の株主の権利を行使することを回避する目的で、当該株主から株式を譲り受けるための対価を何人かに供与する行為は、上記規定にいう『株主ノ権利ノ行使ニ関シ』利益を供与する行為というべきである。
　前記事実関係によれば、B社は、Aが保有していた大量のB社株を暴力団の関

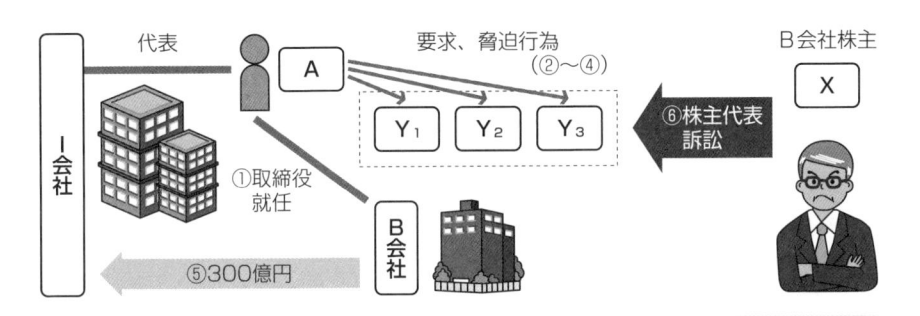

連会社に売却したというAの言を信じ、暴力団関係者がB社の大株主としてB社の経営等に干渉する事態となることを恐れ、これを回避する目的で、上記会社から株式の買戻しを受けるため、約300億円というおよそ正当化できない巨額の金員を、う回融資の形式を取ってAに供与したというのであるから、B社のした上記利益の供与は、商法294条ノ2第1項にいう『株主ノ権利ノ行使ニ関シ』されたものであるというべきである。」

本判決の位置づけ・射程範囲

本判決は、著名なグリーンメーラーであり、暴力団との関係も取りざたされている者の脅迫によりなされた巨額の金員の交付等に関し、①取締役らの忠実義務、善管注意義務違反、および②利益供与禁止規定違反が問題になった事案であり、とりわけ②に関しては、改正前商法294条ノ2（会社120条）1項の要件について最高裁による初めての判断がなされている。原審が認定したように、上記の金員の交付等が、暴力団の関連会社から株式を取り戻すためになされたものであるとすると、株式を譲り受けるための対価を第三者に供与する行為が上記規定にいう「株主ノ権利ノ行使ニ関シ」されたものといえるかが問題になるところ、本判決は、出発点として、株式の譲渡は株主たる地位の移転であり、それ自体は「株主ノ権利ノ行使」とはいえないとしつつも、利益供与の意図、目的（会社から見て好ましくないと判断される株主による権利行使の回避）を考慮することにより、その該当性を認めたものである。このような立場は、本判決に先行して東京地判平成7・12・27 関連判例 でも採られていた。

なお、敵対的企業買収が成功しなかった場合の収拾策等を念頭に、本判決がいう「会社から見て好ましくないと判断される株主」は、当初から会社による高値買取りを目的に株式を取得するグリーンメーラーを含む、広義の総会屋に限定すべきとの解釈もみられる。

さらに理解を深める　会社法百選2版12事件〔出口正義〕　平成18年度重判（ジュリ1332号）商法3事件〔宍戸善一〕最判解民事篇平成18年度（上）473頁〔太田晃詳〕、商判5版Ⅰ-117事件、伊藤雄司・法教312号（2006）6頁、鳥山恭一・法セミ619号（2006）119頁、江頭4版331・439頁、神田15版69頁、会社法コンメ(3)155頁〔上村達男〕・250頁〔森田果〕　関連判例　東京地判平成7・12・27判時1560号140頁

第2章　株式会社　(2)　株　式

20　利益供与の規制と株主優待制度

高松高裁平成2年4月11日判決
　事件名等：昭和62年（ネ）第302号取締役の責任追及請求事件
　掲載誌：金判859号3頁

概要　本判決は、株主優待乗車券の交付基準を超過する数の優待乗車券を特定の株主へ交付した会社の事案につき、利益供与禁止規定の適用を否定する一方、代表取締役の善管注意義務違反を肯定したものである。

事実関係　鉄道会社であるA株式会社は、株主優待制度として、株主名簿上の株主に対し、持株数に応じて交付基準に定められた数の優待乗車券を交付していた（❶）。この交付基準では、500株の株式を有していれば1冊の優待乗車券が交付されることから、1,000株以上の株式についてはこれを500株ずつに分けて複数の株主が保有するほうが多くの優待乗車券を取得することができる（❷）ため、株主Bらは優待乗車券をより多く交付を受ける目的で所有株式の一部についてCらに名義書換えを行った（❸）。そこでA会社の株主Xは、A会社は株主Bらに優待乗車券を超過交付したと主張し、これが特定の株主に対する無償の利益供与に当たるとして、主位的に改正前商法266条1項2号に基づき、代表取締役Yに対し、供与した利益相当額の返還を求めつつ、予備的に同項5号に基づく損害賠償をA会社に支払うよう求める代表訴訟を提起した（❹）。

原審はXの請求を認容したため、Yより控訴。

判決要旨　原判決変更。「A会社がした本件超過交付は、特定の株主に対する無償の財産上の利益供与に当たることは明らかである〔が、〕……その発端は、本件株主らが、本件交付基準の不備をつき、より多くの優待乗車券の交付を得る目的で、株式の名義だけを小口に分散しようとしたことにあり、利益供与の対象も、そのような名義変更の措置をとった株主の全部に及んでいる。これらの事情からすれば、本件超過交付をするについて、A会社には、本件株主らの権利の行使に関してこれを行うという意図はなかったものと認めるのが相当である。」〔本件では、〕A会社は、昭和50年3月ころ以降、組織として、本件株主らのした名義書換え請求の実態を知悉しながらこれに応じ、優待乗車券の交付数の算出の面では右名義書換え請求にかかるとおりの株式譲渡がなされたものとして取り扱いながら、その結果、本件譲受人らに交付すべきこととなる優待乗車

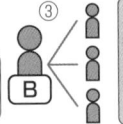

A会社(鉄道会社)　代表取締役Y　④優待乗車券の超過交付→無償の利益供与である　B会社株主X

①鉄道優待券
②500株で1冊交付。1,000株以上の株式であれば500株ずつに分けると多くの優待券を取得できる。
③
名義書換え

券は譲渡人である本件株主らに交付し、その余の面においても依然本件株主らを右譲渡以前と同様の株式数を有する株主として取り扱っていたものと認められる。しかし、このような取扱いは、A会社の株式取扱規定に違反し、本件交付基準にも反して本件株主らに不当な利益を得さしめるものであることは明らかである。……〔A会社の〕代表取締役の地位にあるYが、その立場上、A会社がこのような取扱いをしていることを知っていたことは容易に推認されるところ、Yがなんらの是正措置もとらなかったことは明らかであるから、Yは、故意又は過失により代表者〔ママ〕取締役としての善管注意義務（商法254条ノ3所定の忠実義務）に違反したといわざるを得ない。」

本判決の位置づけ・射程範囲

個人株主作り等を目的として、一定数以上の株式を有する株主に対し会社の事業に関連する便益を付与する株主優待制度は多くの上場会社で採用されている。同制度をめぐる問題の1つに利益供与禁止規制との関係がある。本判決は、株主優待乗車券の交付を有利に受けるために株式譲渡の形式を整えた株主に対し会社が便宜を図った事案への改正前商法294条ノ2（会社120条）の適用の有無について判断し、同条違反を否定した高裁判決として意義がある（代表取締役の善管注意義務違反に基づく責任については肯定）。もっとも、本判決はその結論を導く際、会社の意図によって上記規定の適用範囲に絞りをかけているが、本件の超過交付が株主の権利の行使に関してなされたものか明確にされておらず、同じ結論を導くとしても、株主の権利行使と利益供与の間に客観的関連性が認められないことを理由とすべきであったとの批判もみられる。

なお、高知地判平成2・3・28 関連判例 は、本件優待券の交付が違法配当に当たるとして取締役らの責任が追及された事案に関し、その交付が会社ないし総株主の利益に合致していることを理由に請求を斥けている。現物配当を認める会社法の下でも、実務上一般的な株主優待制度については、合理的な事務処理の観点からその妥当性が判断されるべきであり、厳格な株主平等原則の適用事例ではないとの有力な見解がある。この事例も配当の性格が認められないことを理由にすべきであったとも考えられる。

さらに理解を深める　**会社百選5版事件〔龍田節〕**森本滋『会社法・商行為法・手形法講義〔第2版〕』（成文堂、2010）113頁、山田純子・商事1349号(1994) 36頁、江頭4版332頁、神田15版71頁、会社法コンメ(3)247頁〔森田果〕　関連判例　高知地判平成2・3・28金判849号35頁

第2章　株式会社　(2)　株式

21 名義書換未了の株式譲受人を会社の側から株主として取り扱うことの可否

最高裁昭和30年10月20日第一小法廷判決

　　事件名等：昭和28年（オ）第1430号株主総会決議取消請求事件
　　掲載誌：民集9巻11号1657頁、判時65号19頁、判タ53号41頁

概要　本判決は、名義書換未了の株式取得者に対して、会社の側から権利行使を認めることは許されるとしたものである。

事実関係　清算中の株式会社であるY会社は、昭和19年1月に開催した株主総会において財産目録、貸借対照表および収支計算書等の承認決議を行った（❶）が、Y会社の株主であるXは、本件株主総会の通知を株主でないAに対してしたものであり、本件承認決議には次のような瑕疵がある等と主張して決議取消を求めて訴えを提起した（❷）。すなわちAは以前Y会社の株主であったが、Aは持株全部を他へ譲渡し株主名簿にその旨が登載された。Aはその後Bから新たにY会社の株式を譲り受けたものの、株主名簿の名義書換を請求していた段階にあるから、株主でない者に株主総会の通知をしたことになる（❸）。

　原審はこの点につき、株主名簿の名義書換が何らかの都合で遅れていても、会社側が譲渡の事実を認め譲受人を株主として取り扱うことは妨げないから、Y会社がAに対して総会招集の通知をなし、同人を株主総会に出席させたこと自体は違法とはいえないと判示し、Xの請求を棄却した。Xより上告。

判決要旨　上告棄却。「商法206条1項（昭和25年法律167号による改正前の、本件株主総会決議当時の同条項をいう。）によれば、記名株式の移転は、取得者の氏名及び住所を株主名簿に記載しなければ会社には対抗できないが、会社からは右移転のあったことを主張することは妨げない法意と解するを相当とする。従って、本件においては、AがBのY会社の株式10株を譲り受けたことについて、株主名簿に記載してないことは所論のとおりであるが、それは右譲渡をもってY会社に対抗し得ないというに止まり、会社側においては、株主名簿の書換が何らかの都合でおくれていても、右株式の譲渡を認めて譲受人Aを株主として取り扱うことを妨げるものではない。そして仮に所論のとおり、会社がAを株主名簿の記載により500株の株主と認めてこれに株主総会招集の通知を発したものであるとしても、原審は、証拠により、Aが昭和18年12月1日BからY会社の株式10株を譲り受け、その頃Y会社に名義書換を請求したことを認定してい

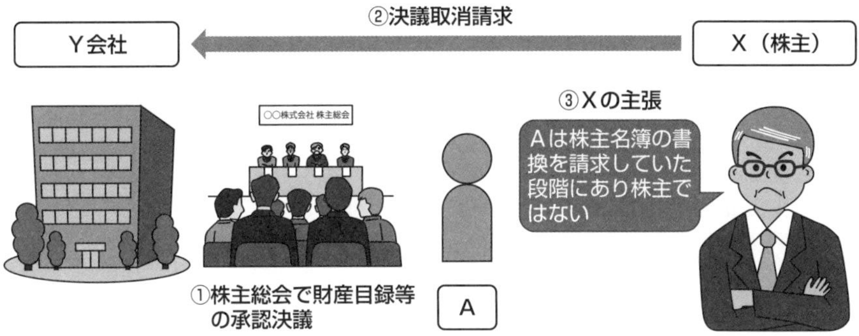

② 決議取消請求

Y会社 ← X（株主）

③ Xの主張
Aは株主名簿の書換を請求していた段階にあり株主ではない

① 株主総会で財産目録等の承認決議
A

るのであるから、Y会社が、Aを、その所有株数を何程と認めたかは別として、株主と認めてこれに株主総会招集の通知を発したこと及びこれに基き同人が株主総会に出頭したこと自体は、結局において違法ということはできない。」

本判決の位置づけ・射程範囲

　株式の譲渡は株主名簿の名義書換がなければ会社に対して対抗できないから（会社130条、改正前商206条1項）、会社は、名義書換請求が行われない限り、たとえ株式譲渡の事実を知っていたとしても、依然として名義上の株主を株主として取り扱えば足りる（株主名簿の確定的効力）。それでは、名義書換未了の株式取得者を会社の側から株主として扱うことはできるか。本判決は、この問題につき可とする立場を明らかにした点に意義がある。大審院判例（大判明治38・11・2 関連判例 、大判昭和7・3・19 関連判例 ）を踏襲するもので、対抗要件とする文言にも合致する。本判決のようにすると、①譲渡人・譲受人いずれか取締役に都合のよい側に権利行使させることが可能になる、②譲渡人に対しては無権利を理由に、譲受人に対しては名義書換未了を理由に、いずれの権利も否定できる、等の批判があるが、それらを受けて、判例を支持する見解でも、①のような恣意的裁量は株主平等原則の観点から許されず、②についても、譲受人の権利行使を認める場合に限って譲渡人の権利行使を拒むことができるとされる。このようにみると、株主数の多い会社では譲受人を株主と扱うのに平等原則を貫くことは事実上不可能であり、また、非公開会社では株式譲渡の承認手続との関係があるため、本判決の妥当する領域はかなり限定されよう（基準日〔会社124条1項〕が定められたときは、株式譲渡がその基準日前に行われた場合でなければ、会社は、当該譲受人に権利行使を認めることができないことにも留意）。

さらに理解を深める

会社百選新版29事件〔龍田節〕最判解民事篇昭和30年度212頁〔青山義武〕、弥永・重要判例3版154事件、判例講義2版28事件、酒巻・尾崎3版補正24事件、江頭4版204・352頁、神田15版105頁、会社法コンメ(3)38頁〔上村達男〕、逐条解説会社法(2)261頁〔北村雅史〕 関連判例 大判明治38・11・2民録1545頁、大判昭和7・3・19新聞3396号8頁

第2章　株式会社　(2)　株　式

22　名義書換未了の株主と株式交換無効の訴えの原告適格

名古屋地裁一宮支部平成20年3月26日判決
　事件名等：平成19年（ワ）第339号株式交換契約無効確認請求事件
　掲載誌：金判1297号75頁

概要　本判決は、実質的な株主であっても株主名簿の書換を行っていない者は、株式交換無効の訴えの原告適格を有しないとしたものである。

事実関係　Y_2株式会社はY_1株式会社の株式を公開買付により取得した後、取締役会を開催し、会社法784条1項に基づく略式交換の手続により、Y_2会社を完全親会社とし、Y_1会社を完全子会社とする株式交換契約を締結する旨決議した。

Y_2会社の株主総会の承認決議を経て両社間において株式交換契約は締結されたものの、Y_1会社の実質的株主を自称するXは、本件株式交換は株式交換比率が不当であるほか企業価値の上昇をもたらさないものであり、仮にY_1会社の株主総会において承認決議をしようとすれば著しく不当な決議をせざるを得ず、これを潜脱するために略式株式交換という手続が選択されたものであり、手続上の法令違反があるなど主張して、本件株式交換が無効であることの確認を求めて訴えを提起した。

Xは本件株式交換の効力発生日においてY_1会社の株主名簿に株主として記載されておらず、また、名義書換を請求した事実もないことから、Yらは Xの原告適格を争った。

判決要旨　訴え却下。「会社法828条2項11号は、株式交換無効の訴えの提訴権者を、『当該行為の効力が生じた日において株式交換契約をした会社の株主等若しくは社員等であった者又は株式交換契約をした会社の株主等、社員等、破産管財人若しくは株式交換について承認をしなかった債権者』に限定しているところ、株式の譲渡は、その株式を取得した者の氏名又は名称及び住所を株主名簿に記載し、又は記録しなければ、株式会社その他の第三者に対抗することができないのであるから（会社法130条1項）、実質的な株主であっても株主名簿の書換えを行っていなければ、株主たることを会社に対抗することができず、株主としての原告適格を認めることもできないというべきである。したがって、XがY会社の実質的株主であっても、株主名簿の名義書換をしていない以上、本件株式交換無効の訴えの原告適格は認められない。

これに対し、Xは、仮に本件で略式株式交換手続がとられていなければ、株主総会決議無効確認の訴えを提起することが可能であり、その場合には原告適格に制限がないのであるから、本件でも広く原告適格を認めるべきであると主張する。しかしながら、株主総会決議無効確認の訴えの原告適格は無制限ではなく、原告適格が認められるためには法律上の利害関係を有する必要があるところ、株主であることを法律上の利害関係として主張する場合には、株主名簿の名義書換を行って株主たる地位を会社に対抗できることが必要となるのであって、Xの上記主張は前提において失当である。」「会社が従前、当該名義書換未了株主を株主として認め、権利行使を容認してきたなどの特段の事情が認められる場合には、訴訟において会社が名義書換の欠缺を指摘して株主たる地位を争うことが、信義則（禁反言）に反して許されないと判断されることがあり得る……〔が、〕Y_1会社がXに株主としての権利行使を認めたことは一度もなく、……本件訴訟において、Y_1会社らが名義書換の欠缺を主張することが信義則（禁反言）に違反するとはいえない。」

本判決の位置づけ・射程範囲

　本判決は、株式交換無効の訴えを株主として提起する場合に（会社828条2項11号）、効力発生日に名義書換未了の実質的株主には原告適格が認められないとした初めての公表裁判例であり（ただし、新株発行無効確認の訴えの場合に原告適格が認められないとしたものとして、東京地判平成2・2・27 関連判例）、その考え方は、合併や会社分割無効の訴えについても妥当すると考えられる。また、本判決は、特段の事情が認められる場合に会社が名義書換の欠缺を指摘して株主たる地位を争うことが許されないと判断されることがあり得るとして、信義則（禁反言）を根拠に特段の事情と認められる場合を挙げ、本件ではそれが認められないとしているが、1つの事例判断として注目される。

　なお、本判決が扱うのは、これまで学説でも十分な検討が加えられてこなかった問題である。本判決に対しては、学説において、本件のような場合に原告適格を実質的株主に認めるかどうかということと本判決が根拠とする会社法130条1項の趣旨である会社の事務処理の便宜ということとは直接関係がないこと、会社がある実質的株主を株主として認めれば、その者には原告適格が認められ、拒めば原告適格が認められないという、会社の裁量により結果が左右されること等に問題点も残るとされている。

さらに理解を深める

商判5版Ⅰ-28事件、弥永・重要判例3版155事件、弥永・新判例42事件、江頭4版822頁、神田15版105頁 関連判例 東京地判平成2・2・27金判855号22頁

第2章　株式会社　(2)　株　式

23　名義書換未了の株主と異議催告手続

最高裁昭和52年11月8日第三小法廷判決
　事件名等：昭和51年（オ）第419号異議申述催告公告請求事件
　掲載誌：民集31巻6号847頁、判時875号101頁、判タ357号223頁、
　　　　　金判538号7頁、金法844号61頁

概要　本判決は、株式の譲受人が名義書換を経ていない場合でも異議催告公告を請求することができ、その際、旧株券が所在不明になった理由を疎明すれば足りるとしたものである。

事実関係　Y株式会社の株主Xは、同社の株主Aの死亡によりA所有株式を相続した（❶）。A死亡後に開催されたY会社の臨時株主総会では株式を譲渡するに当たり取締役会の承認を要するものとする決議がなされ（❷）、これを受けてY会社は商法所定の公告手続をする（❸）とともに、XおよびAに対して株券を会社に提出すべき旨通知した（❹）。これに対しXは、Aが所有していた株式につき権利行使者をXと定めてY会社に通知する（❺）とともに、株券の所在不明を理由として異議催告公告を求めて訴えを提起した（❻）。Y会社は、XがA所有株式を相続したとしても名義書換手続が未済であってその取得を会社に対抗できないし、除権判決を経由しなければY会社に対して新株券の交付を請求できない等として争った（❼）。第1審・控訴審ともにXの請求を認容したため、Y会社より上告。

判決要旨　上告棄却。「商法350条3項によつて準用される同法378条の規定は、株式会社がその設立後に定款を変更して株式の譲渡につき取締役会の承認を要する旨の定めを設けた場合において、株式譲渡制限の文言の記載されていない旧株券を回収してその文言を記載した新株券を発行するにあたり、旧株券を提出することができない株主の保護と会社の旧株券回収・新株券発行事務の迅速な処理をはかるために、公示催告手続に比して簡便な異議催告手続を設けたものである。このような法の趣旨にかんがみると、会社に対して異議催告公告を請求することができる者は必ずしも株主名簿上の株主であることを要せず、株券提出期間の経過前に株式を譲り受けた株主もまたこれを請求することができ、その経過前の譲受けにより株式が名義書換を経ていない数人の共有に属することとなった場合には、株主の権利を行使すべき者の指定が株券提出期間経過後にされ

```
Y会社 ← ②株式の譲渡に取締役会    ③商法所定の    A
        の承認を要するものと      公告手続        ↓   ①相続
        する決議                                   X
      ←④株券を会社に提出すべき旨通知→
      ←⑤権利行使者をXと定めてY会社に通知─
       ⑦争う ← ⑥異議催告公告を求めて提訴
```

たときであっても、その者においてこれを請求することができるものと解するのが、相当である。」

「異議催告公告を請求する者において旧株券をその所在が不明であるとの事由により会社に提出することができない場合においては、異議催告手続の制度の性質上、所在不明となった理由までも主張することを要するものではないと解すべきである。本件の場合、原審の認定によれば、本件4000株の旧株券の所在が不明であるため、XはこれをY会社に提出することができないというのであ〔り〕……、株券が所在不明となった理由を具体的事実に基づいて確定する必要はない。」

本判決の位置づけ・射程範囲

異議催告公告手続は、株券提出手続を要する場合に関して、旧株券を提出し得ない者の請求により、本判決当時の公示催告・除権判決制度や現行の株券の失効手続（会社228条1項参照）よりも簡易な手続を実施し得る旨を定め、旧株券が提出できない実質上の株主の保護と会社の旧株券回収・新株券発行事務の迅速な処理を図ろうとするものであり（会社が新株券を交付した者が真実の株主でなくても、この手続を経ることで会社は免責される）、今日では会社法220条に引き継がれている。本判決は、株式譲渡制限を定める定款変更の場合に、上記の法の趣旨から、異議催告公告の請求は名義書換未了の株主もすることができ、その際、旧株券が所在不明となった理由を疎明すれば足りることを判示したものであり、株券発行会社との関係では、会社法の下においても先例的意義がある（その他、株券提出期間経過後の権利行使者の指定に関わる判示事項については、共有株式の権利行使者の指定は権利行使のときまでにすればよく、異議催告公告請求は株券提出期間満了後にすることもできることに留意）。

なお、本判決は株券提出期間経過前の株式移転があった場合についての判断であることに注意を要する。株券提出期間経過後は旧株券が無効になるため、同期間経過後に旧株券を譲り受けた者も異議催告公告請求をなし得るかという問題は、別個存在する。

さらに理解を深める 会社法百選35事件〔加藤修〕最判解民事篇昭和52年度308頁〔平田治〕、商判5版Ⅰ-29事件、判例講義2版27事件、岩原紳作・法協96巻2号（1979）232頁、江頭4版272頁、神田15版93・108頁、会社法コンメ⑸253頁〔大塚龍児〕 **関連判例** 最判昭和60・3・7 本書24事件

第2章　株式会社　(2)　株　式

24　株券提出期間経過後の名義書換請求

最高裁昭和60年3月7日第一小法廷判決
　事件名等：昭和57年（オ）第1383号株式名義書換請求事件
　掲　載　誌：民集39巻2号107頁、判時1155号292頁、判タ554号161頁、
　　　　　　　金判720号3頁

概　要　本判決は、株式譲渡制限の定款変更の効力発生前に株主の地位を取得していたが未だ株主名簿の名義書換を受けていなかった者は、株券提出期間経過後、無効となった株券を呈示し、同期間経過前に株式を譲り受けたことを証明することにより、名義書換を請求することができるとしたものである。

事実関係　Y株式会社の株主Aは、所有株式をBに譲渡し、BはこれをXに譲渡した（❶）。その後Y社は株主総会を開催し、株式の譲渡に当たっては取締役会の承認を要する旨の決議を行い、株券提出期間を定めて公告をした（❷）。XはBから株式を譲り受け株券の交付を受けたとして、Y社に対し名義書換手続を求めた（❸）が、Y会社は上記株券提出期間を徒過しているとしてこれに応じなかった（❹）ため、Xは、名義書換手続を求めて訴えを提起した。第1審・控訴審ともにXの請求を認容した。Y会社より上告。

判決要旨　上告棄却。「株式会社がその設立後に定款を変更して株式の譲渡につき取締役会の承認を要する旨の定めを設けるとの決議をした場合には、右の定めが株券の必要的記載事項とされているため、その記載のない旧株券を回収してこれを記載した新株券を発行する必要があるので、商法（昭和56年法律第74号による改正前のもの）350条1項は、会社において、一定の株券提出期間を定め、右期間内に旧株券を会社に提出すべき旨及び提出されない株券は無効となる旨の公告及び株主等に対する通知をしなければならないものとしているのであって、旧株券は、株券提出期間が経過したのちは株券としては無効のものとなると解される。しかしながら、株券提出期間内に旧株券を提出しなかった株主も株主たる地位を失うものではなく、このことは、株券提出期間満了前に、したがって株式譲渡制限の定款変更の効力発生前に（同法350条2項参照）旧株券の交付を受けて株式を譲り受け、株主の地位を取得していたが、いまだ株主名簿上の名義書換を受けていなかった者についても異なるところはないものというべきである。そして、この名義書換との関係においては、会社は、これを請求する

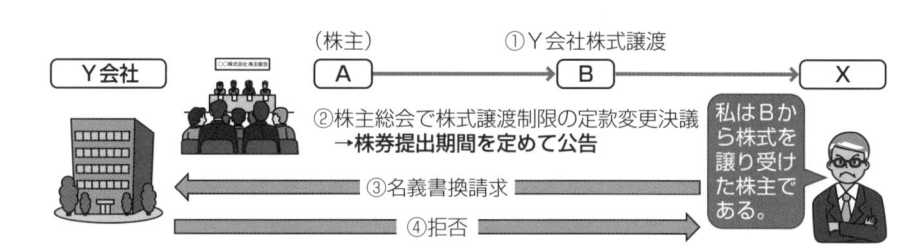

（株主）　①Y会社株式譲渡
Y会社　A　→　B　→　X

②株主総会で株式譲渡制限の定款変更決議
→株券提出期間を定めて公告

③名義書換請求

④拒否

私はBから株式を譲り受けた株主である。

> 株主が株主名簿に記載されていないことを理由に株主であることを否定して名義書換を拒否することはできないから、株券提出期間経過前に株主となっていた者は、右期間を徒過したためその所持する旧株券が株券としては無効となったのちであっても、会社に対し、旧株券を呈示し、株券提出期間経過前に右旧株券の交付を受けて株式を譲り受けたことを証明して、名義書換を請求することができるものと解するのが相当である（最高裁昭和51年（オ）第419号同52年11月8日第三小法廷判決・民集31巻6号847頁参照）。」

本判決の位置づけ・射程範囲

株式の譲渡制限を定めたときは、旧株券を会社に提出させ譲渡制限の記載のある新株券を発行する必要を生じるところ（会社216条3号参照）、本判決当時の昭和56年改正前商法350条1項はそのための株券提出手続を定めて新株券発行事務の円滑化および旧株券の流通による取引の混乱防止を図ろうとしており、会社法では、219条1項が、株券発行会社についてそれを引き継ぐ（株券提出期間の徒過により旧株券は失効するが、それにより株主としての地位までも失うものではない）。本判決は、株券提出期間の経過前に株式を譲り受けていたが、株主名簿の名義書換未了でかつ当該期間内に株券を会社に提出しなかった株主が当該期間満了後に名義書換請求することができるかどうかの問題につき、それを肯定するとともに（株式譲渡制限の定款変更が効力を生じるより前の時点で株式を取得した者の権利をその後の当該定款変更によって奪うことは許されないことに留意）、その請求をするに当たって、旧株券を呈示し、当該期間経過前に旧株券の交付を受けて株式を譲り受けたことを証明する必要があることを、最高裁として初めて明示した（積極説）。無効になった旧株券の法的性質については、その後学説での議論の展開がみられる。

本判決は、最判昭52・11・8 本書23事件 を引用する。同判決につき、株券提出期間前に株式を譲り受けたが名義書換未了の株主に異議催告公告請求権を認めるに当たり、本判決で示された積極説と同旨の見解を前提として判示しているとの指摘がある。

さらに理解を深める　会社法百選2版27事件〔山本哲生〕　昭和60年度重判（ジュリ862号）商法4事件〔神田秀樹〕最判解民事篇昭和60年度40頁〔中田昭孝〕、商判5版Ⅰ-30事件、酒巻・尾崎3版補正39事件、島田禮介・季刊実務民事法1(1983) 258頁、江頭4版227頁、神田15版106頁、会社法コンメ(3)360頁〔伊藤靖史〕、会社法コンメ(5)248頁〔大塚龍児〕　関連判例　最判昭52・11・8 本書23事件

第2章　株式会社　(2) 株　式

25　株主割当てによる募集株式の発行と失念株

最高裁昭和35年9月15日第一小法廷判決
　事件名等：昭和28年（オ）第751号株券引渡請求事件
　掲載誌：民集14巻11号2146頁、判時239号27頁

概要　本判決は、株主総会の決議に基づき、一定時の株主に新株引受権が付与されたとき、親株について上記一定時より以前に譲渡行為がなされていても、その日時までに譲受人の失念により名義書換手続がなされていなければ、譲受人は新株引受権を取得するものではないとしたものである。

事実関係　X（X先代より相続により訴訟上の地位を承継した）は、証券会社を通じて、Y₁およびY₂名義のA会社株式をそれぞれ取得した（❶）。A会社は株主総会の決議により、昭和23年9月15日午後4時現在の株主に対し株式1株につき1.4株の割合で新株引受権を付与する旨決議した（❷）が、Xが名義書換を失念したまま上記日時は到来し（❸）、新株はY₁・Y₂に割り当てられ、Y₁・Y₂は引受け・払込みの上新株を取得した（❹）。Xは、主位的にYらに対し払込金額と引換えに上記新株の引渡しを求め、予備的に市場価格と払込金額と差額を求めて訴えを提起した（❺）。第1審・控訴審ともにXの請求を棄却したため、Xより上告。

判決要旨　上告棄却。「〔A会社の株主総会〕の決議は昭和23年9月15日午後4時現在の株主に対し株式1株につき1.4株の割合で新株引受権を与えるというのであり、ここに昭和23年9月15日午後4時現在の株主というは、その日時において実質上株主であるか否かを問わず会社が法的な立場において株主として所遇することのできる者、すなわち株主名簿に登録されていて会社に対抗できる株主という意味であることは疑を容れないところであるから、……X先代において前示譲受株式について会社に右日時までに名義書替手続をすることを失念し遂にこれをしていなかったという以上は同人において右株式につき新株引受権を取得するに至らなかったものであること言をまたないところであり、そして一方前示のとおり右日時に株主名簿に登録されていて右新株を引受け払込を了したというY₁らはそれぞれ自己の権利として本件株式を取得したものと認めざるを得ない。」「新株引受権はいわゆる株主の固有権に属するものではなく、……商法の規定に基き株主総会の決議によって発生する具体的権利に外ならずかかる具

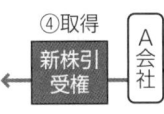

> 体的権利をどのような方法で株主に与えるやは……商法の規定がある以上株主総会の任意に決定できるところであるから、その権利の帰属者を前示のように一定日時において株主名簿に登録されている株主と限定することは毫も差支なく会社の処置として固より適法であり、かかる適法な処置があった以上はXら先代とY₁らとの間に本件株式について前示のような譲渡行為があって、Y₁らからX先代に対しいわゆる株主権が移転されたからといって、前示新株引受権もこれに随伴して移転したものと解すべきではない。」

本判決の位置づけ・射程範囲

株式譲渡がなされたにもかかわらず、譲受人が名義書換をせずにいたため、名簿上の株主が株主権を行使して経済的利益を取得するとき、譲渡当事者間においてどのような処理がなされるべきかという問題を生じる。この失念株の問題は、剰余金の配当、株式の分割等名簿上の株主の出捐を伴わない場合と、株主割当ての新株発行のように名簿上の株主の出捐を伴う場合とに区分され、後者の場合には、前者の場合と異なり、権利行使の有無、株式発行後の株価の変動等が絡むため、とくに株式の振替制度が施行される前には、失念株の中心的問題として論じられた。本判決は、後者の問題につき最高裁としての判断を示したものであるが、新株引受権(会社法の下では募集株式の割当てを受ける権利)が、会社との関係のみならず、株式の譲渡当事者間でも名簿上の株主(譲渡人)に帰属し、譲受人は譲渡人に対して何らの請求をすることもできないとした点については、強い批判を受けた。通常、基準日前の株式は権利含みの高値で売買されるところ、基準日に関する権利を行使して二重に利得することは公平を欠くためである(本判決後、山口地判昭和42・12・7 関連判例 は譲受人の不当利得返還請求を肯定)。

なお、名簿上の株主の出捐を伴わない場合につき、判例は失念株主から譲渡人に対する不当利得返還請求を認めている(剰余金の配当につき最判昭和37・4・20 関連判例、株式の分割につき最判平成19・3・8 本書26事件)。

さらに理解を深める　会社法百選16事件〔清水忠之〕最判解民事篇昭和35年度328頁〔長利正己〕、商判５版Ⅰ-31事件、弥永・重要判例３版157事件、酒巻・尾崎３版補正26事件、江頭４版205頁、神田15版107頁、会社法コンメ(5)39頁〔吉本健一〕、逐条解説会社法(2)262頁〔北村雅史〕 関連判例　山口地判昭和42・12・7下民集18巻11＝12号1153頁、最判昭和37・4・20民集16巻4号860頁、最判平成19・3・8 本書26事件

第2章　株式会社　(2)　株式

26　失念株と不当利得返還の成立する範囲

最高裁平成19年3月8日第一小法廷判決
　事件名等：平成17年（受）第1996号不当利得返還請求事件
　掲載誌：民集61巻2号479頁、判時1965号64頁、判タ1237号148頁、
　　　　　金判1272号58頁、金法1810号120頁

概要　本判決は、法律上の原因なく代替性のある物（上場会社の株式）を利得した受益者（株式売却後の株主名簿上の株主）は、利得した物（株式）を第三者に処分した場合には、損失者（失念株の株主）に対して、原則として、売却代金相当額の金員の不当利得返還義務を負うとしたものである。

事実関係　Xらは、上場会社である株式会社Aの株式を取得した後、名義書換手続をしなかった（❶）ため、A会社の株主名簿上の株主は従前の株主であるYのままであった（❷）。A会社が株式分割を行った（❸）ことから、Yは、株式分割により増加した新株式にかかる株券の発行を受けたうえでこれを売却し、売却代金5,350万円余を得た（❹）。XらはYに対し新株券の引渡しおよび配当金の引渡しを求めたところ満足を得なかったため、Yは法律上の原因なく新株式の売却代金と配当金の利益を受け、そのためにXらに損失を与えたなどと主張して、不当利得返還請求権に基づきそれぞれ2,679万余円の支払いを求めて訴えを提起した（❺）。第1審は、Xの損失を算定する際の株価について、Yの新株式売却時点における「1株平均23万1,099円」を採用したうえでXの請求を認容した（❻）。控訴審は第1審とは異なり、Xの損失を算定する際の株価を事実審の口頭弁論終結時の前日の時価相当額に求め、それを「1株平均16万1,000円」とした（❼）。Xらより上告受理申立て。

判決要旨　一部破棄自判、一部上告棄却。「不当利得の制度は、ある人の財産的利得が法律上の原因ないし正当な理由を欠く場合に、法律が、公平の観念に基づいて、受益者にその利得の返還義務を負担させるものである。……受益者が法律上の原因なく代替性のある物を利得し、その後これを第三者に売却処分した場合、その返還すべき利益を事実審口頭弁論終結時における同種・同等・同量の物の価格相当額であると解すると、その物の価格が売却後に下落したり、無価値になったときには、受益者は取得した売却代金の全部又は一部の返還を免れることになるが、これは公平の見地に照らして相当ではないというべき

第2章　株式会社　株式　53

```
                    ┌─X ら─┐   ③A会社株式分割      ┌─Y─┐
①A会社株式取得後             ⑤不当利得返還請求→    ②株主名簿上の株主
　名義書換えせず                                    ④新株の売却代金
                                                    5,350万円
```

⑥【第1審】Yの売却時点＝1株平均23万1,099円
⑦【第2審】事実審の口頭弁論終結時＝1株平均16万1,000円

である。また、逆に同種・同等・同量の物の価格が売却後に高騰したときには、受益者は現に保持する利益を超える返還義務を負担することになるが、これも公平の見地に照らして相当ではなく、受けた利益を返還するという不当利得制度の本質に適合しない。……そうすると、受益者は、法律上の原因なく利得した代替性のある物を第三者に売却処分した場合には、損失者に対し、原則として、売却代金相当額の金員の不当利得返還義務を負うと解するのが相当である。大審院昭和18年（オ）第521号同年12月22日判決・法律新聞4890号3頁は、以上と抵触する限度において、これを変更すべきである。」

本判決の位置づけ・射程範囲

上場株式を取得した者が株主名簿上の名義書換未了の間に同株式について株式分割がされ（株式の振替制度施行後は、このような事態は起こり得ないと考えられる）、これによって増加した新株について名簿上の株主が株券の交付を受け、これを第三者に売却したケースに関するものであるが、このように名簿上の株主が出捐なしに得たものについては、すでに最判昭和37・4・20 関連判例 が失念株主の名簿上の株主に対する不当利得返還請求を認めている（剰余金配当の事例）。この場合不当利得返還請求の成立する範囲（返還利得額）が問題になるが、本判決は、受益者が現物を売却処分してしまった場合につき最高裁が初めて正面から判断し、原審判断の問題点（本件では訴訟中に株価は低下しているが、原審の解釈では、損失者に「訴訟係属中の株価下落リスク」を負担させることを意味すること等に留意）を指摘したうえで、原則として、売却代金相当額の金員の不当利得返還義務を負うとした点に意義がある（原判決の基礎となる考え方を述べた大判昭和18・12・22 関連判例 を変更）。

なお、かりに本件で新株式が保持されていれば、受益者はその現物を返還すべきことになるが、売却した場合の解決との整合性からは、株式分割のような場合、損失者の株価下落による損失の回復を別途考える余地はないか等、難しい問題が残るように思われる。

| さらに理解を深める | 会社法百選2版16事件〔清水忠之〕　平成19年度重判（ジュリ1354号）民法9事件〔加藤雅信〕　中村心・曹時61巻7号（2009）208頁、商判5版Ⅰ-32事件、酒巻・尾崎3版補正追3事件、江頭4版205頁、神田15版107頁、会社法コンメ(3)334頁　関連判例　最判昭和37・4・20民集16巻4号860頁、大判昭和18・12・22新聞4890号3頁 |

第2章　株式会社　(2)　株式

27　株券の発行

最高裁昭和40年11月16日第三小法廷判決
　事件名等：昭和39年（オ）第1410号株主権存在確認請求事件
　掲載誌：民集19巻8号1970頁、判時431号45頁、判タ185号85頁、
　　　　　金法431号6頁

概要　本判決は、改正前商法226条（会社215条）にいう株券の発行とは、会社が同法225条（会社216条）所定の形式を具備した文書を株主に交付することをいい、株主に交付したとき初めて該文書が株券となるものと解すべきであり、たとえ会社が前記文書を作成しても、これを株主に交付しない間は、株券たる効力を有しないとしたものである。

事実関係　Xは、映画上映、演劇上演などを目的とするY株式会社の発起人であり、Y会社設立時に発行株式の一部を引き受けて株主となった（❶）。一方でXにはA銀行からの多額の借入れがあり、公正証書の執行力ある正本に基づき強制執行が開始された（❷）。Y会社の代表取締役に選任されたCの自宅ではY会社株券が作成され発行準備が整っていた（❸）が、そこに執行吏は赴いて、X名義の株券について差押えをした（❹）。強制執行手続において上記株券は競売に付された（❺）。その競落人となったBは、Y会社に対して名義書換請求をし、Y会社は株主名簿の名義書換えを了した（❻）。そこでXは、Y社に対して株主権が存在することの確認を求めて訴えを提起した（❼）。第1審は、本件強制執行は、X名義の株券として効力を生ずる前になされたもので、有効な株券に対する強制執行としての効力を有するものではないから、Xは、Y会社の株主たる地位を失っていないとしてXの請求を認容し、控訴審もY会社の控訴を棄却したため、Y会社より上告。

判決要旨　上告棄却。「論旨は、手形の振出交付を例にして、『株券の発行』とは、会社が株券を作成し、その株券を何人かに交付することであると解すべきであって、株券の発行があるといいうるためには、会社が株券を株主に交付することが必要であると解した原判決には、商法226条の解釈を誤った違法がある、という。

　しかし、同条にいう株券の発行とは、会社が商法225条所定の形式を具備した文書を株主に交付することをいい、株主に交付したとき初めて該文書が株券とな

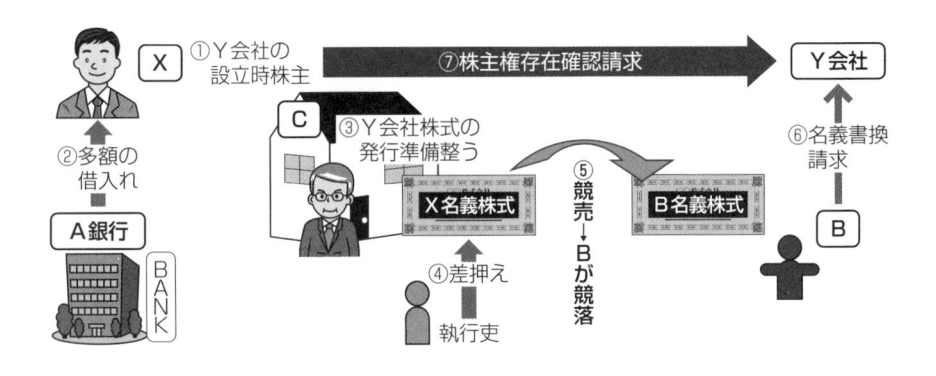

るものと解すべきである。したがって、たとえ会社が前記文書を作成しても、これを株主に交付しない間は、株券たる効力を有しないこというまでもない（大正11年7月22日大審院判決、民集1巻413頁参照）。これと異なる見解を主張する論旨は、採用することができない。」

本判決の位置づけ・射程範囲

　株券の発行に関しては、有効に成立している株式について作成された株券はいつから株券としての効力を生じるかという問題が生じる。本判決は、この問題についての最高裁の立場を示す点で意義があり、大審院判例（大判大正11・7・22 関連判例 等）を踏襲し、いわゆる交付時説を採ることを明らかにしている。これに対して、学説では、判例の立場では、当該文書が会社に保管中または会社から株主宛に郵送中に盗難等され流通し第三取得者の手に帰しても、未だ株券ではないから善意取得（会社131条2項）が成立しないことになる点を批判し、株券を作成し、どの株券がどの株主のものであるか確定した時点で株券としての効力が発生するとする見解（作成時説）も有力である。作成時説が主に念頭に置く上記のケース（本件のような未交付の株券に対する強制執行のケースは、交付時説によるとしても、株券交付請求権あるいは株式を差し押さえることはできるため、両説で利益衡量上の決定的な対立は生じない）についての利益衡量として、判例は、いかに取引の安全保護のためとはいえ、株主の支配権外に生じた事情によって株主の権利を失わせることは、（金銭的な補償は受けられるにしても）容認しがたいと考えるものである。なお、株券を発行しない状態がノーマルとなる会社法の下で、作成時説の利益衡量上の価値判断に対しては、見直しが迫られているとして、本判決を支持する見解が増えている。

さらに理解を深める　会社法百選2版26事件〔藤田友敬〕最判解民事篇昭和40年度441頁〔瀬戸正三〕、弥永・重要判例3版159事件、判例講義2版19事件、酒巻・尾崎3版補正36事件、江頭4版171・223頁、神田15版88頁、会社法コンメ(5)195頁〔白井正和〕・285頁〔大塚龍児〕　関連判例　大判大正11・7・22民集1巻413頁

第2章 株式会社 (2) 株式

28 株券発行前の株式譲渡

最高裁昭和47年11月8日大法廷判決
　事件名等：昭和39年（オ）第883号株主総会決議無効確認等請求事件
　掲載誌：民集26巻9号1489頁、判時682号3頁、判タ285号150頁、
　　　　　金判340号2頁、金法668号36頁

概要　本判決は、改正前商法204条2項（会社128条2項）の趣旨に反して、株式会社が株券の発行を不当に遅滞し、信義則に照らしても株式譲渡の効力を否定するを相当としない状況に立ちいたった場合においては、株主は、意思表示のみによって有効に株式を譲渡でき、会社は、もはや、株券発行前であることを理由としてその効力を否定することができないとしたものである。

事実関係　有限会社として設立されたY₁会社は、株式会社に組織変更された後も4年にわたり株券を発行していなかった（❶）。Y₂およびXは、ともにY₁会社の株主であった（❷）。Y₂は、その所有するY₁会社株式のすべてを意思表示のみによりXに譲渡し、Y₁会社も当該譲渡を承認して「株主台帳」にその旨を記載し、Xに対して株券を発行した（❸）。その後Xは代表取締役に就任した（❹）が、Y₁の経営が順調になるや、Y₂は自らY₁会社の株主であるとして裁判所の許可を得て臨時株主総会を招集し（❺）、Xら役員の解任決議がなされた（❻）。そこで、Xは当該決議の取消を求めて訴えを提起した（❼）。原審は改正前商法204条2項を形式的に解し、Y₂はY₁会社との関係では未だ株主であるとして、Xの請求を棄却するなどしたため、Xより上告。

判決要旨　一部破棄自判、一部上告棄却。「商法204条2項の法意を考えてみると、それは、株式会社が株券を遅滞なく発行することを前提とし、その発行が円滑かつ正確に行なわれるようにするために、会社に対する関係において株券発行前における株式譲渡の効力を否定する趣旨と解すべきであって、右の前提を欠く場合についてまで、一律に株券発行前の株式譲渡の効力を否定することは、かえって、右立法の趣旨にもとるものといわなければならない。もっとも、安易に右規定の適用を否定することは、株主の地位に関する法律関係を不明確かつ不安定ならしめるおそれがあるから、これを慎しむべきであるが、少なくとも、会社が右規定の趣旨に反して株券の発行を不当に遅滞し、信義則に照らしても株式譲渡の効力を否定するを相当としない状況に立ちいたった場合において

第 2 章　株式会社　株式　57

①4年間不発行
②Y₁会社の株主
④代表取締役就任
③意思表示のみで所有株式のすべてを譲渡
⑤臨時株主総会
⑥解任
⑦総会決議取消請求
②Y₁会社の株主

株券発行前の譲渡の効力は？

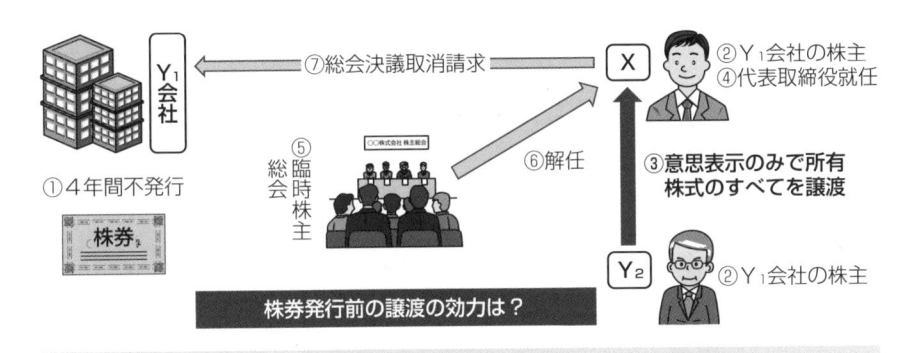

は、株主は、意思表示のみによって有効に株式を譲渡でき、会社は、もはや、株券発行前であることを理由としてその効力を否定することができず、譲受人を株主として遇しなければならないものと解するのが相当である。この点に関し、……〔最高裁昭和〕33年10月24日第二小法廷判決・民集12巻14号3194頁において当裁判所が示した見解は、右の限度において、変更されるべきものである。」

本判決の位置づけ・射程範囲

　株券発行会社においては、株券発行前の株式譲渡は会社に対して効力を生じない（会社128条2項）。本判決は、この規定の前身である改正前商法204条2項の解釈に関し、同規定の趣旨を株券発行事務の円滑と正確さの確保に求めたうえ、最判昭和33・10・24 関連判例 を変更し、会社が株券の発行を不当に遅滞している場合には、会社は株主の意思表示のみによる株式譲渡の効力を株券発行前であることを理由に否定することはできないことを明らかにした。会社株主間の法律関係の明確・画一性の要請を優先させ、絶対無効説を採った上記昭和33年判決に対しては批判が強く、本判決の結論自体に異論はない。学説上、この結論を導く理論構成として、会社が株券発行の準備に要する期間経過後は意思表示による株式譲渡が有効になるとする説（合理的時期説）と会社側が不当に株券の発行を遅滞しながら株式の譲渡を否定するのは信義則に反し許されないとする説（信義則説）とが対立しているが、判旨がいずれの見解を採ったかは必ずしも明確ではない。ただし、本来の合理的時期説がかなりドライに判断するものであるところ、会社の事情等に照らして判定する余地を残す信義則説の長所をも考慮して慎重な対処をしたとの指摘もみられる。なお、今日では、本判決の考え方を妥当させようとする際、株券発行会社が非公開会社である場合には、株主の請求があるまで会社は株券を発行することを要しない（会社215条4項）ことにも留意する必要がある。

さらに理解を深める　会社法百選2版14事件〔黒沼悦郎〕最判解民事篇昭和47年度569頁〔小堀勇〕、商判5版Ⅰ-34事件、弥永・重要判例3版152事件、判例講義2版21事件、酒巻・尾崎3版補正37事件、江頭4版222・397頁、神田15版91頁、会社法コンメ(3)312頁〔前田雅弘〕 関連判例 最判昭和33・10・24民集12巻14号3149頁

第2章 株式会社 (2) 株式

29 一人株主の承認による譲渡制限株式譲渡の効力

最高裁平成5年3月30日第三小法廷判決
　事件名等：平成元年（オ）第1006号株主総会決議不存在等確認請求事件
　掲載誌：民集47巻4号3439頁、判時1488号149頁、判タ842号141頁、
　　　　　金判949号3頁

概要　本判決は、いわゆる一人株主である株主が行った譲渡制限株式の株式譲渡は、定款所定の取締役会の承認がなくても会社に対する関係でも有効であるとしたものである。

事実関係　電子機器製造販売を営むY株式会社の代表取締役Aは、同社の全株式を有していた（❶）。Y会社の定款には、株式を譲渡するには取締役会の承認を受けなければならない旨の規定があった（❷）。Aは、同社の技術者として息子Bを教育したいと考え、甥のX_1に懇請してBの教育指導を依頼した（❸）。X_1はX_2に呼びかけ、両名は週末にY会社の業務のサポートをするようになった（❹）。未だBがY会社の経営を行い得る状況にないなか、Aが死亡し、BがY会社の全株式を相続した（❺）。このときAの相談役であったX_1はBに対し、Y会社を実質的に切り盛りしているのはX_1とX_2であり、またAの遺志でもあるとして、株式と経営権の譲渡を要請し、これを拒否するのであれば発明にかかる権利をもって独立すると告げた（❻）。そこでBは、X_1およびX_2に対して所有株式の一部を無償で譲渡した（❼）。その後にY会社は定時株主総会を招集し、B・X_1・X_2の出席のもとで、B・X_1・X_3を取締役に、X_4を監査役に選任する決議をした（❽）。ところが、Bはその翌月、自分がY会社の全株式を有する株主であるとして定時株主総会を招集・開催し、B・C・D・Eを取締役に、Fを監査役に選任する決議をした（❾）ため、X_1〜X_4は、当該決議の不存在を確認することを求めて訴えを提起した（❿）。第1審・控訴審ともにX_1らの請求を認容したため、Y会社（すなわちB）より上告。

判決要旨　上告棄却。「商法204条1項ただし書が、株式の譲渡につき定款をもって取締役会の承認を要する旨を定めることを妨げないと規定している趣旨は、専ら会社にとって好ましくない者が株主となることを防止し、もって譲渡人以外の株主の利益を保護することにあると解される……から、本件のようないわゆる一人会社の株主がその保有する株式を他に譲渡した場合には、

第2章　株式会社　株式　59

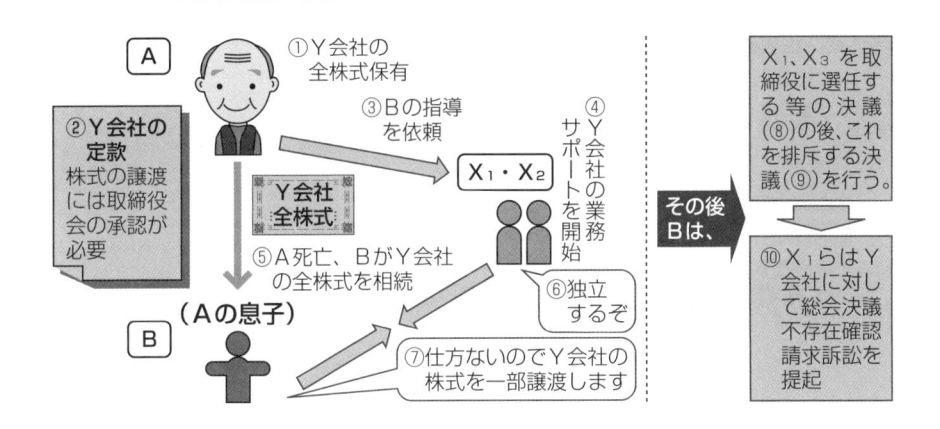

A ①Y会社の全株式保有
②Y会社の定款　株式の譲渡には取締役会の承認が必要
③Bの指導を依頼
Y会社全株式
④Y会社の業務サポートを開始
X₁・X₂
⑤A死亡、BがY会社の全株式を相続
B（Aの息子）
⑥独立するぞ
⑦仕方ないのでY会社の株式を一部譲渡します
その後Bは、
X₁、X₃を取締役に選任する等の決議（⑧）の後、これを排斥する決議（⑨）を行う。
⑩X₁らはY会社に対して総会決議不存在確認請求訴訟を提起

「定款所定の取締役会の承認がなくとも、その譲渡は、会社に対する関係においても有効と解するのが相当である。」

本判決の位置づけ・射程範囲

発行する全部の株式またはある種類の株式の内容として譲渡による当該株式の取得について株式会社の承認を要することが定款で定められている場合（会社107条1項1号・2項1号、108条1項4号・2項4号）において、会社が株式取得者からの譲渡承認請求に対し承認するか否かの決定をするには、取締役会設置会社では取締役会の決議を要する（会社139条1項。定款による別段の定め可）。本判決は、一人会社の株主がその保有する株式を他に譲渡した場合には、取締役会の承認がなくても、その譲渡は会社に対する関係においても有効であるとした。判旨に引用された最判昭和48・6・15[本書30事件]は、譲渡制限株式の制度趣旨を専ら会社にとって好ましくない者が株主となることを防止することにあると述べる。そこで保護されるべき利益は譲渡株主以外の株主の利益と解されるところ、一人株主による譲渡の場合には保護されるべき他の株主が存在していない。同様の判断は、すでに東京地判平成元・6・27[関連判例]、東京高判平成2・11・29[関連判例]でもみられ、本判決の結論に異論はほとんどない。

なお、判例は、一人会社や株主全員の同意がある場合には、弾力的な解釈を採り得ることを明らかにしており（取締役の利益相反取引の場合につき、最判昭和45・8・20[関連判例]・最判昭和49・9・26[本書95事件]）、本判決もその流れに沿ったものである。

さらに理解を深める　会社法百選2版18事件〔小野寺千世〕最判解民事篇平成5年度（上）628頁〔倉吉敬〕、商判5版Ⅰ-35事件、弥永・重要判例3版149事件、判例講義2版25事件、酒巻・尾崎3版補正28事件、江頭4版229頁、神田15版93・202頁、会社法コンメ(3)381頁〔山本爲三郎〕逐条解説会社法(2)305頁〔齊藤真紀〕

[関連判例]　東京地判平成元・6・27金判837号35頁、東京高判平成2・11・29判時1374号112頁、最判昭和45・8・20民集24巻9号1305頁

第2章　株式会社　(2) 株　式

30 譲渡制限に違反した株式譲渡の効力

最高裁昭和48年6月15日第二小法廷判決
　事件名等：昭和47年（オ）第91号株式譲渡担保契約無効確認請求事件
　掲　載　誌：民集27巻6号700頁、判時710号97頁、判タ299号301頁、
　　　　　　　金判375号8頁、金法691号30頁

概　要　本判決は、定款に株式の譲渡制限の定めがある場合に、取締役会の承認を得ずになされた株式の譲渡は、会社に対する関係では効力を生じないが、譲渡当事者間においては有効であるとし、また、株式を譲渡担保に供することは、改正前商法204条1項にいう株式の譲渡に当たるとしたものである。

事実関係　合板単板の製造販売を業とするA株式会社は、Y会社より継続的に厚木を購入していた（❶）ところ、Y会社は、A会社の上記債務の担保のために、同社の役員およびその家族であるX₁～X₅が所有するA会社株式について譲渡担保権の設定を受け、X₁らより株券の交付を受けた（❷）。A会社の定款には、株式の譲渡に当たっては取締役会の承認を要する旨の定めがあった（❸）。X₁らは、A会社からY会社に対する譲渡担保の提供については取締役会の承認を得ていないため、当該譲渡担保は無効であるとして、Y会社に対して株券の返還を求めて訴えを提起した（❹）。第1審・控訴審ともにX₁らの請求を棄却したためX₁らより上告。

判決要旨　上告棄却。「商法204条1項但書は、株式の譲渡につき、定款をもって取締役会の承認を要する旨定めることを妨げないと規定し、株式の譲渡性の制限を許しているが、その立法趣旨は、もっぱら会社にとって好ましくない者が株主となることを防止することにあると解される。そして、右のような譲渡制限の趣旨と、一方株式の譲渡が本来自由であるべきこととに鑑みると、定款に前述のような定めがある場合に取締役会の承認をえずになされた株式の譲渡は、会社に対する関係では効力を生じないが、譲渡当事者間においては有効であると解するのが相当である。

　ところで、株式を譲渡担保に供することは、商法204条1項にいう株式の譲渡にあたると解すべきであるから、叙上の場合と同様、株式の譲渡につき定款による制限のある場合に、株式が譲渡担保に供されることにつき取締役会の承認をえていなくとも、当事者間では、有効なものとして、株式の権利移転の効力を生ず

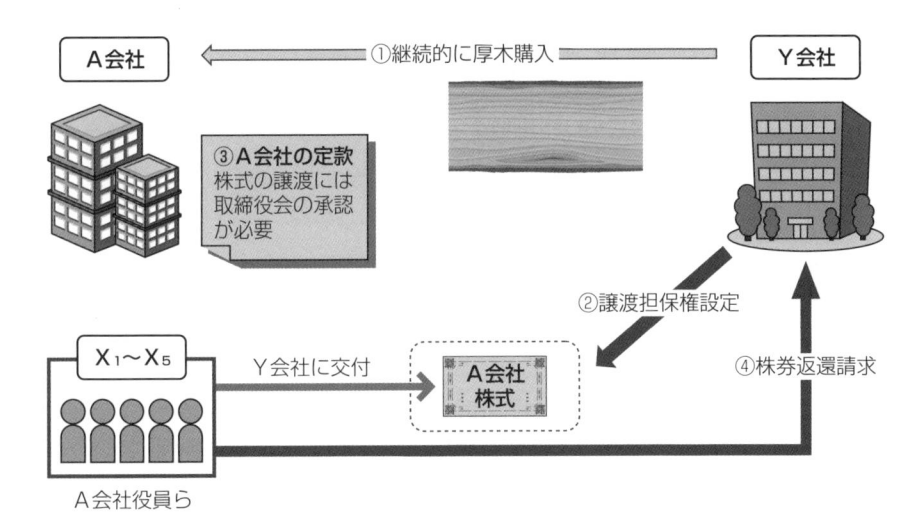

るものというべきである。」

本判決の位置づけ・射程範囲

　譲渡制限の定めに違背し取締役会の承認を経ずになされた株式譲渡の効力について明文の定めはない。本判決は、この問題に関する最初の最高裁判例であり、会社に対する関係では効力を生じないが、譲渡当事者間では有効であるとした（相対説）。本判決後に、株式取得者から会社に対し取得の承認請求ができる旨の立法がなされているが（改正前商204条ノ5、会社137条・138条2項）、これは、譲渡当事者間における譲渡の有効性を前提にしていると考えられる。なお、最高裁は、本判決の相対説を基礎に、会社は譲渡制限株式につき、必ず譲渡前の株主を株主として取り扱わなければならないとする（最判昭和63・3・15 本書32事件、最判平成9・9・9 関連判例）。

　次に、本判決は、株式を譲渡担保に供することが、承認を要する株式譲渡に当たるとする。これは、傍論にすぎないが（本件では、譲渡担保契約の有効性が担保設定者と担保権者との間で争われていることに留意）、これによると、被担保債務を弁済して株式を受け戻すときに再度承認を求めなければならない。それは二度手間であるだけでなく、会社が承認しない（株主が追い出さる）ことも生じ得る。譲渡制限の趣旨は譲渡担保実行時に承認を要すると解すれば満たし得るから、この点については、強い批判がある。

さらに理解を深める

会社法百選2版19事件〔尾崎安央〕最判解民事篇昭和48年度323頁〔田尾桃二〕、商判5版Ⅰ-36事件、弥永・重要判例3版148事件、判例講義2版23事件、酒巻・尾崎3版補正27事件、江頭4版232頁、神田15版94頁、会社法コンメ(3)47頁〔山下友信〕・382頁〔山本爲三郎〕・435頁〔森下哲朗〕、逐条解説会社法(2)219頁〔北村雅史〕・306頁〔齊藤真紀〕 関連判例 最判昭和63・3・15 本書31事件、最判平成9・9・9判時1618号138頁

第2章 株式会社 (2) 株　式

31 競売による譲渡制限株式の取得

最高裁昭和63年3月15日第三小法廷判決
　事件名等：昭和61年（オ）第965号株主地位確認等請求事件
　掲載誌：判時1273号124頁、判タ665号144頁、金判794号3頁、
　　　　　金法1191号47頁

概　要　本判決は、定款による譲渡制限のある株式の譲渡が競売手続によってなされたが競落人が改正前商法204条ノ5（会社137条・138条2項）所定の承認の請求をしていない場合には、任意譲渡の場合と同様、株式譲渡は譲渡当事者間では有効であるが会社に対する関係では効力を生じないと解すべきであるから、会社は当該譲渡人を株主として取り扱う義務があり、譲渡人は会社に対してはなお株主の地位を有するとしたものである。

事実関係　Xは、Y株式会社の株主であった（❶）が、その所有株式は裁判所において競売に付され、A会社において競落のうえ同社に株券が交付された（❷）。Y会社の定款には株式の譲渡について取締役会の承認を要する旨の定めがあった（❸）が、A会社はY会社に対し改正前商法204条ノ5が規定する会社が譲渡を承認しない場合の買受人指定請求をしていなかった（❹）ため、Y会社の株主名簿には、Xが株主として記載されていた（❺）一方、Y会社はXが株主権を行使することを拒絶していた（❻）。そこでXは、Y会社に対し、XがY会社の株主であることの確認等を求めて訴えを提起した（❼）。第1審・控訴審ともにXの請求を棄却したため、Xより上告。

判決要旨　破棄自判。「商法204条1項但し書に基づき定款に株式の譲渡につき取締役会の承認を要する旨の譲渡制限の定めがおかれている場合に、取締役会の承認をえないでされた株式の譲渡は、譲渡の当事者間においては有効であるが、会社に対する関係では効力を生じないと解すべきであるから……、会社は、右譲渡人を株主として取り扱う義務があるものというべきであり、その反面として、譲渡人は、会社に対してはなお株主の地位を有するものというべきである。そして、譲渡が競売手続によってされた場合の効力については、商法は特別の規定をおいていないし、会社の利益を保護するために会社にとって好ましくない者が株主となることを防止しようとする同法204条1項但し書の立法趣旨に照らすと、右の場合における譲渡の効力について、任意譲渡の場合と別異に解す

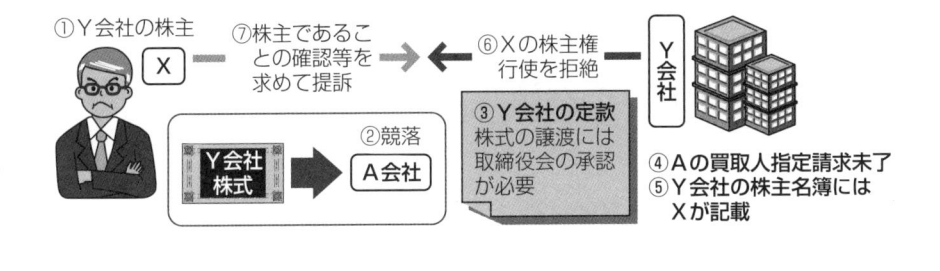

第2章　株式会社　株式　63

①Y会社の株主　⑦株主であることの確認等を求めて提訴　⑥Xの株主権行使を拒絶　Y会社

X　Y会社株式　②競落　A会社　③Y会社の定款　株式の譲渡には取締役会の承認が必要　④Aの買取人指定請求未了　⑤Y会社の株主名簿にはXが記載

べき実質的理由もないから、譲渡が競売手続によってされた場合の効力についても、前記と同様に解すべきである。
　そうすると、株式の譲渡制限の定めのあるY会社の株式1万3082株を有する株主となったXは、その後に右株式がA会社によって競落されたとしても、Y会社に対し自己がなお右株主であることを主張することができ、また、Y会社もXを株主として取り扱う義務があるものというべきである。」

本判決の位置づけ・射程範囲

　本判決が引用する最判昭和48・6・15[本書30事件]は、会社の承認のない譲渡制限株式の譲渡の効力につき、いわゆる相対説の立場を採る（なお、改正前商法204条ノ5、会社137条・138条2項参照）。ただ、その場合に会社が譲渡人を株主として取り扱う義務があるか否かは明らかではなかった。本判決はこの問題を正面から扱い、相対説の立場の下で、当該譲渡は会社に対する関係では「効力を生じない」ことを理由にその義務を認めた（譲渡が競売手続によってなされた場合も同じ）点で先例的意義がある。本件1審・2審は、譲渡人には株主として権利行使を認められるべき実質的な理由がないという点に着目して、その権利行使を拒絶できるとしたが、それによると、会社代表者が譲渡人を株主として扱うかどうかの裁量権を有することになり、その濫用の危険への懸念が生じる（本件は会社経営陣と競落人とが敵対関係にあり、譲渡人と競落人とは共通の利害をもっている中で、経営陣が権利行使者不在の状況を現出しようとしたものである）。本判決と名義書換未了の株主を会社の側から株主として扱うことを認容した最判昭和30・10・20[本書21事件]との整合性につき議論があるが、手続の相違（譲渡制限株式の譲渡による取得では、譲渡人または譲受人の譲渡等承認請求を受けて承認機関が判断するとされ、名義書換未了の株主に権利行使を認めるかどうかの決定において会社の代表者に認められるような裁量は認められない。規制の趣旨の相違を反映）等にも留意すべきである。

さらに理解を深める　会社法百選20事件〔北村雅史〕、弥永・重要判例3版150事件、判例講義2版24事件、酒巻・尾崎3版補正30事件、江頭4版233頁、神田15版94頁、会社法コンメ(3)383頁〔山本爲三郎〕、逐条解説会社法(2)307頁〔齊藤真紀〕
関連判例　最判昭和48・6・15[本書30事件]、最判昭和30・10・20[本書21事件]

第2章　株式会社　(2) 株式

32 譲渡制限株式の評価

広島地裁平成21年4月22日決定
　事件名等：平成20年（ヒ）第1号、第2号、第6号及び第8号株式売買価格決定申立事件
　掲載誌：金判1320号49頁

概要　本件は、資本金1億2,000万円、総資産が約119億円、売上高約60億円の会社の株式の売買価格の決定につき、DCF方式により算出した評価額とゴードン・モデル方式により算出した評価額とを1対1で折衷した事例である。

事実関係　X₁株式会社の定款には、株式を譲渡する際には取締役会の承認を要する旨の定めがある（❶）。同社株式を譲渡により取得したY会社は、X₁会社に対し譲渡等の承認請求をした（❷）ところ、甲・乙事件ではX₁会社は承認をせず自らが買い取る決定をし（❸）、丙・丁事件では承認をせずX₁会社の代表取締役X₂を指定買取人として指定した（❹）。以上の事件のいずれにおいても、会社法144条1項に規定する当事者間の協議は調わなかった（❺）。そこで甲・乙事件においてはXらから、丙・丁事件においてはY会社から、裁判所に対し同条2項に基づく売買価格決定の申立てがなされた（❻）。

決定要旨　請求認容。「裁判所が譲渡制限株式の売買価格を決定するに当たっては、『譲渡等承認請求の時における株式会社の資産状況その他一切の事情』を考慮すべきものとされている（会社法第144条第3項）。……すなわち、同項は、裁判所が決定すべき譲渡制限株式の売買価格とは、譲渡等承認請求の時におけるその客観的な交換価値であるが、他方で、譲渡制限株式については取引相場がないことから、対象会社の『資産状況その他一切の事情』を考慮することにより妥当な交換価値を探究すべきものと解される。したがって、株式評価の材料と認められる限り、対象会社の収益状況、1株当りの収益又は配当額、将来の事業の見通し、配当政策・配当能力、業界の状況など、対象会社内外の一切の事情を斟酌することを要することとなる。」
「本件評価方法において、DCF方式又はゴードン・モデル方式によって算定することについては、一応相当であると解される。」
「売主の立場と買主の立場を総合的に勘案するためには、売主と買主を双方対等の立場にあることを前提として、売主の立場からの相当な評価方式と買主の立場

第2章　株式会社　株式

```
①X₁会社 ←―②譲渡承認請求―― Y会社
①X₁会社の定款
株式の譲渡には取締
役会の承認が必要
③買取決定
④X₂を指定
買取人に
⑤当事者間の
協議調わず
⑥双方より売買価格決定の申立て
```

からの評価方式を1対1で評価価格に反映させるのが相当である。そうすると、本件では、DCF方式とゴードン・モデル方式を1：1で折衷する方式をとるべきこととなる。」

本決定の位置づけ・射程範囲

　本決定は、譲渡制限株式につき株式の売買価格の決定の申立てがなされ（会社144条2項、144条7項・2項）、収益方式の代表的手法であるDCF方式および配当還元方式の一種であるゴードン・モデル方式とを併用して評価額を算定した事例である。このように裁判所が株式の価値の決定を求められる場合は他にも少なくなく（会社117条2項・119条2項・172項1項・177条2項・193条2項・470条2項・778条2項・786条2項・798条2項・807条2項・809条2項等）、とくに取引相場のない株式価値の算定には評価の困難な問題が生じる。そこでは確固とした基準が存在するわけではなく、公刊された裁判例でも、各企業の特質等に応じて様々な評価方式の選択がなされている（DCF方式を単独で採用したものとして東京地決平成20・3・14 [関連判例]、ゴードン・モデル方式を単独で採用したものとして大阪高決平成元・3・28 [関連判例] があるほか、複数の方式を併用するものも少なくない）。本決定も具体的事案との関係での判断であるが、会社法144条3項の「譲渡等承認請求の時における株式会社の資産状況その他一切の事情を考慮」することの趣旨を検討したうえで、取引相場のない株式評価方法として考慮されることの多いDCF方式、配当還元方式に分類される各方式、および純資産方式についてそれぞれの特質を踏まえていずれの方式を考慮すべきか、複数の方式を考慮する場合どの程度の折衷割合によるべきかを詳細に検討しており、取引相場のない株式の評価の実務につき参考になるところが大きいと考えられる。

さらに理解を深める

会社法百選2版20事件〔江頭憲治郎〕　商判5版Ⅰ-38事件、柴田和史・判例セレクト2009〔Ⅱ〕（法教354号〔2010〕別冊付録）17頁、江頭4版15頁、神田15版112頁　[関連判例]　東京地決平成20・3・14判時2001号11頁、大阪高決平成元・3・28金判825号18頁

第2章　株式会社　(2)　株式

33　全部取得条項付種類株式の取得価格の決定
——レックス・ホールディングス事件

最高裁平成21年5月29日第三小法廷決定
事件名等：平成20年（ク）第1037号株式取得価格決定に対する抗告審の変更決定に対する特別抗告事件、平成20年（許）第48号株式取得価格決定に対する抗告審の変更決定に対する許可抗告事件
掲載誌：金判1326号35頁

概要　本決定は、全部取得条項付種類株式の価格決定につき、裁判所による合理的な裁量を肯定したものである。

事実関係　A株式会社は平成18年8月21日に業績を下方修正したところ、同年9月26日には株価が14万4,000円にまで急落、その後11月10日には21万9,000円にまで回復した。同日株式会社Yは普通株式1株につき23万円を買付価格とするMBOを実施する旨公表し、同年12月12日までに91.78％の株式を保有するに至った。平成19年3月、A会社は株主総会を開催してすべての発行済普通株式につき全部取得条項を付すとともに同株式の取得決議を行いY会社に吸収合併された。A会社の株主であったXらは、株式取得価格の決定を申し立てた。

決定要旨　抗告棄却。「本件抗告理由は、違憲をいうが、その実質は原決定の単なる法令違反を主張するものであって、同項に規定する事由に該当しない。」

参考　控訴審決定（東京高決平成20・6・25金判1301号41頁）
「全部取得条項付種類株式を発行した種類株式発行会社による株式の強制的取得が行われると、これによって、株主は、自らが望まない時期であっても株式の売却を強制され、株価の上昇に対する上記の期待を喪失する結果となるのである。そうであれば、裁判所が、上記の制度趣旨に照らし、当該株式の取得日における公正な価格を定めるに当たっては、取得日における当該株式の客観的価値に加えて、強制的取得により失われる今後の株価の上昇に対する期待を評価した価額をも考慮するのが相当である。……そして、……会社法は、取得価格の決定を、記録に表われた諸般の事情を考慮した裁判所の合理的な裁量に委ねたものと解するのが相当である。」「平成18年8月22日以降同年11月10日までの期間のA会社株式の市場株価が、……平成18年8月21日プレス・リリースの影響を受けて過剰に下落し、これに加えて投機的取引が反復されたことによる影響も受けていたとの事情についても、同期間の市場株価を平均値算定の基礎に含めながら、他の期間を

も通じて市場株価を平均化することによって、上記の影響を排除し、本件取得日における本件株式の客観的価値を算定すれば足りるものと解するのが相当である。」「本件において、市場株価の平均値を算定する基礎となる期間を短期に設定することは相当とはいえないものということができ、本件公開買付けが公表された平成18年11月10日の直前日からさかのぼって6か月間の市場株価を単純平均することによって、本件取得日における本件株式の客観的価値を算定するのが相当である。……〔その〕客観的価値は、平成18年5月10日から同年11月9日までの終値の平均値である28万0805円と認めることができる。」「本件公開買付けに当たっては、買付価格は、平成18年11月9日までの過去1か月間の市場株価の終値の単純平均値に対して13.9パーセントのプレミアムを加えた価格であるとの説明がされた……が、Y会社は、このようなプレミアムを設定した具体的な根拠については特に主張立証をせず、事業計画書や株価算定評価書の提出もしないのであって、このことをも考慮するならば、……本件株式の客観的価値（28万0805円）に、20パーセントを加算した額（33万6966円）をもって、株価の上昇に対する評価額を考慮した本件株式の取得価格と認めるのが相当である。」

本決定の位置づけ・射程範囲

本決定は、公開買付けと全部取得条項付種類株式とを組み合わせて実施されたMBOに関し、全部取得条項付種類株式の取得の価格（以下「取得価格」という）の決定の申立て（会社172条1項）がなされた初めての事案についての最高裁決定である。MBOとは、経営陣が自社の株式の大半を取得する取引をいい、田原睦夫裁判官の補足意見にあるように、その取引の構造上、株主との間で利益相反状態になり得、また、MBOに積極的ではない株主に強圧的な効果（公開買付けにおいて、株主は必ずしも十分な価格でなくても、自分以外の株主がこれに応募し、少数派株主としてとどまることになった結果、不当な取扱いを受けるといった事態をおそれてこれに応募してしまうといったこと）が生じかねない。本決定（および原決定）は、裁判所が決定する取得価格は取得日における公正な価格をいい、その決定に当たって、株式買取請求権における価格決定と同様、裁判所に合理的な裁量が認められることを明らかにするとともに、本件の事実関係の下で、その裁量を行使して、上記の補足意見で示された点を踏まえ、公正な価格の探求・認定を行った決定例ということができる（利益相反の具体的解消措置が講じられた場合は、別異の判断の余地がある）。なお、MBOの事案に関し、同様の考え方が示されたものとして、大阪高決平成21・9・1 関連判例、東京地決平成21・9・18 関連判例、札幌高決平成22・9・16 関連判例がある。

さらに理解を深める　会社法百選2版89事件〔徳本穣〕（本件控訴審）商判5版Ⅰ-39事件、弥永・新判例8事件、判例講義2版33事件、江頭4版156頁、神田15版84頁、会社法コンメ(4)107頁〔山下友信〕　関連判例　大阪高決平成21・9・1金判1326号20頁、東京地決平成21・9・18金判1329号45頁、札幌高決平成22・9・16金判1353号64頁

第2章　株式会社　(2) 株 式

34 株主の権利行使と個別株主通知

最高裁平成22年12月7日第三小法廷決定
　事件名等：平成22年（許）第9号株式価格決定申立て却下決定に対する抗告審の取消決定に対する許可抗告事件
　掲載誌：民集64巻8号2003頁、判時2102号147頁、判タ1340号91頁、金判1362号20頁

概要　本決定は、振替株式についての会社法172条1項に基づく価格決定の申立てを受けた会社が、裁判所における株式価格決定申立事件の審理において、申立人が株主であることを争った場合には、その審理終結までの間に個別株主通知がされることを要するとしたものである。

事実関係　Y株式会社は、A会社との間でその完全子会社になる旨を合意し、平成21年6月29日開催の定時株主総会において、普通株式を全部取得条項付種類株式としてその全部を取得する旨の決議をした。その総会の基準日設定に伴う総株主通知（同年4月3日）にも、実際の取得日における株主を確定するための基準日設定に伴う総株主通知（同年8月7日）にも、XはY会社の株主であると記載されていた。Xは所有株式について会社法172条1項に基づく価格決定の申立てをし、さらに証券会社に対して個別株主通知の申出書を発送した（同年7月29日）が、その直後にY会社が上場廃止と扱われたため、Xに個別株主通知がされることはなかった。上記価格決定申立てについて、第1審はXの申立てを却下し、抗告審は第1審を取り消して差し戻したため、Y会社より許可抗告。

決定要旨　破棄自判。「ある総株主通知と次の総株主通知との間に少数株主権等が行使されたからといって、これらの総株主通知をもって個別株主通知に代替させることは、社債等振替法のおよそ予定しないところというべきである。……個別株主通知は、社債等振替法上、少数株主権等の行使の場面において株主名簿に代わるものとして位置付けられており（社債等振替法154条1項）、少数株主権等を行使する際に自己が株主であることを会社に対抗するための要件であると解される。そうすると、会社が裁判所における株式価格決定申立て事件の審理において申立人が株主であることを争った場合、その審理終結までの間に個別株主通知がされることを要し、かつ、これをもって足りるというべきであるから、振替株式を有する株主による上記価格決定申立権の行使に個別株主通知が

第 2 章　株式会社　株式　69

```
┌───┐   会社法172条1項            Xが株主である    ┌───┐
│ X │ ──に基づく価格決定の──→  ←──ことを争う──  │Y会│
└───┘   申立て                                    │社 │
                                                  └───┘
```

> されることを要すると解しても、上記株主に著しい負担を課すことにはならない。」「以上によれば、振替株式についての会社法172条1項に基づく価格の決定の申立てを受けた会社が、裁判所における株式価格決定申立て事件の審理において、申立人が株主であることを争った場合には、その審理終結までの間に個別株主通知がされることを要するものと解するのが相当である。……本件において、Y会社が裁判所における株式価格決定申立て事件の審理においてXが株主であることを争っているにもかかわらず、その審理終結までの間に個別株主通知がされることはなかったから、Xは自己が株主であることをY会社に対抗するための要件を欠くことになる。」

本決定の位置づけ・射程範囲

2009年1月5日以降、上場株式の譲渡は、すべて「社債、株式等の振替に関する法律」（以下「振替法」という）によって行われている。本決定は、振替法128条1項所定の振替株式を有する株主が会社に対して会社法172条1項1号に基づく価格決定申立権を行使し、申立人が株主であるか否か会社から争われた事案において、振替法154条3項所定の個別株主通知を必要とするとし、かつ、その時期を申立て事件の審理終結までの間に通知すれば足りるとの判断を最高裁として初めて示したものである。個別株主通知は、振替法上、少数株主権等の行使の場面において株主名簿に代わるもの（会社への対抗要件）として位置付けられている。反対株主が価格決定を申し立てるために個別株主通知をすることの要否やその時期については、東京高裁において、①申立期間内（株主総会の日から20日以内）に個別株主通知があれば足りる（東京高決平成22・1・20 関連判例）、②裁判所の審理終結までの間に個別株主通知があれば足りる（東京高決平成22・2・9 関連判例）、③会社への個別株主通知をすることを要しない（東京高決平成22・2・18 関連判例）と3つの異なる決定が相次いで下されていた。本決定の事案では、そもそも個別株主通知を欠いているため、時期についての判示は傍論にとどまるが、上記のような下級審決定例の対立を踏まえた判断として重要である。その後、全部取得の効果が生じれば、買取価格決定の申立て（会社117条2項）の適格が失われるとの判断も出されている（最決平成24・3・28 関連判例）。

さらに理解を深める　会社法百選2版17事件〔川島いづみ〕商判5版Ⅰ-40事件、弥永・新判例10事件、判例講義2版35事件、江頭4版192頁、神田15版111頁　関連判例　東京高決平成22・1・20金判1337号24頁、東京高決平成22・2・9金判1337号24頁、東京高決平成22・2・18金判1337号24頁、最決平成24・3・28民集66巻5号2344頁

第2章 株式会社 (2) 株式

35 従業員持株制度と退職従業員の株式譲渡の合意

最高裁平成21年2月17日第三小法廷判決
　事件名等：平成20年（受）第1207号株主権確認等、株主名簿名義書換等、株式保有確認等請求事件
　掲載誌：判時2038号144頁、判タ1294号76頁、金判1317号49頁

概要　本判決は、定款で株式の譲受人を会社の事業に関係ある者に限る旨を規定している会社の持株会と従業員株主との間でなされた譲渡価格の約定および買戻しに関する合意は、会社法107条および127条の規定に反するものではなく、公序良俗にも反しないとしたものである。

事実関係　X_1とX_2はともに日刊新聞紙の発行を目的とするY_1株式会社の元従業員である（❶）。Y_1の定款には、株式（「N株式」）の譲渡につき取締役会の承認を要する旨と、日刊新聞紙法に基づきY_1会社の株式譲受人はY_1会社の事業に関係ある者に限定する旨が定められている（❷）。X_2はX_1にその所有株式を売り渡すこととし、Y_1会社に対して譲渡承認を請求した（❸）ところ、その承認を得られなかった（❹）ため、同社に対して譲渡の相手方を指定するよう請求した（❺）。その後、Y_1会社の持株会であるY_2会は、X_2に対し、同会が譲受人となった旨書面で通知し、Y_1会社より譲渡承認を得た（❻）ことから、これに不服のX_1・X_2は株主権の確認と名義書換を求めて訴えを提起した（❼）。第1審・控訴審ともにXらの請求を棄却したため、Xらより上告。

判決要旨　上告棄却。「〔Y_1会社は、〕N株式の保有資格を原則として現役の従業員等に限定する社員株主制度を採用しているものである。Y_2会における本件株式譲渡ルールは、Y_1会社が上記社員株主制度を維持することを前提に、これにより譲渡制限を受けるN株式をY_2会を通じて円滑に現役の従業員等に承継させるため、株主が個人的理由によりN株式を売却する必要が生じたときなどにはY_2会が額面額でこれを買い戻すこととしたものであって、その内容に合理性がないとはいえない。また、Y_1会社は非公開会社であるから、もともとN株式には市場性がなく、本件株式譲渡ルールは、株主である従業員等がY_2会にN株式を譲渡する際の価格のみならず、従業員等がY_2会からN株式を取得する際の価格も額面額とするものであったから、本件株式譲渡ルールに従いN株式を取得しようとする者としては、将来の譲渡価格が取得価格を下回ることによ

①Y₁会社の元従業員　X₁・X₂
②Y₁会社は定款で株式の譲受人を会社の事業に関係ある者に限定
③X₂→X₁の所有株式譲渡承認を請求
④不承認
⑤譲渡の相手方を指定するよう請求
⑥Y₂会が譲受人となり、Y₁会社も承認
⑦株主権の確認、名義書換を求めて提訴
Y₁会社

る損失を被るおそれもない反面、およそ将来の譲渡益を期待し得る状況にもなかったということができる。そして、X₂は、上記のような本件株式譲渡ルールの内容を認識した上、自由意思によりY₂会から額面額で本件株式を買い受け、本件株式譲渡ルールに従う旨の本件合意をしたものであって、Y₁会社の従業員等がN株式を取得することを事実上強制されていたというような事情はうかがわれない。さらに、Y₁会社が、多額の利益を計上しながら特段の事情もないのに一切配当を行うことなくこれをすべて会社内部に留保していたというような事情も見当たらない。……以上によれば、本件株式譲渡ルールに従う旨の本件合意は、会社法107条及び127条の規定に反するものではなく、公序良俗にも反しないから有効というべきである。」

本判決の位置づけ・射程範囲

定款による株式譲渡制限を定めるとともに、日刊新聞法1条に基づき株式の保有資格を原則として現役の従業員または役員に限ると定めている新聞社が採用していた従業員持株制度の下でなされた持株会と従業員株主間の本件合意は、従業員株主が株式保有資格の喪失時や株式売却時には取得価額と同額で持株会に譲渡する旨約定する点において、従業員株主の株式譲渡の自由を制限するものである（売渡強制および価格固定）。その場合、譲渡株主のキャピタルゲイン取得の可能性が否定されかねないため、そのような合意の効力が問題にされてきた（問題になる規定としては、会社法127条・107条1項2号〔会社法の基本的枠組みから問題把握〕、または民法90条〔契約自由の限界として問題把握〕）。本判決は、会社法の下でこの問題につき判断した最初の最高裁判例であり、その有効性を肯定する従来の判例の流れ（たとえば、最判平成7・4・25 本書36事件 〔従業員株主と会社間での約定〕、東京高判昭和62・12・10 関連判例 〔従業員株主と持株会等の第三者間での約定〕）に沿ったものと位置づけられる。従来の裁判例は、従業員の事前の了解、制度維持の必要性、利益配当の実績、株式の時価算定の困難さをその理由としてきたが、本判決でもそのいくつかが考慮要素として示されている。

さらに理解を深める　平成21年度重判（ジュリ1398号）商法1事件〔中村信男〕、商判5版Ⅰ-43事件、弥永・重要判例3版151事件、山本爲三郎・判例セレクト2009〔Ⅱ〕（法教354号〔2010〕別冊付録）16頁、江頭4版236頁、神田15版95頁、会社法コンメ(3)306頁〔前田雅弘〕 関連判例 　最判平成7・4・25 本書36事件 、東京高判昭和62・12・10金法1199号30頁

第2章　株式会社　(2)　株　式

36　従業員持株制度と退職従業員の株式譲渡義務

最高裁平成7年4月25日第三小法廷判決
　事件名等：平成3年（オ）第1332号株券発行請求事件
　掲　載　誌：集民175号91頁

概　要　本判決は、従業員持株について、従業員は退職時に株式を取得価格と同一価格で取締役会の指定する者に譲渡する旨の会社と従業員との間の合意は、改正前商法204条1項（会社127条）に違反せず、公序良俗にも反しないとしたものである。

事実関係　Y株式会社は、一定の役職にある従業員を対象とする従業員持株制度を導入した（❶）が、その際、株主となる従業員との間で、退職の際、株式を取得価格（額面価格）と同一価格で会社の取締役会の指定する者に譲渡する旨の合意を交わした（❷）。Xらは、この従業員持株制度の下でY会社株主となった（❸）が、退職後に株式の交付を求めたところこれを拒絶された（❹）ため、Y会社に対して株券の発行を求めて訴えを提起した（❺）。なお、譲受人として指定されたAは買受けの意思を明らかにし、代金額を供託していた。第1審・原審ともにXらの請求を棄却したため、Xらより上告。

判決要旨　上告棄却。「本件合意は、商法204条1項に違反するものではなく、公序良俗にも反しないから有効であり、Y会社の取締役会が、本件合意に基づく譲受人としてAを指定し、同人が買受けの意思を明らかにしたことにより、X₁らはY会社の株式を喪失したとして、株券の発行を求めるX₁らの請求を棄却すべきものとした原審の判断は、正当として是認することができる。」
参考　控訴審判決（名古屋高判平成3・5・30判タ770号242頁）
「〔商法204条1項〕は会社と株主との間で個々に締結される株式の譲渡等その処分に関する契約の効力について直接規定するものではないから、本件合意が、譲渡先と譲渡価格の点において株式譲渡の自由を制限するものであることを十分に考慮しても、そのことの故をもって、直ちに本件合意が同規定に違反するものであるとは断定できない。」「本件従業員持株制度は、会社にとって、持株従業員に対して会社の発展に対する寄与を期待できるという利益があるとともに、持株従業員にとっても、Y会社の株式をその時価にかかわりなく一律に額面額で簡便に取得することができるほか、相当程度の利益配当を受けることができるもので

あって、それなりに持株従業員の財産形成に寄与するものであることは疑いがない。もっとも、本件合意内容によると、持株従業員は、退職時には額面額でY会社の取締役の指定する者にその保有株式を譲渡することが強制されることになっているため、株式の自由な譲渡及びそれによる譲渡益の取得を否定されることになるが、前記のような従業員持株制度の目的を達成するために、自由な意思によって右制度の趣旨を了解して株主となった者と会社との間の合意によって、譲渡先を右のように限定することは、法令上禁止されているところではない」。

本判決の位置づけ・射程範囲

本判決は、閉鎖的な会社の従業員持株制度との関係で、従業員が退職時にその持株を特定の者（本件では、取締役会が指定する者）に取得価額と同一価格で売り渡す旨の約定の効力につき最高裁が初めて判断し、有効と解すべきことを明らかにしたものである。本判決は、伝統的な学説において特にその有効性が問題にされてきた会社が契約の当事者となっている類型の事例である。しかし、判例は、会社が契約の当事者であるか否かを特に問題にすることなく、契約を有効と解してきており（なお、無効とした唯一の裁判例に東京地判平成4・4・17 関連判例 がある）、それには、会社が当事者になる契約についても契約自由の原則が妥当し、民法90条の公序良俗に反する契約が無効になるにすぎないとする有力学説からの強い影響があるとの指摘もみられる。なお、約定の内容のうち、特に自己の取得価格と同額での売渡価格の有効性が問題にされることが多い（売渡強制自体は、通常譲渡の困難な閉鎖的会社の株式の投下資本回収に寄与する面があることに留意）。判例は、相当程度の剰余金の配当（本件の控訴審判決である名古屋高判平成3・5・30 関連判例 ）、比較的高率の剰余金の配当（東京高判平成5・6・29 関連判例 ）を考慮要素の１つにするが、それによると、どの程度であればそれが認められるかという問題も生じる。

さらに理解を深める　会社法百選２版21事件〔前田雅弘〕商判５版Ⅰ-42事件、判例講義２版22事件、酒巻・尾崎３版補正32事件、江頭４版236頁、神田15版95頁、会社法コンメ(3)306頁〔前田雅弘〕、逐条解説会社法(2)220頁〔北村雅史〕

関連判例　東京地判平成4・4・17判時1465号146頁、名古屋高判平成3・5・30判タ770号242頁、東京高判平成5・6・29判時1465号146頁

第2章　株式会社　(2)　株式

37 略式株式質の効力

東京高裁昭和56年3月30日判決
　事件名等：昭和54年（ネ）第2725号・昭和55年（ネ）第436号供託金等還付請求権確認並びに質権確認等請求控訴、同附帯控訴事件
　掲載誌：高民集34巻1号11頁、判時1001号113頁、判タ451号144頁、金判635号26頁、金法983号41頁

概要　本判決は、略式質権の目的となっている親株につき準備金の資本組入による新株の発行があり、親株の株主が新株等交付請求権を取得するに至った場合において、親株の質権者がその新株等交付請求権につき質権を主張するための会社および第三者に対する対抗要件は、親株の株券の占有で足り、右請求権を差し押さえることを要しないとしたものである。

事実関係　X銀行はA会社に対して貸金債権を有し、その担保としてA会社所有のB株式会社株式につき略式質の方法で質権の設定を受け株券の交付を受けて占有していた（❶）。一方、Y（国）はA会社に対する租税債権につき国税徴収法に基づく滞納処分によりA会社保有の株式（上記のB会社株式を含む）を差し押さえたうえで、Y自身がそれを直接占有した（❷）。その後、B会社は取締役会において株式の無償交付を決議し、また定時株主総会において利益配当を決議した（❸）。これに対して、X銀行は上記の質権に基づきA会社のB会社に対する新株券交付請求権と利益配当請求権を差し押さえた（❹）。Yもまた、国税徴収法に基づく滞納処分により同請求権を差し押さえた（❺）。そこでB会社は、A会社の請求権にかかる株式（株券）と金員とを法務局に供託した（❻）。X銀行はYに対し、質権を有することの確認を求めて訴えを提起し、Yは供託物・供託金の還付請求権を有することの確認を求めて訴えを提起した。原審はX銀行の請求を一部認容した。Yより控訴。Xより附帯控訴。

判決要旨　Yの控訴棄却、Xの附帯控訴棄却。「準備金の資本組入による新株の発行の場合における新株等交付請求権についても、親株の質権者がその請求権につき質権を主張するための会社及び第三者に対する対抗要件は、その他の場合における新株等交付請求権についてと同様に、その請求権自体についての差押えを要せず、親株券の占有のみで足りると解するのが相当である。」「しかし、……親株の質権者が右新株等交付請求権について質権を実行する以前に、新株等が株主名簿上の株主に交付され、その株主の一般財産に混入してしま

第2章　株式会社　株式　75

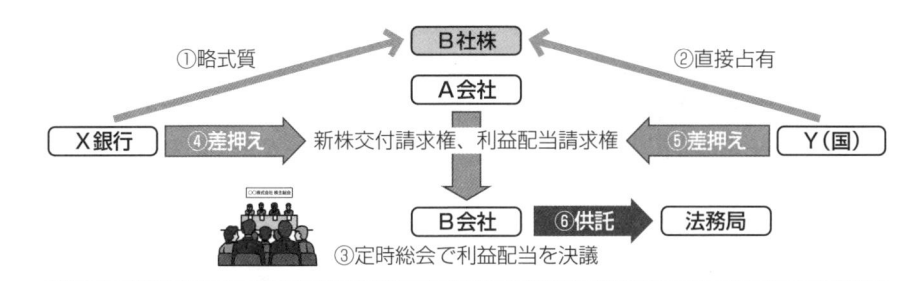

```
              ┌─────────┐
              │  B社株  │
              └─────────┘
   ①略式質  ↗     ↑     ↖  ②直接占有
            ┌─────────┐
            │  A会社  │
            └─────────┘
┌──────┐ ④差押え    新株交付請求権、利益配当請求権   ⑤差押え ┌──────┐
│X銀行 │─────────→                          ←─────────│Y（国）│
└──────┘                      ↓                            └──────┘
                        ┌─────────┐   ⑥供託    ┌─────────┐
                        │  B会社  │─────────→│  法務局 │
                        └─────────┘           └─────────┘
                    ③定時総会で利益配当を決議
```

　えば、右新株等交付請求権も消滅するに至ることは認めざるをえない……。そこで、そのような事態が発生するのを防止するためには、新株等が株主名簿上の株主に交付され、その株主の一般財産に混入する以前に、右新株等交付請求権について差押えをなし、その権利を保全する必要があるというべきである。しかしながら、この差押えは、あくまでも右のような事態が発生するのを防止するための手段であるにすぎず、右新株等交付請求権について質権を主張するための会社及び第三者に対する対抗要件としての性格を有するものではないというべきであるから、その差押えは必ずしも他の債権者による差押えに先立ってなすことを要せず、また、その差押えのためには債務名義も要しないと解すべきである。」

本判決の位置づけ・射程範囲

　会社法において、株券発行会社と株券不発行会社で振替株式制度を利用する会社とでは、略式質が認められる。本判決は、①平成2年改正前の制度としての無償交付による新株等交付請求権に対する略式質の物上代位権の行使方法として目的物差押えは要せず、また②利益配当請求権は略式質の物上代位の対象にならないとの解釈を示した。②に関し、会社法は、質権の効力が及ぶことを明文で認めた（会社151条8号）。会社法制定前には、当事者の意思解釈を重視する見地から、配当について担保権者は一般的に無関心である、また登録質の方法があるのに略式質を選んだ、などを理由に本判決の結論を支持する見解が有力であったが、この考え方は会社法で変更されたわけである（剰余金の配当により受ける金銭等と経済的実質において変わることのない自己株式取得の対価、残余財産の分配の扱いとのバランスを考慮）。他方、①の判断に関しては、特に株券発行会社の場合における株式分割（会社183条）・無償交付（会社185条）——これらは株主名簿の記載に基づいてなされる——において会社法の下でも同様の問題が生じ、略式質権者は交付株券が株主に引き渡される前に差押えをする必要があると解すべきであると考えられる（株券不発行会社で振替株式制度を利用する会社の場合に株式分割・無償交付があったときは、振替口座簿の質権欄に株式数の増減の記載がされるので、質権者は差押えを必要としないことになる）。

さらに理解を深める　**会社法百選23事件〔落合誠一〕** 判例講義2版18事件、酒巻・尾崎3版補正34事件、江頭4版218頁、神田15版96頁、会社法コンメ(3)431頁〔森下哲朗〕

第２章　株式会社　(2)　株式

38　完全子会社による親会社株式の取得と親会社取締役の責任

最高裁平成5年9月9日第一小法廷判決

事件名等：平成元年（オ）第1400号取締役の責任追及請求事件
掲載誌：民集47巻7号4814頁、判時1106号4頁、判タ831号78頁、金判931号3頁、金法1372号22頁

概　要　本判決は、Ｄ会社が同社のすべての発行済み株式を有するＡ会社の指示により同社の株式を売買して買入価格と売渡価格の差損に相当する損失を被った場合、Ａ会社の取締役は、特段の事情のない限り、その全額をＡ会社に生じた損害として、賠償の責めに任ずるとしたものである。

事実関係　経営多角化を進めていたＡ株式会社は、Ｂ株式会社を吸収合併することを計画した（❶）ところ、Ａ会社の株式を買い集めていたＣは、この吸収合併は自己の持株比率を低下させることにつながるとして反対の意向を表明した（❷）。ＡＣ間の数次にわたる交渉の末、Ａ会社の常務会は、Ｃ所有のＡ会社株式をＡ会社の完全子会社であるＤ会社に買い取らせ、その後グループ会社に転売することを計画した（❸）。その後、Ｄ会社はＣからＡ会社株式を市場価格を超える１株530円で買い取ったうえグループ各社に１株300円程度で売却し、35億5,160万円の差損が生じた（❹）。Ａ会社とＢ会社の合併が成立した後、Ａ会社株式1,000株を取得して株主となったＸは、Ａ会社の取締役Ｙらに対して、上記差損のうち１億円を賠償すべき旨を求めて株主代表訴訟を提起した（❺）。第１審、原審ともにＸの請求を認めたため、Ｙより上告。

判決要旨　上告棄却。「Ｄ株式会社が同社のすべての発行済み株式を有するＡ株式会社の株式を取得することは、商法（昭和56年法律第74号による改正前のもの）210条に定める除外事由のある場合又はそれが無償によるものであるなど特段の事情のある場合を除き、同条により許されないものと解すべきである。けだし、このようなＤ株式会社によるＡ株式会社の株式の取得は、Ａ株式会社が自社の株式を取得する場合と同様の弊害を生じるおそれがある上、このような株式の取得を禁止しないと、同条の規制が右の関係にあるＤ株式会社を利用することにより潜脱されるおそれがあるからである。」
「Ｄ会社の資産は、本件株式の買入価格82億1500万円と売渡価格46億6340万円との差額に相当する35億5160万円減少しているのであるから、他に特段の主張立証

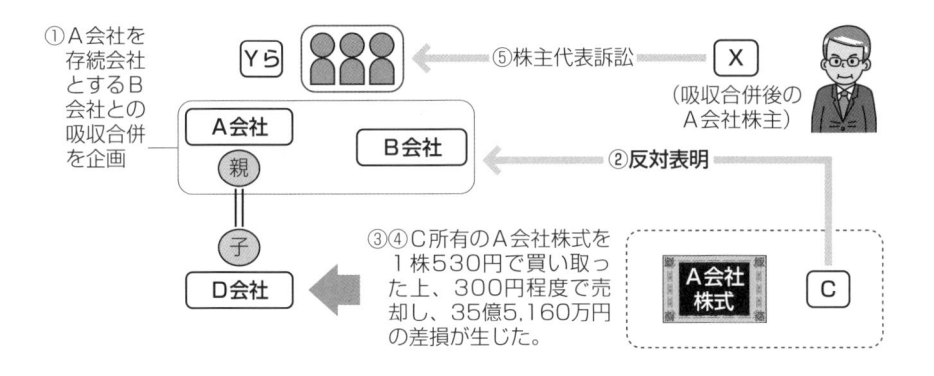

第2章　株式会社　株式　77

①A会社を存続会社とするB会社との吸収合併を企画

A会社（親）─ B会社
　│
　子
　│
D会社

③④C所有のA会社株式を1株530円で買い取った上、300円程度で売却し、35億5,160万円の差損が生じた。

⑤株主代表訴訟　Yら ← X（吸収合併後のA会社株主）

②反対表明　C（A会社株式）

のない本件においては、D会社の全株式を有するA会社は同額に相当する資産の減少を来しこれと同額の損害を受けたものというべきである。また、A会社の受けた右損害とD会社が本件株式を取得したこととの間に相当因果関係があることも明らかである。したがって、本件株式の取得によりA会社が35億5160万円の損害を受けたとする原審の判断は、結論において是認することができる。」

本判決の位置づけ・射程範囲

　子会社による親会社株式の取得禁止規定が設けられたのは昭和56年商法改正においてであり、自己株式の取得規制につき大きな転換を図った平成13年6月商法改正後もそれは維持されている（会社135条。なお、株式を買い集められた会社自身であれば、一定の手続等の要件を満たせば、今日、本件におけるような買取りを行うことは認められる）。本件は、昭和56年改正前の事例であるが、完全子会社による親会社株式の取得は、自己株式の取得禁止に違反するとした点で意義を有するものであり、当該取得は、会社法135条の規制のほか、解釈上、親会社自身の自己株式取得規制の対象にもなる（本件のように親会社の株主が親会社の取締役等の責任を追及するためには、会社法155条以下に違反した自己株式の取得であることを理由にしなければならないことが考えられる）。

　本判決は、子会社に発生した損害を本件株式の買入価格と売渡価格との差額とし、特段の事情のない限りこれが親会社の損害となる旨判示している。もっとも、その後の下級審判決には、子会社株式の評価損が主張立証されている場合には、子会社株式の評価損と同額とするものもみられ（東京高判平成6・8・29 関連判例 ）、また学説でも、この問題をめぐって多様な見解が示されている。

さらに理解を深める　会社法百選2版23事件〔神田秀樹〕最判解民事篇平成5年度（下）795頁〔野山宏〕、商判5版Ⅰ-45事件、弥永・重要判例3版158事件、判例講義2版32事件、酒巻・尾崎3版補正118事件、江頭4版239頁、神田15版101頁、逐条解説会社法⑵376頁〔小林量〕・419頁〔河村尚志〕　関連判例　東京高判平成6・8・29金判954号14頁

第2章　株式会社　(2) 株　式

39 違法な自己株式取得による会社の損害

大阪地裁平成15年3月5日判決
　事件名等：平成12年（ワ）第11537号・第11730号株主代表訴訟事件
　掲　載　誌：判時1833号146頁、判タ1152号247頁、金判1172号51頁

概　要　本判決は、株式会社が自己株式の取得により被った損害額（本件自己株式の取得と相当因果関係のある損害額）は、当該自己株式の取得価額から取得時点における当該自己株式の時価を減算した額であるとしたものである。

事実関係　非上場のA株式会社は、株主総会において、B会社が所有するA会社株式5万8,000株を約11億円で取得する旨の決議をし、取締役会の決議を経て買取りを実行した（❶）。A会社の株主であるXは、A会社を代表してこの自己株式取得を行った代表取締役Y₁、取締役であり自己株式所得決議に賛成したY₂・Y₃に対して、上記自己株式取得は、当時禁止されていたいわゆる金庫株目的による自己株式取得であって、A会社に取得代金相当額の損害が生じているとして、Yらの責任を追及する株主代表訴訟を提起した（❷）。

判決要旨　請求一部認容。「A会社が本件自己株式の取得により被った損害額（すなわち、本件自己株式の取得と相当因果関係のある損害額）は、本件自己株式の取得価額から取得時点における本件自己株式の時価を減算した額であると解するのが相当である。」
「この点、Xは、本件自己株式の取得は無効であるから、B会社が原状回復義務を履行するか、A会社が本件自己株式を第三者に売却しない限り、本件自己株式の取得価額10億9794万円全額が損害となる旨主張するけれども、独自の見解であって、これを採用することはできない。平成10年施行商法も、その210条ノ4第2項及び同法212条ノ2第6項で、自己株式を取得した営業年度の終わりにおける貸借対照表の純資産額が、同法290条1項各号の金額の合計額から上記自己株式の時価の合計額を控除した額を下回るとき、自己株式を買い受けた取締役が会社に対して損害賠償責任を負担する旨規定するところ、取締役が同責任を負う法定の損害額について、㈦その差額又は㈦上記自己株式の取得価額の総額から既に処分した自己株式の価額の総額及び未だ処分しないで保有する自己株式の時価の合計額を控除した全額の、いずれか少ない額とする旨定めるなど、会社が保有する自己株式が資産であることを前提とする規定を設けていたのである（なお、

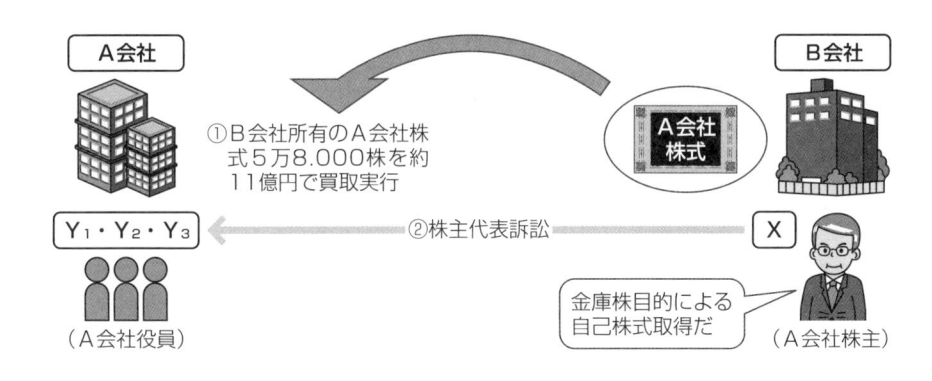

第2章 株式会社　株式　79

①B会社所有のA会社株式5万8,000株を約11億円で買取実行

A会社
A会社株式
B会社

②株主代表訴訟

Y₁・Y₂・Y₃（A会社役員） ← X（A会社株主）
金庫株目的による自己株式取得だ

> 平成13年法律第79号による改正後の商法210条ノ2第2項は、取締役が賠償責任を負う法定の損害額の算出に当たり、取得した自己株式の取得価額の総額から未だ処分しないで保有する自己株式の時価を控除することを認めていないが、これは、本件自己株式取得の後に自己株式の取扱いが変更されたことを意味するにすぎず、既に確定していた本件自己株式の取得による損害額に影響を及ぼすものではない。）。」

本判決の位置づけ・射程範囲

自己株式取得に関し原則禁止の立場がとられていた時期において、その禁止の例外事由に当たらず違法な自己株式取得であると認定された事案に関するものであるが、会社法の下でも、法が定めた手続や制限に反する自己株式の取得により会社に損害が生じ、取締役の対会社責任（会社423条1項）が追及された場合、会社の損害をどのように算定するかという問題が生じる。この問題につき、完全子会社が親会社株式を違法に取得した後に処分した事例で、自己株式の取得価額から処分価額を差し引いた額を会社の損害と解した裁判例があるが（最判平成5・9・9〔本書38事件〕）、保有されたままのケースである本判決では、実際の取得価額と取得時点における株式時価の差額とされている。これに関し、判旨でも言及されているように、平成13年商法改正によって自己株式の資産性は否定されており、欠損が生じる場合の取締役の損害賠償請求権の算定に関し会社法では株主に交付した額そのものを基準とする形に改められている（会社465条1項参照）。本件のように財源規制違反はない場合には明文の規定がなく、本判決の結論が平成13年改正の影響を受けるか、受けないとしても本判決の示す基準では評価損が含まれないがそれはよいか等をめぐり、議論が続いている。

さらに理解を深める　会社法百選2版22事件〔鈴木千佳子〕商判5版Ⅰ-46事件、判例講義2版31事件、江頭4版249頁、神田15版101頁、会社法コンメ(4)20頁〔藤田友敬〕、逐条解説会社法(2)375頁〔小林量〕・419頁〔河村尚志〕、江頭憲治郎ほか編著『改正会社法セミナー・株式編』（有斐閣、2005）80頁以下　**関連判例**　最判平成5・9・9〔本書38事件〕

第2章　株式会社　(2) 株　式

40 株式分割差止めの可否

東京地裁平成17年7月29日決定
　事件名等：平成17年（ヨ）第20080号株式分割差止仮処分命令申立事件
　掲載誌：判時1909号87頁、金判1222号4頁

概　要　本決定は、株式分割について、新株発行の差止めについての改正前商法280条ノ10（会社210条）は類推適用されないとしたものである。

事実関係　Y株式会社は、X会社による自社株式の公開買付に対抗するために、株式分割を行い、Y会社発行の株式総数を増加させるとする定款変更の取締役会決議をしたため、X会社は、当該株式分割が法令違反または著しく不公正な方法によるものであることを理由とする改正前商法280条ノ10（会社210条）の適用または類推適用による差止請求権、当該取締役会決議無効確認請求権等を本案の請求権として、Y会社の株式分割につき差止めを申し立てた。

決定要旨　申立却下。「〔会社に対する当該新株発行の差止請求権〕の趣旨は、新株発行については、新株発行により、新株引受権が無視されたり、第三者への新株発行により議決権割合が低下したり、又は第三者に有利な価額で新株を発行することにより株価の減少に伴う損害を受けたりするなど株主が不利益を受けるおそれがあるため、法令・定款違反又は不公正な方法による発行により不利益を受けた株主を事前に救済するというところにある。一方、株式分割は、株式を単に細分化して従来よりも多数の株式とするにすぎず、二以上の種類の株式を発行している場合を除けば、株主にとっては、持株数が増えても、分割に係る株式を合計すれば、議決権割合や株式の総体的価値に変更はないから、通常は、株主の議決権割合が低下するとか、株主が株価の減少に伴う損害を受けるとかいう不利益を受けるおそれを想定することができない。そのため、株式分割については、新株発行と同様の差止請求権が規定されなかったものである。」
「本件株式分割が法的に本件公開買付けの目的の達成を妨げるものということはでき〔ず、また、〕……、仮に本件公開買付けを実施する上で事実上の支障が生ずるとしても、これにより債権者が被る不利益は、公開買付けの実施によって新たに株主となろうとする期待が阻害されるというにすぎず、既存株主としての地位に実質的変動が生ずるものとはいえない。しかも、仮に債権者が本件株式分割

により何らかの損害を被るとしても、それは、本件取締役会決議を行った取締役に善管注意義務等の違反が認められる場合に、これを理由とする損害賠償請求権（同法〔商法〕266条ノ3）によっててん補すべき性質のものであると解される。……したがって、本件株式分割については、株主の地位に実質的変動を及ぼすものとは認められず、同法280条ノ10の規定を類推適用することはできない。」

「本件株式分割を行った本件取締役会決議は、その経緯において批判の余地がないではないものの、取締役会が本件株式分割を決議した意図（取締役会の保身を図るものとは認められず、経営権の帰属に関する株主の適切な判断を可能とするものであること）、既存株主に与える不利益の有無及び程度（株主の権利の実質的変動をもたらすものではないこと）並びに本件公開買付けに対して及ぼす効果（本件株式分割が本件公開買付けの効力の発生を定時株主総会以降まで引き延ばすものにすぎず、その目的の達成を法的に妨げる効果を有するものとは認められないこと）の観点からみて、本件株式分割が、証券取引法の趣旨や権限分配の法意に反するものとして、直ちに相当性を欠き、取締役会がその権限を濫用したものとまでいうことはできない。」

本決定の位置づけ・射程範囲

株式分割は、募集株式の発行ではないから、募集株式の差止めについての規定（会社210条）の適用はない。ただ、類推適用の可否が問題になり得るところ、本決定は、敵対的企業買収に対する対抗措置として用いられた株式分割（公開買付けが成功した場合にその効果の発生を引き延ばす効果を有する）についてこの問題を判断し、差止めを認めなかったものである。もっとも、本決定は、「本件会社分割については、株主の地位に実質的変動を及ぼすものとは認められず、（改正前）商法280条ノ10（会社210条の前身）の規定を類推適用することはできない」とし、実質的な考慮に基づいた判断とも捉えられることから、場合によっては株式分割の場合にも類推適用を認める趣旨と解する余地があるとの指摘もみられる。

なお、この事件が契機となり、今日では、公開買付者が、対象者が株式分割等を行ったときは買付け等の価格引下げを行うことがある旨の条件をあらかじめ付した場合には、買付け等の価格を引き下げることが認められている（金商27条の6第1項1号）。

さらに理解を深める

平成17年度重判（ジュリ1313号）商法4事件〔德本穣〕 弥永・重要判例3版160事件、江頭4版278頁、神田15版157頁、会社法コンメ(4)163頁〔山本爲三郎〕、逐条解説会社法(2)497頁〔吉本健一〕

第2章　株式会社　(3)　株式の発行

41 第三者に対する新株の有利発行と株主総会決議の欠缺

最高裁昭和46年7月16日第二小法廷判決
　事件名等：昭和46年（オ）第396号新株発行無効確認請求事件
　掲載誌：判時641号97頁、判タ266号177頁

概要　本判決は、公開会社の事例において、第三者への有利発行につき株主総会の特別決議を欠くことは新株発行の無効原因とはならないとしたものである。

事実関係　Y株式会社は2,184万4,500株の新株を発行した（❶）が、そのうち176万6,750株についてはA証券会社に1株115円（1株当たりの手数料5円）で買取引受させた（❷）。

ところが、Y会社の株主Xは、本件新株発行価額が決定された日の前日のY株式会社の時価は1株当たり133円であり、本件発行価額は特に有利な発行価額であるということができるが、そのために必要とされる株主総会の特別決議を経なかったとして、新株発行の無効確認を求めて訴えを提起した（❸）。

第1審は株主総会決議の欠缺は新株発行無効の事由とはならないとしてXの請求を棄却した。控訴審は本件新株発行は特に有利な発行価額ではなく株主総会の特別決議を要しなかったとして、Xの控訴を棄却した。そこでXより上告。

判決要旨　上告棄却。「株式会社の代表取締役が新株を発行した場合には、右新株が、株主総会の特別決議を経ることなく、株主以外の者に対して特に有利な発行価額をもって発行されたものであっても、その瑕疵は、新株発行無効の原因とはならないものと解すべきである。このことは当裁判所の判例……（最高裁判所昭和39年（オ）第1062号、同40年10月8日第二小法廷判決、民集19巻7号1745頁参照）の趣旨に徴して明らかである。そうであれば、特別決議のないことをもって本件新株発行の無効をいうXの本訴請求は、失当であって、棄却を免れず、これを排斥した原審の判断は結論として相当であり、本件上告は、上告理由について判断するまでもなく、失当として棄却を免れない。」

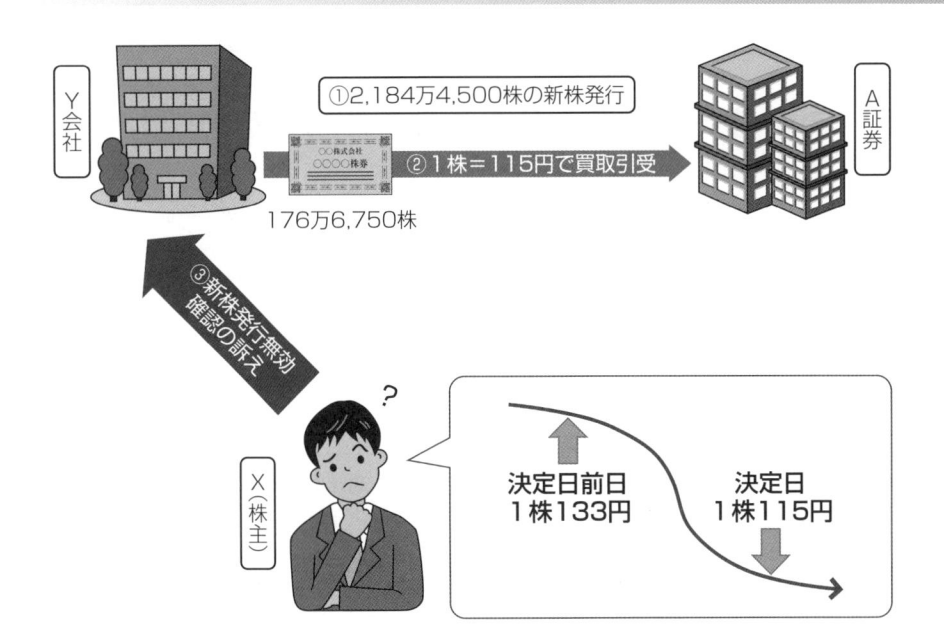

本判決の位置づけ・射程範囲

本判決が判旨のなかで引用している最判昭和40・10・8〔関連判例〕は、昭和41年改正前商法280条ノ2第2項（第三者に新株引受権を与えるには株主総会の決議を要する旨の規定）の下で必要とされる特別決議の欠缺は新株発行の無効原因にはならないとしたものであり、その理由としては、授権資本制度に言及しつつ、新株発行は会社の業務執行に準ずるものと解するのが相当であること、および、新株の取得者の保護等、外部取引の安全の重視を挙げていた（取締役会決議の欠缺に関する最判昭和36・3・31〔関連判例〕も同様の理由を挙げていた）。昭和41年改正後、上記規定は第三者に対して有利発行するための規定に改められたが（会社199条3項・201条1項に相当）、本判決は、その下で従来からの判例の立場を再確認した点に意義がある（従来の立場は、改められた規定において一層妥当させやすくなり、その意味で自然な結論ともいえる）。このような立場では、株主の経済的利益は、取締役の責任（会社429条。同423条によることを認める立場もある）や通謀引受人の差額支払責任（会社212条1項1号）によって対応できることも指摘される。

なお、本判決の立場は、会社法の下において、非公開会社の場合には妥当しないと考えられることに注意を要する（横浜地判平成21・10・16〔本書43事件〕、最判平成24・4・24〔本書56事件〕）。

さらに理解を深める 会社法百選2版25事件〔宮島司〕、商判5版Ⅰ－47事件、弥永・重要判例3版205事件、判例講義2版114事件、酒巻・尾崎3版補正44事件、江頭4版716頁、神田15版148頁、会社法コンメ(5)18頁〔吉本健一〕 〔関連判例〕 最判昭和40・10・8民集19巻7号1745頁、最判昭和36・3・31民集15巻3号645頁、横浜地判平成21・10・16〔本書43事件〕、最判平成24・4・24〔本書56事件〕

第2章　株式会社　(3)　株式の発行

42 新株発行事項の公示の欠缺と新株発行の効力

最高裁平成9年1月28日第三小法廷判決
　事件名等　平成5年（オ）第317号新株発行不存在確認、新株発行無効請求事件
　掲載誌　　民集51巻1号71頁、判時1592号134頁、判タ931号185頁、金判1015号27頁、金法1481号55頁

概要　本判決は、新株発行に関する事項について改正前商法280条ノ3ノ2（会社201条3項・4項）に定める公告または通知を欠くことは、他に差止事由がない場合でない限り、新株発行の無効原因となると判示したものである。

事実関係　Y株式会社では、代表取締役Aが筆頭株主であったが、同社の株主B（Aの父）が死亡すると、Aおよび同社の株主X（Aの甥）の間で一族争いが表面化した。その後Y会社がした額面株式2,400株の新株発行（900株をAが引き受けた）について、Xは新株発行無効の訴えを提起した。本件新株発行については、(1)改正前商法280条ノ3ノ2（会社201条3項・4項）に定める公告または通知はされておらず、また、(2)新株発行を決議した取締役会について、取締役Cに招集の通知（同法259条ノ2）もされていない。さらに、(3)新株発行の目的は、代表取締役Aが来る株主総会における自己の支配権を確立するためというものであり、かつ、(4)新株の払込みは見せ金の方法によるものであった。第1審・控訴審ともに(3)(4)の点を理由として本件新株発行を無効とした。Y会社より上告。

判決要旨　上告棄却。「〔原判決は、〕(3)及び(4)の点を理由として右新株発行を無効としたが、原審のこの判断は是認することができない。けだし、会社を代表する権限のある取締役によって行われた新株発行は、それが著しく不公正な方法によってされたものであっても有効であるから……、右(3)の点は新株発行の無効原因とならず、また、いわゆる見せ金による払込みがされた場合など新株の引受けがあったとはいえない場合であっても、取締役が共同してこれを引き受けたものとみなされるから（同法280条ノ13第1項）、新株発行が無効となるものではなく……、右(4)の点も新株発行の無効原因とならないからである。」
「しかしながら、新株発行に関する事項の公示（同法280条ノ3ノ2に定める公告又は通知）は、株主が新株発行差止請求権（同法280条ノ10）を行使する機会を

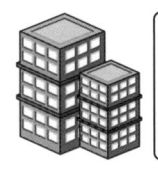

新株発行無効の訴え — X
Y会社 新株発行
・公告または通知を欠いている
・取締役1名が招集されていない
・代表取締役が自己の支配権確立を目的としている
・新株の払込みは見せ金によりなされた

> 保障することを目的として会社に義務付けられたものであるから……、新株発行に関する事項の公示を欠くことは、新株発行差止請求をしたとしても差止めの事由がないためにこれが許容されないと認められる場合でない限り、新株発行の無効原因となると解するのが相当であり、右(3)及び(4)の点に照らせば、本件において新株発行差止請求の事由がないとはいえないから、結局、本件の新株発行には、右(1)の点で無効原因があるといわなければならない。」

本判決の位置づけ・射程範囲

新株発行の効力が生じた後にその効力を否定するための手段の1つに新株発行の無効の訴えがあるが（会社828条1項2号2項2号・834条2号・839条・840条）、無効原因については明文の定めがなく、解釈に委ねられている。新株発行事項の公告または通知（改正前商280条の3の2、会社201条3項・4項）を欠いてされた新株発行の効力も解釈上争いのある問題であるところ、本判決は、新株発行事項の公示を欠くことは、新株発行差止請求をしたとしても差止めの事由がないためにこれが許容されないと認められる場合でない限り、株式発行の無効原因になるとの判断（折衷説）を最高裁として初めて示したものである。下級審判例においても、折衷説の立場を採るものが増えていた（大阪高判昭和55・11・5 関連判例、東京高判平成5・8・23 関連判例 等。ただし、無効説〔東京地判昭和45・3・17 関連判例 等〕、有効説〔東京高判平成7・10・25 関連判例〕もみられた）。本判決が判旨に引用する最判平成5・12・16 本書50事件 は、新株発行事項の公示を定める規定の趣旨が新株発行差止請求の制度の実効性を担保することにあると述べていた。取引の安全の確保に配慮して無効事由は狭く解される傾向にあることに鑑みると、新株発行の差止めを請求する機会を奪うことになる瑕疵は重大である一方、新株発行事項の公示が定められた趣旨から、公告・通知がなされたとすれば差止事由がない場合（この立証責任は被告会社が負うとされる）まで無効原因があるとはできないとされたものである。

さらに理解を深める 会社法百選2版28事件〔戸川成弘〕、最判解民事篇平成9年度（上）39頁〔近藤崇晴〕、商判5版Ⅰ-48事件、弥永・重要判例3版206事件、判例講義2版119事件、酒巻・尾崎3版補正46事件、江頭4版714頁、神田15版148頁、会社法コンメ(5)34頁〔吉本健一〕・107頁〔洲崎博史〕、逐条解説会社法(3)74頁〔山田純子〕

関連判例 大阪高判昭和55・11・5判タ444号146頁、東京高判平成5・8・23金法389号32頁、東京地判昭和45・3・17下民集21巻3＝4号424頁、東京高判平成7・10・25金判1004号11頁、最判平成5・12・16 本書50事件

第2章　株式会社　　(3)　株式の発行

43 株主総会の特別決議を欠く非公開会社の新株発行の効力

横浜地裁平成21年10月16日判決
　事件名等：平成19年（ワ）第2427号新株発行無効請求事件
　掲載誌：判時2092号148頁

概要　本判決は、非公開会社において、必要な株主総会の特別決議を経ずに新株が発行された場合には、特段の事情がない限り無効事由となることを明らかにしたものである。

事実関係　Aは、仕事を通じて知己となり信頼するBとともにX株式会社を設立した。X会社の代表取締役にはAが、取締役にB、Cほかが就任した（❶）。その後AはBの提案を受けてY株式会社を設立し、同社の代表取締役に就任した（❷）。

　Y会社は非公開会社であり、X会社がその発行済株式のすべてを引き受けていた。AはBの進言によりY会社の代表取締役を辞任し、代わってBが就任したところ（❸）、BはCに対し、Bに対してY会社の新株発行手続をするよう命じ、Cは発行手続を行い、その旨の登記が経由された（❹）。

　この登記手続においてCは新株発行が承認された旨の記載のある臨時株主総会議事録を提出したが、実際に株主総会が開催されることはなかった。Bの横領嫌疑・逮捕により開始された調査により上記新株発行の事実が発覚したため、X会社は、上記新株発行はAに無断で行われたものであるとして、新株発行無効または不存在の確認を求めて訴えを提起した（❺）。

判決要旨　請求認容。「会社法上、株式譲渡制限会社においては、公開会社とは異なり、新株発行無効の訴えの出訴期間が新株発行の効力が生じた日から1年以内と伸張されているところ、これは、株式譲渡制限会社において株主総会が開催されずに新株が発行された場合、株主総会が実際に開催されるまでは、株主が新株発行の事実を知る機会が乏しく、新株発行の事実を知らないままに出訴期間を経過してしまうことが起こりうるため、株主総会が年1回開催されなければならないことを踏まえて、出訴期間を1年間に伸張したものである。また、会社法においては、株式譲渡制限会社と公開会社を明確に区別し、株式譲渡制限会社について、既存株主の利益保護にも配慮されていること、株式譲渡制限会社においては、発行された新株が転々流通する頻度は必ずしも高くないと思われる（特に、新株発行無効の訴えの出訴期間内に株式が頻繁に流通することは

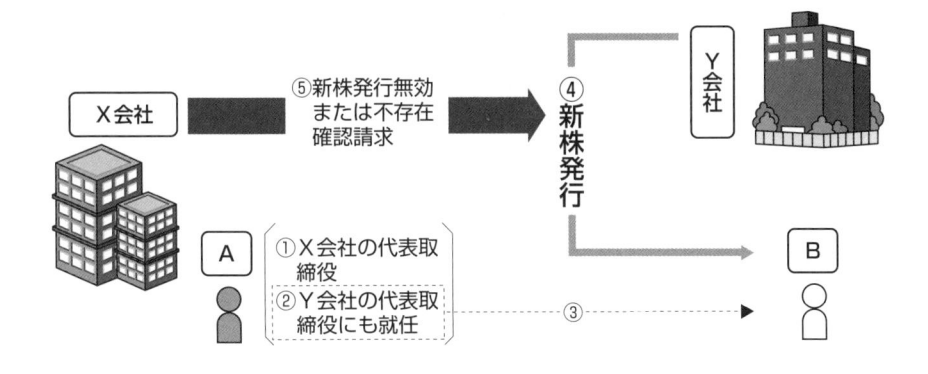

容易に想定し難い。）こと、株式譲渡制限会社において新株を発行する場合、公開会社の場合と異なり、株主に対して新株の募集事項を通知または公告しなければならない旨の規定がなく、株主総会以外に、株主が新株の発行をやめることの請求をする機会が十分に保障されていないことからすれば、既存株主の保護を図るべく、株主総会の特別決議を経ずに新株が発行された場合には、特段の事情がない限り、無効事由となると解するのが相当である。」

本判決の位置づけ・射程範囲

本判決は、会社法の下で、非公開会社において株主総会の特別決議を経ずに新株が発行された場合には、特段の事情がない限り無効事由となることを明らかにした、おそらく初めての公刊裁判例である。有利発行の場合に株主総会の特別決議を欠いても、法律関係の安定のために無効事由にはならないというのが最高裁の判例であったが（最判昭和46・7・16 本書41事件）、株式譲渡制限会社において株主の新株引受権を法定した平成2年改正商法の下で、株式譲渡制限会社で既存株主の新株引受権を無視して募集株式を発行したような場合、改正前商法280条ノ5ノ2の特別決議を欠くことは新株発行の無効原因となるとの見解も示されていた。本判決は、第三者割当と有利発行の各株主総会決議を一体化した会社法の下で上記のように判示したものであり、その理由については、会社法において、株式譲渡制限会社と公開会社とが明確に区別され、前者では既存株主の利益保護（持株比率の維持等）に配慮されていること、株式譲渡制限会社が新株を発行する場合、公開会社の場合と異なり、株主に対して新株の募集事項を通知または公告しなければならない旨の規定がなく、株主総会の特別決議に依存せしめられていること等を挙げる。その後、最高裁も非公開会社の事例で無効説の立場を明らかにしている（最判平成24・4・24 本書56事件）。

さらに理解を深める

商判5版Ⅰ-57事件、江頭4版714頁、川島いづみ・金判1368号2頁、神田15版140頁、会社法コンメ(5)20頁〔吉本健一〕 関連判例

最判昭和46・7・16 本書41事件、最判平成24・4・24 本書56事件

第2章　株式会社　(3)　株式の発行

44　新株発行不存在確認の訴え

東京高裁平成15年1月30日判決
　事件名等：平成14年（ネ）第553号新株発行不存在確認請求事件
　掲載誌：判時1824号127頁、判タ1187号312頁

概要　本判決は、取締役会の決議を経ないで新株発行が実施され、株式払込金が払い込まれたうえ、変更登記がなされたときは、新株発行は不存在であるとはいえないとしたものである。

事実関係　Y株式会社の代表取締役Aは、取締役会の決議があったものとして新株発行を実施した。株式払込金の払込みも行われ、変更登記が経由された（❶）。ところが、Y会社の株主Xは、上記新株発行事項を決議したとするY会社の取締役会は開催されていない、株式払込金の払込みは企業グループ内における資金の移動にすぎず新株発行の実体が存在しない、新株発行の不存在にはその手続に重大な実質的または手続的瑕疵がある場合が含まれると主張し、新株発行が存在しないことの確認を求めて訴えを提起した（❷）。原審がXの請求を棄却したため、Xより控訴。

判決要旨　控訴棄却。「新株発行の不存在とその無効とは、その性質上区別されるべきであるところ、これらの本来の語義に照らせば、新株発行が無効の場合とは新株発行が存在するもののその瑕疵が重大であるためにその効力が認められない場合であるのに対し、新株発行が存在しない場合とは、新株発行の実体が存在しないというべき場合、具体的には、新株発行の手続が全くされずに、新株発行の登記がされている場合であるとか、代表権限のない者が新株の株券を独断で発行した場合などであると解するのが相当である。
　また、新株発行は、株式会社の組織に関するものであるとはいえ、会社の業務執行に準じて取り扱われるものであるから、会社を代表する権限のある取締役が新株を発行した以上、たとえ新株発行に関する有効な取締役会の決議がなくても、新株の発行は有効なものと解すべきであり、新株発行を無効とする理由とはならないものである（最高裁判所昭和36年3月31日判決民集15巻3号645頁参照）。
　したがって、代表権を有する取締役が発行する限り、新株発行に関する有効な取締役会の決議があるか否かにかかわらず新株発行を無効とする理由にもならないのであるから、有効な取締役会の決議があるか否かは、新株発行が不存在であ

図中テキスト:
- Y会社
- A 代表取締役
- ①新株発行
- ②新株発行不存在確認請求
- X Y会社株主
- Y会社取締役会の不開催
- 新株発行の実体がない
- 重大な実質的・手続的な瑕疵がある

るか否かを判断する上でも考慮する必要はない。
　取締役会が全く開催されていないなど新株発行に関する取締役会の決議自体がない場合であっても、代表権を有する取締役により、新株発行のための取締役会を開催したものとして新株発行が実施され、株式払込金が払い込まれた上、発行済株式の総数及び資本の額についての変更登記がされたときは、新株発行の手続が全くされていないとはいえず、新株発行としての実体は存在するというべきである。」

本判決の位置づけ・射程範囲

　新株発行の不存在確認の訴えについては、改正前商法上明文の規定はなかったが、判例では、このような訴えも認められていた（最判平成9・1・28 本書42事件 等）。そして、この訴えは、新株発行無効の訴えと同様、会社を被告としてのみ提起することができるが（前掲最判平成9・1・28）、提訴期間の制限はないと解されていた（最判平成15・3・27 関連判例）。本判決は、これらを前提に、どのような場合に新株発行が不存在であると評価されるかにつき判示しており、上記判例法を引き継いで明文の規定（会社829条1号2号・834条13号14号）を置いた会社法の下でも意義を有している。
　本判決は、新株発行の実体が存在しないというべき場合（新株発行の手続が全くされずに、新株発行の登記がされている場合であるとか、代表権限のない者が新株の株券を独断で発行した場合などを例示）には、新株発行が不存在であると評価できるとし、また、代表権を有する取締役が発行する限り、有効な取締役会がないことは新株発行不存在事由にはならないとしている。後者は、最判昭和36・3・31 関連判例（無効事由にならないと判示）から当然といえるであろう。なお、抽象論のレベルにとどまるが、本判決が、不存在事由として登記のみがなされ実体が存在しない場合を一般論として述べるのに対し、そのような物理的に存在しない場合に加えて、手続的、実体的瑕疵が著しいため不存在と評価される場合も含むと述べる裁判例も存する（東京高判昭和61・8・21 関連判例、名古屋高金沢支判平成4・10・26 関連判例）。

さらに理解を深める

弥永・重要判例3版208事件、三宅新・ジュリ1323号（2006）187頁、江頭4版712頁　関連判例　最判平成9・1・28 本書42事件、最判平成15・3・27民集57巻3号312頁、最判昭和36・3・31民集15巻3号645頁、東京高判昭和61・8・21判時1208号123頁、名古屋高金沢支判平成4・10・26金判1015号31頁

第2章　株式会社　　(3)　株式の発行

45 買取引受けと著しく不公正な払込金額

最高裁昭和50年4月8日第三小法廷判決
　事件名等：昭和48年(オ)第198号株主代位請求事件
　掲載誌：民集29巻4号350頁、判時778号22頁、判タ324号119頁、
　　　　　金判456号2頁、金法756号32頁

概要　本判決は、株主以外の第三者に対するいわゆる時価発行における発行価額が、改正前商法280条ノ11第1項（会社212条1項1号）に定める「著シク不公正ナル発行価額」に当たらないとしたものである。

事実関係　A株式会社は、新株発行の公募分150万株について、証券会社であるY₁およびY₂との間で、各75万株（1株320円）の買取引受契約を締結した。その後、A会社の株主となったXは、上記新株発行の公正な発行価額はその決定日前日の東京証券取引所における終値である365円であるところ、Y₁Y₂会社はA会社の取締役らと通じて著しく低い発行価額で本件新株を引き受けたとして株主代表訴訟を提起し、両社に対して公正な価額との差額の一部の会社に対する支払いを請求した。第1審・控訴審ともにXの請求を棄却したためXより上告。

判決要旨　上告棄却。「普通株式を発行し、その株式が証券取引所に上場されている株式会社が、額面普通株式を株主以外の第三者に対していわゆる時価発行をして有利な資本調達を企図する場合に、その発行価額をいかに定めるべきかは、本来は、新株主に旧株主と同等の資本的寄与を求めるべきものであり、この見地からする発行価額は旧株の時価と等しくなければならないのであって、このようにすれば旧株主の利益を害することはないが、新株を消化し資本調達の目的を達成することの見地からは、原則として発行価額を右より多少引き下げる必要があり、この要請を全く無視することもできない。そこで、この場合における公正発行価額は、発行価額決定前の当該会社の株式価格、右株価の騰落習性、売買出来高の実績、会社の資産状態、収益状態、配当状況、発行ずみ株式数、新たに発行される株式数、株式市況の動向、これから予測される新株の消化可能性等の諸事情を総合し、旧株主の利益と会社が有利な資本調達を実現するという利益との調和の中に求められるべきものである。」
「本件についてみるに、……A会社発行にかかる本件新株（記名式額面普通株式、

```
（証券会社）Y₁・Y₂  ──A会社との間で締結した買取引受契約 1株320円──  ←株主代表訴訟──  公正な発行価額は1株365円  X（A会社株主）
```

一株の金額50円）の発行価額は、本件新株を買取引受の方式によって引受けた証券業者であるY会社らが……A会社に対して具申した意見に基づき、……右意見どおり決定されたものであるところ、……右の意見が出されるにあたっては、客観的な資料に基づいて前記考慮要因が斟酌されているとみることができ、そこにおいてとられている算定方法は前記公正発行価額の趣旨に照らし一応合理的であるというを妨げず、かつ、その意見に従い取締役会において決定された右価額は、決定直前の株価に近接しているということができる。このような場合、右の価額は、特別の事情がないかぎり、商法280条ノ11に定める『著シク不公正ナル発行価額』にあたるものではないと解するのを相当とす〔る〕」。

本判決の位置づけ・射程範囲

買取引受けとは、公募の一形態であり（実際上多い）、証券会社が募集株式全部を一括して自己名義で引き受け、これをその引受価額と同一価額で一般投資家に払込期日までに売り出すとともに、売れ残りが出た場合に証券会社自身がそれを取得することでリスクを引き受けるものをいう。買取引受けした証券会社は、改正前商法280条ノ11にいう「株式を引受けたる者」（会社212条1項の引受人）に当たり、同規定の適用が問題になるところ（本件にみられるように、払込金額が証券会社の意見を参考にして決定されると、「取締役と通じて」株式を引き受けたことになる）、本判決は、本件発行価額（会社法では「払込金額」）が「著しく不公正なる発行価額」に当たらないとする際、その基準となるべき公正な発行価額の判断に当たって考慮し得る諸事情を明らかにした最高裁判例として意義があり、株主割当て以外の方法による新株発行において問題となる払込金額の公正性を判断する際、しばしば参照されている。

なお、本件では、時価（市場価格）から10％強ディスカウントした払込金額が公正であるかが争われ、判旨は新株の消化可能性（資金調達の実現という会社の利益）等を考慮して、「著しく不公正なる発行価額」に当たらないとした。今日では、会社法201条2項が想定するブック・ビルディング方式の採用により、払込金額を時価に近づける改善がなされ（ディスカウント率は2〜3％に縮小）、新株の公募による発行では本件のような問題は生じにくくなっているとされる。

さらに理解を深める 会社法百選27事件〔中村建〕、最判解民事篇昭和50年度129頁〔川口冨男〕、商判5版Ⅰ-49事件、判例講義2版111事件、酒巻・尾崎3版補正43事件、江頭4版720頁、神田15版150頁、会社法コンメ(5)16頁〔吉本健一〕・110頁〔洲崎博史〕・151頁〔小林量〕、逐条解説会社法(3)62頁〔山田純子〕　**関連判例**　東京地決平成16・6・1 〔本書49事件〕

第2章　株式会社　　(3)　株式の発行

46　第三者割当てによる企業提携

東京高裁昭和48年7月27日判決
　事件名等：昭和47年（ネ）第1146号株主代表差額金請求事件
　掲載誌：判時715号100頁、金法706号25頁

概要　本判決は、第三者割当ての新株発行価額が企業提携の事実が反映しない段階の株価を基準に発行決議当時の市場価額の半額以下とされても、上記第三者に特に有利な発行価額にも不公正な発行価額にも当たらないとしたものである。

事実関係　A株式会社の取締役会は、資本金を倍額増資し、新株すべてをY会社に割り当てる旨を決議した。その発行価額は取締役会決議のなされた日の前日におけるA会社株式の半額以下であった。A会社の株主であるXは、上記新株の発行価額は不公正な発行価額であることから、Y会社はA会社に対して差額金の支払義務があると主張して、株主代表訴訟を提起した。第1審はXの請求を棄却したため、Xより控訴。

判決要旨　控訴棄却。「新株の発行価額は、その決定時（すなわち、特段の定めのない限り、取締役会において新株の発行事項を決定する決議のなされた日）における、発行会社の株式の市場価格、企業の資産状態及び収益力……、株式市況の見透し等を総合したうえ、更に株式申込時までの株価変動の危険及び新株式発行により生ずる株式の需給関係の状況等をも考慮して決定さるべきものであって、発行価額がこのようにして決定された時、その価額は発行会社の有する企業の客観的価値を反映した公正かつ適正なものということができる。」
「そうして、発行会社の株式が上場されている場合には、株式市場で形成される価格、すなわち株価は、通常は、前記公正な発行価額を決定する諸要素のうちの中心をなす、企業の資産状況及び収益力等を反映しその客観的価値を示すものであるから、右資産状況及び収益力等のほか前記のような諸要素をも考慮に加えて決定される新株式の発行価額は、多くの場合価額決定当時の株価の15パーセント減以内の価額となるべきものとし、この見地から、このような価額を以て公正ないし適正な発行価額と観念することは、理由のないことではない。しかし、株式市場も一の競争市場である以上、そこで形成される株価が常に企業の客観的価値のみに基づくとは限らず、時としては、企業の客観的価値以外の投機的思惑その他の人為的な要素によって、株価が企業の客観的価値を反映することなく異常に

| Y会社 | A会社から新株すべてを割当て。発行価額は決議前日の半額以下 | ←株主代表訴訟→ | 不公正な発行価額であり差額をA会社に支払え。 | X（A会社株主） |

騰落することもあるのであるから、上場会社の新株の発行価額の決定に当たって、常に市場における株価だけを絶対視することは、ことの本質を見誤るものといわなければならない。Xは、本件において新株の価額決定の日の前日における株価をいわば絶対視し、その5ないし15パーセント減の範囲内において定められた価額だけが公正、適正な価額であり、それ以外のものはすべて商法第280条ノ11にいう『著しく不公正な発行価額』である旨を強調し〔ているが、〕……新株の公正、適正な発行価額は、冒頭に挙げた諸要素を総合的に勘案のうえ決定されるべきものであることからすると、公正な発行価額をXのように固定的に考えるべき理由はない」。

本判決の位置づけ・射程範囲

本判決は、企業提携を目的とした新株の第三者割当ての事案を扱い、「特に有利な払込金額」（改正前商法下では、「特に有利な発行価額」）とは何かの問題につき、企業提携の機運を前提とする投機的思惑で株価が高騰していると認められる場合、発行価額の決定に当たって、高騰した部分を排除し、企業提携の事実が反映しない段階の株価を基準にしても有利発行には該当しないとした点において意義を有する。本件事案のように、高騰後の市場価格が提携等による効果（シナジー効果）を反映しているとみられる場合、その市場価格を基準に払込金額を決定すべしとすることは、提携相手方である募集株式の引受人によるシナジー発生への貢献分を当該引受人から奪ってしまうことに帰着する。他方、本判決のように、高騰後の市場価格からシナジー効果を反映した部分を除いた部分を払込金額とすれば、シナジー効果は、既存株主と募集株式の引受人の間で、新株発行後の持株割合に比例して配分されることになる。前者の立場については、提携相手方において提携のインセンティブが減殺されることはもちろん、発行会社側においても提携交渉の選択肢が著しく狭くなる等の問題点が指摘され、近時は、本判決の立場を正当とする見解が有力になっている。なお、下級審の裁判例の中に、時価が企業の客観的価値よりはるかに高騰する現象が一時的な場合を除き、高騰した市場価格を基礎として、それを修正して公正な発行価額を算定すべきであるとしたものがあるが（東京地決平成元・7・25 本書47事件）、本件との事案の相違にも留意すべきである。

さらに理解を深める
会社法百選2版96事件〔仮屋広郷〕 商判5版I-50事件、酒巻・尾崎3版補正50事件、判例講義2版112事件、江頭4版707頁、神田15版142頁、会社法コンメ⑸17頁〔吉本健一〕・112頁〔洲崎博史〕、逐条解説会社法⑶64頁〔山田純子〕 関連判例 東京地決平成元・7・25 本書47事件

第2章　株式会社　(3)　株式の発行

47 著しく不公正な方法による第三者割当増資

東京地裁平成元年7月25日決定
　事件名等：平成元年（ヨ）第2068号新株発行禁止仮処分申請事件
　掲載誌：判時1317号28頁、判タ704号84頁、金判826号11頁

概要　本決定は、株価急騰時になされた新株発行における「公正な発行価額」の算定に際して、市場価額をその基礎から全面的に排除することはできないとし、また、株式買い占めに対抗してなされた2社間の相互引受による発行につき、何がその主要目的になっているかを検討して差止めを認めたものである。

事実関係　X会社は、上場会社であるY会社およびZ会社の株式を持株比率にしてそれぞれ33.34％、21.44％取得していた（❶）。X会社はY会社・Z会社に対してA会社を含めた3社による合併を提案した（❷）が、両社の取締役会はX会社の合併提案を拒否する一方、両社の業務提携・資本提携を行う旨を合意し（❸）、Y会社はZ会社に、Z会社はY会社にそれぞれ新株を割り当てる新株発行を決議した（❹）。その発行価額は、市場価額がきわめて高騰していたことからこれを基礎とせず、Y会社は1株1,120円、Z会社は1株1,580円とした。X会社はこの新株発行の差止仮処分を申請した（❺）。

決定要旨　申請認容。「株式会社においてその支配権につき争いがある場合に、従来の株主の持株比率に重大な影響を及ぼすような数の新株が発行され、それが第三者に割り当てられる場合、その新株発行が特定の株主の持株比率を低下させ現経営者の支配権を維持することを主要な目的としてされたものであるときは、その新株発行は不公正発行にあたるというべきであり、また、新株発行の主要な目的が右のところにあるとはいえない場合であっても、その新株発行により特定の株主の持株比率が著しく低下されることを認識しつつ新株発行がされた場合は、その新株発行を正当化させるだけの合理的な理由がない限り、その新株発行もまた不公正発行にあたるというべきである。」
「本件業務提携にあたりY会社がZ会社に対し従来の発行済株式総数の19.5パーセントもの多量の株式を割り当てることが業務提携上必要不可欠であると認めることのできる十分な疎明はなく、しかも、本件新株発行によって調達された資金の大半は、実質的には、Z会社が発行する新株の払込金にあてられるものであって、差額としてY会社のもとに留保される約50億円についても、特定の業務上の資金としてこれを使用するために本件新株発行がされたわけではないこと、また、

第2章　株式会社　株式の発行　95

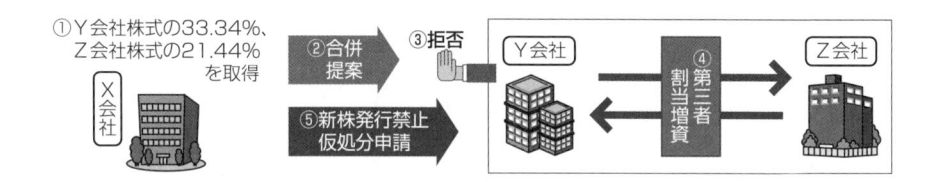

①Y会社株式の33.34%、Z会社株式の21.44%を取得
②合併提案
③拒否
④第三者割当増資
⑤新株発行禁止仮処分申請

　X会社がY会社の経営に参加することがY会社の業務にただちに重大な不利益をもたらすことの疎明もないことからみると、Y会社がした本件新株発行は、X会社の持株比率を低下させ現経営者の支配権を維持することを主要な目的とするものであり、又は少なくともこれによりX会社の持株比率が著しく低下されることを認識しつつされたものであるのに、本件のような多量の新株発行を正当化させるだけの合理的な理由があったとは認められない」。

本決定の位置づけ・射程範囲

　本件は、上場会社2社が特定の株主による株式買占めにあったため、互いに大量の第三者割当てをなした事例に関する新株発行差止仮処分事件であり、新株の有利発行と不公正発行の2点が問題になった。前者の問題に関しても、本決定は注目すべき判断をしているが（上場会社の株式が買占めおよび投機の対象とされたことにより高騰した場合でも、それが異常な投機による一時的現象と認められる場合はともかく、新株発行決議時における時価を公正な発行価額〔払込金額〕算定の基礎から全面的に排除することはできないとする。大阪地決昭和62・11・18〔関連判例〕と対比）、ここでは後者の問題を扱う。

　改正前商法280条ノ10（会社210条2号）所定の「著しく不公正な方法」による株式発行の解釈として、新株発行の動機のうち支配権の維持・強化に重きが置かれている場合には不公正発行になると解するのが、下級審裁判例の主流になっていた（主要目的ルール。大阪高決昭和62・11・24〔関連判例〕等）。本決定もそれに依るが、そのうえで、特定の株主の持株比率が著しく低下されることを認識しつつ新株発行がされた場合には、これを正当化するだけの合理的な理由がないかぎり不公正発行になるとした。これは、株式発行の動機は主観的意図に関わるものであり、原告側にとって立証が困難であることに配慮したものと捉え得る。もっとも、相互に株式を発行し合うという本件の特殊事情が重視された可能性も指摘される。その後、この付加的部分を否定する裁判例も現れている（東京地決平成16・7・30〔関連判例〕・東京高決平成16・8・4〔本書48事件〕）。

さらに理解を深める　会社法百選31事件〔吉本健一〕商判5版Ⅰ-51事件、弥永・重要判例3版201事件、判例講義2版116事件、酒巻・尾崎3版補正48事件、江頭4版709頁、神田15版147頁、会社法コンメ⑸17頁〔吉本健一〕・111頁〔洲崎博史〕・152頁〔小林量〕、逐条解説会社法⑶146頁〔伊藤靖史〕　〔関連判例〕　大阪地決昭和62・11・18判時1290号144頁、大阪高決昭和62・11・24民商100巻1号30頁、東京地決平成16・7・30判時1874号143頁、東京高決平成16・8・4〔本書48事件〕

第2章　株式会社　(3)　株式の発行

48　新株の第三者割当ての差止め

東京高裁平成16年8月4日決定
　事件名等：平成16年（ラ）第1297号新株発行差止仮処分申立却下決定に対する抗告事件
　掲載誌：金判1201号4頁、金法1733号92頁

概要　本決定は、上場会社において筆頭株主の持株比率を著しく低下させる新株発行につき、経営陣の支配権の維持が唯一の動機であったとは認められず、その意図が会社の発展や業績の向上という正当な意図に優越するものであったと認めることは難しく、著しく不公正な方法によるとはいえないとしたものである。

事実関係　X株式会社は、Y株式会社の発行済株式総数の40％を保有する筆頭株主である（❶）が、Y会社が第三者割当増資の方法により従前のY会社の発行済株式総数を上回る数量の新株発行を行うこと（❷）が改正前商法280条ノ10（会社210条2号）にいう「著シク不公正ナル方法」による株式発行に当たる（❸）として、新株発行の差止めを求めて仮処分の申立てをした（❹）。原審はX会社の申立てを却下したため、Y会社より抗告。

決定要旨　抗告棄却。「〔本件では、〕本件新株発行において、Y会社代表者をはじめとするY会社の現経営陣の一部が、X会社の持株比率を低下させて、自らの支配権を維持する意図を有していたとの疑いは容易に否定することができない〔が、〕……Y会社には本件事業計画のために本件新株発行による資金調達を実行する必要があり、かつ、競業他社その他当該業界の事情等にかんがみれば、本件業務提携を必要とする経営判断として許されないものではなく、本件事業計画自体にも合理性があると判断することができ〔る。〕……このように、本件事業計画のために本件新株発行による資金調達の必要性があり、本件事業計画にも合理性が認められる本件においては、仮に、本件新株発行に際しY会社代表者をはじめとするY会社の現経営陣の一部において、X会社の持株比率を低下させて、もって自らの支配権を維持する意図を有していたとしても、……支配権の維持が本件新株発行の唯一の動機であったとは認め難い上、その意図するところが会社の発展や業績の向上という正当な意図に優越するものであったとまでも認めることは難しく、結局、本件新株発行が商法280条ノ10所定の『著シク不公正ナル方法』による株式発行に当たるものということはできない。」

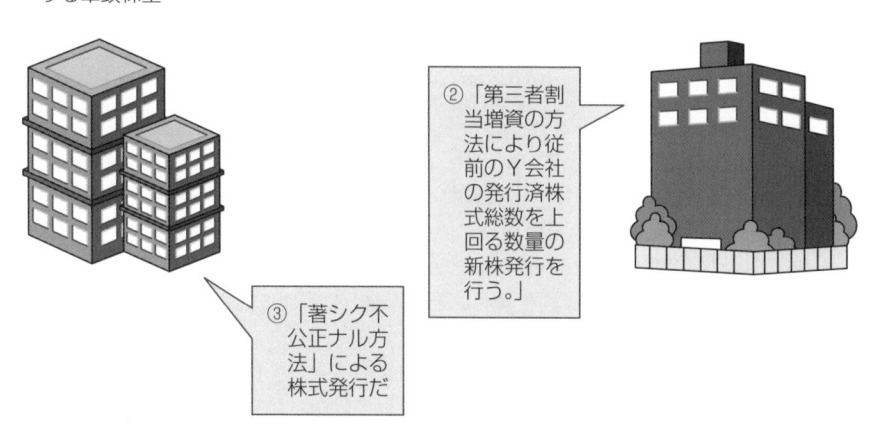

第2章　株式会社　株式の発行

```
[X会社] ──④新株発行差止仮処分申請──▶ [Y会社]
```

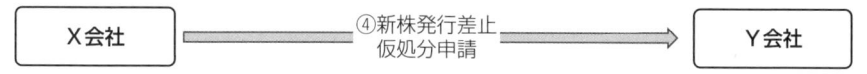

①Y会社の発行済株式総数の40％を保有する筆頭株主

②「第三者割当増資の方法により従前のY会社の発行済株式総数を上回る数量の新株発行を行う。」

③「著シク不公正ナル方法」による株式発行だ

本決定の位置づけ・射程範囲

改正前商法280条ノ10（会社210条2号）所定の「著しく不公正な方法」による株式発行の解釈につき、多くの下級審裁判例で、新株発行の動機のうち経営陣の支配権の維持・強化が資金調達の必要などの他の目的に比べて優越して存在する場合のみ著しく不公正な新株発行として新株発行差止めの対象とする立場が採られるようになっていた（主要目的ルール。東京地決平成元・7・25〔本書47事件〕、大阪地決平成2・7・12〔関連判例〕等）。本決定は、上場会社において、その筆頭株主（発行済株式総数の約40％を保有）と経営陣との間で対立が生じていたところ、経営陣が大量の株式を第三者割当ての方法により発行したという事案に関して、現経営陣が本件新株発行について支配権維持の意図を有していたことを容易に否定することはできないとしながらも、それが唯一の動機とは認め難いうえ、本件での事業計画の合理性とそのための資金調達の必要性を前提として、支配権維持が他の（正当な）目的に優越するものであったとはいえないと判断し、新株発行の差止めを認めなかったものである。本決定は、基本的に上記の裁判例に沿うものであるが、前掲東京地決平成元・7・25が、主要目的ルールに依りつつ、特定の株主の持株比率が著しく低下されることを認識しつつ新株発行がされた場合には、これを正当化するだけの合理的な理由がないかぎり不公正発行になるとした部分については、否定したものと捉えられている。

さらに理解を深める　会社法百選2版97事件〔吉本健一〕　商判5版Ⅰ－52事件、判例講義2版117事件、江頭4版709頁、神田15版147頁、会社法コンメ(5)124頁〔洲崎博史〕、逐条解説会社法(3)144頁〔伊藤靖史〕　関連判例　東京地決平成元・7・25〔本書47事件〕、大阪地決平成2・7・12判時1364号104頁

第2章 株式会社 (3) 株式の発行

49 買占めに対する防衛策としての第三者割当増資と有利発行

東京地裁平成16年6月1日決定
　事件名等：平成16年（ヨ）第20028号新株発行差止仮処分申立事件
　掲載誌：判時1873号159頁、金判1201号15頁、金法1730号77頁

概要　本決定は、第三者割当増資における新株の発行価額が、増資に係る取締役会決議の直前日の市場価格に0.9を乗じた額の約43％、決議の日の前日から6か月前までの平均価額に0.9を乗じた額の約60％にすぎない（株価高騰は一時的現象でもない）ことから、「特ニ有利ナル発行価額」に当たるとしたものである。

事実関係　Y会社の取締役会は、Aに対して普通株式を1株393円で発行する旨の決議を行ったところ、Y会社の株主であるXは、上記新株発行決議の前日時点でのY会社株式の1株の市場価格は1,010円であり、当該日から遡って6か月間の平均株価は721円余であったとしたうえで、「発行価額は、当該増資に係る取締役会決議の直前日の価額等に0.9を乗じた額以上の価額であること、ただし、直近日又は直前日までの価額または売買高の状況等を勘案し、当該決議の日から発行価額を決定するために適当な期間（最長6か月）をさかのぼった日から当該決議の直前日までの間の平均の価額に0.9を乗じた額以上の価額とすることができる。」旨を定める日本証券業協会の自主ルールを援用し、当該ルールを適用すると特に有利な発行価額であるというべきであるにもかかわらず、株主総会の特別決議を経ていないとして、新株発行差止めの仮処分を申請した。

決定要旨　申請認容。「商法280条ノ2第2項にいう『特ニ有利ナル発行価額』とは、公正な発行価額よりも特に低い価額をいうところ、株式会社が普通株式を発行し、当該株式が証券取引所に上場され証券市場において流通している場合において、新株の公正な発行価額は、旧株主の利益を保護する観点から本来は旧株の時価と等しくなければならないが、新株を消化し資本調達の目的を達成する見地からは、原則として発行価額を時価より多少引き下げる必要もある。そこで、この場合における公正な発行価額は、発行価額決定前の当該会社の株式価格、上記株価の騰落習性、売買出来高の実績、会社の資産状態、収益状態、配当状況、発行済株式数、新たに発行される株式数、株式市況の動向、これらから予測される新株の消化可能性等の諸事情を総合し、旧株主の利益と会社が有利な資本調達を実現するという利益との調和の中に求められるべきものである。

もっとも、上記の公正な発行価額の趣旨に照らすと、公正な発行価額というには、その価額が、原則として、発行価額決定直前の株価に近接していることが必要であると解すべきである」。
「本件発行価額393円は、平成16年5月17日時点の証券市場における一株あたりの株価1010円と比較して約39パーセントにすぎない。また、前記自主ルールは、旧株主の利益と会社が有利な資本調達を実現するという利益との調和の観点から日本証券業協会における取扱いを定めたものとして一応の合理性を認めることができるところ、本件発行価額は、本件新株発行決議の直前日の価額に0.9を乗じた909円と比較して約43パーセント、本件新株発行決議の日の前日から6か月前までの平均の価額に0.9を乗じた650円と比較しても約60パーセントにすぎない。……本件発行価額は、……本件新株発行決議の直前日の株価と著しく乖離しており、本件鑑定を精査しても、こうした乖離が生じた理由が客観的な資料に基づいて前記考慮要因を斟酌した結果であると認めることはできず、その算定方法が前記公正発行価額の趣旨に照らし合理的であるということはできない。」

本決定の位置づけ・射程範囲

本決定は、公正な発行価額(会社法では「払込金額」)の判断について考慮しうる諸事情を明らかにした最判昭和50・4・8 本書45事件 の一般論を引用しつつ、改正前商法280条ノ2第2項(会社199条2項・201条1項・309条2項5号)所定の「特に有利な発行価額〔払込金額〕」とは、公正な発行価額よりも特に低い価額をいうところ、その価額は原則として発行決議直前の株価に近接していなければならないとしたうえで、本件では株価の上昇が一時的な現象にとどまると認めることはできないとして、株価を公正な発行金額算定の基礎から排除すべき理由は見出し難い旨示した。東京地決平成元・7・25 本書47事件 、大阪地決平成2・6・22 関連判例 等の裁判例の流れに沿った考え方が示されているといえる。もっとも、株価の上昇が買収により企業価値が上昇するという株式市場の合理的期待を要因とする場合は、たとえ短期間であっても、高騰した株価を基準にすべきとの批判も存する(証券業界の自主ルール〔現在は、日本証券業協会平成22年4月1日制定の「第三者割当増資の取扱いに関する指針」〕に適合するものであるかどうかを判断資料とする取扱いに関しても、上昇の要因によっては、疑問の余地が生じる)。

なお、本件のような事例と区別すべき裁判例として、東京高判昭和48・7・27 本書46事件 がある。

さらに理解を深める　会社法百選2版24事件〔田中亘〕、商判5版Ⅰ-53事件、判例講義2版113事件、酒巻・尾崎3版補正51事件、江頭4版707頁、神田15版142頁、会社法コンメ(5)17頁〔吉本健一〕・111頁〔洲崎博史〕・152頁〔小林量〕、逐条解説会社法(3)64頁〔山田純子〕 関連判例 　最判昭和50・4・8 本書45事件 、東京地決平成元・7・25 本書47事件 、大阪地決平成2・6・22判時1364号100頁、東京高判昭和48・7・27 本書46事件

第2章　株式会社　(3) 株式の発行

50 発行差止仮処分違反の新株発行の効力

最高裁平成5年12月16日第一小法廷判決
　事件名等：平成元年（オ）第666号新株発行差止請求事件
　掲載誌：民集47巻10号5423頁、判時1490号134頁、判タ842号131頁、
　　　　　金判944号3頁、金法1393号28頁

概要　本判決は、新株発行差止めの仮処分命令に違反して新株発行がされたことは、新株発行無効の訴えの無効原因となるとしたものである。

事実関係　Y株式会社の株主であるX₁は、Y会社が決議した割当てを受ける者をA会社とする新株発行に対して、改正前商法280条ノ10（会社210条）に基づく新株発行差止請求訴訟を本案とする新株発行差止めの仮処分の申立てをし、仮処分命令を得た（❶）。その上でX₁らは、新株発行差止請求の訴えを提起した（❷）。右訴えの理由とするところは、本件新株発行は、現在の取締役会の方針に反する株主の持株比率を減少させ、Y会社の支配確立を目的としたもので、改正前商法280条ノ2第2項に違反し、かつ、著しく不公正な方法によるものであって、株主であるX₁らが不利益を受けるおそれがあるというものであった。これに対しY会社は、上記仮処分命令に対して異議を申し立てた（❸）が、本件新株発行はそのまま実施することにし、A会社から払込期日に新株払込金の支払を受けた（❹）。Y会社は上記差止請求訴訟の口頭弁論期日において、本件新株発行はすでに実施されているから新株発行差止請求は訴えの利益がなくなったと主張したため、X₁らは予備的に、上記新株発行差止請求の訴えを新株発行無効の訴えに変更する旨の申立てをした（❺）。原審がX₁らの主張を認めたため、Y会社より上告。

判決要旨　上告棄却。「商法280条ノ10に基づく新株発行差止請求訴訟を本案とする新株発行差止めの仮処分命令があるにもかかわらず、あえて右仮処分命令に違反して新株発行がされた場合には、右仮処分命令違反は、同法280条ノ15に規定する新株発行無効の訴えの無効原因となるものと解するのが相当である。けだし、同法280条ノ10に規定する新株発行差止請求の制度は、会社が法令若しくは定款に違反し、又は著しく不公正な方法によって新株を発行することにより従来の株主が不利益を受けるおそれがある場合に、右新株の発行を差し止めることによって、株主の利益の保護を図る趣旨で設けられたものであり、

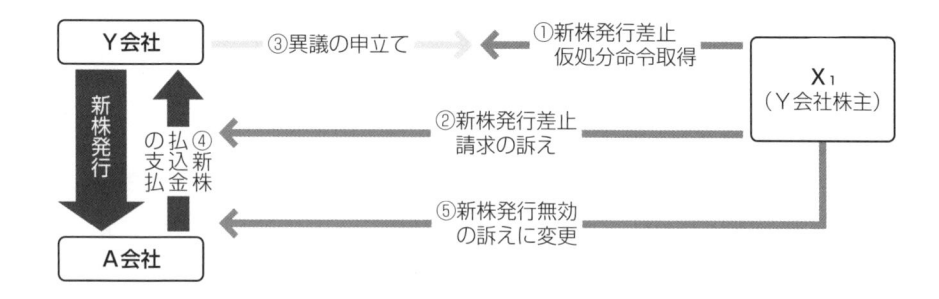

```
Y会社 ←──③異議の申立て──── ←──①新株発行差止
                                    仮処分命令取得      X₁
  ↓新株発行    ④の支払新払金株株                           (Y会社株主)
              ←──②新株発行差止
                    請求の訴え
  ↓
 A会社         ←──⑤新株発行無効
                    の訴えに変更
```

> 同法280条ノ3ノ2は、新株発行差止請求の制度の実効性を担保するため、払込期日の2週間前に新株の発行に関する事項を公告し、又は株主に通知することを会社に義務付け、もって株主に新株発行差止めの仮処分命令を得る機会を与えていると解されるのであるから、この仮処分命令に違反したことが新株発行の効力に影響がないとすれば、差止請求権を株主の権利として特に認め、しかも仮処分命令を得る機会を株主に与えることによって差止請求権の実効性を担保しようとした法の趣旨が没却されてしまうことになるからである。」

本判決の位置づけ・射程範囲

本判決は、新株発行差止請求の訴え（改正前商280条ノ10、会社210条）を本案とする仮処分命令違反が新株発行無効の訴え（改正前商280条ノ15、会社828条1項2号）の無効原因となるとした初めての最高裁判決である（本判決以前の裁判例としては、横浜地判昭和50・3・25 関連判例 が無効説を採用）。新株発行差止請求の制度は株主の利益に反する新株の発行を阻止するうえで重要であるところ、差止めの仮処分命令違反の新株発行を有効とすることは、差止請求の制度の事実上の無意味化に繋がることにその理由が求められている。昭和41年改正商法に設けられた新株発行事項の公告・通知の制度（会社201条3項・4項に相当）における2週間の期間は、新株発行差止めの仮処分の申請のための準備に要する期間と申請後仮処分がなされるまでに要する期間とを考慮したものであり、本判決の考え方はこの立法者の意図にも沿う。本判決後、無効説の立場に立つものに、東京高判平成7・5・31 関連判例 がある。

なお、この問題については、有効説も有力であったところ（差止仮処分により会社に生じる不作為義務はその株主と会社との間限りの債権債務関係にすぎず対世的効力を有しないことを考えると、仮処分命令違反自体は新株発行の無効の原因ではない等を主張）、本判決においても、有効説の立場から2名の裁判官による少数意見が付されている。

さらに理解を深める　**会社法百選2版100事件〔砂田太士〕** 最判解民事篇平成5年度（下）1015頁〔大橋弘〕、商判5版Ⅰ-55事件、弥永・重要判例3版204事件、判例講義2版120事件、酒巻・尾崎3版補正49事件、江頭4版711・717頁、神田15版148頁、会社法コンメ(5)135頁〔洲崎博史〕、逐条解説会社法(3)149頁〔伊藤靖史〕　関連判例　横浜地判昭和50・3・25判時790号106頁、東京高判平成7・5・31判夕901号227頁

第2章 株式会社　(3) 株式の発行

51 著しく不公正な方法によってされた新株発行の効力

最高裁平成6年7月14日第一小法廷判決
　事件名等：平成2年（オ）第391号取締役会決議無効確認、新株発行無効等請求事件
　掲載誌：判時1512号178頁、判タ859号118頁、金判956号3頁

概要　本判決は、新株発行に関する有効な取締役会の決議がなくとも、代表取締役が新株を発行した以上当該新株発行は有効であり、新株が著しく不公正な方法により発行されたこと、発行された新株が取締役によって引き受けられその者が現に保有していること、新株を発行した会社が小規模で閉鎖的であることなどの事情は結論に影響を及ぼさないとしたものである。

事実関係　Xは、Y株式会社の代表取締役であり、発行済株式総数の過半数を有する株主であった（①）。Y会社の経営は、Xの養子でありY会社の専務取締役であったAが取り仕切っていたが、Xと不和になったことからY会社の株式の過半数を有しようとし、自己を代表取締役に選任する取締役会決議を得た（②）。そのうえでAは、Xに招集通知を発することなく取締役会を招集し、新株発行決議を行い、新株を発行した（③）。この新株発行においてAは、新株全部を自ら引き受け、払込みをした（④）。その結果、AはY会社の支配権を掌握するところとなった（⑤）。Xは、上記新株発行が不公正発行である等と主張して新株発行無効の訴えを提起した（⑥）。第1審・原審ともに新株発行を無効とすべき特別な事情があるとしてXの請求を認容したため、Y会社より上告。

判決要旨　破棄自判。「新株発行は、株式会社の組織に関するものであるとはいえ、会社の業務執行に準じて取り扱われるものであるから、右会社を代表する権限のある取締役が新株を発行した以上、たとい、新株発行に関する有効な取締役会の決議がなくても、右新株の発行が有効であることは、当裁判所の判例（最高裁昭和32年（オ）第79号同36年3月31日第二小法廷判決・民集15巻3号645頁）の示すところである。この理は、新株が著しく不公正な方法により発行された場合であっても、異なるところがないものというべきである。また、発行された新株がその会社の取締役の地位にある者によって引き受けられ、その者が現に保有していること、あるいは、新株を発行した会社が小規模で閉鎖的な会社であることなど、原判示の事情は、右の結論に影響を及ぼすものではない。

```
┌─────────────┐     ②自己を代表取締役に選任する        ┌──────────┐     ┌──────────┐
│      A      │      取締役会決議を得る。              │不公正な  │     │    X     │
│ （Y会社     │     ③Xに招集通知を発することな        │新株発行  │     │（①Y会社 │
│  実質的経営）│      く開催した取締役会で新株発       │である。  │     │ 代表取締役）│
└─────────────┘      行決議を得る。                   └──────────┘     └──────────┘
                    ④新株全部を自ら引き受ける。       ⑥新株発行
                    ⑤Y会社の支配権を獲得。            無効の訴え
```

けだし、新株の発行が会社と取引関係に立つ第三者を含めて広い範囲の法律関係に影響を及ぼす可能性があることにかんがみれば、その効力を画一的に判断する必要があり、右のような事情の有無によってこれを個々の事案ごとに判断することは相当でないからである。」

本判決の位置づけ・射程範囲

本件のように新株発行が著しく不公正な方法で行われた場合、金銭的な解決では有効な解決になりにくい。そのため、従来は当該株式の譲受人の取引の安全の観点から有効説が支配的であったが、無効説もあり、さらに、不公正発行であることについて悪意の引受人または譲受人が新株を保有するかぎりでは不公正発行も無効事由と解すべきとの折衷説が学説上有力になると、折衷説による下級審判決も現れた（大阪高判平成3・9・20〔関連判例〕、神戸地判平成5・2・24〔関連判例〕）。そのようななかで、最高裁がこの問題につき初めて判示したのが本判決であり、不公正発行は無効事由たり得ず、また、たとえ悪意の引受人あるいは譲受人が現に保有し、または新株を発行した会社が小規模閉鎖会社である等の事情があってもそれは変わらないとした。新株発行の効力は画一的に判断されなければならないとし折衷説を否定したものであり、反論もあるが、本判決後、有効説をとる下級審判決が現れている（東京地判平成18・10・10〔関連判例〕等）。

なお、本判決と同様の紛争は、多くの閉鎖的会社においては起こりにくいといえ（公開会社以外の会社では株主総会の特別決議が必要であり、その規制に違反した新株発行は原則として無効と解される。横浜地判平成21・10・16〔本書43事件〕）、また、通知・公告の欠缺、および差止仮処分違反に関する判例（最判平成9・1・28〔本書42事件〕、最判平成5・12・16〔本書50事件〕）は、不公正発行を無効事由とすることの必要性を小さくしている。

さらに理解を深める 会社法百選2版101事件〔山下友信〕商判5版Ⅰ-56事件、弥永・重要判例3版207事件、判例講義2版120事件、酒巻・尾崎3版補正54事件、江頭4版713・716頁、神田15版148頁、会社法コンメ(5)133頁〔洲崎博史〕、逐条解説会社法(3)315頁〔松井秀征〕　〔関連判例〕　大阪高判平成3・9・20判時1410号110頁、神戸地判平成5・2・24判時1462号151頁、東京地判平成18・10・10金判1253号9頁、横浜地判平成21・10・16〔本書43事件〕、最判平成9・1・28〔本書42事件〕、最判平成5・12・16〔本書50事件〕

第2章　株式会社　　(3)　株式の発行

52　特別決議を経ない新株の有利発行と会社の損害

東京地裁平成12年7月27日判決
　事件名等：平成8年(ワ)第19558号損害賠償請求(株主代表訴訟)事件
　掲載誌：判タ1056号246頁

概要　本判決は、株主総会の決議を経ることなく株主以外の者に特に有利な発行価額で新株を発行した代表取締役に、公正な発行価額と実際の発行価額との差額について、損害賠償責任を認めたものである。

事実関係　YはA株式会社の代表取締役として、平成2年4月、A会社の20万株の新株発行を行った。この新株発行は、第三者割当としてYが10万株、Yの長男Bが10万株を割り当てられた(❶)。発行価額は一株につき700円と定められ、それぞれ払い込まれた(❷)が、A会社の株主であるXは、A会社が行った第三者割当による新株発行は、公正な発行価額が一株につき900円であるところ、これを200円も下回る特に有利な発行価額を定めたものであるにもかかわらず、改正前商法280条ノ2第2項に基づく株主総会の特別決議を経ていないから、A会社は、発行した新株20万株につき一株当たり200円の公正な発行価額との差額に相当する損害を被っており、その損害の合計は、4,000万円となると主張して、株主代表訴訟を提起した(❸)。

判決要旨　請求一部認容。「Y及びYの長男Bに対して各10万株を割り当てて一株につき700円の発行価額により行った平成2年4月のA会社の第三者割当による20万株の新株発行は、当時のA会社の株式の時価が一株につき900円であり、一株につき700円の発行価額での第三者割当による新株発行が株主以外の者に特に有利な発行価額をもって新株を発行する場合に当たり、したがって商法280条ノ2第2項により株主総会の特別決議を必要とすることを認識しながら、A会社の代表取締役社長であったYが、会長であり大株主であったYの母Cに知らせずに会社の実質的な支配権を確保するために、あえて株主総会を開催してないで新株発行を決定し、これを実施し、これにより、公正な発行価額である一株につき900円の価額と実際の発行価額である一株につき700円の価額との差額200円について発行株数20万株に相当する合計4000万円の損害を会社に対して与えた事実を認めることができる。……したがって、Yは、商法266条1項5号により、A会社に対し、4000万円とこれに対する訴状送達の翌日からの遅延損害

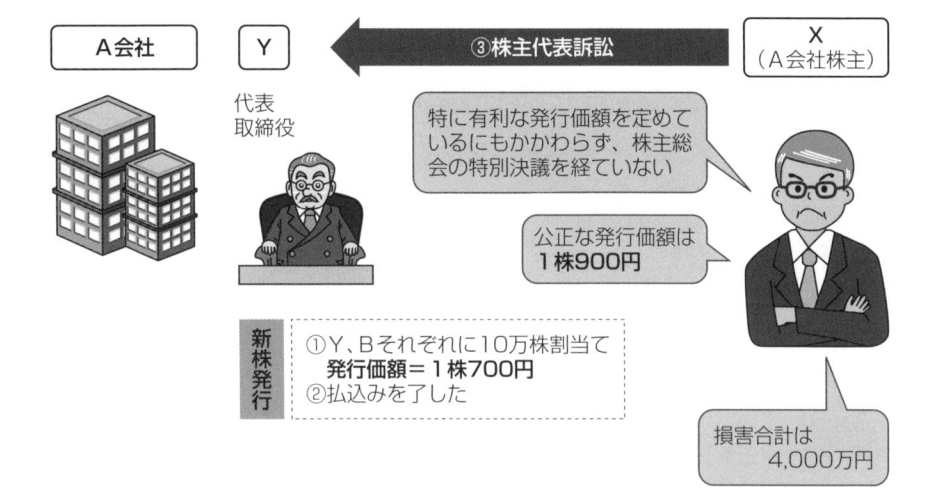

第2章　株式会社　株式の発行　105

A会社　　Y　　　　③株主代表訴訟　　　　X
　　　　代表　　　　　　　　　　　　　　（A会社株主）
　　　　取締役

特に有利な発行価額を定めているにもかかわらず、株主総会の特別決議を経ていない

公正な発行価額は
1株900円

新株発行
①Y、Bそれぞれに10万株割当て
　発行価額＝1株700円
②払込みを了した

損害合計は
4,000万円

金を支払う義務がある。」

本判決の位置づけ・射程範囲

　本判決は、株主総会の特別決議を経ずに有利発行が行われたことを理由に、株主代表訴訟によって、取締役の責任が追及された事案に関して、違法な有利発行により、公正な発行価額総額と、実際の発行価額総額の差額分だけ会社に損害が生じたとして、株主の請求を認容したものである。不公正な発行価額（払込金額）で株式を発行した取締役の責任を認めた裁判例として、改正前商法266条ノ3（会社429条）によるものは少なくないが（東京地判昭和56・6・12 関連判例 、東京地判平成4・9・1 関連判例 、大阪高判平成11・6・17 関連判例 等）、代表訴訟によって責任が追及された場合に株主の請求を認容した公表裁判例は、本判決がおそらく初めてである（その後、対会社責任の請求を認容したものとして、東京地判平成24・3・15 関連判例 ）。なお、学説では、有利発行がなされた場合、会社に損害が生じているのかどうかが論ぜられており、本判決のような考え方のほか、原則として会社に損害はないとする見解も有力である（なお、違法な有利発行についての取締役の責任が代表訴訟により追及され、責任が否定された裁判例も存在するが、それらは発行価額が特に有利なものでない等を理由としており、有利発行によって会社に損害が生じるかどうかという点について、直接には判示されていない）。

さらに理解を深める

商判5版Ⅰ-54事件、判例講義2版115事件、伊藤靖史・商事1703号（2004）42頁、神田15版142頁、会社法コンメ⑸19頁〔吉本健一〕 関連判例 　東京地判昭和56・6・12下民集32巻5＝8号783頁、東京地判平成4・9・1判時1463号154頁、大阪高判平成11・6・17判時1717号144頁、東京地判平成24・3・15判時2150号127頁

第2章　株式会社　(4) 新株予約権

53 新株発行と検査役選任請求の持株要件

最高裁平成18年9月28日第一小法廷決定
　事件名等：平成18年（許）第12号検査役選任決定申請却下決定に対する抗告審の取消決定に対する許可抗告事件
　掲載誌：民集60巻7号2634頁、判時1950号163頁、判タ1223号119頁、金判1262号42頁、金法1799号54頁

概要　本決定は、株式会社の株主が改正前商法294条1項（会社358条1項）に基づき裁判所に当該会社の検査役選任の申請をした時点で、当該株主が当該会社の総株主の議決権の100分の3以上を有していたとしても、その後、当該会社が新株を発行したことにより、当該株主が当該会社の総株主の議決権の100分の3未満しか有しないものとなった場合には、当該会社が当該株主の上記申請を妨害する目的で新株を発行したなどの特段の事情のない限り、上記申請は、申請人の適格を欠くものとして不適法であるとしたものである。

事実関係　株式会社Yの株主であるXらは、改正前商法294条1項（会社358条1項）に基づき、Y会社に不正経理が存在していたとして、Y会社の業務および財産の状況を調査させるために、裁判所に対して検査役選任の申請をした（❶）。Xは、この申請の時点でY会社の総株主の議決権の約3.2%を有していた（❷）。ところが、これに先立ち平成12年にY会社は新株引受権付社債を発行していたところ、当該社債を有していた者がXの上記申請後に新株引受権を行使した（❸）ことから、Y会社の総株主の議決権数は増加するところとなり、その結果Xは、Y会社の総株主の議決権の約2.97%しか有しないことになった（❹）。第1審はXの申請を却下したが、原審は、第1審決定を取り消した。Y会社より許可抗告。

決定要旨　破棄差戻し。「株式会社の株主が商法294条1項に基づき裁判所に当該会社の検査役選任の申請をした時点で、当該株主が当該会社の総株主の議決権の100分の3以上を有していたとしても、その後、当該会社が新株を発行したことにより、当該株主が当該会社の総株主の議決権の100分の3未満しか有しないものとなった場合には、当該会社が当該株主の上記申請を妨害する目的で新株を発行したなどの特段の事情のない限り、上記申請は、申請人の適格を欠くものとして不適法であり却下を免れないと解するのが相当である。」
「前記事実関係によれば、Y会社の株主であるXらは、原々審にY会社の検査役

第2章　株式会社　新株予約権　107

X（Y会社株主）　裁判所に対して検査役選任の申請（①）。このとき、XはY会社の総株主の議決権の**約3.2%**を保有（②）。　③新株引受権付社債権者が新株引受権を行使　総株主の議決権の**約2.97%**に下落（④）。

> 選任の申請をした時点では、合計して総株主の議決権の約3.2%を有していたが、その後、Y会社が新株引受権付社債を有していた者の新株引受権の行使を受けて新株を発行したことにより、合計しても総株主の議決権の約2.97%しか有しないものとなったというのであるから、Y会社がXらの上記申請を妨害する目的で上記新株を発行したなどの特段の事情のない限り、上記申請は、申請人の適格を欠くものとして不適法であり却下を免れないというべきである。……原決定は破棄を免れ〔ず、〕……上記特段の事情の有無等について更に審理を尽くさせるため、本件を原審に差し戻すこととする。」

本決定の位置づけ・射程範囲

本決定は、株主が改正前商法294条1項（会社358条1項）に基づき検査役選任の申請をした時点では持株要件を満たしていたものの、その後新株発行がされたことにより持株要件を欠くに至ったという事案に関し、会社が株主の申請を妨害する目的で新株を発行したなどの特段の事情がない限り、この申請は却下されるとした。株主が、申請後に自ら株式を譲渡し持株要件を欠くに至った場合に申請が却下されるとした裁判例は存するが（大決大正10・5・20 関連判例 ）、新株発行など会社側の一方的な行為（本件は、会社の行為というより、新株引受権付社債権者の権利行使に基づく）によって持株要件が失われた場合については、先例はなかった。そのような場合には、申請は却下を免れるとするのが通説的見解であったが（原審決定はこの見解。申請時に有していた請求権の帰趨が株主の関与しない事情によって左右されることの不合理性に着眼）、それに対して、本決定が採用した見解も現れていた（原々審決定はそれに近い）。本決定の立場は、持株要件の趣旨につき、権利の濫用防止というより、それを満たすだけの利害関係を有する株主のみが権利行使に値するとの考え方に結びつきやすいとの評価もみられる（ただし、その場合、例外を認める必要があるかという問題が生ずるほか、本決定の特段の事情が認められる場合に、もし新株発行自体は有効だとすると、権利行使を認める論理は明確ではないと指摘される）。

さらに理解を深める　会社法百選2版59事件〔中村康江〕絹川泰毅・曹時59巻12号（2007）321頁、商判5版Ⅰ-147事件、酒巻・尾崎3版補正追2事件、江頭4版538頁、神田15版251頁　関連判例　大決大正10・5・20民録27輯947頁

第2章　株式会社　(4) 新株予約権

54　新株予約権の発行無効

高知地裁平成16年12月24日判決
　事件名等：平成16年（ワ）第256号株主総会決議無効確認等請求事件
　掲載誌：資料版商事251号208頁

概要　本判決は、改正前商法の下で新株予約権発行無効の訴えを認め、有利発行の承認をした本件株主総会決議が、当該総会を招集する旨の取締役会決議が違法無効であったため、取り消され得るものであったことを未行使の新株予約権の無効原因としたものである。

事実関係　Y株式会社は臨時株主総会を開催し、新株予約権の有利発行等の決議をした（❶）ところ、Y株式会社の発行済株式総数の5％以上に当たる株式を有する株主であるX（❷）は、臨時株主総会を招集する旨の決議をしたY会社の取締役会は、取締役が電話、書面または電子メールによって決議事項について承諾するという持ち回り方式によってなされたものであり、上記臨時株主総会の招集手続が法令に違反する等と主張し（❸）、同総会におけるすべての決議事項に関する決議の取消、上記臨時総会の決議に基づき発行された新株予約権のうち、本判決確定日までに行使されていない部分の無効確認等を求めて訴えを提起した（❹）。

判決要旨　請求認容。「本件臨時株主総会は、商法231条所定の取締役会における招集決定なくして開催されたのであるから、本件臨時株主総会の招集手続は法令に違反しており、本件臨時株主総会における決議の取消事由が存するものといえる。……〔本件臨時株主総会〕の決議事項には、定款の一部変更……や株主以外の者に対する特に有利な条件による新株予約権の発行……など株主総会の特別決議を必要とする重要事項が含まれているところ、そのような重要事項を含む本件議案を付議し、そのための臨時株主総会を招集する旨の本件取締役会における取締役会決議が違法無効であるとの事情が重大でないとはいい難い。……本件臨時株主総会におけるすべての決議事項に関する決議は、これを取り消すのが相当である。」「本件臨時株主総会における決議を取り消す旨の本判決が確定したときは、本件臨時株主総会に基づく本件新株予約権のうち、少なくとも、本判決確定日までに行使されていない部分は無効となるものというべきである。」「新株予約権の発行に関して、新株発行無効の訴えに関する規定が準用されてい

ないのは、新株予約権の発行に法的瑕疵があるときには、従前の株主の株主権を犠牲にしてまで新株発行無効の訴えのような特別な限定をする必要性に乏しく、私法の一般原則に従って新株予約権の発行を無効とすれば足りるとの趣旨であると解するのが相当であるから、新株予約権の無効確認の訴えにおける無効原因が、新株発行無効の訴えに準じて、特に重大な法令・定款違反の場合に限定されるということはできない。また、仮に、新株予約権の無効確認の訴えにおける無効原因が、新株発行無効の訴えに準じて、特に重大な法令・定款違反の場合に限定されるとしても、……本件議案を付議し、そのための臨時株主総会を招集する旨の本件取締役会における取締役会決議が違法無効であるとの事情が重大でないとはいい難い。」

本判決の位置づけ・射程範囲

本判決は、新株予約権発行無効の訴え（会社828条1項4号）に相当する規定が設けられていなかった改正前商法の下で、新株予約権の無効確認の訴えを認め、請求を認容したものである。本件においては、有利発行の承認のための株主総会決議は、当該総会を招集する旨の取締役会決議が違法無効であったため、取り消され得るものであったが、それが新株予約権発行の無効原因とされた。新株予約権発行無効の訴えにおける無効原因は、新株発行無効の訴えと同様、解釈に委ねられているところ、新株発行の無効原因よりも広く無効原因を認めたものであると位置づけられる（最判昭和46・7・16 本書41事件 と対比）。なお、本判決は、新株予約権の無効確認の訴えにおける無効原因が新株発行無効の訴えに必ずしも準じて考えられる必要はないとする際、改正前商法において新株予約権発行無効の訴えに関する規定が準用されていないことについて、新株予約権の発行に法的瑕疵があるときには、私法の一般原則に従って新株予約権の発行を無効とすれば足りるとの趣旨であるとしている（新株予約権発行無効の訴えが法定された会社法の下ではどうか、議論の余地があると思われる。この関係で、抽象論ではあるが、従来、新株発行無効事由については株式取引の取引安全を主たる理由に極めて制限的に解されるのに対し、利用形態の多様な新株予約権の無効事由は一律に解し得ないとの指摘もなされていた）。

さらに理解を深める

弥永・重要判例3版214事件

関連判例 最判昭和46・7・16 本書41事件

第2章　株式会社　(4)　新株予約権

55　募集新株予約権の有利発行

東京地裁平成18年6月30日決定
　事件名等：平成18年（ヨ）第20058号募集新株予約権発行差止仮処分命令申立事件
　掲載誌：判タ1220号110頁、金判1247号6頁

概要　本決定は、募集新株予約権の発行が有利発行に当たるにもかかわらず、株主総会の特別決議を欠いているとして発行の差止めを認めたものである。

事実関係　Y株式会社の取締役会は、平成18年6月18日、第三者割当による取得条項付募集新株予約権の発行決議をした。その払込価額は、第三者機関であるA会社がいわゆる二項格子モデルにより算定した額を基礎として、1個につき9万1,000円とされた。これに対してXらは、B会社が算定した額を基礎とした価額を援用し、これによると募集新株予約権のオプション価額は1個あたり少なくとも154万円余となり、Y会社の価額を大幅に上回る金額になることから有利発行である等と主張して、その発行を仮に差し止めることを求めた。

決定要旨　申立認容。「募集新株予約権の公正な払込金額とは、現在の株価、行使価額、行使期間、金利、株価変動率等の要素をもとにオプション評価理論に基づき算出された募集新株予約権の発行時点における価額（以下「公正なオプション価額」という。）をいうと解されるから、公正なオプション価額と取締役会において決定された払込金額とを比較し、取締役会において決定された払込金額が公正なオプション価額を大きく下回るときは、原則として、募集新株予約権の有利発行に該当すると解すべきである。
「〔Y会社は〕二項格子モデルによる算定にあたって、経済合理性の見地から、平成18年7月4日にY会社の取締役会が取得日の決定をするものとして、同月6日以後の新株予約権の価値を取得条項が付されていない場合に比較して低く算定するという修正を加えている。……Y会社は、本件募集新株予約権の発行の目的は平成18年4月5日に行われた社債の償還費用として借り入れた25億円……の返済に充てることにあると主張しているところ、本件募集新株予約権発行の目的がY会社の主張どおりであるとすると、行使期間の初日である同年7月4日にY会社の取締役会が取得日を定める決定をしたのでは、このような資金調達の目的を達成することはおよそ不可能であり……、同年7月4日にY会社の取締役会が取得

第2章　株式会社　新株予約権　111

| Y会社 | 募集新株予約権発行　払込価額1個につき**9万1,000円** | オプション価額は1個につき**少なくとも154万円余** | X |

日を定める決定をしない可能性がむしろ高いといえる。」
「Y会社主張の本件募集新株予約権の発行目的であれば、むしろY会社の取締役会が行使期間の初日である同年7月4日に取得日を定める決定をしない可能性が高いといえる本件においては、取得条項があることにより理論的にオプション価格を下げる余地があるとしても、取得条項がないとして算定された本件募集新株予約権の上記価額を大幅に下回る9万1000円にまで下げる合理的な理由を直ちに見いだすことは困難というべきである。……以上によれば、〔Y会社の〕……本件募集新株予約権の発行は、公正なオプション価額よりも特に低い払込金額によってされたということができ、有利発行となると一応認めることができる。」

本決定の位置づけ・射程範囲

募集新株予約権の払込金額が特に有利な金額であるときには、株主総会の特別決議を経る必要があり（会社238条2項3項・240条1項・309条2項6号）、株主総会の特別決議を欠く場合、発行の差止め原因になる（会社247条1号）。本決定は、この関係で募集新株予約権の発行が有利発行に当たると認定した初めての公刊裁判例である。「特に有利な金額」については、公正な払込金額よりも特に低い価額をいうとされ、そこでは、新株予約権の発行時点における評価価値を算出し（その算出は、現在の株価、行使価額、行使期間、金利、株価変動率等の要素をもとにオプション評価理論〔本件で用いられた二項格子モデルもその1つ〕に基づくとされる）、取締役会で決定された発行価額がそれを大きく下回るときに有利発行となるという立場がとられている（当時すでに定着した考え方に沿うものであり、本決定後の裁判例として、札幌地決平成18・12・13 関連判例 等）。

なお、本件募集新株予約権には取得条項が設けられており（権利行使期間の終期が到来する前に会社が新株予約権を取得すれば、新株予約権の行使はできなくなる）、早期に会社が取得の決定をすることを前提に、新株予約権の評価額（払込額）を大幅に引き下げたことについて、本決定は取得条項発動の可能性は低いとみた。すなわち、本件での資金調達の必要性（社債の償還費用の調達）の主張は、発行が著しく不当な方法によるものでないことを根拠づけるうえで必要であったが、それが取得条項発動の可能性を低め、取得条項を理由とする価額引下げの合理性を疑わせるという結果になったわけである。

さらに理解を深める　**会社法百選2版29事件〔松井秀征〕** 商判5版Ⅰ-58事件、弥永・重要判例3版215事件、判例講義2版123事件、江頭4版742頁、神田15版154頁、会社法コンメ(6)26頁〔江頭憲治郎〕　関連判例　札幌地決平成18・12・13金判1259号14頁

第2章　株式会社　(4) 新株予約権

56　行使条件に違反した新株予約権の行使と新株発行無効

最高裁平成24年4月24日第三小法廷判決
　事件名等　平成22年（受）第1212号新株発行無効請求事件
　掲載誌　　民集66巻6号2908頁、判時2160号121頁、判タ1378号90頁、
　　　　　　金判1403号14頁、金法1956号88頁

概　要　本判決は、行使条件違反の新株予約権の行使による株式発行には無効原因があるとし、その結論を導く際、非公開会社において必要な株主総会の特別決議を欠く募集株式の発行には無効原因があるとしたものである。

事実関係　非公開会社であるY会社は、新株予約権を無償で発行する旨の株主総会の特別決議を行った。上記新株予約権の行使条件としては、行使時にY会社の取締役であることを定め、その他の行使条件については、取締役会の決議に基づき、Y会社と割当を受ける取締役との間の個別契約によるものとされた。Y会社とAらは、Y会社の株式公開等がなされた後一定の期間をおいた後に新株予約権を行使できるとの条件を定めるなどして各契約を締結し、Y会社は上記新株予約権を発行した。ところが、その後Y会社は株式の公開が困難な状況となったことから、Y会社の取締役会は上場条件を撤廃すること等を内容とする決議を行った。Y会社とAらは上記の契約の内容を本件変更決議に沿って変更契約を締結し、Aらが新株予約権を行使したのを受け、Y会社はAらに対して普通株式を発行した。

Y会社の監査役であるXは、Aらによる本件新株予約権の行使は、上記変更決議に基づくものであるところ、当該決議は無効であり、当初の行使条件に反するものであるから、上記新株予約権の行使による本件株式発行は無効であると主張して、会社法828条1項2号に基づき本件株式発行を無効とすること等を求めて訴えを提起した。第1審はXの主位的請求を認容し、原判決もY会社の控訴を棄却した。Y会社上告。

判決要旨　上告棄却。「〔本件総会決議で〕行使条件を変更することができる旨の明示の委任がされているのであれば格別、そのような委任がないときは、当該新株予約権の発行後に上記行使条件を取締役会決議によって変更することは原則として許されず、これを変更する取締役会決議は、上記株主総会決議による委任に基づき定められた新株予約権の行使条件の細目的な変更をするにとどまるものであるときを除き、無効と解するのが相当である。」「本件変更決議のうち上場条件を撤廃する部分が無効である以上、……本件新株予約権の行使は、

当初定められた行使条件に反するものである。」
「会社法上、……公開会社でない株式会社（以下「非公開会社」という。）については、募集事項の決定は取締役会の権限とはされず、株主割当て以外の方法により募集株式を発行するためには、取締役（取締役会設置会社にあっては、取締役会）に委任した場合を除き、株主総会の特別決議によって募集事項を決定することを要し（同法〔会社法〕199条）、また、株式発行無効の訴えの提訴期間も、公開会社の場合は6箇月であるのに対し、非公開会社の場合には1年とされている（同法828条1項2号）。これらの点に鑑みれば、非公開会社については、その性質上、会社の支配権に関わる持株比率の維持に係る既存株主の利益の保護を重視し、その意思に反する株式の発行は株式発行無効の訴えにより救済するというのが会社法の趣旨と解されるのであり、非公開会社において、株主総会の特別決議を経ないまま株主割当て以外の方法による募集株式の発行がされた場合、その発行手続には重大な法令違反があり、この瑕疵は上記株式発行の無効原因になる」。

本判決の位置づけ・射程範囲

本判決は、新株予約権の発行に当たって株主総会決議の手続が要求されるときに、その総会決議の委任を受けて取締役会で定められた行使条件を、取締役会が新株予約権発行後に変更する決議をした事例に関して、①その変更決議の効力、および②行使条件違反の新株予約権の行使による株式発行の効力が問題となり、それらについて最高裁による初めての判断が示されたものである。とりわけ②の検討との関係では、非公開会社において必要な株主総会の特別決議を経ずに募集株式が発行された場合、非公開会社については既存株主の利益保護（持株比率の維持）が重視され、その意思に反する株式の発行は株式発行無効の訴えにより救済することが会社法の趣旨である（会社199条・200条・202条3項1号2号・309条2項5号、同828条1項2号参照）と解されることを論拠として、そのような株式の発行には無効原因があるとしているが、その理由づけは、会社法下で同じく無効説の立場を採用した本件第1審および控訴審判決等の理由づけ（新株予約権の行使による株式発行の差止めの困難性という側面を重視して無効事由を拡大するという論理であり、最判平成9・1・28 本書42事件 を応用したもの）とは異なっており、射程を非公開会社の場合に限定しようとする考え方を示すものとして注目される。

さらに理解を深める　**平成24年度重判（ジュリ1453号）商法1事件〔野田博〕** 商判5版Ⅰ-59事件、受川環大・金判1398号（2012）8頁、判例講義2版124事件、会社法コンメ⑥34頁〔江頭憲治郎〕、久保田安彦(上)(下)・商事1975号（2012）19頁・同1976号15頁、江頭4版714頁、神田15版164頁

関連判例　最判平成9・1・28 本書42事件 、横浜地判平成21・10・16 本書43事件

第2章　株式会社　(4)　新株予約権

57　買収対抗策としての第三者割当てによる新株予約権発行の差止め

東京高裁平成17年3月23日決定
　事件名等：平成17年（ラ）第429号新株予約権発行差止仮処分決定認可決定
　　　　　　に対する保全抗告事件
　掲載誌：高民集58巻1号39頁、判時1899号56頁、判タ1173号125頁、金判
　　　　　1214号6頁

概　要　本決定は、敵対的買収への対抗措置としてなされた新株予約権の発行が不公正発行に該当するかが争いになった事案に関して、支配権の維持・確保を主要な目的とする新株予約権の発行も許容される場合があることを認めたうえで、それが許容されるための条件を示したものである。

事実関係　X会社は、関連会社を通じてY会社株式を取得し、既存保有株式とあわせてY会社の発行済株式総数の約35％を保有することとなった。一方、Y会社は、A会社による子会社化という目的を達成する手段として、新株予約権をA会社に付与する旨の取締役会決議をした。これに対してX会社は、上記新株予約権の発行は有利発行であるが株主総会の特別決議を経ていない、著しく不公正な方法によるものであることを理由として、上記新株予約権の発行を仮に差し止めることを求めた。

決定要旨　抗告棄却。「現に経営支配権争いが生じている場面において、経営支配権の維持・確保を目的とした新株予約権の発行がされた場合には、原則として、不公正発行として差止請求が認められるべきであるが、株主全体の利益保護の観点から当該新株予約権発行を正当化する特段の事情があること、具体的には、敵対的買収者が真摯に合理的な経営を目指すものではなく、敵対的買収者による支配権取得が会社に回復し難い損害をもたらす事情があることを会社が疎明、立証した場合には、会社の経営支配権の帰属に影響を及ぼすような新株予約権の発行を差し止めることはできない。」
「本件新株予約権の発行は、X会社等がY会社の発行済株式総数の約29.6％に相当する株式を買い付けた後にこれに対する対抗措置として決定されたものであり、かつ、その予約権すべてが行使された場合には、現在の発行済株式総数の約1.44倍にも当たる膨大な株式が発行され、X会社等による持株比率は約42％から約17％となり、A会社の持株比率は新株予約権を行使した場合に取得する株式数だ

けで約59％になることが認められる。……Y会社は企業価値の維持・向上が目的であると主張しているものの、その実体をみる限り、会社の経営支配権に現に争いが生じている場面において、株式の敵対的買収を行って経営支配権を争うX会社等の持株比率を低下させ、現経営者を支持し事実上の影響力を及ぼしている特定の株主であるA会社によるY会社の経営支配権確保を主要な目的とするものであることは明白である。」「Y会社は、X会社がマネーゲーム本位でY会社のラジオ放送事業を解体し、資産を切り売りしようとしていると主張する〔が〕……、X会社が上記のような債務者の事業や資産を食い物にするような目的で株式の敵対的買収を行っていることを認めるに足る確たる資料はない。」

本決定の位置づけ・射程範囲

本決定の意義は、敵対的買収への対抗措置としてなされた新株予約権の発行が不公正発行に該当するか（会社法では247条2号の問題）が争いになった事案に関して、① 支配権の維持・確保を主要な目的とする新株予約権の発行も許容される場合があることを認め、また② ①を前提に、それが許容されるための条件を示したことにある。①に関して、本決定は、機関権限の分配秩序という観点から現経営者またはこれを支持し事実上の影響力を及ぼしている特定の株主の経営支配権を維持・確保することを主要な目的として新株予約権の発行がされた場合には、原則として不公正発行に該当するとしたうえで、株主全体の利益の保護という観点から新株予約権の発行を正当化する特段の事情がある場合には、支配権の維持・確保が主要な目的であっても不公正発行に該当しないとしており、これは従来の主要目的ルール（東京高決平成16・8・4 本書48事件 等）を変容させるものと捉えられる。②に関して、本決定は、上記の特段の事情の例示として、(i)グリーンメイラー目的、(ii)焦土化（知的財産権などの重要な経営資源の取得）目的、(iii)LBOなどの資産流用目的、(iv)重要資産の売り抜けや短期利益取得目的、を挙げている（この4類型については、経済合理性があり得る企業買収類型まで含むように読まれかねないとの懸念もある）。また、そのように会社を「食い物」にすることが明らかな場合であっても、支配権の維持・確保目的の発行が許容されるには、対抗手段としての必要性と相当性が満たされる必要があるとされていることにも注意を要する。

さらに理解を深める　**会社法百選2版98事件〔髙橋英治〕** 商判5版Ⅰ-60事件、弥永・重要判例3版216事件、判例講義2版122事件、酒巻・尾崎3版補正56事件、藤田友敬(下)・商事1745号（2005）4頁・1746号（2005）4頁、江頭4版710・742頁、神田15版147頁、会社法コンメ(6)254頁〔吉本健一〕　関連判例　東京高決平成16・8・4 本書48事件

第2章 株式会社　(4) 新株予約権

58 買収対抗策としての無償割当てによる新株予約権発行の差止め

最高裁平成19年8月7日第二小法廷決定
　事件名等：平成19年（許）第30号株主総会決議禁止等仮処分命令申立て却下決定に対する抗告棄却決定に対する許可抗告事件
　掲　載　誌：民集61巻5号2215頁，判タ1252号125頁，金判1279号19頁

概　要　本決定は，敵対的買収防衛策としての差別的な行使条件を付した新株予約権の無償割当てが株主平等原則に反しないとしたものである。

事実関係　X株式会社は，Y株式会社に対しY会社の発行済株式の全部取得を目的とした公開買付けの実施を通知し，A会社は公開買付けを公告した。これに対してY会社は，一定の新株予約権無償割当てに関する事項を株主総会の特別決議事項とする定款変更議案およびその議案の可決を前提とする，新株予約権の無償割当てを行うことを内容とする議案を定時株主総会に付議し，定時株主総会で可決された。X会社は，Y会社による本件新株予約権の無償割当てが株主平等原則に反する等として，上記無償割当ての仮差止めを申し立てた。第1審はXの申立てを却下し，原審もXの抗告を棄却したためXより特別抗告。

決定要旨　抗告棄却。「特定の株主による経営支配権の取得に伴い，会社の存立，発展が阻害されるおそれが生ずるなど，会社の企業価値がき損され，会社の利益ひいては株主の共同の利益が害されることになるような場合には，その防止のために当該株主を差別的に取り扱ったとしても，当該取扱いが衡平の理念に反し，相当性を欠くものでない限り，これを直ちに……〔株主平等〕原則の趣旨に反するものということはできない。そして，特定の株主による経営支配権の取得に伴い，会社の企業価値がき損され，会社の利益ひいては株主の共同の利益が害されることになるか否かについては，最終的には，会社の利益の帰属主体である株主自身により判断されるべきものであるところ，株主総会の手続が適正を欠くものであったとか，判断の前提とされた事実が実際には存在しなかったり，虚偽であったなど，判断の正当性を失わせるような重大な瑕疵が存在しない限り，当該判断が尊重されるべきである。……本件総会において，本件議案は，議決権総数の約83.4％の賛成を得て可決されたのであるから，X会社関係者以外のほとんどの既存株主が，X会社による経営支配権の取得がY会社の企業価値をき損し，Y会社の利益ひいては株主の共同の利益を害することになると判

断したものということができる。そして、本件総会の手続に適正を欠く点があったとはいえず、また、上記判断は、X会社関係者において、発行済株式のすべてを取得することを目的としているにもかかわらず、Y会社の経営を行う予定はないとして経営支配権取得後の経営方針を明示せず、投下資本の回収方針についても明らかにしなかったことなどによるものであることがうかがわれるのであるから、当該判断に、その正当性を失わせるような重大な瑕疵は認められない。」

「本件新株予約権無償割当ては、X会社関係者も意見を述べる機会のあった本件総会における議論を経て、X会社関係者以外のほとんどの既存株主が、X会社による経営支配権の取得に伴うY会社の企業価値のき損を防ぐために必要な措置として是認したものである。さらに、……上記対価は、X会社関係者が自ら決定した本件公開買付けの買付価格に基づき算定されたもので、本件新株予約権の価値に見合うものということができる。これらの事実にかんがみると、……本件新株予約権無償割当てが、衡平の理念に反し、相当性を欠くものとは認められない。」

本決定の位置づけ・射程範囲

本決定は、公開買付けの対象とされた会社がその開始後に対抗策として差別的な行使条件を付した新株予約権の発行を行った事案につき、株主平等原則（会社109条1項）の趣旨は新株予約権の無償割当ての場合にも及ぶとしつつ、いわゆる①「必要性」と②「相当性」の判断枠組みを用いて（この枠組みは、東京高決平成17・3・23 本書57事件 にもみられる）、会社法247条の法令違反要件との関係で、この新株予約権の無償割当てが株主平等原則に反しないとしたものである。①に関して、特定の株主による経営支配権の取得に伴い、会社の企業価値が毀損され、会社の利益ひいては株主の共同利益が害されることになるような場合に差別的取扱いの必要性を肯定したうえ、そのような場合に該当するか否かの困難な問題については、最終的には会社の利益の帰属主体である株主自身によって判断されるべきものとしており（当該判断の形成過程の適否は司法審査の及ぶ問題とされる）、特徴的な点として注目される。②との関係では、買付者側の取得する新株予約権を買い取った点を肯定的に評価している。この判断には、高値買取り要求の助長のおそれが否定できないところ（最高裁も認識）、買付者側以外のほとんどの株主による支持等の事情が働いているものと捉えられる。

本決定は、定時株主総会における本件買収防衛策への8割超の賛成、買付者側に対する公開買付け価格に基づく補償の付与等、やや特殊な事例についての判断であり、先例としてどこまで意義をもつかについては、慎重な検討が必要である。

さらに理解を深める

会社法百選2版99事件〔伊藤靖史〕 平成19年度重判（ジュリ1354号）商法1事件〔松井秀征〕森冨義明・曹時62巻6号(2010) 121頁、商判5版Ⅰ-61事件、弥永・重要判例3版217事件、判例講義2版126事件、酒巻・尾崎3版補正追4事件、江頭4版297・727・742頁、神田15版69頁、会社法コンメ(6)122頁〔洲崎博史〕 関連判例 東京高決平成17・3・23 本書57事件

第2章　株式会社　(4) 新株予約権

59　買収対抗策としての新株予約権の株主割当ての差止め

東京高裁平成17年6月15日決定
　事件名等：平成17年(ラ)第942号新株予約権発行差止仮処分決定認可決定
　　　　　　に対する保全抗告事件
　掲載誌：判時1900号156頁、判タ1186号254頁、金判1219号8頁

概要　本決定は、敵対的買収に対する取締役会決議による事前の対抗策として、割当基準日の株主に割り当てられ、一定の手続開始要件を満たされた場合に行使し得る新株予約権の発行が著しく不公正な発行に当たるとしたものである。

事実関係　Y会社は、敵対的買収に対する防衛策として、平成17年3月31日現在の株主名簿上の株主に対し、保有する1株につき無償で2個の新株予約権を付与することを決議し、その内容を記載した新株予約権発行プランを公表した（❶）。この発行プランでは、新株予約権の行使期間は平成17年6月16日からの3年間とされ、Y会社の発行済議決権株式総数の20％以上を保有する者の存在をY会社の取締役会が認定したことを条件として、新株予約権1個の行使により普通株式1株を払込価額1円で引き受けることができるとされていた（❷）。この発行プランについて、Y会社の株式の2.85％を保有するケイマン諸島の投資会社（LLC）であるX会社が仮差止めを求めた（❸）。原決定はX会社の請求を認容したため、Y会社より抗告。

決定要旨　抗告棄却。「本件新株予約権は、……株式分割と同様に会社資産に増加がないのに発行済株式総数だけが3倍に増加するという効果を生じさせるものである。したがって、将来、新株予約権が消却されることなく、現実にこれが行使されて新株が発行されたときには、Y会社の株式の価額は、理論的にはその時点で時価の3分の1程度に下落する可能性が存在する……。〔そして、〕その確率がかなり低いものであるとしても、いずれの日にか上記の新株予約権が行使されてY会社株式の持株比率が約3分の1にまで希釈され、株価が大きく値下がりするという危険性を軽視することはできない。また、そのような事情が、今後約3年間にわたって株式市場におけるY会社株式の株価の上昇に対し、上値を抑える強力な下げ圧力として作用することも否定できない。……新株予約権を取得した既存株主にとっても、株価値下がりの危険のほか、長期にわたってキャピタルゲインを獲得する機会を失うという危険を負担するものであり、

```
Y会社 →①公表→ ②新株予約権発行プラン
              ・基準日より3年間
              ・発行済株式が3倍に    ←③仮差止めを申請← X会社
```

> このような不利益は、本件新株予約権の発行がなければ生じ得なかったであろう不測の損害というべきである。」
> 「X会社を含む既存株主……としても、本件新株予約権の譲渡が禁止されているため、敵対的買収者が出現して新株が発行されない限りは、新株予約権を譲渡することにより、上記のような株価低迷に対する損失をてん補する手立てはないから、既存株主が被る上記のような損害を否定することはできない。このような損害は、敵対的買収者以外の一般投資家である既存株主が受忍しなければならない損害であるということはできない。」

本決定の位置づけ・射程範囲

経営支配権に争いが生じる以前の段階で、新株予約権を発行して濫用的な敵対的買収に事前に備えるという措置が講じられることがある。濫用的な敵対的買収に備えて発行される新株予約権はしばしばポイズン・ピル（ライツ・プラン）と呼ばれるが、本件はその最初の導入例であり、割当基準日現在の各株主に1株につき2個の譲渡禁止の付された新株予約権が無償で与えられた。その新株予約権は、20％以上の議決権を取得する者が現れた場合には、新株予約権が行使され（消却事由および消却条件あり）、新株予約権1個につき1円を払い込むことにより、議決権付株式1株が発行されるというものであり、それにより敵対的買収者の有する議決権割合を希釈することを企図したものであったところ、本決定は、当該新株予約権は、基準日後の株式の移転に随伴しないことから投資家に当該会社の株式取得を躊躇させ株価を低落させるおそれが高く、かつ当該新株予約権の譲渡ができないことにより既存株主に損害を発生させるから、著しく不公正な方法（会社法では247条2号の問題）によるものであるとした。このように、本決定は、本件事案の特殊性を踏まえつつ、新株予約権の発行が、買収とは無関係の株主に不測の損害を与えるものでないかという側面について吟味し、既存株主の不利益の点を捉えて不公正性の判断を行ったものであり、事例判断であるが、この問題についての初の司法判断として意義を有する。

さらに理解を深める 平成17年度重判（ジュリ1313号）商法5事件〔大杉謙一〕商判5版I-62事件、判例講義2版125事件、江頭4版733・742頁、神田15版157頁、会社法コンメ⑹111頁〔洲崎博史〕

第2章　株式会社　　(5) 株主総会

60　株主名簿閲覧請求と会社の拒絶事由

東京高裁平成20年6月12日決定
　事件名等：平成20年（ラ）第844号株主名簿閲覧謄写仮処分命令申立却下決定に対する抗告事件
　掲載誌：金判1295号12頁

概　要　本決定は、会社法125条3項3号の規定を証明責任の転換規定と解したうえで、株主側の反証の成立を認めたものである。

事実関係　Y株式会社の株主であるX（賃貸マンション管理を営む点でY会社と競争関係にある株式会社）は、Y会社の株主総会においてXがした株主提案についての委任状勧誘を行うことを目的として、Y会社の株主名簿および実質株主名簿の閲覧謄写の仮処分命令を申し立てた。原決定はXが会社法125条3項3号に該当する者である等として申立てを却下したため、Xより抗告。

決定要旨　取消自判。「〔会社法125条3項3号は、株主名簿閲覧〕請求者が当該株式会社の業務と実質的に競争関係にある事業を営み、又はこれに従事するものであるときには、株主（請求者）がその権利の確保又は行使に関する調査の目的で請求を行ったことを証明しない限り（このことが証明されれば、同項1号及び2号のいずれにも該当しないと評価することができる。）、株式会社は同条2項の請求を拒むことができることとしたものであり、株式会社が当該請求を拒むことができる場合に該当することを証明すべき責任を……転換することを定める旨の規定であると解するのが相当である。このように解さないと、当該請求を行う株主が株式会社の業務と実質的に競争関係にある事業を営み、又はこれに従事するものである場合には、ただそのことのみによって、株主（請求者）が専らその権利の確保又は行使に関する調査の目的で請求を行ったときであっても、株式会社は当該請求を拒むことができることになり、同条2項が株主に対し株主名簿閲覧謄写請求権を付与し、これにより株主の権利の確保又は行使を保障すると共に、株主による株主名簿閲覧謄写請求権の行使を通じて株式会社の機関を監視し株式会社の利益を保護することを目的とする株主名簿閲覧謄写請求制度の前記の趣旨、目的を損なうこととなってしまうのであり、当該請求を行う株主（請求者）が専らその権利の確保又は行使に関する調査の目的で請求を行ったときであっても、株式会社の業務と実質的に競争関係にある事業を営み、又はこれ

に従事するものであるとして、そのことだけを理由に同条2項が株主に対して付与する株主名簿閲覧謄写請求権を否定しなければならない合理的な根拠は見いだし難い」。

「〔本件は、〕株主提案議案について、Y会社の株主の賛成を求めて委任状勧誘を行うことを目的とするものであることを明示し、かつ、上記請求に基づき取得した株主情報を上記の目的又は理由以外のために使用しないことを誓約している事実を一応認めることができ……総会検査役との打合会の状況や本件株主提案と本件定時総会における議案との相互関係及びX送付希望の資料を株主に送付する件についてXとY会社との間で合意が成立していること等の事情をも併せると、Xが、Y会社の株主として、専らその権利の確保又は行使に関する調査の目的で本件株主名簿の閲覧及び謄写の請求を行ったものであるとの事実を一応認めることができる。」

本決定の位置づけ・射程範囲

会社法は、法定の拒絶事由（会社125条3項）がある場合を除き、すべての株主に対して株主名簿の閲覧謄写請求権を認め（同条2項）、株主の権利の確保または行使を保障するとともに、同請求権の行使を通じて株式会社の機関を監視し株式会社の利益を保護しようとする（本決定参照）。この趣旨・目的との関係で会社法125条3項3号につき、株主名簿には通常、その閲覧によって閲覧者が競業上、不当な利益を得るような情報は含まれず、企業秘密に関わる情報も含まれている会計帳簿資料とは異なること、会社と実質的な競業関係にあるというだけで株主名簿の閲覧ができないことになると、有力な買収者候補である同業者による委任状勧誘が阻害されてしまうことなど、立法論として疑問も強くみられる（会社法制の見直しに関する要綱第3部第2）。本決定は、上記問題点の対処として、同号の規定を証明責任の転換規定と解したうえで、株主側の反証の成立を認めた（委任状勧誘目的であることの明示、取得した株主情報を他の目的のために使用しないことの誓約等を考慮）。絞りのかけ方として、主観的要件を不要としつつ（最決平成21・1・15 本書135事件 参照）、「株主名簿に記載されている情報が競業者に知られることによって不利益を被るような態様で営まれている事業について、請求者が当該株式会社と競業関係にある場合に限られる」（会社において疎明を要する）とした裁判例もある（東京地決平成22・7・20 関連判例 ）。

さらに理解を深める　会社法百選2版13事件〔荒谷裕子〕商判5版Ⅰ-63事件、弥永・重要判例3版153事件、判例講義2版46事件、江頭4版196頁、神田15版104頁　関連判例　最決平成21・1・15 本書135事件 、東京地決平成22・7・20金判1348号14頁

第2章　株式会社　(5)　株主総会

61 累積投票と招集通知の記載

最高裁平成10年11月26日第一小法廷判決
　事件名等：平成10年（オ）第919号株主総会決議取消請求事件
　掲載誌：金判1066号18頁

概要　本判決は、定款により累積投票の請求を排除していない株式会社の株主総会において、株主総会の招集通知に「取締役全員任期満了につき改選の件」と記載されているのみで、従前の取締役と同数の取締役を選任する旨の記載があると解することができるなどの判断を示したものである。

事実関係　Y株式会社の取締役はXおよびA～Eの6名であり、定款は累積投票の請求を排除するものではなかった（❶）。Y会社が平成8年に開催した定時株主総会時の招集通知には、「会議の目的たる事項」として「第2号議案　取締役全員任期満了につき改選の件」と記載されていた（❷）ものの、具体的な員数についての記載はなかった（❸）。定時株主総会ではEが第2号議案の取締役選任決議に先立ち監査役に選任され、Eはこれを受諾した。その後A～Dが取締役に選任される決議がなされたが、Xは取締役に選任されなかった（❹）。そこでXは、本件招集通知には選任される取締役の数が記載されておらず、累積投票の請求を行う機会を失った等として、総会決議取消訴を提起した（❺）。第1審判決はXの請求を認容したが、控訴審は、選任される取締役の数を推認できる場合、あるいは従来からの慣行等によっておのずと上記の数が明らかとなる客観的事情がある場合は、選任される取締役の数を明示しないことも認められるが、Eが取締役に選任されず監査役に選任された事実等に鑑みると、本件招集通知の記載がこのような趣旨であったとはいえず、上記の数がおのずから明らかであったというべき客観的事情もないことから、本件招集通知は不適法なものであるとして、Xの請求を認容した。

判決要旨　破棄自判。「定款により累積投票の請求を排除していない株式会社において、取締役選任を議案とする株主総会の招集通知に『取締役全員任期満了につき改選の件』と記載され、他に選任される取締役の数に関する記載がない場合においては、特段の事情のない限り、当該株主総会において従前の取締役と同数の取締役を選任する旨の記載があると解することができるから、右特段の事情のうかがわれない本件においては、本件招集通知に右の数の記載が

あるものということができる。」
「本件招集通知には、従前の取締役と同数である6名の取締役を選任する旨の記載があるということになるところ、本件株主総会においては、取締役の候補者として5名のみが付議され、その数が本件招集通知の記載よりも1名少ないこととなるけれども、本件においては、株主から累積投票の請求がなく、また、その不一致は株主に格別の不利益を及ぼすものではないから、本件招集通知が不適法であるということはできない。」

本判決の位置づけ・射程範囲

累積投票制度とは、各株主が1株につき選任すべき取締役と同数の議決権をもち、その全部を1人の候補者に集中して投票してもよいし、適宜分割して数人に投票してもよいというものであり（最多数を得た者から順次当選者となる）、株主は、定款に別段の定めがないとき、2人以上の取締役の選任を目的とする株主総会において、累積投票によるべきことを請求できる（会社342条）。選任すべき取締役の数は累積投票を請求するかどうかの判断において重要な要素になるため、累積投票を定款で排除していない会社では、招集通知に選任すべき取締役の数を記載しなければならないと解されている。

本判決は、これを前提に、「取締役全員任期満了につき改選の件」と記載されているのみで、従前の取締役と同数の取締役を選任する旨の記載があると解することができるとの判断を最高裁として初めて示したものである（ただし、常にこう解し得るとしているわけではないことに留意）。

また、累積投票の請求がなされている会社で、招集通知に記載された数よりも引き下げた数の取締役を選任することは基本的に認められない。本件の場合、累積投票の請求がないことに加え、実際に付議された数が招集通知の記載よりも少ないことが株主に各別の不利益を及ぼすものでないことから、招集通知が不適法であるとはいえないと判示された。

さらに理解を深める　会社法百選2版31事件〔川口恭弘〕商判5版Ⅰ-65事件、酒巻・尾崎3版補正60事件、江頭4版345・367頁、神田15版173頁、会社法コンメ(7)86頁〔青竹正一〕・413頁〔浜田道代〕・558頁〔後藤元〕

第2章　株式会社　　(5)　株主総会

62　代理出席を含む全員出席総会の決議の効力

最高裁昭和60年12月20日第二小法廷判決
　事件名等：昭和58年（オ）第1567号敷金返還請求事件
　掲載誌：民集39巻8号1869頁、判時1180号130頁、判タ583号68頁、
　　　　　金判738号3頁、金法1127号40頁

概　要　本判決は、招集権者による株主総会の招集の手続を欠く場合であっても、株主全員がその開催に同意して出席したいわゆる全員出席総会において、株主総会の権限に属する事項につき決議をしたときは、右決議は有効に成立するとしたものである。

事実関係　Ｘ株式会社は、創業時の代表取締役Ｙから土地・建物を賃借し、敷金80万円を交付した。Ａは、Ｘ会社の代表権を有しない取締役の権利義務をもつ者であったが、Ｘ会社を代表してＹとの間で上記賃貸借契約を合意解約したうえ、Ｙに対し本件土地建物を明け渡し、本件敷金を返還すべき旨の催告をしたところ、Ｙがこれに応じないため、Ｘ会社は敷金返還請求訴訟を提起した。第1審係属中にＸ会社が開催した株主総会は、招集権限を有しないＡが役員選任決議等を会議の目的たる事項と定めて招集したものであったが、委任状による代理人も含めて、Ｘ会社の株主全員（10名）がその開催に同意して出席した。この株主総会においてＡらを取締役に選任する旨の決議がされ、また、右決議によって選任された取締役により構成された取締役会において、Ａを代表取締役に選任する旨の決議がされた。その後、右取締役により構成された取締役会において、Ａのした本件合意解約および本件敷金返還の催告を追認する旨の決議がされ、Ｘ会社がＹに対し右追認の意思表示をしている。

判決要旨　上告棄却。「〔平成17年改正前〕商法が、231条以下の規定により、株主総会を招集するためには招集権者による招集の手続を経ることが必要であるとしている趣旨は、全株主に対し、会議体としての機関である株主総会の開催と会議の目的たる事項を知らせることによって、これに対する出席の機会を与えるとともにその議事及び議決に参加するための準備の機会を与えることを目的とするものであるから、招集権者による株主総会の招集の手続を欠く場合であっても、株主全員がその開催に同意して出席したいわゆる全員出席総会において、株主総会の権限に属する事項につき決議をしたときには、右決議は有効

に成立するものというべきであり（最高裁昭和43年（オ）第826号同46年6月24日第一小法廷判決・民集25巻4号596頁参照）、また、株主の作成にかかる委任状に基づいて選任された代理人が出席することにより株主全員が出席したこととなる右総会において決議がされたときには、右株主が会議の目的たる事項を了知して委任状を作成したものであり、かつ、当該決議が右会議の目的たる事項の範囲内のものである限り、右決議は、有効に成立するものと解すべきである。」

本判決の位置づけ・射程範囲

かつては、招集権限ある者の招集によらない会合は、たとえ株主全員が出席しても、株主総会たり得ないから、その決議は総会決議としては当然無効であるとする裁判例がみられた（大判昭和7・1・12 関連判例 ）。本判決は、招集権者による招集手続を定めた法規定の趣旨・目的から、株主全員が総会の開催に同意して出席したいわゆる全員出席総会における決議の有効性を認めるとともに、委任状による代理人の出席を含む場合についても、一定の要件の下で総会の決議として有効である旨判示したものであり、一人会社以外の全員出席総会においてされた決議について、上記大審院判決を実質的に変更したものと位置づけられる（判旨が引用する最判昭和46・6・24 本書63事件 は一人会社の事例）。なお、代理人への委任の態様は必ずしも一様ではない。議案のいかんを問わず議決権行使に関する一切の権限が代理人に委任され、あるいは総会の場でまったく新たに提案された議案について決議されたような場合は、本判決の射程外と思われる。

会社法は、招集手続の省略（会社300条本文）、総会決議の省略（会社319条）について規定している。しかし、招集手続の省略が認められない場合があり（会社300条ただし書）、また全員出席総会の場合個別議案について全員の賛成が要求されるわけでない点で総会決議の省略の場合と異なるなど、会社法においても全員出席総会を認める意義は残されている。

さらに理解を深める　会社法百選2版32事件〔丸山秀平〕最判解民事篇昭和60年度481頁〔篠原勝美〕、商判5版Ⅰ－66事件、判例講義2版38事件、酒巻・尾崎3版補正59事件、江頭4版308頁、神田15版172頁、会社法コンメ(7)71頁・81頁・90頁〔青竹正一〕　関連判例　大判昭和7・1・12民集11巻207頁、最判昭和46・6・24 本書63事件

第2章　株式会社　(5)　株主総会

63　一人会社の株主総会

最高裁昭和46年6月24日第一小法廷判決
　事件名等：昭和43年（オ）第826号株主総会決議不存在確認請求上告事件
　掲載誌：民集25巻4号596頁、判時636号78頁、判タ265号141頁、
　　　　　金判503号43頁

概要　本判決は、いわゆる一人会社においては、その一人の株主が出席すれば株主総会は成立し、招集の手続を要しないとしたものである。

事実関係　Xほか2名は、昭和33年6月以来、Y株式会社の取締役であったが、いずれも昭和34年3月24日に1名の監査役とともに辞任し、その旨の登記を経由したので、Y会社では、取締役・監査役について欠員を生じた。Y会社では、昭和34年3月31日、臨時株主総会（株主総会(1)）が開催され、A・B・Cが取締役に、Dが監査役に選任されたとして、それらの就任登記がなされた。Y会社は、A・B・Cの招集により昭和36年4月20日、定時株主総会（株主総会(2)）を開催し、B・E・Fを取締役に、Cを監査役に選任する旨の決議をなし、それらの就任登記がなされた。

Xは、株主総会(1)は開催された事実がないと主張して、その決議の不存在の確認を求め、あわせて、株主総会(2)は取締役でない者により招集された単なる株主の会合にすぎないから、その決議は株主総会の決議としての効力を生じないと主張して、その決議の無効確認を求めて訴えを提起した。

第1審はXの請求を認容したが、原審は、第1審判決を取り消し、Xの請求を棄却した。その理由は、XはY会社設立当時の株主Zの代理人として、その株式全部をM会社に譲渡し、M会社はその神戸出張所長N名義に名義書換手続をした結果、N1人がY会社の株主となり、NはXから後任の役員選任のための株主総会招集手続をすることを委任され、自ら株主総会(1)の決議を行ったという事実を認定して、「株主総会の招集については株主ら利害関係者の保護をはかるためその招集権は法によって定められた機関に専属的に与えられているものではあるけれども、いわゆる一人会社の場合に限りそのような考慮は全く不必要であって、その総会はその一人の株主が出席すればそれで成立すると解しても何ら弊害はあり得ない。したがって招集手続も不要であって、招集権の委任が許されるか否かの問題も生じないと解すべきである。」と判断した。Xより上告。

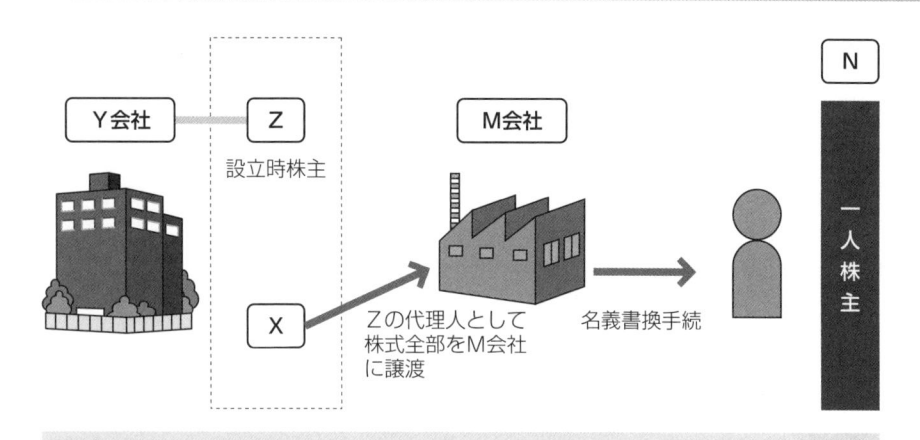

| 判決要旨 | 上告棄却。「いわゆる一人会社の場合には、その一人の株主が出席すればそれで株主総会は成立し、招集の手続を要しないとする原審の判断は、正当として是認することができる。」 |

本判決の位置づけ・射程範囲

　株主総会は、招集権限のある者が法定の手続に従って招集することにより開催されるのが原則である。本判決は、招集権者による招集手続を定めた法規定（会社298条・299条等）の趣旨が株主ら利害関係者の保護にあることを指摘したうえ、いわゆる一人会社（本件では、形式的にも実質的にも唯一の株主しか存在していない）の場合にはそのような考慮は不要であるから、その1人の株主が出席すれば株主総会は成立するとした原審の判断を、最高裁がそのまま認めたものである。最高裁は、その後、上記判断と同様の論理により、招集権限ある者による招集手続を欠く場合でも、株主全員が総会の開催に同意して出席したとき（いわゆる全員出席総会）に、その決議の有効性を認めている（最判昭和60・12・20 本書62事件）。本件のように一人会社の総会では、その1人の株主が出席することにより、常に全員出席となるから、全員出席総会の特殊な場合といえる。ただし、「一人会社の場合には株主総会の決議は単独株主の意思決定をもってこれに代置しうる」としたものがあり（大阪地判昭和44・3・18 関連判例）、一人会社の場合には会議体としての株主総会を観念し得ない等の理由から、この解釈のほうが率直であるとの見解も存する。

　なお、取締役・監査役を排除した全員出席総会の決議には、取り消し得べき瑕疵があるとの議論がある。本件の一人会社の株主総会も取締役が出席していないが、争いにならずこの点についての判断はなされていない。

| さらに理解を深める | 最判解民事篇昭和46年度476頁〔輪湖公寛〕、判例講義2版37頁、江頭4版308頁、神田15版172頁、会社法コンメ(7)71頁・90頁〔青竹正一〕、逐条解説会社法(4)43頁〔前田重行〕　関連判例　最判昭和60・12・20 本書62事件、大阪地判昭和44・3・18判時562号71頁 |

第2章　株式会社　(5)　株主総会

64　総会招集禁止の仮処分違反の効果

浦和地裁平成11年8月6日判決
　事件名等：平成11年（ワ）915号株主総会決議不存在確認、取締役会決議無
　　　　　　効確認等請求事件
　掲載誌：判タ1032号238頁、金判1102号50頁

概要　本判決は、臨時株主総会の招集許可を受けた少数株主が、その後、当該株主総会の開催を禁止する仮処分決定を受けていたにもかかわらず、当該仮処分決定に違反して開催した株主総会における取締役解任および選任決議は不存在であるとしたものである。

事実関係　AらおよびXらは、ともにY株式会社の株主である（❶）。Aらは少数株主権に基づき裁判所から臨時株主総会の招集許可を受けた（❷）が、これを不服とするXらは、当該株主総会の開催を禁止する仮処分決定を得た（❸）。Aらは当該仮処分決定に違反して臨時株主総会を開催し、取締役解任および選任決議がなされ、その旨の登記がなされた（❹）ことから、Xらは、主位的に本件株主総会が不存在であることの確認を、予備的に本件株主総会決議が無効であることおよび本件株主総会により選任された取締役による代表取締役選任決議が無効であることの確認を求めて訴えを提起した（❺）。

判決要旨　請求認容。「本件株主総会決議が不存在といえるか否かは、株主総会開催禁止の仮処分に違反して開催された本件株主総会における決議の効力をいかに解するかにかかわっている」。
「株主総会開催禁止の仮処分は、取締役もしくは株主総会招集権者に対する違法行為の差止請求権を被保全権利として、株主総会開催の禁止を命じるものであるが、右仮処分が、仮処分債務者に対して単純な不作為義務を課すものにとどまるものと解するならば、仮処分決定に違反しても、会社に対する義務違反の責任を生じるだけであって、開催された株主総会における決議の効力は左右されないということになる。しかしながら、右仮処分は、疎明によって発せられるものであるとはいえ、株主総会が法令若しくは定款に違反し又は著しく不公正な手続によって開催されることにより会社が不利益を受けるおそれがある場合に、右株主総会の招集権者にその開催の禁止を命じることによって、会社が右不利益を受けることのないようにし、改めて右のおそれのない状態で株主総会が開催されるべ

```
①Y会社の株主 [Aら] ──②裁判所から臨時株主総会の招集許可を受ける──③株主総会の開催を禁止する仮処分決定を取得── [Xら] ①Y会社の株主
                              ↓
                    ④臨時株主総会を開催
                              ↓
                    役員解任・選任決議  ←⑤総会決議不存在確認請求等
```

きであるという会社の意思決定の本来的な在り方を実現させようというものであって、これにより会社の利益の保護を図ろうとする趣旨のものであるから、右仮処分の実効性を担保するためには、右仮処分は、これにより仮処分債務者である株主総会の招集権者の当該権限を一時的に剥奪する形成的効力を有するものと解するのが相当である。そして、右仮処分は、右説示したとおり、会社の利益のために命じられるものであるから、その効力は、仮処分債務者のみならず、会社に対しても及ぶものと解すべきであって、右仮処分に違反して開催された株主総会は、結局、無権限者により開催されたものといわなければならない。したがって、そのような株主総会における決議は、他の瑕疵の如何にかかわらず、法律上不存在であると評価されるべきものである。」

「これを本件についてみると、前記前提となる事実によれば、本件株主総会は、第２回仮処分決定に違反して開催されたものであるから、その他の招集手続及び決議方法の法令及び定款違反の有無を判断するまでもなく、本件株主総会決議は法律上不存在というべきである。」

本判決の位置づけ・射程範囲

本件で問題になっている株主総会は少数株主権に基づき裁判所の招集許可を受けて開催しようとしたものであるが、招集権者である少数株主が総会招集手続に違反して総会を招集しようとした場合の是正策の１つに株主総会の開催禁止の仮処分がある。本判決は、当該仮処分の被保全権利が取締役もしくは株主総会招集権者に対する違法行為の差止請求権であることを明示したうえ、仮処分決定に違反して開催された株主総会における決議の効力という議論の分かれる問題につき、仮処分は株主総会の招集権者の当該権限を一時的に剥奪する形成的効力を有するとの見解に立脚して、これを法律上不存在と扱うことで、仮処分の実効性を担保する判断をした点で先例的意義が認められる。なお、株主総会の開催禁止の仮処分とは異なるが、最判平成５・12・16 本書50事件 は、新株発行差止めの仮処分に違反した新株発行につき、無効と判示しており、本判決はこれと基調を同じくするものとみることができる。

さらに理解を深める

商判５版Ⅰ-67事件、神田15版187頁、会社法コンメ(7)107頁〔青竹正一〕、逐条解説会社法(4)53頁〔潘阿憲〕 関連判例 最判平成５・12・16 本書50事件

第2章 株式会社 (5) 株主総会

65 株主提案の取扱い

札幌高裁平成9年1月28日判決
　事件名等：平成8年（ネ）第148号株主総会決議取消請求控訴事件
　掲載誌：資料版商事155号107頁

概　要　本判決は、株主総会に当たり株主提案権を行使した株主が、招集通知への議案の要領の記載方法等に問題があったとして総会決議取消訴訟を提起したが、取消事由はないとして請求が棄却された事例である。

事実関係　Y株式会社の株主Xらは、平成7年定時株主総会に先立ち、株主提案権を行使し、Y社に対して配当に関する議案を総会の目的とすべき旨を請求した。Xらの提案理由は「本文」と「別表」から成るが、これが参考書類規則上の制限字数を超えていたため、Y社は別表部分を除いて招集通知の参考書類に記載した。Xらは、Y社のした(1)「本文」の字数制限と「別表」の取扱い、(2)議案の提案者の記載法、(3)賛否の記載なき議決権行使書面の取扱いに問題があると主張し、上記総会には招集手続等の方法に瑕疵があるとして総会決議取消訴訟を提起した。原審がXの請求を棄却したためXより控訴。

判決要旨　控訴棄却。(1)「Y会社は、本件総会の招集通知本文にXらの提案の議題を記載したが、その提案理由は字数が400字を超えていたので本来招集通知添付の参考書類に記載する義務はなかったものの、別表部分を除いてその余の提案理由の部分を本件請求書面の記載に沿ってほぼそのまま記載したものであるところ、右方法による要約により提案理由の趣旨が損なわれたということはできず、Y会社が招集通知の参考書類として右別表部分を記載しなかったことをもって招集手続に瑕疵があり違法であるということはできない。……別表はこれを提案理由の一部として記載していることを考慮すると、右別表は参考書類規則4条1項1号所定の字数の制限を受ける提案理由に該当するというべきである。」
(2)「取締役あるいは取締役会提案の議案について会社提案と記載することが法律的に正確な用語の使用といえるかは疑問のあるところであるが（株主総会という会社の機関において会社の提案という概念は成立しない）……取締役会で株主総会の議案として提案することを決定されたものを会社提案と表現することは、会社提案という記載を取締役の提案の趣旨で用いる用語例が一般に行われており、

```
                招集通知          参考書類
                Xらの提案の        Xらの提案理由の
                議題を掲載         「本文」を記載
                                 (「別表」を除く)
                                                    「議案の要
                                                    領の記載方
                                                    法等に問題
                                                    がある」

                                                    (Y会社株主)

    Y会社  ←── 総会決議取消請求訴訟提起 ──  Xら
```

本件総会において議長は会社提案の意味について取締役会の議決を得て提案した旨答弁していることを合わせ考えると、右の記載が株主に対して誤った情報を与えるとか右用語自体による株主提案の賛否に影響を与えるとは考えられないから、株主総会における決議の取消事由になるような瑕疵ということはできない。」
(3)「参考書類規則7条によれば、議決権行使書面には、賛否の記載のない場合、各議案について、賛成、反対、棄権のいずれかの意思表示があったものとして取扱う旨記載することができることとされており、全議案について同一の取扱をすべきことまでは要求されているわけではないから、本件において議案ごとに異なる取扱をしたからといって違法とまでいうことはできない。」

本判決の位置づけ・射程範囲

株主提案権の一内容として、株主総会の目的である事項につき株主が提案しようとする議案の要領を招集通知に記載することを請求する権利が定められている(改正前商232条ノ2第2項、会社305条：議案提出権・議案の要領の通知請求権)。本判決は、この権利に関して、①提案理由が字数制限(平成18年改正前商法施行規則を前提とする)を超過している場合や別表などの添付書類の取扱い、②取締役会が提出した議案を「会社提案」と表現することの可否、③賛否の記載のない議決権行使書面の取扱いという運用上の問題について判断し、それぞれ学説の通説的見解や実務の取扱いが肯定されることを明確にした点で意義を有する。また、本判決の判断は会社法の下でも維持されると考えられている。なお、①の判断(会社規93条柱書は、字数の制限の部分を除きこの判断に即している)との関係で、提案株主がその提案理由を制約なしに他の株主に開示したいのであれば、自己の費用で委任状の勧誘(会社310条、金商194条、金商令36条の2～36条の6)等の方法があることが指摘される。また、③の判断は、今日では会社法施行規則66条1項2号について適用されることになるが、本件のような取扱いが是とされることは、参考書類には、株主提案に対する取締役会の意見表明がなされる(会社規93条1項2号)ことからも自然なことといえよう。

さらに理解を深める 会社法百選2版33事件〔小林俊明〕商判5版Ⅰ-68事件、酒巻・尾崎3版補正63事件、判例講義2版40事件、江頭4版313頁注8、神田15版174頁、森本滋編著『比較会社法研究』(商事法務、2003)14頁、会社法コンメ⑺96頁〔青竹正一〕・208頁〔松中学〕

第2章　株式会社　(5) 株主総会

66　議決権行使の代理人資格の制限

最高裁昭和43年11月1日第二小法廷判決
事件名等：昭和40年（オ）第1206号株主総会決議無効確認請求上告事件
掲載誌：民集22巻12号2402頁、判時542号76頁、判タ229号154頁、金判143号13頁、金法533号33頁

概要　本判決は、議決権を行使する代理人の資格を株主に制限する旨の定款の規定は有効であるとしたものである。

事実関係　Y株式会社の定款には、「株主は代理人をもって議決権を行使することを得、但し代理人は当会社の株主に限ものとす」との規定が存在していた（❶）。Y会社は清算人Aの下で清算中であった（❷）ところ、同社の株主Xにより、Aの解任と後任清算人の選任等のための株主総会の招集が請求され、臨時株主総会が招集された（❸）。会日において同総会は紛糾し、外形上、Xを議長とするⅠ総会とC～Hが集まって開催したⅡ総会に分裂することとなり（❹）、Ⅰ総会では「Aを解任してBを後任の清算人とする」旨の決議が（❺）、Ⅱ総会では「Aの辞任を認めDを後任の清算人とする」旨の決議がなされた（❻）。XはBの清算人就任登記を了しつつ、上記定款規定を援用し、Ⅱ総会に出席したCらは株主ではない、非株主のCがAを代理してなした議決権行使もその効力を生じない（定款違反）等として、Ⅱ総会決議につき第一次的に不存在確認請求を、第二次的に無効確認請求を、第三次的に決議取消を求めて提訴した（❼）。

第1審、控訴審ともにXの請求を認容したため、Y会社より上告。Y会社は、株主総会における議決権代理行使の資格を株主に限るとする上記定款規定は商法違反であり無効である等と主張した（❽）。

判決要旨　上告棄却。「所論は、議決権行使の代理人を株主にかぎる旨の定款の規定は、〔昭和56年改正前〕商法239条3項に違反して無効である旨主張する。……しかし、同条項は、議決権を行使する代理人の資格を制限すべき合理的な理由がある場合に、定款の規定により、相当と認められる程度の制限を加えることまでも禁止したものとは解されず、右代理人は株主にかぎる旨の所論Y会社の定款の規定は、株主総会が、株主以外の第三者によって攪乱されることを防止し、会社の利益を保護する趣旨にでたものと認められ、合理的な理由に

第2章　株式会社　株主総会　133

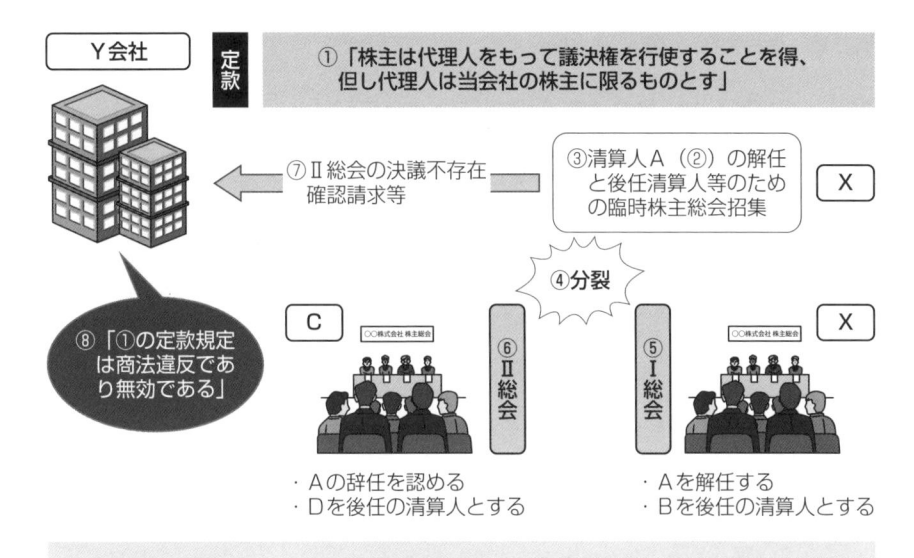

① 「株主は代理人をもって議決権を行使することを得、但し代理人は当会社の株主に限るものとす」

Y会社

⑦ Ⅱ総会の決議不存在確認請求等

③ 清算人A（②）の解任と後任清算人等のための臨時株主総会招集

X

④ 分裂

C
⑥ Ⅱ総会
・Aの辞任を認める
・Dを後任の清算人とする

⑤ Ⅰ総会
X
・Aを解任する
・Bを後任の清算人とする

⑧ 「①の定款規定は商法違反であり無効である」

よる相当程度の制限ということができるから、右商法239条3項に反することなく、有効であると解するのが相当である。」

本判決の位置づけ・射程範囲

　株主は、代理人によって議決権を行使することができる。このことを明らかにした昭和56年改正前商法239条3項（平成17年改正前商239条2項、会社310条1項本文）は一般に強行規定と解されているが、それに照らして、多くの会社で設けられている議決権行使の代理人を株主に限る旨の定款規定の効力が問題になるところ、本判決は、その問題につき、総会が株主以外の者により攪乱されることを防止する合理的理由による相当程度の制限として、有効との判断を示した初めての最高裁判決である。もっとも判例は、定款規定を画一的・絶対的に有効とみて株主以外の代理人による議決権行使の余地を一切認めないわけではなく、たとえばある会社の株主である地方公共団体、株式会社がその職員または従業員を代理人とするような場合に、代理行使を認めても株主総会が攪乱され会社の利益が害されるおそれはなく（上命下服の関係に留意）、かえって代理行使を認めないと株主としての意見を株主総会の決議の上に十分に反映させることができないとするなどして、例外を認めている（制限的有効説：東京地判昭和40・3・16 関連判例、最判昭和51・12・24 本書77事件）。ただし、自然人である株主がその親族や弁護士に代理行使させる場合等と比較して、客観的基準に乏しいとの批判もみられる。

さらに理解を深める　会社法百選2版34事件〔髙田晴仁〕最判解民事篇昭和43年度（下）1403頁〔杉田洋一〕、商判5版Ⅰ-69事件、弥永・重要判例3版162事件、酒巻・尾崎3版補正66事件、判例講義2版42事件、江頭4版70・321頁、神田15版177頁、会社法コンメ(7)168頁〔山田泰弘〕、逐条解説会社法(4)138頁〔浜田道代〕

関連判例　東京地判昭和40・3・16下民集16巻3号455頁、最判昭和51・12・24 本書77事件

第2章　株式会社　　(5)　株主総会

67　代理人による議決権行使の拒絶

神戸地裁尼崎支部平成12年3月28日判決
　事件名等：平成11年(ワ)第579号損害賠償請求事件
　掲載誌：判タ1028号288頁、金判1090号24頁、金法1580号53頁

概要　本判決は、株主から株主総会に代理人として弁護士を出席させる旨の申出を拒絶したことは、定款規定の解釈運用を誤ったものであり、改正前商法239条2項（会社310条1項）に違反しているが、株主総会に出席し、議事につき説明し、諸々の動議を提出し、議決に加わる権利は財産権であり、人格的利益侵害により精神的損害を被ったとはいえないとしたものである。

事実関係　XはY株式会社の株主である（❶）が、株主総会への出席を弁護士に依頼し、その旨をY会社に申し出た（❷）ところ、Y会社は、代理人資格を株主に限定する定款規定（定款13条）を援用して、Xの上記申出を拒んだ（❸）。そこでXは、当該定款規定は合理性を欠き無効である等と主張し、上記株主総会において株主権行使の機会を奪われたことによる精神的損害として100万円の損害賠償請求訴訟を提起した（❹）。

判決要旨　請求棄却。「定款で代理人資格を株主に限定している〔場合でも〕……、代理人として選任された者が株主総会に出席し、諸決権を行使しても株主総会が攪乱されるなど、会社の利益が害されるおそれがないと認められる場合には、商法239条2項の本則に立ち戻り、その者による議決権の代理行使が認められることになる。右定款の解釈によれば、議決権行使の代理人資格を株主に限定しているY会社定款13条の規定は、無限定にこれを制限しているものではないから、定款で右代理人資格をXが主張する弁護士等の専門家〔等〕……に認めなくとも、これらの者が議決権を代理行使する途が閉ざされたことにはならない。……以上によれば、議決権行使の代理人資格を株主に限定する旨のY会社定款13条の規定は商法に違反するものではないから、無効であるとはいえない。」「本件総会へ出席を委任された者が弁護士であることからすれば、受任者である弁護士が本人たる株主の意図に反する行動をとることは通常考えられないから、株主総会を混乱させるおそれがあるとは一般的には認め難いといえる。したがって、右申出を拒絶することは、本件総会がこの者の出席によって攪乱されるおそれがあるなどの特段の事由のない限り、合理的な理由による相当程度の制

限ということはでき〔ない。〕」「本件においては、……Ｘは、Ｙ会社に対し、本件総会に先立ち、自己の選任した代理人の氏名及び職業を委任状と共にＹ会社に告知していたのであるから、Ｙ会社としては、本件総会当日に、代理人たる弁護士に対して、代理人自身の身分・職務を証明する書類の提示を求めて、右代理権の有無、代理人の同一性を確認し、その上で会場への入場を認めるという取扱いをすれば足りたのであって、……Ｙには、本件総会の開催にあたり、Ｘの代理人による議決権の行使を拒絶するに足りる特段の事由があったとはいえない。」「〔ただし、〕Ｘは、右代理出席の拒絶により財産的損害を被ったとはいえても、精神的損害を被ったとはいえない。」

本判決の位置づけ・射程範囲

本判決は、株主総会における議決権行使の代理人を当該会社の株主に限る旨の定款規定は改正前商法239条2項（会社310条1項）に違反するものではないとの従来の判例（最判昭和43・11・1 本書66事件）の立場を前提としつつ、弁護士による代理出席の申出がある場合、その者の出席によって株主総会が攪乱されるおそれがあるなどの特段の事由がないのに、その申出を拒絶することは、上記定款規定の解釈適用を誤り、上記法規定に違反する旨判示し、その実務に与える影響が大きいとして注目されたものである。判例は、株主以外の代理人による議決権行使を認めているが（制限的有効説：最判昭和51・12・24 本書77事件〔株主である地方公共団体、株式会社がその職員・従業員を代理人とする場合〕）、それとの対比で本判決に対して指摘される問題点は、制限的有効説における定款規定の適用・不適用の範囲が不明確になり、会社側に困難な判断を強いることになるとともに、それがひいては確定性の必要な総会決議を不安定にするという懸念である。なお、株主でない弁護士の議決権代理行使が問題になった事件として、ほかに東京地判昭和57・1・26 関連判例、宮崎地判平成14・4・25 関連判例、東京地判平成22・7・29 関連判例〔結果として、株主本人が株主総会に出席し、議決権を行使した事案〕があり、いずれもその代理行使の拒否を認めている。

さらに理解を深める 平成12年度重判（ジュリ1202号）商法1事件〔丸山秀平〕商判5版Ⅰ-70事件、江頭4版321頁、神田15版177頁、会社法コンメ(7)171頁〔山田泰弘〕 関連判例 最判昭和43・11・1 本書66事件、最判昭和51・12・24 本書77事件、東京地判昭和57・1・26判時1052号123頁、宮崎地判平成14・4・25金判1159号43頁、東京地判平成22・7・29資料版商事317号191頁

第2章　株式会社　(5)　株主総会

68　従業員持株制度と株式信託契約の有効性

大阪高裁昭和58年10月27日決定
　事件名等：昭和58年（ラ）第321号検査役選任決定に対する抗告事件
　掲載誌：高民集36巻3号250頁、判時1106号139頁、判タ515号155頁

概要　本判決は、従業員株主制度において強制される株式信託契約が無効であるとされ、株主による検査役選任請求権の行使が認められた事例である。

事実関係　タクシー業を営むY株式会社は、会社更生手続中に、労使協議により従業員持株制度を導入した（❶）。当該制度では、株主となる従業員は、Y会社に設置された共済会の間で、「株主の議決権は理事が行使する」ことを内容とする株式信託契約を締結してその会員とならなければならず、株式信託契約を拒否すれば会員資格を失うものとされていた（❷）。Xらは上記制度に基づき株主となった者であるが、Y会社の会計処理に疑問な点があると考え、また、Y会社に対し株主名簿の閲覧・謄写を請求したところ拒絶された（❸）ことから、Y会社には業務の執行に関し重大な不正の行為があることが思料されるなどとして、Y会社に対して検査役の選任申立てをした（❹）。原審はXの申立てを認容した（❺）ため、Y会社より抗告（❻）。抗告審においてY会社は、Xらは株主権を共済会に信託しているため検査役選任請求権を行使できないと主張した。

決定要旨　抗告棄却。「Y会社の従業員は、従業員持株制度によって株式を取得することができるものの、株式信託契約を締結しない者は株式を取得できないから、株式を取得するためには株式信託契約を強制され、株主として契約を締結するかどうかを選択する自由はなく、又、信託期間は株主たる地位を喪失する時までというのであるから、契約の解除も認められていない。したがって、Y会社の株主は、信託契約の受託者による議決権の行使はあっても、自己が株主として議決権の行使をする道はないこととなる。そして、株式信託制度がY会社関与のもとに創設されたことは……明らかであり、右信託契約は、株主の議決権を含む共益権の自由な行使を阻止するためのものというほかなく、委託者の利益保護に著しく欠け、会社法の精神に照らして無効と解すべきである。又、株式配当請求権、残余財産分配請求権は委託者に帰属するとされ、信託の対象から除外されているが、共益権のみの信託は許されないものと解されるから、その

従業員持株制度

①②株式信託契約の締結が前提
「株主の議決権は理事が行使する」

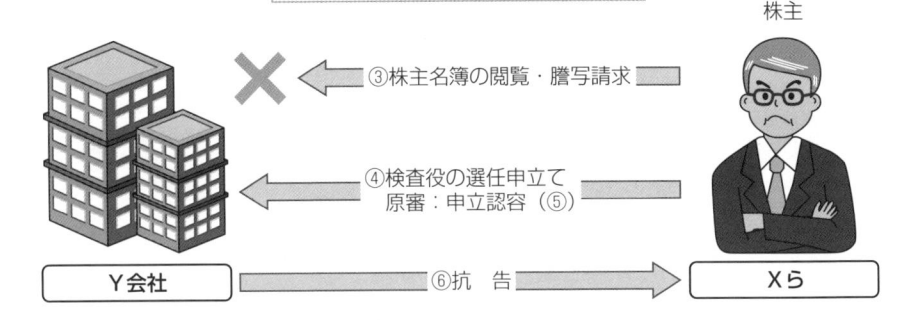

③株主名簿の閲覧・謄写請求 ×

④検査役の選任申立て
原審：申立認容（⑤）

Y会社 ←⑥抗告→ Xら

株主

点からも右信託契約は無効というべきである。……してみると、Xらは商法294条に基づく検査役選任請求権を有する少数株主権者であるということができる。」
「〔本件の事実関係のもとでは、〕Y会社には、会社の業務の執行に関し不正行為又は法令に違反する重大な事実のあることを疑うべき事由があるということができる。……原決定は相当であり、本件抗告は理由がない」

本決定の位置づけ・射程範囲

会社の関与の下で創設された本件の株式信託契約は、従業員持株制度の下で従業員株主が同制度に加入するには当該契約を締結することを強制されるものであって、株主である限り契約解除も許されず、自己が株主として議決権を行使する道はなかった。本決定は、このような事情を踏まえて、株主の議決権を含む共益権の自由な行使を阻止するための株式信託契約は無効であることを判示した。議決権信託（議決権を統一的に行使するため多数の株主が株式を1人の受託者に対し信託する制度。議決権だけの信託ではなく、株式自体の信託であることに留意）は直ちに違法とすることはできないと一般に解されるが、本件のように議決権を不当に制限する等の目的で用いられる場合には、無効になることを示すものである（どのような場合に無効になるかについて学説には見解の相違があり、本決定がどのような考え方に立って無効としたかについても見方は分かれる）。

なお、当事者間で信託契約が無効であるとしても、会社との関係で当然に委託者が株主としてその権利を行使することができることにはならない。本決定が契約の無効を会社にも及ぼす判断をしたのには、株式信託契約の創設に会社が関与していることも重要な要因になっていると思われる。

さらに理解を深める

会社法百選2版35事件〔鈴木隆元〕弥永・重要判例3版163事件、判例講義2版43事件、酒巻・尾崎3版補正68事件、江頭4版317頁、神田15版64頁、会社法コンメ(7)182頁〔山田泰弘〕、逐条解説会社法(4)143頁〔浜田道代〕

第2章　株式会社　(5)　株主総会

69　取締役の説明義務と一括回答

東京高裁昭和61年2月19日判決
　　事件名等：昭和60年（ネ）第2697号株主総会決議取消請求事件
　　掲載誌：判時1207号120頁、判タ588号96頁、金法1134号44頁

概要　本判決は、取締役がなす説明の方法は、株主が会議の目的事項を合理的に判断するのに客観的に必要な範囲の説明であれば足りるとして、一括回答の適法性を認めたものである。

事実関係　Y株式会社が開催した定時株主総会では、利益処分案の承認、9名を取締役に、2名を監査役に選任し、退任取締役および退任監査役に退職慰労金を贈呈する等の決議がなされた（❶）。この総会においてY会社の取締役Aは、株主からあらかじめ提出されていた質問状について、個別の質問者を明らかにすることなく一括回答したほか（❷）、株主が質問しようとする際には氏名を明らかにすることを求め、これを拒否する株主には説明しないこととした（❸）。総会出席株主であるXは、以上のようなAの説明方法では、改正前商法237条の3（会社314条）が規定する説明義務を尽くしたものとはいえないとして、Y会社に対し、決議取消を求めて訴えを提起した（❹）。原審はXの請求を棄却したため、Xより控訴。

判決要旨　控訴棄却。「商法237条の3第1項の規定する取締役等の説明義務は総会において説明を求められて始めて生ずるものであることは右規定の文言から明らかであり、右規定の上からは、予め会社に質問状を提出しても、総会で質問をしない限り、取締役等がこれについて説明をしなければならないものではない。ただ、総会の運営を円滑に行うため、予め質問状の提出があったものについて、総会で改めて質問をまつことなく説明することは総会の運営方法の当否の問題として会社に委ねられているところというべきである。そしてまた、説明の方法について商法は特に規定を設けていないのであって、要は前記条項の趣旨に照らし、株主が会議の目的事項を合理的に判断するのに客観的に必要な範囲の説明であれば足りるのであり、一括説明が直ちに違法となるものではない。」
「質問者がその氏名を明らかにすることの要否と説明の範囲とは異別の問題であるとともに、説明は質問者に対しその求めた事項について行われるのであるから、説明の対象に質問者の氏名が含まれると解すべき余地のないことは明らかである。」

利益処分案承認

役員選任

退職慰労金贈呈

① 株主総会決議

Y会社 ← ④決議取消請求訴訟提起 ― X

取締役A

②質問状につき個別の質問者を明らかにせず一括回答

③氏名を明らかにしない質問者株主には説明しない

株主

> もっとも、多数の質問状に対し、質問者の氏名を明らかにすることなく一括説明をする場合は、個々の質問者において自己の質問状に対し説明があったかどうか必ずしも判然としないことが生じ得ないとも限らないが、そのときは前述のように改めて質問するのが相当であり、かつすれば足りることであり、本件において質問状の質問者を明らかにしなかったことは何ら説明義務を尽さなかったこととならない。」

本判決の位置づけ・射程範囲

　会社法314条（改正前商237条ノ3）は、株主総会において株主から会議の目的たる特定の事項について説明を求められた場合、取締役等は当該事項について必要な説明をしなければならない旨定めているところ、複数の株主から多数の事項につき質問の通知のあったものについて、質問の通知の内容を事前に整理し、総会の場では株主から質問を受ける前に項目毎に一括して説明するということが少なくない（一括回答）。本判決は、あらかじめ質問の通知をしても、総会で質問しない限り、会社法314条の説明義務はないことを明らかにするとともに（質問の通知は、調査の必要を理由とする説明の拒絶をできなくするものにすぎないことになる。会社規71条1号イ）、取締役等による説明は、規定（会社314条）の趣旨に照らし、株主が会議の目的事項を合理的に判断するのに客観的に必要な範囲の説明であれば足りるとして、一括回答の適法性を認めた点で意義を有する。上告審（最判昭和61・9・25 関連判例）も本判決を支持している。これによると、この方法での説明でなお不十分なところは、株主の具体的な質問に応じて説明すれば足りることになる（一括回答の意義につき、それ自体を説明義務の（先）履行とみる説のほか、取締役等が自発的に報告の追加や一般的説明を行っているとみる説もあるが、両説の具体的結果には大きな差異はないと考えられている）。

さらに理解を深める　**会社法百選2版37事件〔大澤康孝〕** 商判5版Ⅰ-71事件、弥永・重要判例3版161事件、神田15版180頁、会社法コンメ(7)260頁〔松井秀征〕、逐条解説会社法(4)169頁〔浜田道代〕　関連判例　最判昭和61・9・25金法1140号23頁（本件上告審）

第2章　株式会社　⑸　株主総会

70　取締役の説明義務の範囲と程度

東京地裁平成16年5月13日判決
　事件名等：平成15年（ワ）第14133号株主総会決議取消請求事件
　掲載誌：金判1198号18頁

概要　本判決は、株主総会における取締役等の説明義務は、総会の目的である事項につき、平均的な株主が合理的な理解および判断を行い得る程度の説明を行ったと評価できるか否かが基準となる等としたものである。

事実関係　Y株式会社が開催した株主総会に出席した同会社の株主Xは、同株主総会でなされた4つの決議（取締役選任議案〔第4号〕、監査役選任議案〔第5号〕、取締役・監査役それぞれの退職金慰労金の贈呈議案〔第6号・第7号〕）、につき、Y会社の取締役・監査役に説明義務違反の瑕疵があったことを理由として各決議の取消を求めて訴えを提起した。

判決要旨　請求棄却。「本件各決議に関し、Y会社の取締役及び監査役が説明義務を尽くしたといえるか否かの問題は、本件株主総会における株主の質問に対して、取締役及び監査役が、本件各決議事項の実質的関連事項について、平均的な株主が決議事項について合理的な理解及び判断を行い得る程度の説明を本件株主総会で行ったと評価できるか否かに帰する……〔のであり、その〕判断に当たっては、質問事項が本件各決議事項の実質的関連事項に該当することを前提に、当該決議事項の内容、質問事項と当該決議事項との関連性の程度、質問がされるまでに行われた説明（事前質問状が提出された場合における一括回答など）の内容及び質問事項に対する説明の内容に加えて、質問株主が既に保有する知識ないしは判断資料の有無、内容等をも総合的に考慮して、審議全体の経過に照らし、平均的な株主が議決権行使の前提としての合理的な理解及び判断を行い得る状態に達しているか否かが検討されるべきである。……その場合に当該質問株主が平均的な株主よりも多くの知識ないしは判断資料を有していると認められるときには、そのことを前提として、説明義務の内容を判断することも許されると解すべきである。」〔本件では、〕Y会社の経営状況について既に十分な知識、情報を得ており、第4号議案ないし第7号議案に関する決議についても十分な情報を持っていると認められ、しかも事前に賛成の意向まで表明しているXの

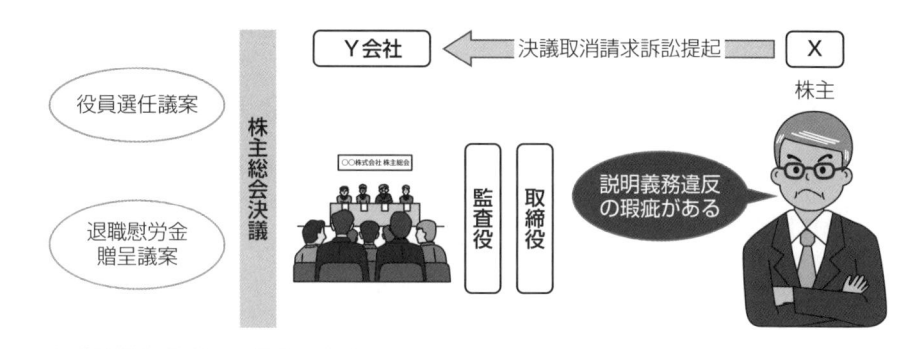

関係者からの質問が繰り返しなされた結果、Y会社の議長としては、一時的な混乱状態のもとで、既にXの関係者に対しては必要な説明はなされていると即断して、……Xの関係者からなされた質問を打ち切りあるいは無視するといった措置をとるに至った……Y会社の議長の議事運営方法が不公正であり適切さを欠いていたとの点は否定できないにしても、本件各決議に際してのY会社の議長の議事運営方法が、決議の取消しを認めざるを得ないほどに著しく不公正なものであったとまで認定することはできない」。

本判決の位置づけ・射程範囲

取締役等は、株主総会において株主がした特定の事項について説明する義務を負う（会社314条）。本判決は、この義務を履行したといえるためには説明はどこまで尽くすべきか（説明義務の限界）の問題につき判断を示し、事例的意義が認められる。判旨は、一般論として、株主総会の目的である事項につき、平均的な株主が合理的な理解および判断を行い得る程度の説明を行ったと評価できるか否かが基準となるとしつつ、質問株主が平均的な株主よりも多くの知識ないしは判断資料を有していると認められるときには、そのことを前提にして説明義務の内容を判断してよいとし、大阪高判平成2・3・30 関連判例 、広島高松江支判平成8・9・27 関連判例 の趣旨に沿う見解を示したと評される。なお、説明義務の範囲や程度については、退職慰労金決議に関して争われることも少なくないが、本判決はこの問題についての判断も含む（なお、東京地判昭和63・1・28 関連判例 、奈良地判平成12・3・29 本書71事件 参照）。

本判決は、その他、質問を求める株主に質問をさせないで審議を打ち切った場合、これを説明義務の問題に直ちに結びつけず、議長の議事整理権の問題として、その限界（著しく不公正な決議方法として決議取消事由に当たるか）にかかる事例判断をした点でも意義がある。

さらに理解を深める 平成16年度重判（ジュリ1291号）商法3事件〔末永敏和〕商判5版Ⅰ-72事件、判例講義2版41事件、神田15版181頁、会社法コンメ(8)174頁〔田中亘〕、逐条解説会社法(4)165・168・171頁〔浜田道代〕 関連判例 大阪高判平成2・3・30金判877号16頁、広島高松江支判平成8・9・27資料版商事155号50頁、東京地判昭和63・1・28判時1263号3頁、奈良地判平成12・3・29 本書71事件

第2章 株式会社　(5) 株主総会

71 取締役退職慰労金贈呈決議と取締役の説明義務

奈良地裁平成12年3月29日判決
　事件名等：平成11年（ワ）第502号株主総会決議取消請求事件
　掲載誌：判タ1029号299頁、金判1090号20頁、金法1578号88頁

概要　本判決は、株主の質問に対する取締役の説明が、取締役・監査役の退職慰労金贈呈に関し議決するのに不十分であり説明義務に違反しているとして、退職慰労金贈呈決議が取り消されたものである。

事実関係　Y株式会社が開催した定時株主総会では、「退任取締役および退任監査役に対し退職慰労金贈呈の件」と題する議案が提出されていた。その具体的金額や贈呈の時期、方法等は取締役会と監査役会のそれぞれの協議に一任するという内容であった（❶）。出席株主であるXらは本件議案に対して金額を明確にするよう質問をした（❷）が、Y会社の取締役による説明は算出基準の内容を明らかにするものではなく、その後質疑は打ち切られ、上記議案を承認する決議がなされた（❸）。そこでXらは、Y会社取締役による本件決議は取締役の説明義務に違反し、決議の方法が法令に違反しているとして総会決議取消訴訟を提起した（❹）。

判決要旨　請求認容。「株主は、株主総会において、取締役・監査役の報酬金額、その最高限度額又は具体的な金額等を一義的に算出しうる支給基準を決議しなければならない以上、その金額又は支給基準の内容について具体的に説明を求めることができるのは当然であり、説明を求められた取締役は、①会社に現実に一定の確定された基準が存在すること、②その基準は株主に公開されており周知のものであるか、又は株主が容易に知りうること、③その内容が前記のとおり支給額を一義的に算出できるものであること等について、説明すべき義務を負うと解するのが相当である。」
「前記認定事実によれば、事前に各株主に送付された本件総会の招集通知、本件総会における議長及び取締役の説明のいずれにおいても、退職慰労金の算出基準が存することはうかがえるものの、右基準の内容については明らかではない。すなわち、右通知は、一定の基準に従い相当額の範囲内で退職慰労金を贈呈するが、その具体的金額は取締役会又は監査役の協議に一任されたいとの内容であり、取締役の説明も、算出方法については基礎額と乗数と在位年数を乗じて計算すると

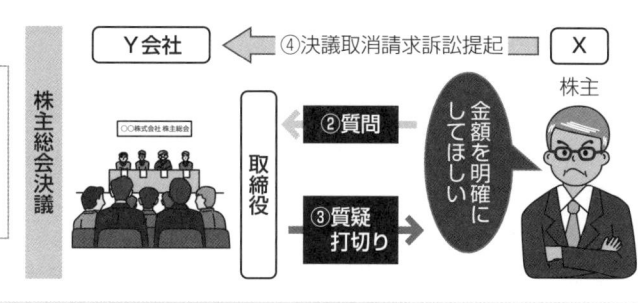

いうだけで、結局は取締役会及び監査役の協議によって具体的金額を決定するとの説明に終始しているにすぎない。株主としては、このような説明を受けたとしても、本件議案とされた退職慰労金の具体的金額がどの程度になるのか全く想定できないばかりか、その額が一義的に算出されうるものかどうか判断し得ないといわざるを得ず、本件総会において、退職慰労金の贈呈に関して議決をするのに十分な説明がされたと認めることは困難である。」

「以上によれば、本件総会におけるY会社取締役らのX₁に対する説明は退職慰労金の贈呈に関して議決するのには不十分であり、説明義務（商法237条の3第1項）に違反しているものといわねばならない。」

本判決の位置づけ・射程範囲

退職慰労金に関する株主総会の決議（会社361条1項）については、実務上、具体的な金額を示すのではなく、会社の定める一定の基準に従って額を決定するよう取締役会や監査役（退任者が監査役の場合）に一任するという方法が採られることが多い。この実務について、一任決議の有効要件の問題（最判昭和39・12・11 本書101事件 参照）のほか、一任決議案に対して質問がなされた場合に取締役が説明をしなければならない範囲・程度の問題がある。一任決議の有効要件と説明義務（会社314条）の内容とは別個の問題であることはすでに東京地判昭和63・1・28 関連判例 において強調されているところであるが、本判決はそのことを確認し、株主が決議への賛否を決する必要上、取締役は、支給基準について、確定された基準の存在、基準の周知性およびその内容が支給額を一義的に定め得ること等を説明しなければならないとしたものである。本判決は、昭和63年東京地裁判決とともに、退職慰労金の透明性を高めることに寄与する点での意義も認められよう（控訴の後、被告会社は定時総会で取締役・監査役別の最高限度額を公表しつつ再決議を行い、和解が成立している）。なお、最近では、退職慰労金制度を廃止する会社が増えてきている。

さらに理解を深める

酒巻・尾崎3版補正129事件、島袋鉄男・ジュリ1226号（2002）108頁、江頭4版335・433頁、会社法コンメ(7)264頁〔松井秀征〕、逐条解説会社法(4)167頁〔浜田道代〕 関連判例 最判昭和39・12・11 本書101事件 、東京地判昭和63・1・28判時1263号3頁

第2章　株式会社　(5)　株主総会

72　総会開場前の従業員株主の前方着席

最高裁平成8年11月12日第三小法廷判決
事件名等：平成5年（オ）第1747号損害賠償請求事件
掲載誌：判時1598号152頁、判タ936号216頁、金判1018号23頁

概要　本判決は、会社が従業員株主を他の株主よりも先に株主総会の会場に入場させて株主席の前方に着席させたことにより、株主が希望する席に着席する機会を失った事例において、結論として、その株主の法的利益が侵害されたとはいえないとしたものである。

事実関係　Y電力会社の株主であるXは、平成2年6月28日、Y会社の第66回定時株主総会に出席するため、本件株主総会の会場であるY会社本社ビルの前で、開門前の早朝から、Y会社の原子力発電所に関する経営方針に反対する他の株主とともに列に並び、午前8時の開門と同時に本社ビルに入り、受付手続を済ませて会場に入場した。Y会社は、かつて原発反対派の者に本社ビルを取り囲まれ、あるいはビルの一部を占拠されたことがあり、さらに「未来を考える脱原発四電株主会」等の差出人から、株主総会の前に1,000項目を超える質問書の送付を受けていたことなどから、株主総会の議事進行が妨害されるなどの事態が発生することをおそれ、Y会社の従業員株主にあらかじめ指示し、株主総会当日、従業員株主らをして午前8時の受付開始時刻前に会場に入場させ株主席のうち前方部分に着席させた。会場には株主席として約230の椅子が並べられていたが、Xが会場に到着した時には従業員株主らがすでに株主席の最前列から第5列目までのほとんど、および中央部付近の合計78席に着席していた。Xは、前から第6列目の中央部付近に着席した。Xは、Y会社から従業員株主らとの間で前記の差別的取扱いを受けたことにより、希望する席を確保することができず、これによって精神的苦痛を被り、さらに宿泊料相当の財産的損害を被ったと主張して、Y会社に対し、不法行為に基づく損害賠償を求めて提訴した。

判決要旨　一部上告棄却、一部上告却下。「株式会社は、同じ株主総会に出席する株主に対しては合理的な理由のない限り、同一の取扱いをすべきである。本件において、Y会社が……本件株主総会前の原発反対派の動向から本件株主総会の議事進行の妨害等の事態が発生するおそれがあると考えたことについては、やむを得ない面もあったということができるが、そのおそれのあるこ

Y電力会社 ←不法行為に基づく損害賠償請求訴訟提起— X

株主

株主総会決議

Xの会場到着時、従業員株主らがすでに株主席の最前列から第5列目までのほとんど、および通奥部付近の合計78席に着席

とをもって、Y会社が従業員株主らを他の株主よりも先に会場に入場させて株主席の前方に着席させる措置を採ることの合理的な理由に当たるものと解することはできず、Y会社の右措置は、適切なものではなかったといわざるを得ない。しかしながら、Xは、希望する席に座る機会を失ったとはいえ、本件株主総会において、会場の中央部付近に着席した上、現に議長からの指名を受けて動議を提出しているのであって、具体的に株主の権利の行使を妨げられたということはできず、Y会社の本件株主総会に関する措置によってXの法的利益が侵害されたということはできない。」

本判決の位置づけ・射程範囲

従業員株主を総会に参加させ、議事の円滑化に協力させることがみられるが、それは、場合によっては、その他の出席株主の株主権の行使に制約をもたらす可能性がある。本判決は、従業員株主に予定どおりの席を確保させるため、これらの者だけを別の入り口から会場に入場させ、優先的に座席を占めさせたことに関して、会社は、同じ株主総会に出席する株主に対しては合理的な理由のない限り、同一の取扱いをすべきであり、議事進行の妨害等の事態が発生するおそれがあることをもって、会社が上記のような措置を採ることの合理的な理由に当たるとはいえないとした。結論としては、具体的に質問や動議の提出などで株主権の行使を侵害した事実は認められないとして上告棄却の判断がなされたものの、上記のような取扱いに問題がなくはないと警鐘を鳴らしたことに大きな意義があると考えられる。なお、上記の判旨について、株主総会の運営の場においても株主平等原則が適用されることを明らかにしたものと捉えられることが少なくない。ただ、そうだとしても、議決権や剰余金配当請求権について妥当する厳格な株主平等原則（会社109条1項）とは異なることに注意を要する（合理的な理由があるときは別異の取扱いが認められるとされていることに留意）。

さらに理解を深める

会社法百選44事件〔大澤康孝〕 商判5版Ⅰ-73事件、判例講義2版39事件、酒巻・尾崎3版補正64事件、神田15版185頁、会社法コンメ(7)274頁〔中西敏和〕、逐条解説会社法(4)174頁〔浜田道代〕

第2章　株式会社　(5)　株主総会

73　総会決議の方法（挙手による採決）

東京地裁平成14年2月21日判決
　事件名等：平成13年（ワ）第20387号株主総会決議取消等請求事件
　掲載誌：判時1789号157頁

概要　株主総会の決議は、定款に別段の定めのない限り、議案の賛否について判定できる方法であれば、いかなる方法によるかは議長の合理的裁量に委ねられているとしたものである。

事実関係　Y株式会社が開催した定時株主総会では、第1号から第6号議案および第7号議案が付議された。Y会社は本件総会の前日までに各議案について議決権行使書面の賛否の集計を行っていた（❶）が、これによると、本件株主総会当日においては、第1号議案ないし第6号議案については、議決権行使書面による賛成の数だけでいずれもその議案について可決に必要な数に達しており（❷）、他方で、第7号議案については、議決権行使書面による反対の数だけで、賛成が決議の成立に必要な数に達し得ないことは明らかであった（❸）。Y会社の取締役は、各議案ごとに賛成株主に挙手を求める方法で議決を行い、その報告をした（❹）が、出席した株主の賛否の議決権行使数を数え、議決権行使書面による賛否と合算して各議案ごとの賛否について具体的な株主数および株式数を明らかにすることはなかった（❺）。そこでXは、賛否の数を集計して明示しなかったことは法令に違反し、または著しく不公正であるとして、総会決議の取消等を求めて訴えを提起した（❻）。

判決要旨　請求棄却。「株主総会における決議については、法律に特別の規定がないから、定款に別段の定めがない限り、議案に対する賛否あるいは反対が可決ないし否決の決議の成立に必要な数に達したことが明確になったときに成立するものであり、従って、決議の方法についても、定款に別段の定めがない限り、議案の賛否について判定できる方法であれば、いかなる方法によるかは総会の円滑な運営の職責を有する議長の合理的裁量に委ねられているものと解される。
　しかるところ、Y会社の定款に、X主張のように賛否を集計し明示すべきことを決議方法として定める規定が置かれていること、あるいはX主張のような決議の方法が確立した慣行として一般的に定着していることを認めるに足りる証拠はなく、他方で、既に述べたとおり、本件株主総会の議長は、総会において、各議

第2章　株式会社　株主総会　147

①議決権行使書面の賛否集計
②〔第1号〜第6号議案〕可決が明らか
③〔第7号議案〕否決が明らか

株主総会決議

Y会社 ← ⑥決議取消請求訴訟提起 ─ X 株主

取締役
④挙手による採決
⑤賛否の数を集計して明示することはせず

案ごとに出席した株主に対して挙手による採決を求め、これに応じた出席株主による議決権行使の状況と議決権行使書面による賛否の集計結果とを勘案し、第1号議案ないし第6号議案については可決されたこと及び第7号議案については否決されたことが明らかであったことから、その旨を議場で報告したものである。

　以上によれば、本件株主総会においては、各議案に対する決議は相当な方法で実施され、出席株主もその議決権を行使しており、各決議が有効に成立したものであることは明らかであり、他に本件における決議の方法が会議の一般原則あるいは慣行に違反し株主の議決権の行使を不当に制限したり、あるいは決議の内容に不当な影響を及ぼすような特段の事情を窺わせるに足りる証拠はない。」

本判決の位置づけ・射程範囲

　最判昭和42・7・25〔関連判例〕は、総会決議は、定款に別段の定めがない限り、総会の討議の過程を通じて、その議案に対する賛成の議決権数が決議に必要な数に達したことが明白になった時に成立し、挙手・起立・投票等の採決の手続をとることを要しない旨判示する。本判決は、この最高裁判決を踏襲し、書面投票の結果により事前に賛否が決していることが明らかになった場合、議案ごとに賛否の票数を集計することは要しないとしたものである。株主の同一議案の再提案権の有無に関する不確定な状況（会社304条・305条4項はより具体的に数えることを前提にする）については、紛争が現実化した段階で別途の手続により解決が図られるべきものとしている。

　なお、平成22年3月31日に施行された「企業内容等の開示に関する内閣府令の一部を改正する内閣府令」は、議決権行使結果の開示を進めようとする。これにより、上場会社は株主総会で決議事項が決議された場合に、議決権行使結果として一定の事項を記載した臨時報告書を提出する必要がある（開示府令19条2項9号の2）。ただし、そこでも、事前行使等のみで可決要件に達した場合は、その範囲で開示することが許容されている（臨時報告書の記載事項は、当日出席株主の議決権行使を開示しない理由を含むことに留意）。

さらに理解を深める　商判5版Ⅰ-74事件、江頭4版336頁、神田15版181頁、会社法コンメ(7)193頁〔山田泰弘〕

〔関連判例〕　最判昭和42・7・25民集21巻6号1669頁

第2章　株式会社　(5)　株主総会

74　委任状勧誘合戦と株主総会決議の取消事由

東京地裁平成19年12月6日判決
事件名等：平成19年（ワ）第16363号株主総会決議取消請求事件
掲載誌：判タ1258号69頁、金判1281号37頁、金法1825号48頁

概要　本判決は、株主提案に賛成して提案株主に委任状を提出した株主は、委任事項として「白紙委任」と記載されていたとしても、同委任状によって会社提案には賛成しない趣旨で提案株主に対して議決権行使の代理権の授与を行ったと解され、同委任状が会社提案について賛否を記載する欄を欠くことは同代理権授与の有効性を左右しないと解されるとし、同委任状にかかる議決権数を同会社提案については出席株主の議決権の数に含めないものとして可決した総会決議を、決議方法の法令違反として取り消したものである。

事実関係　Y株式会社の株主であるXは、Y会社が開催する定時株主総会にあたり取締役8名、監査役3名の選任を目的とすべき旨をY会社に請求した上、Y会社の株主あて委任状勧誘をした。委任状には「同一の議題につき会社側から提出された議案への賛否は、Xに白紙委任する」旨が記されていた。一方、Y会社から株主に対して送付された招集通知には、Xによる株主提案と同数の取締役・監査役を選任する会社提案が記され、議決権行使書面には有効な議決権行使を条件としてQuoカードを贈与する旨のほか、会社提案に賛成してほしいとする旨が記されていた。定時株主総会が開催されたが、議場でY会社取締役は、会社提案議案については株主がXに交付した委任状による議決権数を出席議決権数に含めず、一方で株主提案議案についてはこれを出席議決権数に含めたうえで集計を行い、会社提案議案が可決・承認された旨を宣言した。Xは後日、総会決議の取消を求めて訴えを提起した。

判決要旨　請求認容。「〔本件では、〕XらとY会社経営陣との間で経営権の獲得を巡って紛争が生じており、Y会社からもいずれその提案に係る候補者の選任に関する議案が提出されるであろうことが、株主にとって顕著であったこと、また、Y会社の定款に定められた取締役及び監査役の員数の関係から、本件株主提案に賛成し、Xに議決権行使の代理権を授与した株主は、本件会社提案に係る候補者については賛成の議決権行使をする余地がないこと、こうした状況から、本件株主提案に賛成する議決権行使の代理権を授与した株主は、Y

会社から提案が予想される議案に反対する趣旨で代理権授与を行ったと解される」。

「〔本件では、〕本件委任状の交付をもって、本件会社提案についての株主からXに対する議決権行使の代理権の授与を認めたとしても、議決権代理行使勧誘規制の趣旨に必ずしも反するものではないということができ、本件委任状が本件会社提案について賛否を記載する欄を欠くことは、本件会社提案に係る候補者についてのXに対する議決権行使の代理権授与の有効性を左右しないと解するのが相当である。」

「本件会社提案に係る議案の採決に際しては、本件委任状に係る議決権数は、出席議決権に算入し、かつ本件会社提案に対し反対の議決権行使があったものと取り扱うべきであった。それにもかかわらず、本件株主総会の議長〔は……、〕本件集計方法により本件会社提案が出席議決権数の過半数の賛成を得たものとして可決承認された旨宣言したのであるから、本件各決議は、その方法が法令に違反したものとして決議取消事由を有するといわざるを得ない。」

本判決の位置づけ・射程範囲

経営陣と対立する原告株主が委任状を勧誘する際に用いた本件委任状用紙は、会社提案については賛否の記載欄を設けずに原告株主に白紙委任するものとするなどされていた。本判決は、この場合における代理権授与の範囲につき、本件における株主提案と会社提案とがいずれも定款所定の上限一杯の役員候補者を提案するものであるという点に着目して、本件委任状を提出した被勧誘者は、会社提案に反対する趣旨で代理権授与を行ったと解するのが相当であるとした。また、当該被勧誘者が不測の損害を受けるおそれもないこと（委任の撤回可能性等）などから、委任状勧誘規制（委任状府令43条等）の趣旨に対する違反はなく、その代理権授与の有効性は否定されない（そのため、被勧誘者の議決権を会社提案については行使されなかったものと扱った集計方法に法令違反の問題を生じる）とした点でも意義がある。この点について、本判決は、会社提案の内容が判明する時期は株主総会直前であることも指摘しており、株主と会社の置かれた地位の相違を考慮すると、上記判旨は必ずしも会社側による委任状勧誘についても妥当するとはいえないと考えられる。

本判決は、その他、会社による議決権行使をした株主に対するQuoカードの贈呈に関して、利益供与の要件等につき判断しており、その点でも注目されている。

さらに理解を深める
会社法百選2版36事件〔大杉謙一〕　平成20年度重判（ジュリ1376号）商法3事件〔後藤元〕商判5版Ⅰ-75事件、弥永・重要判例3版211事件、判例講義2版47事件、江頭4版323頁・332頁・345頁、神田15版71頁・173頁、会社法コンメ(7)190頁〔山田泰弘〕・225頁〔松中学〕・415頁〔浜中道代〕

第2章　株式会社　(5)　株主総会

75　他の株主に対する招集手続の瑕疵と決議取消の訴え

最高裁昭和42年9月28日第一小法廷判決
　事件名等：昭和41年（オ）第664号株主総会決議取消請求事件
　掲載誌：民集21巻7号1970頁、判時498号61頁、判タ213号103頁、
　　　　　金判80号6頁、金法494号40頁

概要　本判決は、株主は、他の株主に対する招集手続に瑕疵のあることを理由として、株主総会決議取消の訴えを提起することができるとしたものである。

事実関係　Y会社の株主であるXは、Aら20名に対して、Y会社の記名株式7,700株を捺印のみの裏書で譲渡した。AらはY会社に記名欄の補充をしないまま株式の名義書換請求をしたが、Y会社はAらから株式を預かりながら名義書換そのものは拒絶し、Aらに株券の返還もしていない。Y会社はAらに対して招集手続を採らずに臨時株主総会を開催して取締役等の選任決議を行い、また、定時株主総会を開催して貸借対照表等の承認等を行った。

そこでXは、Y会社の500株の株主として、上記各株主総会は、株主であるAらに招集通知をすることなく開催された違法なものであるとして、上記各決議の取消を求めて訴えを提起した。Y会社は、(1)株主総会の招集通知は株主名簿に記載のある株主に対して発すれば手続上の瑕疵はなく、Aらの名義書換はされていないから招集通知をする必要はない、(2)Aらの議決権の不行使は総会決議の結果に影響を及ぼさないなどと主張したが、第1審はXの請求を認容し、控訴審も、Y会社が名義書換に当たり記名の欠缺を主張することは、自ら違法に阻止妨害している記名補充権の行使を求めることにより、XまたはAらに不能を強い、誠実に書換をなすべき自己の義務に反するから、上記記名欠缺を主張して株式の名義書換の請求を拒否できない等として、Y会社の控訴を棄却した。Y会社より上告。

判決要旨　上告棄却。「株主は自己に対する株主総会招集手続に瑕疵がなくとも、他の株主に対する招集手続に瑕疵のある場合には、決議取消の訴を提起し得るのであるから、Xが株主たるAらに対する招集手続の瑕疵を理由として本件決議取消の訴を提起したのは正当であり、何等所論の違法はない。しかして、原審認定の事実関係の下においては、Aらが総会招集の通知を受けず議決権を行使し得なかったことが、本件総会の決議に影響を及ぼさないとのことを認めるべき証拠はないとした原審の判断も正当である。もっとも裁判所は諸般の

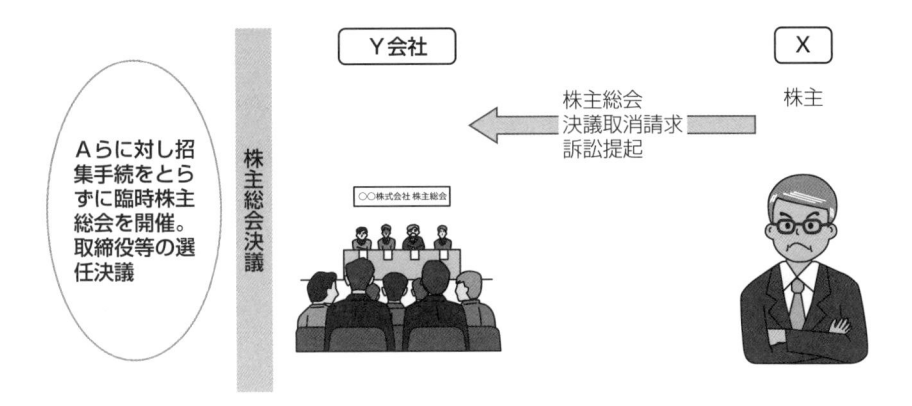

事情を斟酌して株主総会の決議取消を不適当とするときは取消の訴を棄却することを要するが、原審認定の事実関係の下においてはかかる事情も認められない。結局論旨は、いずれの点よりして理由がなく、採用し得ない。」

本判決の位置づけ・射程範囲

本判決は、決議取消の訴えの原告たり得る者（会社831条1項前段・828条2項1号）に関して、株主は自己に対する招集手続に瑕疵がなくても、他の株主に対する招集手続に瑕疵がある場合には、決議取消の訴えを提起し得るとしたものである。自分に対する招集手続に瑕疵があったと主張する株主以外の他の株主も訴えを提起できるかという問題について、大審院の古い判例もこれを肯定しており（大判明治42・3・25 関連判例）、当時の規定（明治44年改正前商163条）はこの問題に関する限り本判決当時の商法247条（会社831条）と同様であることから、本判決は、上記大審院判例を実質的に踏襲したものと評価される。学説では、他の株主にとっての瑕疵は問題にできないとする見解（取消訴訟も自己の利益を保護するものとの理解に立つ）もあるが、本判決の立場を支持するのが通説である。最近の判決で、「株主総会開催に当たり株主に招集の通知を行うことが必要とされるのは、会社の最高の意思決定機関である株主総会における公正な意思形成を保護するとの目的に出るものであるから、〔ある株主〕に対する右通知の欠如は、すべての株主に対する関係において取締役……の職務上の義務違反を構成するというべきである」としたものがあるが（最判平成9・9・9 関連判例）、同様の理解に立つものと思われる。

さらに理解を深める 会社法百選2版38事件〔伊沢和平〕最判解民事篇昭和42年度453頁〔瀬戸正二〕、商判5版Ⅰ-76事件、弥永・重要判例3版165事件、酒巻・尾崎3版補正73事件、判例講義2版49事件、江頭4版347頁、神田15版185頁、会社法コンメ⑺80頁〔青竹正一〕 **関連判例** 大判明治42・3・25民録15輯250頁、最判平成9・9・9判時1618号138頁

第2章　株式会社　　(5)　株主総会

76　株主総会決議による株主の地位喪失と決議取消訴訟の原告適格・決議後の吸収合併による会社消滅と決議取消訴訟の訴えの利益

東京高裁平成22年7月7日判決
　　事件名等：平成21年（ネ）第5903号株主総会決議取消請求事件
　　掲載誌：判時2095号128頁、金判1347号18頁

概　要　本判決は、株主総会決議により株主の地位を奪われた株主が提起した決議取消訴訟について、決議後に会社が吸収合併されて解散し、合併無効の訴えの提起がないなどの本件の事情の下では、当該決議取消訴訟の訴えの利益は消滅するとしたものである。

事実関係　A株式会社は臨時株主総会を開催し、全部取得条項付種類株式の創設等を内容とする定款変更決議をした（❶）。A会社の株主であるX₁らは、この総会決議により株主たる地位を奪われることとなり（❷）、決議取消原因があると考えていた（❸）が、A会社はB会社との吸収合併により消滅した（❹）ため、被告をB会社として本件取消訴訟が開始された（❺）。その後B会社はYに吸収合併され（❻）、B会社の訴訟上の地位も引き継がれた（❼）。上記いずれの吸収合併においても、合併承認の株主総会においてX₁らは株主として扱われなかった一方、合併無効の訴えが提起されることもなかった（❽）。原審はX₁らの訴えを却下したため、X₁らより控訴。

判決要旨　控訴棄却。「株主総会決議により株主の地位を奪われた株主は、当該決議の取消訴訟の原告適格を有する。……その者は……決議が取り消されれば株主の地位を回復する可能性を有している以上、会社法831条1項の関係では、株主として扱ってよいと考えられるからである。」
「総会決議後の会社の組織再編について適法に組織再編無効の訴えが提起されている場合には、総会決議後の会社の組織再編は、X₁らの訴えの利益を消滅させるべき特段の事由には当たらない。……〔本件では、〕A会社のB会社への吸収合併について合併無効の訴えが法定の期間内に提起されていないから、この吸収合併は、たとえA会社の株主であるX₁らへの招集手続を欠くA会社の株主総会において合併契約の承認決議がされたという瑕疵があるとしても、もはやその効力を争うことはできず、有効な合併として扱われるべきことが、対世的に確定している。……A会社は、X₁らがその株主ではないことを前提とする合併契約によりB会社に吸収合併されて消滅（解散・会社法471条4号）したものであり、

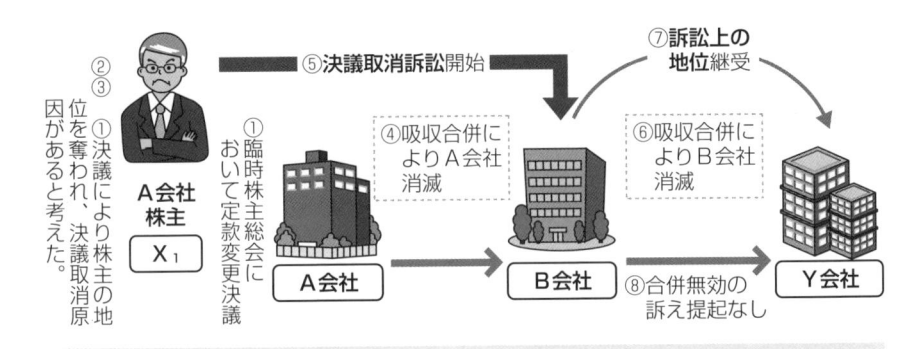

①臨時株主総会において定款変更決議
②③①決議により株主の地位を奪われ、決議取消原因があると考えた。
A会社株主 X₁
A会社
⑤決議取消訴訟開始
④吸収合併によりA会社消滅
B会社
⑥吸収合併によりB会社消滅
⑦訴訟上の地位継受
Y会社
⑧合併無効の訴え提起なし

> X₁らは、もはや、この吸収合併の効力を争うことができない。そして、有効として扱われる合併契約においては、X₁らは、何らの合併対価の交付も受けないことになっている。……そうすると、本件決議を取り消したとしても、X₁らには、A会社又はB会社の株主の地位等、対世的に確認すべき権利、地位がないことに帰する。したがって、……特段の事由があり、本件決議取消訴訟は、訴えの利益を欠くものとして不適法である。」

本判決の位置づけ・射程範囲

会社法171条による強制取得と同法234条による端数処理を組み合わせた方法によって少数株主が締め出される事例が近年少なくない。本判決は、そのような方法により株主の地位を奪われた株主が提起した株主総会決議取消訴訟における訴訟要件の問題を扱う。総会決議取消訴訟を提起した株主は一般に、判決確定時（少なくとも事実審の口頭弁論終結時）まで当該地位を維持する必要があり、この原則を貫くと、ある総会決議により株主の地位を失う者の原告適格は否定される。この問題は、会社法制定前にもあり得ないわけではなかったが（資本減少の場合について、東京地判大正11・3・28 関連判例 ）、全部取得条項付種類株式が導入されたことで一層顕在化しているところ、本判決は、そのような株主にも当該訴訟の原告適格を認めた点で先例的意義がある。

次に本判決は、本件決議後に会社が吸収合併により消滅したという事情が訴えの利益を消滅させる特段の事由になるかを検討し、先行決議の取消により後行の合併承認決議に瑕疵が承継されることを前提に、後行の組織再編行為とともに争う限り先行決議の取消訴訟につき訴えの利益は失われないとした。後行決議の瑕疵を争う訴え（第2次訴訟）が提起され紛争が継続される場合には、先行決議の取消訴訟につき訴えの利益が肯定される例を示すものである（本件では合併無効の訴えは提起されず、訴えの利益を否定）。

さらに理解を深める　平成22年度重判（ジュリ1420号）商法2事件〔松井智予〕弥永・新判例40事件、松井秀征・判例セレクト2010［Ⅱ］（法教366号〔2011〕別冊付録）17頁、山本爲三郎・金判1357号（2011）2頁、江頭4版347頁、神田15版184頁　 関連判例 　東京地判大正11・3・28新聞1995号18頁

第2章　株式会社　(5)　株主総会

77 決議取消の訴えと取消事由の追加

最高裁昭和51年12月24日第二小法廷判決
　事件名等：昭和48年（オ）第794号株式会社総会決議取消請求事件
　掲　載　誌：民集30巻11号1076頁、判時841号96頁、判タ345号195頁、
　　　　　　　金判516号5頁、金法814号43頁

概要　本判決は、株主総会決議取消の訴えにおいて、改正前商法248条1項（会社831条1項）所定の期間経過後に新たな取消事由を追加主張することは許されないとしたものである。

事実関係　Y会社の株主であるXは、Y会社が開催した定時株主総会の決議に瑕疵があると主張して、決議の取消を求めて訴えを提起した（❶）。Y会社の定款は「株主又はその法定代理人は、他の出席株主を代理人としてその議決権を行使することができる。」と定めているところ、Y会社の株主である地方公共団体や法人が非株主である職員や従業員を代理人として出席させ、議決権を代理行使させており、上記定款規定に反するということ等がXの主張する決議の瑕疵であった（❷）。

上記訴えの提起後、Xは、決議の瑕疵の主張を追加した。それは、Y会社は以上のように非株主による議決権の代理行使を認めながら、他方ではY会社の株主Aの代理人である株主Bによる議決権行使を認めておらず、かかる決議は株主平等の原則等に反するというものであった（❸）が、追加された時点では、決議の日から3か月を経過していた（❹）。第1審・控訴審ともにXの請求を棄却したため、Xより上告。

判決要旨　上告棄却。「株主総会決議取消しの訴えを提起した後、商法246条1項所定の期間経過後に新たな取消事由を追加主張することは許されないと解するのが相当である。けだし、取消しを求められた決議は、たとえ瑕疵があるとしても、取り消されるまでは一応有効のものとして取り扱われ、会社の業務は右決議を基礎に執行されるのであって、その意味で、右規定は、瑕疵のある決議の効力を早期に明確にさせるためその取消しの訴えを提起することができる期間を決議の日から3カ月と制限するものであり、また、新たな取消事由の追加主張を時機に遅れない限り無制限に許すとすれば、会社は当該決議が取り消されるのか否かについて予測を立てることが困難となり、決議の執行が不安定になるといわざるを得ないのであって、そのため、瑕疵のある決議の効力を早期に明

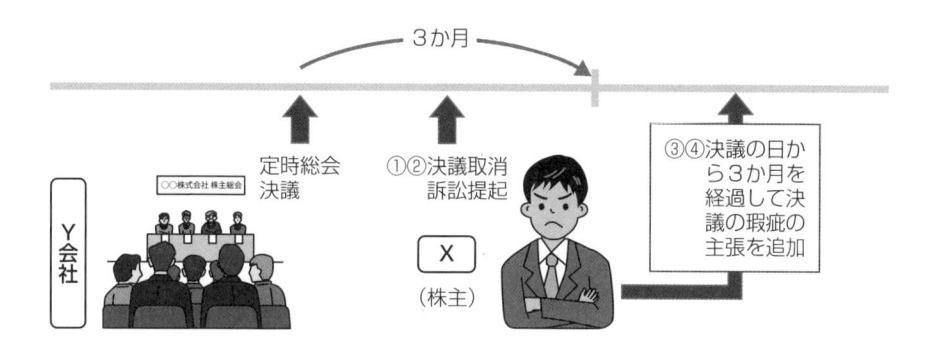

確にさせるという右規定の趣旨は没却されてしまうことを考えると、右所定の期間は、決議の瑕疵の主張を制限したものと解すべきであるからである。

　したがって、Aの議決権行使をY会社が認めなかったのは違法である旨の第一、二審におけるXの主張は、本件決議取消しの訴えの提起期間経過後に新たに追加されたものであるから許されないとした原審の判断は、正当として是認することができ」る。

本判決の位置づけ・射程範囲

　株主総会決議取消しの訴えは決議の日から3か月内に提起されなければならない（改正前商248条1項、会社831条1項）。この期間内に提起された訴訟において、決議から3か月を経た後に新たな取消事由の追加が許されるかについては、否定説に立つ裁判例が多かったが（大阪地判昭和27・7・1 [関連判例]、東京地判昭和28・6・12 [関連判例]、東京高判昭和33・7・30 [関連判例]）、肯定説に立つ裁判例もあったところ（大阪高判昭和42・9・26 [関連判例]）、本判決は、否定説の立場を明示した点で意義を有する。この立場からは、原告は、すべての取消事由を提訴期間内に訴状ないし準備書面に記載して裁判所に提出すべきことになる。

　本判決は、会社法831条1項の期間制限は攻撃防御方法の提出時期をも制限すると解釈する。このような拡張解釈は、会社にとっての法的安定性に資する一方、原告株主に一定の負担を課する。否定説を支持する立場は、証拠を収集し論点を明示するうえで3か月は短すぎる期間ではないとみる。なお、否定説の下でも、主張の実質的同一性が認められる範囲では、提訴期間経過後の補正や釈明が許容される。補正や釈明が比較的寛大に許容されると、原告株主側の負担はそれだけ小さくなろう。

さらに理解を深める

会社法百選46事件〔小塚荘一郎〕　最判解民事篇昭和51年度469頁〔榎本恭博〕、商判5版Ⅰ-78事件、判例講義2版51事件、弥永・重要判例3版167事件、江頭4版321・348頁、神田15版186頁、会社法コンメ⑺168頁〔山田泰弘〕　[関連判例]　大阪地判昭和27・7・1下民集3巻7号909頁、東京地判昭和28・6・12下民集4巻6号868頁、東京高判昭和33・7・30高民集11巻6号400頁、大阪高判昭和42・9・26高民集20巻4号411頁

第2章　株式会社　（5）　株主総会

78 役員選任決議取消の訴えの利益
―― 役員が退任した場合と訴えの利益

最高裁昭和45年4月2日第一小法廷判決
　事件名等：昭和44年（オ）第1112号株主総会決議取消、株主総会決議無効
　　　　　　確認請求事件
　掲 載 誌：民集24巻4号223頁、判時592号86頁、判タ248号126頁、
　　　　　　金法582号24頁

概　要　本判決は、役員選任の総会決議取消の訴えの係属中、その決議に基づいて選任された取締役ら役員がすべて任期満了により退任し、その後の株主総会の決議によって取締役ら役員が新たに選任されたときは、特別の事情のない限り、決議取消の訴えは、訴えの利益を欠くに至るとしたものである。

事実関係　XはY会社の株主であり、またY会社の創立以来の取締役でもあったが、昭和40年5月28日開催の定時株主総会では再選されず、同総会においてAほか6名を取締役に、Bほか1名を監査役に選任する決議がなされた。そこでXは、上記定時総会が取締役会の決議なしに招集されたものであること、その招集通知も会日のわずか4日前に発せられ、そのため株主は上記定時総会での取締役選任に当たり累積投票請求権を行使する機会を奪われたこと、および選任決議が無記名連記の方法でなされたことを理由に、総会決議の取消を求めて提訴した。

第1審はXの請求を認容したが、控訴審は本件決議に基づく役員は現存せず、Xによる総会決議取消の訴えは利益を欠くに至ったと認められる旨判示し、第1審判決を変更してXの請求を却下した。Xより上告。

判決要旨　上告棄却。「形成の訴は、法律の規定する要件を充たすかぎり、訴の利益の存するのが通常であるけれども、その後の事情の変化により、その利益を欠くに至る場合がある……。しかし、株主総会決議取消の訴は形成の訴であるが、役員選任の総会決議取消の訴が係属中、その決議に基づいて選任された取締役ら役員がすべて任期満了により退任し、その後の株主総会の決議によって取締役ら役員が新たに選任され、その結果、取消を求める選任決議に基づく取締役ら役員がもはや現存しなくなったときは、右の場合に該当するものとして、特別の事情のないかぎり、決議取消の訴は実益なきに帰し、訴の利益を欠くに至るものと解するを相当とする。……叙上の見地に立って、本件につきかかる特別事情が存するか否かを見るに、原審の認定したところによれば、Xらの

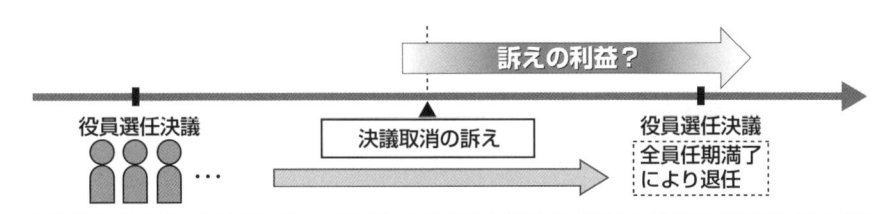

役員選任決議 … 決議取消の訴え → 訴えの利益？ 役員選任決議 全員任期満了により退任

　「取消を求める株主総会の決議によって選任された取締役らは、いずれもすべて任期終了して退任しているというのであるところ、所論は、取消し得べき決議に基づいて選任された取締役の在任中の行為について会社の受けた損害を回復するためには、今なお当該決議取消の利益があるものと主張し、そのいうところは、本件取消の訴は、会社の利益のためにすると主張するものと解されるところがある。しかして、株主総会決議取消の訴は、単にその訴を提起した者の個人的利益のためのみのものでなく、会社企業自体の利益のためにするものであるが、Xは、右のごとき主張をするにかかわらず本件取消の訴が会社のためにすることについて何等の立証をしない以上、本件について特別事情を認めるに由なく、結局本件の訴は、訴の利益を欠くに至ったものと認める外はない。」

本判決の位置づけ・射程範囲

　株主総会決議取消の訴え（会社831条）は形成の訴えであるので、法定の要件を備えている限り、訴えの利益が肯定されるのが原則である。本判決はその例外に関して、役員選任決議取消の訴えの係属中にその決議に基づき選任された役員が退任しその後の総会決議により後任者が選任された場合、特別の事情がない限り当該訴えは実益を失い、訴えの利益を欠くとしたものである。訴えの係属後の事情の変化により形成判決をしてみても実益がない場合に訴えの利益を欠くに至る場合があることは、本判決も引用する最判昭和37・1・19 関連判例 において確認されていた。本判決もそれを踏襲するが、場合によっては「特別の事情」があるとして訴えの利益が肯定され得ること、さらには特別事情の内容等にも言及している点に意義が認められる。本判決について、会社経営の適法性確保に決議取消訴訟が果たす機能を重視する観点から判旨の結論に関わる批判もあるが、訴訟制度を利用する限り何らかの具体的な紛争解決の効果が期待される場合でなければならないとして、結論自体には多くの見解が賛成している。ところで、役員選任決議取消判決に遡及効は肯定されざるを得ないとしても（会社839条参照）、すでに退任した役員の地位を遡及的に喪失させることにより生ずる具体的実益があるかは必ずしも明確でなく、特別の事情を認めた裁判例もほとんどみられない（なお、東京高判昭和60・10・30 関連判例 ）。

さらに理解を深める　会社法百選2版40事件〔野田博〕最判解民事篇昭和45年度215頁〔後藤静思〕、商判5版I－79事件、判例講義2版52事件、江頭4版344・350頁、神田15版185頁　関連判例　最判昭和37・1・19民集16巻1号76頁、東京高判昭和60・10・30判時1173号140頁

第2章　株式会社　(5)　株主総会

79 計算書類承認決議の取消の訴えと訴えの利益

最高裁昭和58年6月7日第三小法廷判決
　事件名等：昭和55年（オ）17号株主総会決議取消請求事件
　掲載誌：民集37巻5号517頁、判時1082号9頁、判タ500号111頁、
　　　　　金判675号3頁、金法1048号44頁

概　要　本判決は、計算書類等承認の株主総会決議取消の訴えの係属中、その後の決算期の計算書類等の承認がされた場合であっても、当該取消の訴えの対象たる承認決議にかかる計算書類につき承認の再決議がされたなどの特別の事情がない限り、当該決議取消を求める訴えの利益は失われないとしたものである。

事実関係　Y株式会社が開催した定時株主総会は「水俣病を告発する会」の運動対象となり、総会会場の定員を超える株主が参集するなか、Y会社は総会開催を強行し、株主提出による修正動議を無視して審議を行い、計算書類等の承認を求める議案が可決された旨宣言した（❶）。自らも会場に入れなかった株主X₁は、以上のようなY会社の総会進行手続に総会決議取消事由があるとして決議取消訴訟を提起した（❷）。第1審はX₁らの請求を認容した（❸）。Y会社は、その後の決算期の計算書類等の承認がされていること、水俣病患者に対する補償を通じて修正動議の目的は達成していることから、X₁らの訴えはその利益を欠くと主張した（❹）が、控訴棄却。Y会社より上告。

判決要旨　上告棄却。「株主総会決議取消の訴えのような形成の訴えは、法律に規定のある場合に限って許される訴えであるから、法律の規定する要件を充たす場合には訴えの利益の存するのが通常であるけれども、その後の事情の変化により右利益を喪失するに至る場合のあることは否定しえないところである。しかして、X₁らのY会社に対する本訴請求は、……その勝訴の判決が確定すれば、右決議は初めに遡って無効となる結果、営業報告書等の計算書類については総会における承認を欠くことになり、また、右決議に基づく利益処分もその効力を有しないことになって、法律上再決議が必要となるものというべきであるから、その後に右議案につき再決議がされたなどの特別の事情がない限り、右決議取消を求める訴えの利益が失われることはないものと解するのが相当である。」「株主総会における計算書類等の承認決議がその手続に法令違反等があるとして取消されたときは、たとえ計算書類等の内容に違法、不当がない場合であっ

①計算書類等の承認を求める議案が可決された旨宣言

株主総会決議

Y会社

②決議取消請求訴訟提起

X₁ 株主

③第１審はX₁らの請求を認容

④Y会社は、X₁らの訴えは訴えの利益を欠くと主張

ても、右決議は既往に遡って無効となり、右計算書類等は未確定となる……したがって、Y会社としては、あらためて取消された期の計算書類等の承認決議を行わなければならないことになるから、所論のような事情をもって右特別の事情があるということはできない。また、……X₁らのY会社に対する本訴請求は、株主の入場制限及び修正動議無視という株主総会決議の手続的瑕疵を主張してその効力の否認を求めるものであるから、右修正動議の内容が後日実現されたということがあっても、そのことをもって右特別の事情と認めるに足りず、他に右特別の事情を認めるに足る事実関係のない本件においては、訴えの利益を欠くに至ったものと解することはできない。」

本判決の位置づけ・射程範囲

株主総会決議取消の訴え（会社831条）は形成の訴えであるので、法定の要件を備えている限り訴えの利益が肯定されるのが原則であるが、訴えの係属後の事情の変化により形成判決をしてみても実益がない場合には、特別の事情がない限り訴えの利益を欠くとされる（最判昭和37・1・19 関連判例、最判昭和45・4・2 本書78事件。いずれも、訴えの利益を否定）。本判決は、計算書類承認に関する株主総会決議の取消訴訟の係属中に、その後の決算期の計算書類の承認決議がなされていることが訴えの利益との関係で問題にされ、そのような場合でも、当該計算書類につき承認の再決議がなされた等の特別の事情がないかぎり、決議取消の訴えの利益は失われない旨を最高裁が判示したものとして意義がある（上記昭和45年判決と本判決とでは、原則と例外が逆になっている）。この問題は、計算書類等の承認決議が遡及的に無効とされた場合に、それが当該決議を前提とする後続期の計算書類等の承認決議にどのような影響を与えるかという学説で見解の分かれる点とも密接に関わる。本判決はこの点につき必ずしも明確ではないが、問題の期の計算書類等の承認決議が取り消されたとき、たとえ後続期の計算書類等がすべて違法、無効にはならないとしても、それらの完全な適法化を図るためには、問題の期の計算書類等の再決議を行わなければならないとして、訴えの利益を肯定したものと考えられる。

さらに理解を深める 会社法百選２版41事件〔小林登〕最判解民事篇昭和58年度209頁〔塩崎勤〕、商判５版Ⅰ-80事件、判例講義２版53事件、酒巻・尾崎３版補正76事件、江頭４版349頁、神田15版185頁、会社法コンメ⑽378頁〔片木晴彦〕

関連判例 最判昭和37・1・19民集16巻1号76頁、最判昭和45・4・2 本書78事件

第 2 章　株式会社　　(5)　株主総会

80　決議取消の訴えと裁量棄却

最高裁昭和46年 3 月18日第一小法廷判決
　事件名等：昭和44年（オ）第89号株主総会決議無効確認請求事件
　掲　載　誌：民集25巻 2 号183頁、判時630号90頁、判タ263号213頁、
　　　　　　　金判264号 2 頁

概　要　本判決は、株主総会招集の手続または決議の方法に性質、程度等からみて重大な瑕疵がある場合には、その瑕疵が決議の結果に影響を及ぼさないと認められるようなときでも、裁判所は、右決議の取消請求を認容すべきであり、これを裁量棄却することは許されないとしたものである。

事実関係　Y株式会社は臨時株主総会を開催し、会社解散、監査役・法定清算人の選任に関する各決議を行った（❶）。ところが、本件株主総会の開催を決定した取締役会には取締役 7 名のうち 2 名のみしか出席しておらず、また、招集通知は法定の招集期間に 2 日不足する12日前に発送されていた（❷）ことから、Y会社の株主であるX₁らは、これらの手続的瑕疵を理由として主位的に総会決議の無効確認を、予備的にその取消を求めて訴えを提起した（❸）。第 1 審・控訴審ともにX₁らの請求を棄却した。

判決要旨　一部棄却。「株主総会招集の手続またはその決議の方法に性質、程度等から見て重大な瑕疵がある場合には、その瑕疵が決議の結果に影響を及ぼさないと認められるようなときでも、裁判所は、決議取消の請求を認容すべきであって、これを棄却することは許されないものと解するのが相当である。けだし、株主総会招集の手続またはその決議の方法に重大な瑕疵がある場合にまで、単にその瑕疵が決議の結果に影響を及ぼさないとの理由のみをもって、決議取消の請求を棄却し、その決議をなお有効なものとして存続せしめることは、株主総会招集の手続またはその決議の方法を厳格に規制して株主総会の適正な運営を確保し、もって、株主および会社の利益を保護しようとしている商法の規定の趣旨を没却することになるからである。

　ところで、Y会社の昭和40年12月29日の臨時株主総会における会社の解散、監査役および法定清算人の選任の各決議について見るに、原審の確定したところによれば、右株主総会招集の手続はその招集につき決定の権限を有する取締役会の有効な決議にもとづかないでなされたものであるのみならず、その招集の通知は

臨時株主総会
①会社解散等を決議
Y会社
③総会決議無効確認等請求
X₁ 株主
②「株主総会の開催を決定した取締役会には手続的瑕疵がある」

すべての株主に対して法定の招集期間に2日も足りない会日より12日前になされたものであるというのであるから、右株主総会招集の手続にはその性質および程度から見て重大な瑕疵があるといわなければならない。
　してみれば、仮に、原判決の認定判示するとおり、右瑕疵が右各決議の結果に影響を及ぼさないものであるとしても、そのことのみをもって、右瑕疵を原因として右各決議の取消を求めるX₁らの本訴予備的請求を棄却することは許されないものと解すべきであるから、原判決のうちX₁らの右予備的請求に関する部分には、株主総会の決議取消の請求に関する法令の解釈適用を誤った違法があるといわざるをえず、この違法を指摘する論旨は、その理由がある。」

本判決の位置づけ・射程範囲

　本判決は、会社法831条2項に相当する規定がない状況下で判示された。その当時も、範囲の広狭は別として、株主総会の招集手続またはその決議方法に瑕疵があってもその取消請求を棄却し得る場合があることを認めるのが一般的であったが、その要件等については、判例、学説上見解が複雑に対立し、錯綜していた。本判決は、招集の手続または決議の方法に瑕疵がある場合に決議取消請求を棄却することができる要件を明確にした点で意義があり、また、昭和56年改正による平成17年改正前商法251条（会社831条2項にそのまま引き継がれている）の制定にも重要な影響を与えたとみられる。

　本判決は、上記要件として、瑕疵の軽微さを第1次的に挙げ、加えて決議の結果への影響がないことも満たす必要があるとする。瑕疵の軽微・重大さに関して、本判決の例が参考になるほか、判例上、招集通知洩れ等、議事成立手続の瑕疵の事件では、重大な瑕疵があると判断される傾向がある（最判昭和42・9・28 本書75事件、最判昭和44・12・18 関連判例、最判平成7・3・9 関連判例 等）。他方、代理人資格のない者や非株主が決議に参加した等の議決権行使の瑕疵につき、重大な瑕疵とはしない裁判例がみられる（最判昭和37・8・30 関連判例、最判昭和30・10・20 関連判例 等）。

さらに理解を深める

会社法百選2版42事件〔岩原紳作〕最判解民事篇昭和46年度202頁〔奥村長生〕、商判5版Ⅰ-82事件、弥永・重要判例3版168事件、判例講義2版55事件、酒巻・尾崎3版補正74事件、江頭4版345頁、神田15版186頁、会社法コンメ(7)53頁〔青竹正一〕 関連判例　最判昭和42・9・28 本書75事件、最判昭和44・12・18集民97号799頁、最判平成7・3・9判時1529号153頁、最判昭和37・8・30民集9巻11号1657頁、最判昭和30・10・20判時311号27頁

第2章 株式会社　(5) 株主総会

81 総会決議不存在確認の訴えと訴権の濫用

最高裁昭和53年7月10日第一小法廷判決
事件名等：昭和52年(オ)第1321号社員総会決議不存在確認請求事件
掲載誌：民集32巻5号888頁、判時903号89頁、判タ370号66頁、
　　　　金判557号13頁

概要　本判決は、会社の経営の実権を握っていた者が、第三者に対し持分全部を譲渡したが、当時社員総会を開いて譲渡の承認を受けることがきわめて容易であったのにもかかわらずこれを懈怠し、相当長年月を経た後に、右譲渡人が持分の譲渡承認およびこれを前提とする役員選任等に関する社員総会決議の不存在確認を求める訴えを提起するのは、訴権の濫用に当たるとしたものである。

事実関係　Y有限会社は、Xを取締役とし、その娘Aを代表取締役とする同族経営会社であった。経営が行き詰まったため、XおよびAが中心となり協議した結果、Xらはその持分をB・C夫婦に譲渡してY会社の経営から手を引くことになり、その有する社員持分の譲渡について合意された。B・C夫婦は右各持分譲渡を受けたことの代償としてY会社が当時負担していた債務の弁済等のため金500万円を出捐し、XおよびAはY会社に対し取締役の辞任届を提出した。そしてY会社の社員総会が開催され、前記各社員持分譲渡の承認およびB・Cの役員選任が決議され、その旨の登記が経由された。ところが社員持分譲渡の合意から3年後、Xは上記各社員総会決議の不存在の確認を求めて訴えを提起した。第1審・原審ともにXの請求を認容したため、Y会社は、Xの訴えは訴権の濫用であるなどとして上告。

判決要旨　破棄自判。「Xは、相当の代償を受けて自らその社員持分を譲渡する旨の意思表示をし、Y会社の社員たる地位を失うことを承諾した者であり、右譲渡に対する社員総会の承認を受けるよう努めることは、Xとして当然果たすべき義務というべきところ、当時Aと共に一族の中心となってY会社を支配していたXにとって、社員総会を開いて前記Xらの持分譲渡について承認を受けることはきわめて容易であったと考えられる。このような事情のもとで、Xが、社員総会の持分譲渡承認決議の不存在を主張し、Y会社の経営が事実上B夫婦の手に委ねられてから相当長年月を経たのちに右決議及びこれを前提とする一連の社員総会の決議の不存在確認を求める本訴を提起したことは、特段の事情

のない限り、Xにおいて何ら正当の事由なくY会社に対する支配の回復を図る意図に出たものというべく、Xのこのような行為はB夫婦に対し甚しく信義を欠き、道義上是認しえないものというべきである。ところで、株式会社における株主総会決議不存在確認の訴は、商法252条所定の株主総会決議無効確認の訴の一態様として適法であり、これを認容する判決は対世効を有するものと解されるところ……、右商法252条の規定は有限会社法41条により有限会社の社員総会に準用されているので、右社員総会の決議の不存在確認を求めるXの本訴請求を認容する判決も対世効を有するものというべきである。そうすると、前記のようにXの本訴の提起がB夫婦に対する著しい信義違反の行為であること及び請求認容の判決が第三者であるB夫婦に対してもその効力を有することに鑑み、Xの本件訴提起は訴権の濫用にあたるものというべく、右訴は不適法たるを免れない。」

本判決の位置づけ・射程範囲

本判決は、旧有限会社の事件であるが、最高裁が初めて訴えの提起を訴権の濫用と認め不適法とした事例として意義を有する。総社員持分の大部分を保有し会社の実権を掌握していた社員が持分を譲渡するに当たり社員総会の承認を得ること（旧有19条2項、会社139条1項参照）を懈怠しながら、数年を経てから上記持分譲渡に対する社員総会決議の不存在を主張し、会社の経営権を取り戻そうとするとすることが、信義則に反することは明白である。しかし、本件で譲渡を受けた者に対する関係でそのようにいえるとしても、本件の被告は経営権の帰属が争われている当の会社であり、その限りでは持分の譲渡を受けた者と利害を共通にするものとはいえないから、その信義則違反をそのまま本件の訴提起の適法性の問題に結びつけることはできない。本件は旧有限会社法の規定に照らし重大な瑕疵の存する場合であり、会社運営の適正の確保を目的とした訴訟である以上、これに原告と第三者との実質的な関係についての考慮を持ち込むためには特別の法律上の根拠が必要になる。判旨は、本件の訴提起に対する請求認容の判決が対世効を有し（会社838条）、したがって原告から持分譲渡を受けた者にもその効力が及ぶという点にこれを求めた。判旨の結論は多くの支持を得ているが、その理論構成の是非については見解が分かれ、課題として残されている。

さらに理解を深める　**会社法百選2版44事件〔森田章〕** 最判解民事篇昭和53年度295頁〔園部逸夫〕、商判5版Ⅰ-83事件、判例講義2版58頁、酒巻・尾崎3版補正78事件、江頭4版228・355頁、神田15版188頁

第2章　株式会社　　(5)　株主総会

82　取締役選任決議の不存在とその後の取締役選任決議の効力

最高裁平成2年4月17日第三小法廷判決
　事件名等：昭和60年（オ）第1529号地位確認等請求事件
　掲　載　誌：民集44巻3号526頁、判時1354号151頁、判タ732号190頁、
　　　　　　　金判850号3頁、金法1264号37頁

概　要　本判決は、先行する取締役選任決議が不存在である場合には、その者が招集手続に関与した後行の取締役選任決議も、全員出席総会においてされたなど特段の事情がない限り、連鎖的に不存在になるとしたものである。

事実関係　Y株式会社においては、昭和49年6月30日当時、取締役としてX・A・BおよびCの4名が、代表取締役としてXが、それぞれ就任していた（①）。同年7月1日付けの臨時株主総会議事録ではXが取締役を辞任し、その後任としてDが選任された旨が、同日付の取締役会議事録ではAが代表取締役に選任された旨が記されていたが、いずれもそのような事実は存在していなかった（②）。そこでXは、XがY会社の取締役および代表取締役の地位にあることの確認、Dが取締役の地位を有しないことの確認、AがY会社の代表取締役の地位を有しないことの確認を求めて訴えを提起した（③）。第1審はXの請求を認容したが、控訴審係属中の昭和60年1月24日、XはAの求めに応じてAおよびBに取締役会の招集通知を発し、同月30日に開催された取締役会において、Xの代表取締役からの解任およびAを代表取締役に選任する決議がなされた（④）。

判決要旨　一部破棄差戻し、一部請求棄却。「取締役を選任する旨の株主総会の決議が存在するものとはいえない場合においては、当該取締役によって構成される取締役会は正当な取締役会とはいえず、かつ、その取締役会で選任された代表取締役も正当に選任されたものではなく……、株主総会招集権限を有しないから、このような取締役会の招集決定に基づき、このような代表取締役が招集した株主総会において新たに取締役を選任する旨の決議がされたとしても、その決議は、いわゆる全員出席総会においてされたなど特段の事情がない限り……、法律上存在しないものといわざるを得ない。したがって、この瑕疵が継続する限り、以後の株主総会において新たに取締役を選任することはできないものと解される。そして、本件においては、このような特段の事情についての主張立証はない。」「昭和60年1月30日当時、X、A、B及びCの4名は、商法258条1項に基づき、Y会社の取締役としての権利義務を有していたものであり、この

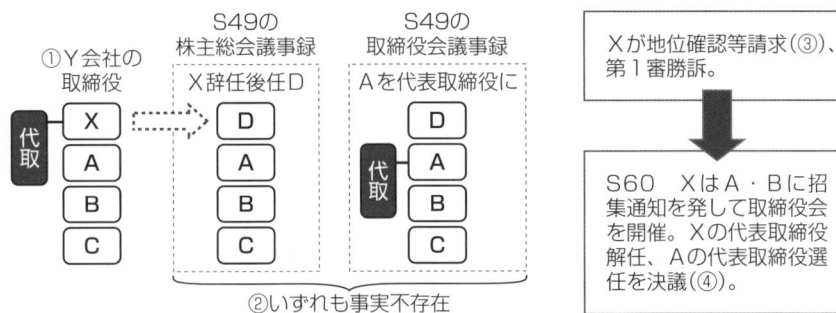

①Y会社の取締役　S49の株主総会議事録　X辞任後任D　S49の取締役会議事録　Aを代表取締役に

代取 — X, A, B, C
D, A, B, C（株主総会議事録）
D, A, B, C（取締役会議事録、Aが代取）

②いずれも事実不存在

Xが地位確認等請求（③）、第1審勝訴。

S60　XはA・Bに招集通知を発して取締役会を開催。Xの代表取締役解任、Aの代表取締役選任を決議（④）。

　うちX、A及びBの3名によって同日開催された取締役会における、XをY会社の代表取締役から解任し、Aを代表取締役に選任する旨の前記決議は、招集通知を欠いたCが出席してもなお決議の結果に影響を及ぼさないと認めるべき特段の事情がある場合には有効と解すべきものである……昭和60年1月30日開催の取締役会の決議の効力につき更に審理を尽くさせる必要があるから、これを原審に差し戻すべきである。」

本判決の位置づけ・射程範囲

　本判決は、先行する取締役選任決議が不存在である場合には、その者が招集手続に関与した後行の取締役選任決議も、全員出席総会においてされたなど特段の事情がない限り、連鎖的に不存在になることを明らかにした初めての最高裁判決であり、その考え方を前提に、改正前商法258条1項（会社346条1項）に基づく取締役の権利義務の消滅原因の有無を判断した。本件の事案は小規模会社の内紛の典型的なものである。本判決のように瑕疵の連鎖を肯定すると、会社をめぐる法律関係が収拾のつかない混乱に陥ることを懸念して、学説では、先行する取締役選任決議が不存在であっても、登記などにより適法な取締役たる外観を備えた者が招集し、他に手続上、内容上の瑕疵がないときは、その総会の決議は有効となるなどとし、取締役の地位の連鎖的否定を遮断する試みがなされてきた（大阪高判昭和46・11・30 関連判例 も同様）。しかし、本件のような場合に瑕疵の連鎖を否定すると、虚偽の外観を重ねてきた者を保護する結果になることから、本判決の立場を正当とする見解が近時は増えて来ている。

　なお、本件では直接の論点とならなかった、先行決議の不存在確認を求める訴えの利益の問題については、最判平成11・3・25 関連判例 が、「紛争の根源を断つことができる」との根拠を示し、特段の事情のない限り、先行の決議についても存否の確認の利益が認められるとしている。

さらに理解を深める　会社法百選2版43事件〔受川環大〕最判解民事篇平成2年度145頁〔倉吉敬〕、商判5版Ⅰ-84事件、弥永・重要判例3版169事件、判例講義2版56事件、酒巻・尾崎3版補正75事件、江頭4版354頁、神田15版188頁、会社法コンメ(7)54頁〔青竹正一〕 関連判例 大阪高判昭和46・11・30下民集22巻11＝12号1163頁、最判平成11・3・25民集53巻3号530頁

第2章　株式会社　(5)　株主総会

83　決議無効確認の訴えと決議取消の主張

最高裁昭和54年11月16日第二小法廷判決
　事件名等：昭和54年（オ）第410号株主総会決議無効確認請求事件
　掲載誌：民集33巻7号709頁、判時952号113頁、判タ406号86頁、
　　　　　金判589号3頁、金法922号41頁

概要　本判決は、決議無効確認を求める訴えにおいて決議無効原因として主張された瑕疵が決議取消原因に該当しており、しかも、決議取消訴訟の原告適格、出訴期間等の要件を満たしているときは、たとえ決議取消の主張が出訴期間経過後になされたとしても、決議無効確認訴訟提起時から決議取消の訴えが提起されていたものと同様に扱うのが相当であるとしたものである。

事実関係　Y株式会社は、昭和50年5月30日に開催された定時株主総会において、役員定数変更および役員改選の件、授権資本の変更の件、第三期営業報告書、貸借対照表および損益計算書ならびに欠損金処分案承認の件、役員の報酬額の件、に関して決議をした（❶）。ところが、計算書類について、事前に監査役の承認を受けていなかった（❷）。Y会社の株主であるXは、昭和50年8月20日、上記営業報告書等の承認の件についての決議は、監査役の監査を受けていない違法な計算書類に基づくことを無効原因として、決議無効確認の訴えを提起した（❸）。そのうえで、第1審係属中の昭和52年5月24日に、予備的に決議取消の訴えを提起した（❹）。取消原因は、上記無効原因と同一のもので あった（❺）。第1審は決議無効確認の訴えについてはXの請求を棄却し、決議取消の訴えについてはXの訴えを却下した。これに対して控訴審は、決議無効確認の訴えについては第1審判決を支持したが、決議取消の訴えについては、「Xらが、取消の訴を提起しうる適格を有する株主として、……決議取消の原因となる瑕疵を理由に、決議の効力を否定しようとする訴訟を、取消訴訟の出訴期間たる決議の日より3月内に提起している場合においては……、それが決議無効確認の訴として提起されていても、当該瑕疵を理由とする決議取消請求を予備的に含むものと解するのが相当である。」として、第1審判決を取り消して本件を第1審に差し戻した。そこでY会社より上告。

判決要旨　上告棄却。「商法が株主総会決議取消の訴と同無効確認の訴とを区別して規定しているのは、右決議の取消原因とされる手続上の瑕疵

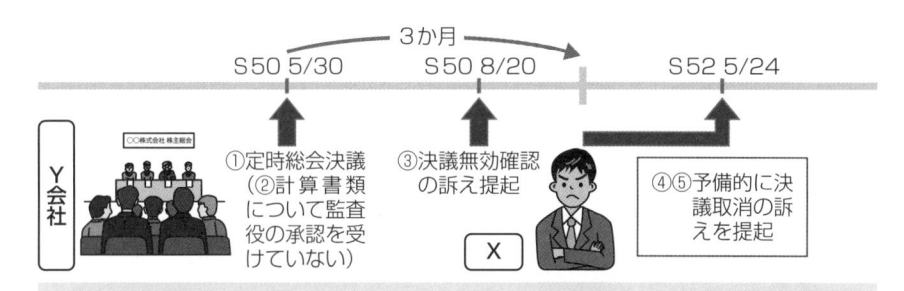

[図：時系列]
S50 5/30 ①定時総会決議（②計算書類について監査役の承認を受けていない）— 3か月 — S50 8/20 ③決議無効確認の訴え提起（X）— S52 5/24 ④⑤予備的に決議取消の訴えを提起（Y会社）

がその無効原因とされる内容上の瑕疵に比してその程度が比較的軽い点に着目し、会社関係における法的安定要請の見地からこれを主張しうる原告適格を限定するとともに出訴期間を制限したことによるものであって、もともと、株主総会決議の取消原因と無効原因とでは、その決議の効力を否定すべき原因となる点においてその間に差異があるためではない。このような法の趣旨に照らすと、株主総会決議の無効確認を求める訴において決議無効原因として主張された瑕疵が決議取消原因に該当しており、しかも、決議取消訴訟の原告適格、出訴期間等の要件をみたしているときは、たとえ決議取消の主張が出訴期間経過後にされたとしても、なお決議無効確認訴訟提起時から提起されていたものと同様に扱うのを相当とし、本件取消訴訟は出訴期間遵守の点において欠けるところはない。」

本判決の位置づけ・射程範囲

会社法は、株主総会決議の瑕疵を争う訴えとして、決議取消の訴え（会社831条）、決議無効確認の訴えおよび決議不存在確認の訴え（同830条）を定めている。それぞれの瑕疵の事由は、一般的・抽象的には、比較的明確に区別できるようにみえるが、本件の瑕疵のように、判断の難しい場合もある。訴えの選択を誤った場合、その請求自体が失当であり棄却されるとする厳格な立場を採る下級審の判決もみられたが、本判決は、決議取消の訴えと決議無効確認の訴えの区別は、瑕疵の程度の差異に着目して前者について原告適格と出訴期間を制限しているのであって、総会決議の取消原因と無効原因はいずれも当該決議の効力を否定すべき原因となる点で共通するとの理解を示し、提訴期間内に決議取消の請求がない場合でも、その期間内にその瑕疵について決議無効確認の訴えが提起されていた場合は、決議無効確認訴訟提起時から決議取消の訴えが提起されていたものと扱うことを最高裁として初めて明確にしたものである。なお、本件において、原告は第1審係属中に、決議取消の訴えを予備的に追加している。裁判所が決議取消の訴えについて判断をするには、このように原告による明示の取消請求が必要か否か議論があるが、判旨はこれを条件としているように読むこともできる。

さらに理解を深める　**会社法百選2版45事件〔梅津昭彦〕**　最判解民事篇昭和54年度364頁〔篠田省三〕、商判5版Ⅰ-85事件、弥永・重要判例3版166事件、判例講義2版57事件、酒巻・尾崎3版補正77事件、江頭4版348頁、神田15版186頁、会社法コンメ(7)506頁〔片木晴彦〕

第2章　株式会社　(6)　取締役

84　会社の破産と取締役の地位

最高裁平成21年4月17日第二小法廷判決
　事件名等：平成20年（受）第951号株主総会等決議不存在確認請求事件
　掲　載　誌：判時2044号74頁、判タ1297号124頁、金判1321号51頁、
　　　　　　　金法1878号39頁

概　要　本判決は、株式会社の取締役または監査役の解任または選任を内容とする株主総会決議不存在確認の訴えの係属中に当該株式会社が破産手続開始の決定を受けても、取締役らはその地位を当然には失わず、上記訴訟についての訴えの利益は当然には消滅しないとしたものである。

事実関係　Y株式会社は臨時株主総会を開催し、取締役であったXらを解任し、Zら2名を取締役または監査役に選任することを内容とする決議を行った。その後に開催された取締役会では、Zが代表取締役として選任された。以上を不服とするXらは、上記株主総会および取締役会決議が存在しないことの確認を求めて訴えを提起した。ところが第1審係属中にY会社は破産手続開始決定を受け、破産管財人が選任された。第1審はXらの請求を認容したが、控訴審は、破産手続開始の時点で取締役および監査役は役員たる地位を喪失しており、訴えの利益を欠くとして、訴えを却下した。そこでXらより上告。

判決要旨　破棄差戻し。「民法653条は、委任者が破産手続開始の決定を受けたことを委任の終了事由として規定するが、これは、破産手続開始により委任者が自らすることができなくなった財産の管理又は処分に関する行為は、受任者もまたこれをすることができないため、委任者の財産に関する行為を内容とする通常の委任は目的を達し得ず終了することによるものと解される。会社が破産手続開始の決定を受けた場合、破産財団についての管理処分権限は破産管財人に帰属するが、役員の選任又は解任のような破産財団に関する管理処分権限と無関係な会社組織に係る行為等は、破産管財人の権限に属するものではなく、破産者たる会社が自ら行うことができるというべきである。そうすると、同条の趣旨に照らし、会社につき破産手続開始の決定がされても直ちには会社と取締役又は監査役との委任関係は終了するものではないから、破産手続開始当時の取締役らは、破産手続開始によりその地位を当然には失わず、会社組織に係る行為等については取締役らとしての権限を行使し得ると解するのが相当である（最高裁平

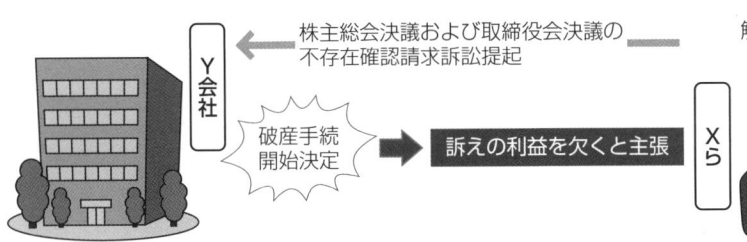

成……16年6月10日第一小法廷判決・民集58巻5号1178頁参照）。……したがって、株式会社の取締役又は監査役の解任又は選任を内容とする株主総会決議不存在確認の訴えの係属中に当該株式会社が破産手続開始の決定を受けても、上記訴訟についての訴えの利益は当然には消滅しないと解すべきである。」
「以上によれば、Y会社が破産手続開始の決定を受け、破産管財人が選任されたことにより、当然に取締役らがその地位を喪失したことを前提に、訴えの利益が滅したとして本件株主総会決議等不存在確認の訴えを却下した原審の判断には法令解釈の誤りがあ〔る。〕」

本判決の位置づけ・射程範囲

本件では、取締役・監査役の解任または選任を内容とする株主総会決議不存在確認訴訟についての訴えの利益が認められるか否かを判断するに当たり、会社の破産手続開始決定後の取締役の地位の問題が争点となった。この問題については、すでに本判決が引用している最判平成16・6・10 関連判例 が取締役は当然にはその地位を失わないとの立場（非終任説）を明らかにしていた。本判決は、一層詳細な理由づけの下で非終任説の立場を踏襲したものである。これらの判決によると、会社財産についての管理処分に関する権限とそれ以外の株主総会の招集等の会社組織に係る行為を行う権限とは峻別して扱われ、破産手続開始の決定時に取締役であった者は会社の破産後も、後者の権限を行使する限度でその地位を維持する。他方、前者の権限についてはこれを失い、そして清算手続が必要なときでも当然に清算人に就任することもない（最判昭和43・3・15 関連判例 参照。なお同判決は、同時破産廃止決定があったからといって、従前の取締役が改正前商法417条1項本文（会社478条1項1号）により当然清算人になるものとは解し難いとする際、「民法653条によれば、委任は委任者または受任者の破産に因って終了するのであるから、取締役は会社の破産により当然取締役の地位を失う」ことを理由にしたが、前掲最判平成16・6・10は、「事案を異にする」として、判例変更は行っていない。また、最決平成16・10・1 関連判例 も参照）。

さらに理解を深める　平成21年度重判（ジュリ1398号）民訴7事件〔菱田雄郷〕商判5版 I −86事件、弥永・重要判例3版172事件、野田博・金判1337号（2010）2頁、江頭4版371頁、神田15版194頁、会社法コンメ(7)429頁〔近藤光男〕

関連判例　最判平成16・6・10民集58巻5号1178頁、最判昭和43・3・15民集22巻3号625頁、最決平成16・10・1金判1209号38頁

第2章　株式会社　(6)　取締役

85 取締役解任の正当な理由

最高裁昭和57年1月21日第一小法廷判決
　事件名等：昭和56年（オ）第974号株主総会決議取消等請求事件
　掲載誌：判時1037号129頁、判タ467号92頁、金判644号8頁

概要　本判決は、持病が悪化したため全所有株式を譲渡し代表取締役の地位を退いた取締役を解任することが、改正前商法257条1項ただし書（会社339条2項）にいう正当な事由を欠く解任とはいえないとされたものである。

事実関係　Y株式会社は、実質的には代表取締役であるXおよび取締役であるAが共同経営しているという状況にあった（❶）。Xは、持病であった高血圧症、脳血栓に心筋梗塞も加わり病状が悪化したため、療養に専念することとし（❷）、所有するY会社の株式をAに譲渡するとともに、Aとの間で代表取締役の地位を交替しその決議がされた旨が記された取締役会議事録が作成された（❸）。その後、Aは臨時株主総会を招集し、決議によってXを取締役から解任した（❹）。そこでXは、上記株主総会は、Xへの収集通知を欠いており、またY会社取締役会の決議に基づかずに招集されたとして、主位的に決議無効確認を、予備的に決議取消を求めて訴えを提起した（❺）。第1審はXの請求を棄却したため、Xは、控訴審においてY会社に対し、新たに改正前商法257条1項ただし書に基づく損害賠償を請求した（❻）。控訴審は、「Y会社がXを取締役から解任したのは会社運営上しごく当然のことであってなんら非難すべき事由は存在しないから、Xの右主張は採用することができない」と述べ、Xの新請求について棄却したため、Xより上告。

判決要旨　上告棄却。「原審が適法に確定した事実は、（1）Y会社の代表取締役であったXは、昭和52年9月ころ持病が悪化したので、Y会社の業務から退き療養に専念するため、その有していたY会社の株式全部をY会社の取締役Aに譲渡し、Aと代表取締役の地位を交替した、（2）そしてAは、経営陣の一新を図るため、同年10月31日開催の臨時株主総会を招集し、右株主総会の決議により、Xを取締役から解任した、というのであり、右事実関係のもとにおいては、Y会社によるXの取締役の解任につき商法257条1項但書にいう正当な事由がないとはいえないとした原審の判断は、正当として是認することができる。」

①共同経営

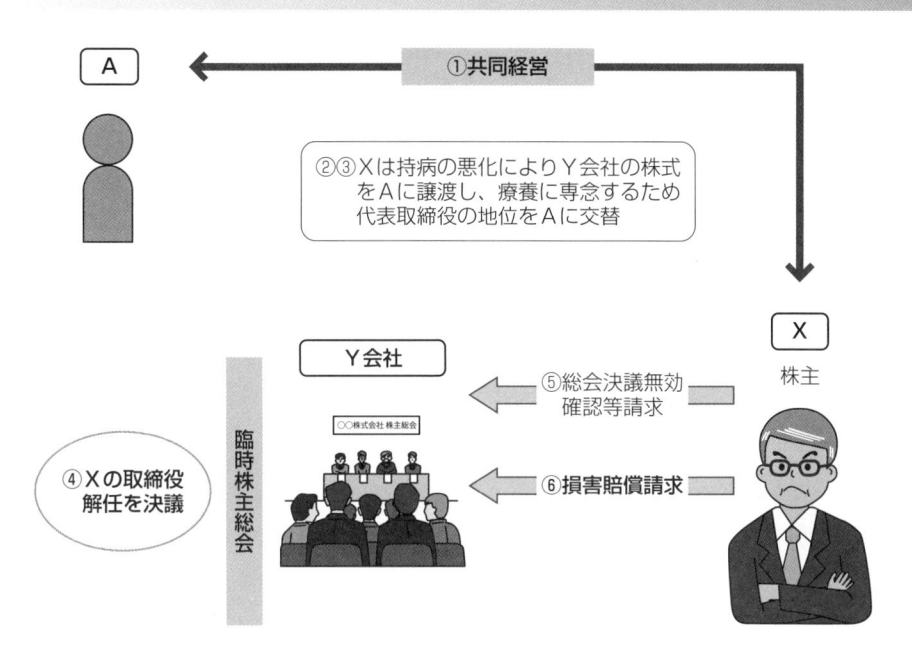

A

②③ XはY持病の悪化によりY会社の株式をAに譲渡し、療養に専念するため代表取締役の地位をAに交替

X 株主

Y会社

⑤総会決議無効確認等請求

④Xの取締役解任を決議

臨時株主総会

⑥損害賠償請求

本判決の位置づけ・射程範囲

　会社は、株主総会の普通決議で、いつでも取締役を含む役員および会計監査人を解任することができるが（会社339条1項）、「正当な理由」なしに解任したときは、会社は解任によって生じた損害を賠償しなければならない（同条2項）。本判決は、持病が悪化し療養に専念しようとして代表取締役を辞した者を株主総会決議により取締役から解任した場合について、「正当な事由」（本件当時の商法では、任期満了前に正当な事由なく解任した場合に取締役は損害賠償を請求できる旨規定されていた。改正前商257条2項ただし書参照）を認めたものであり、取締役解任の正当事由の意味に関し先例の乏しい状況下において、その要件の範囲として、1つの事例についての解釈を示したところに意義がある。

　本件判旨が正当事由の範囲をどのように捉えているか、必ずしも明確ではない。本判決が示す心身の故障以外に、取締役の職務遂行上の不正の行為や法令・定款違反行為（会社854条参照）が含まれることに異論は少ないであろう。また、職務への著しい不適任として、監査役の解任に関する事例であるが、税理士として税務処理上の誤りをおかした場合に監査役として著しく不適任であるとして正当事由を肯定した下級審判例がある（東京高判昭和58・4・28 関連判例）。経営上の失敗については、見解が分かれる。

さらに理解を深める　会社法百選2版46事件〔近藤光男〕、商判5版Ⅰ-87事件、判例講義2版60事件、酒巻・尾崎3版補正80事件、江頭4版373頁、神田15版194頁、会社法コンメ(7)529頁〔加藤貴仁〕、逐条解説会社法(4)326頁〔奥島孝康〕

関連判例　東京高判昭和58・4・28判時1081号130頁

第２章　株式会社　(6) 取締役

86 取締役の職務執行停止仮処分の効力

最高裁昭和45年11月6日第二小法廷判決
　事件名等：昭和40年（オ）第834号土地所有権確認等請求事件
　掲載誌：民集24巻12号1744頁、判時626号83頁、判タ263号218頁、
　　　　　金判247号9頁

概　要　本判決は、取締役全員の職務の執行を停止しその代行者を選任する仮処分があった後、取締役全員が辞任し、後任の取締役が選任された場合において、代表取締役が欠けているときは、後任取締役が構成する取締役会の決議をもって代表取締役を定めることができるが、その代表取締役は、仮処分の存続中はその権限を行使することができないとしたものである。

事実関係　Ｚ株式会社にはＡら4名の取締役が存在していた(❶)が、職務停止仮処分を受けて職務執行を停止され(❷)、Ｐら3名の職務代行者が選任された(❸)。その後Ａら4名は取締役を辞任し(❹)、Ｚ会社は新たにＡを含む4名を取締役に選任し、Ａが代表取締役として選任された(❺)。その後、上記仮処分申請は取り下げられている(❻)。仮処分の取下後にＡを通じてＺ会社所有の土地を購入したとするＸは、やはり同土地を購入し、所有権移転登記を経由しているＹに対し、土地所有権の確認を求めて訴えを提起した(❼)。第1審・控訴審はＸの請求を棄却したため、Ｘより上告。

判決要旨　破棄差戻し。「職務執行停止代行者選任の仮処分……により職務の執行を停止された取締役が辞任し、株主総会の決議によりあらたに後任の取締役が選任された場合、このことのみによって、直ちに右仮処分決定が失効したり、右代行者の権限が消滅したりするものと解すべきではなく、右後任取締役の選任等により事情の変更があるとして仮処分決定を取り消す判決があってはじめて右のごとき効果が生ずるものというべきである。」
「取締役の職務執行停止代行者選任の仮処分により取締役の職務代行者が選任されている場合には、右職務の執行を停止された取締役が辞任し、その後任の取締役が選任されたとしても、会社の取締役の職務は、原則として職務代行者が行なうべきものであって、その限度において右後任取締役は職務の執行を制限されるものと解するのが相当である。……しかし、仮処分の後、職務の執行を停止された取締役が辞任し後任の取締役が選任された場合に、もし代表取締役が欠けているときは、これら取締役が構成する取締役会の決議をもって代表取締役を定める

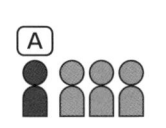

①Z会社の取締役　②職務執行停止仮処分　③職務代行者（Pら）　④全員が辞任　⑤Z会社は新取締役を選出、Aが代表取締役に　⑥仮処分申請取下げ　⑦Aを通じて土地を買い受けたとするXが、所有権登記を有するYに対して提訴。

ことができると解すべきである。」
「これを本件についてみるに、……Aは、右にいう後任取締役の構成する取締役会によって、適法にZ会社の代表取締役に選任されたものというべきである」が、仮処分の存続中、取締役たる資格においてその職務を執行できない制約を受け、代表取締役としての権限も直ちに行使できない（本件仮処分申請はその後取り下げられたため、取下後Aが前記売買契約を追認し、または新たに売買契約を締結したとのXの主張につきなお判断する必要があり、破棄差戻しとされた。）。

本判決の位置づけ・射程範囲

本件は、平成2年商法改正および平成元年の民事保全法制定前の法律（改正前商旧270条・271条、民訴旧760条）のもとで争われ（今日、取締役の職務執行停止・職務代行者選任の仮処分の手続は、民事保全法23条2項による）、前任取締役につき職務執行停止の仮処分がなされ職務代行者が選任されていたところ、前任取締役が辞任し後任取締役が選任された場合、仮処分の効力はどうなるか、すなわち、仮処分の取消なしに職務代行者は権限を失い、後任取締役は直ちに取締役としての職務を執行することができるか否かという問題をはじめとして（以下では、この問題に限定する）、取締役の職務執行停止等の仮処分に関する種々の問題を含むものである。上記問題について、大審院は、後任者の選任が直ちに代行者の権限を消滅せしめるとは解さず、消滅のためには事情変更による取消を必要としていた（大判昭和8・6・30 関連判例）。これに対し、理由づけは種々あるが（本件上告理由参照）、被停止者の辞任、少なくとも後任者の選任によって、仮処分は当然失効するとする見解も存する。本判決は、最高裁として初めて前者の見解を採用することを判示した。後任者は会社法の定める手続により選任されたものであるという会社法の建前よりも仮処分の意義を重視する立場といえるが、その実質的な意味は、会社内紛が激化した場合に双方から仮処分の応酬が繰り返される事情を考慮して、紛争の適正な解決のために代行者の地位を安定的なものにするという要請を重視した点にある。

さらに理解を深める　**会社法百選2版48事件〔菊地和彦〕** 最判解民事篇昭和45年度（下）675頁〔杉田洋一〕、商判5版Ⅰ-89事件、弥永・重要判例3版198事件、判例講義2版77事件、酒巻・尾崎3版補正82事件、江頭4版376頁、神田15版196頁、会社法コンメ⑻33頁〔石山卓磨〕、逐条解説会社法⑷405頁〔稲葉威雄〕　**関連判例**　大判昭和8・6・30民集12巻1711頁

第２章　株式会社　(6)　取締役

87　代表取締役職務代行者による臨時総会の招集と会社の常務

最高裁昭和50年6月27日第二小法廷判決

　事件名等：昭和50年（オ）第157号株主総会決議取消請求事件
　掲載誌：民集29巻6号879頁、判時784号101頁、判タ325号191頁、
　　　　　金判488号19頁、金法761号28頁

概要　本判決は、取締役の解任を目的とする臨時株主総会の招集は、少数株主による招集請求に基づくときでも、改正前商法271条（会社352条1項）にいう会社の常務に属さないとしたものである。

事実関係　タクシー会社を営むY株式会社の代表取締役であるAは、役員間の対立を背景として解任され、Bが後任の代表取締役に選任された（❶）。ところがその後、Bは職務執行停止の仮処分を受け、Cがその職務代行者に選任された（❷）。

　XはY会社の株主であり、取締役の一員であったが、刑事事件による有罪判決が確定した（❸）ことから、陸運事務所長から役員変更手続を採るよう警告された（❹）ため、Y会社の取締役であり少数株主であるDは、少数株主権の行使としてCに対し、Xの解任を目的とする臨時株主総会の招集を請求した（❺）。Cは臨時株主総会を招集し、全員一致でXを解任する旨の決議が行われた（❻）。そこでXは、CがしたXの解任を目的とする上記臨時総会の招集は職務代行者が行い得る「常務」に属するとはいえず、上記臨時総会には改正前商法271条1項に基づく裁判所の許可を得ることなく招集した違法があるとして、上記決議の取消を求めて訴えを提起した（❼）。第1審・控訴審ともにXの請求を認容したため、Y会社より上告。

判決要旨　上告棄却。「株式会社において、取締役の解任を目的とする臨時総会を招集することが、商法271条1項にいう『会社ノ常務ニ属セザル行為』にあたると解すべきことは、当裁判所の判例の趣旨とするところであり……、このことは、右臨時総会の招集が、少数株主による招集の請求に基づくものであるときにおいても同様と解するのが相当である。けだし、会社の常務とは、当該会社として日常行われるべき通常の業務をいうのであり、取締役の解任を目的とする臨時総会の招集の如きは日常、通常の業務にあたらないと解すべきであるところ、その招集行為の性質そのものは、それが少数株主の総会招集請求に基づく場合であっても、なんら影響を受けないと解すべきであるからである。」

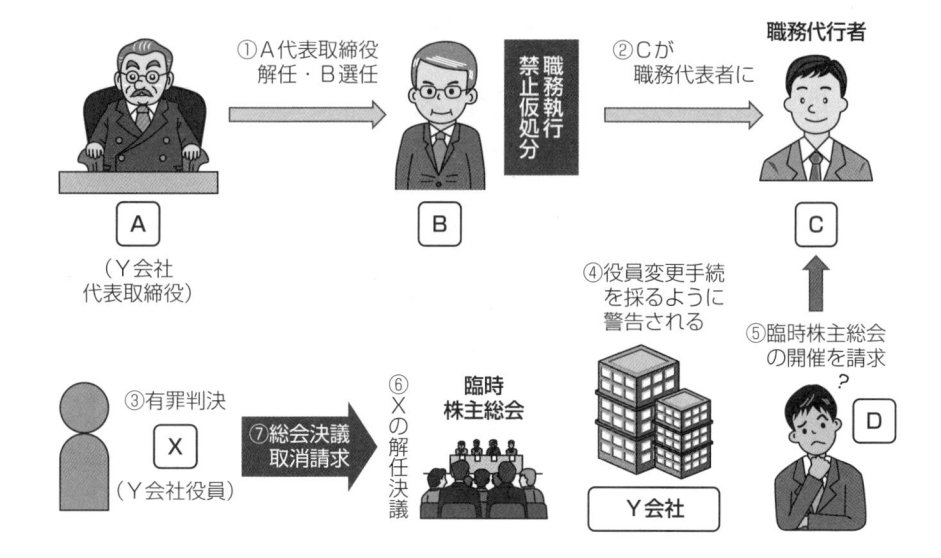

本判決の位置づけ・射程範囲

　取締役または代表取締役の職務代行者の権限は、仮処分命令に別段の定めのあるときを除き、会社の常務に属する行為に限定され、常務に属さない行為を行うには、裁判所の許可を得なければならない（会社352条1項。本件当時の商法271条の規定も同趣旨）。本判決は、常務の意義ないし範囲に関連して、少数株主の総会招集請求に基づく場合であっても、取締役の解任を目的とする臨時総会の招集は会社の常務に該当しないとの解釈を示したものである。本判決が引用する最判昭和39・5・21 関連判例 は、有限会社についてであるが、代表取締役職務代行者が「臨時社員総会を招集することは会社の常務といえないことは明らかである」としている。本件は少数株主による招集請求に基づくという点で異なる要素を含むが、本判決は、その場合でも変わらないことを明らかにした。以上から最高裁は、定時総会の招集は常務だが、臨時総会の招集は常務外とする考え方に立つとも捉え得るが、当該総会の決議事項の内容が会社の通常の業務に属するか否かによって区別する見解でもそれを説明することは可能である（前掲最判昭和39・5・21も、取締役を解任して後任の取締役を選任することを目的とする総会に関するものであった）。

　常務の範囲に関しては、その他、株式名義書換の許否の決定が常務に属すると判断した裁判例もみられる（最判昭和47・2・3 関連判例 ）。

さらに理解を深める　会社法百選2版49事件〔石山卓磨〕最判解民事篇昭和50年度275頁〔友納治夫〕、商判5版Ⅰ-90事件、弥永・重要判例3版195事件、判例講義2版78事件、酒巻・尾崎3版補正83事件、江頭4版376頁、神田15版196頁、会社法コンメ(7)62頁〔青竹正一〕、逐条解説会社法(4)406頁〔稲葉威雄〕　関連判例　最判昭和39・5・21民集18巻4号608頁、最判昭和47・2・3判時662号83頁

第2章　株式会社　(6)　取締役

88　取締役会の決議を欠く代表取締役の行為の効力

最高裁昭和40年9月22日第三小法廷判決
事件名等：昭和36年（オ）第1378号建物並びに土地明渡所有権確認同移転登記手続同反訴請求事件
掲載誌：民集19巻6号1656頁、判時421号31頁、判タ181号114頁、金法425号11頁

概要　本判決は、株式会社の代表取締役が、取締役会の決議を経てすることを要する対外的な個々的取引行為を、右決議を経ないでした場合でも、右取引行為は、相手方において右決議を経ていないことを知りまたは知ることができたときでない限り、有効であるとしたものである。

事実関係　X株式会社は、製材加工事業およびその製品の販売等を事業目的とし、土地、建物、器具類一式（本件物件）から構成される木曽工場を基盤として営業を行ってきたが、休業のやむなきに至った（❶）。その後X会社の代表取締役であるAは、株主総会の特別決議および取締役会の決議を経ずに、最も重要な財産である本件物件をY協同組合に対し売り渡す旨の売買契約を締結した（❷）。ところが、X会社は後になって、当該売買契約の成立を争うとともに、仮に売買契約が成立したとしても、この売買契約は無効であると主張して訴えを提起した（❸）。X会社が主張する無効の理由は、上記売買は営業譲渡に該当するにもかかわらず株主総会特別決議を経ていないこと（❹）、上記売買契約につき取締役会決議を経ていないこと（❺）、にある。第1審・控訴審ともにX会社の請求を棄却したため、X会社より上告。本項では❺について扱い、❹については本書140事件で扱う。

判決要旨　上告棄却。「株式会社の一定の業務執行に関する内部的意思決定をする権限が取締役会に属する場合には、代表取締役は、取締役会の決議に従って、株式会社を代表して右業務執行に関する法律行為をすることを要する。しかし、代表取締役は、株式会社の業務に関し一切の裁判上または裁判外の行為をする権限を有する点にかんがみれば、代表取締役が、取締役会の決議を経てすることを要する対外的な個々的取引行為を、右決議を経ないでした場合でも、右取引行為は、内部的意思決定を欠くに止まるから、原則として有効であって、ただ、相手方が右決議を経ていないことを知りまたは知り得べかりしときに

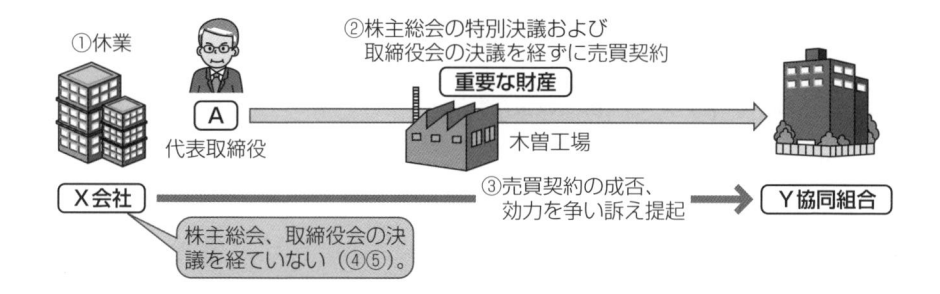

①休業
②株主総会の特別決議および取締役会の決議を経ずに売買契約
重要な財産
Ａ　代表取締役
木曽工場
Ｘ会社
③売買契約の成否、効力を争い訴え提起
Ｙ協同組合
株主総会、取締役会の決議を経ていない（④⑤）。

> 限って、無効である、と解するのが相当である。
> 　これを本件についてみるに、原判決の認定したところによれば、Ｘ会社の代表取締役ＡがＡ件物件を売却するには、重要事項としてＸ会社の取締役会の決議を経ることを要したにもかかわらず、右決議を経ていなかったのであるが、買主であるＹ組合が右決議を経ていなかったことを知りまたは知り得べかりし事実は本件の全証拠によっても認められない、というのであり、原判決の右事実認定は、本件関係証拠に照らし首肯するに足り、右認定には所論のような違法はない。」

本判決の位置づけ・射程範囲

　本件は、本書140事件（上告論旨のうち大法廷に回付した部分について判示）と同じ事件である。本判決は、代表取締役が、取締役会の決議を要する対外的な個々的取引行為を、その決議を経ないでした場合の効力について、判決自体に明示されていないが、心裡留保に関する民法93条ただし書を類推適用する立場に依拠してその結論を出したものである（本件は、定款により取締役会の決議を要求されている事例に関するものであるが、今日、本件取引のような重要な財産の処分は取締役会の法定決議事項とされている。会社362条4項1号）。この立場によると、相手方は、決議の経ていないことを「知り得べき」場合、すなわち過失がある場合に保護されない。相手方は相応の調査義務を負うことになるが、閉鎖的な中小会社の実態から考えて、普段は取締役会を開催したこともなくすべての業務執行を代表取締役に専決させている会社が、たまたま当該取引により損失が出た場合に、自己に都合よく無効主張するという可能性を生じかねない。そのため、会社法学説では、相手方が悪意（または重過失）でない限り、取引は有効であると解する見解が多い（一般悪意の抗弁説、代表権制限説等）。もっとも、裁判例のなかには、過失の認定に慎重なものもみられ（福岡高那覇支判平成10・2・24 関連判例等）、実質的に無重過失を要求しているとの評価もある。

さらに理解を深める　会社法百選2版65事件〔山田廣己〕最判解民事篇昭和40年度337頁〔豊水道祐〕、商判5版Ⅰ－91事件、弥永・重要判例3版174事件、判例講義2版66事件、酒巻・尾崎3版補正99事件、江頭4版400頁、神田15版207頁、会社法コンメ⑻19頁〔落合誠一〕　関連判例　本書140事件、福岡高那覇支判平成10・2・24金判1039号3頁

第2章　株式会社　(6)　取締役

89　代表取締役の権限濫用

最高裁昭和38年9月5日第一小法廷判決
　事件名等：昭和35年（オ）第1388号登記抹消等請求事件
　掲載誌：民集17巻8号909頁

概要　本判決は、株式会社の代表取締役が自己の利益のため株式会社の代表取締役名義でした法律行為は、相手方が上記代表取締役の真意を知り、また、知り得べきものであったときは、その効力を生じないとしたものである。

事実関係　AはX株式会社の代表取締役を辞任した（❶）が、辞任登記が未了であった時期に、X会社の代表取締役としてX会社が所有していた本件建物をY₁会社に売却し、B名義に所有権移転登記がなされた（❷）。さらに本件建物は、Y₁会社からY₂健康保険組合に売却され、Y₂組合名義に移転登記がなされた（❸）。Y₂組合はこれを事務所として使用し、Y₃に命じて事務所管理のため常宿させていた（❹）。そこでX会社は、Aは登記簿上代表権限のあるのを奇貨として自己の利益のために本件建物を処分したものであり、Y₁会社はその事情を知りながらこれを買い受けたもので、本件契約は無効である、本件建物の所有権はY₁会社またはBに移転しておらず、Y₂組合が善意で買い受けたとしても所有権を取得することにはならない等として、Y₁〜Y₃に対して所有権の確認、登記の抹消、建物の明渡し等を求めて訴えを提起した（❺）。第1審はX会社の請求を認容したが、控訴審はY₁会社らの控訴を認容したため、X会社より上告。

判決要旨　破棄差戻し。「株式会社の代表取締役が、自己の利益のため表面上会社の代表者として法律行為をなした場合において、相手方が右代表取締役の真意を知りまたは知り得べきものであったときは、民法93条但書の規定を類推し、右の法律行為はその効力を生じないものと解するのが相当である。……しかるに、原判決は、Aは、登記簿上X会社の代表権限があるのを幸い、自己の利益のために、X会社所有の本件建物をY₁会社に売り渡したものであり、Y₁会社は右の事情を知りながら悪意でこれを買い受けたものであるから、右の売買契約は無効である旨のX会社の抗弁に対し、代表取締役が会社を代表して行為をする場合に、その経済的利益を自己におさめる底意があったという事実は何ら会社に対する効果に影響はないとの理由により、果してX会社が主張するとお

第2章　株式会社　取締役　179

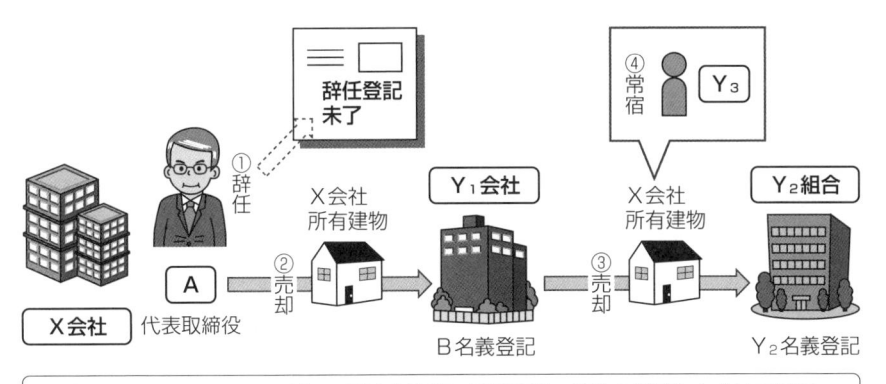

⑤X会社は、Y₁〜Y₃に対し、所有権確認、登記抹消、建物の明渡しを求めて提訴

り、Aに背任的な権限濫用の行為があったか否か、また、Y₁会社の知情の点如何を審理判断することなく、たやすくこれを排斥しているのであって、ひっきょう法令の解釈を誤り、ひいては審理不尽、理由不備の違法あるを免れない。従って、論旨は理由があり、原判決は破棄すべきものである。」

本判決の位置づけ・射程範囲

代表取締役の行為が客観的にみて代表権限内であるとき、たとえそれが取締役の私利を図るための権限濫用行為であったとしても、それは本人（会社）との関係で背信行為があるにすぎず、当該取引の効力自体は原則として有効である。本判決は、そのような権限濫用の事情を知りながら取引をした相手方との関係で当該取引の効力はどうかという問題を扱うものであり、すでに大審院の先例において、心裡留保に関する民法93条ただし書を類推適用しようとする見解が示されていたところ（大判昭和16・5・1 関連判例）、本判決はそれを踏襲し、相手方が代表取締役の真意を知りまたは知り得べきものであったときは、その効力を生じないとする立場を採ることを明らかにした。本判決の立場は、その後の判決（最判昭和51・11・26 関連判例）でも確認されているが、会社法学説では、相手方はその過失の有無を問わず保護されるべきであるとして（取締役会の承認のない利益相反取引の効力に関して、間接取引の場合の取引の相手方、および直接取引の場合で取締役からさらに権利を譲り受けた第三者は承認がないことにつき悪意でない限り取引の無効を主張されないこととの不均衡にも留意）、判例の立場に反対する見解が多い（一般悪意の抗弁説、代表権制限説等）。

さらに理解を深める

最判解民事篇昭和38年度348頁〔真船孝允〕、判例講義2版67事件、酒巻・尾崎3版補正84事件、江頭4版401頁、神田15版205頁、会社法コンメ(8)21頁〔落合誠一〕、逐条解説会社法(4)533頁〔川村正幸〕　関連判例　大判昭和16・5・1新聞4721号14頁、最判昭和51・11・26判時839号111頁

第2章　株式会社　　(6)　取締役

90　表見代表取締役と第三者の過失

最高裁昭和52年10月14日第二小法廷判決
　事件名等：昭和52年（オ）第106号約束手形金請求事件
　掲載誌：民集31巻6号825頁、判時871号86頁、判タ357号217頁、
　　　　　金判535号7頁、金法845号24頁

概要　本判決は、株式会社は、改正前商法262条（会社354条）所定の表見代表取締役の行為につき、重大な過失によりその代表権の欠缺を知らない第三者に対しては、責任を負わないとしたものである。

事実関係　Aは、Y株式会社の取締役であり、同会社専務取締役上本町営業所長という名称の使用を承認されていた（❶）ところ、手形振出しの権限がないにもかかわらず、本件手形を上記名称の名義で振り出し（❷）、同手形の第一裏書人欄に、Y会社の代表取締役でありAの父であるBの裏書を偽造した（❸）うえ、Y会社の取締役でもあったCを介して本件手形の割引をXに依頼した（❹）。Xは、Aにも代表権があると信じ、同人の代表権につき特に問いただすことなく本件手形を取得し、満期に支払場所で手形の呈示をしたが支払いがなかった（❺）。そこでXはY会社に対して本訴を提起し、Y会社の表見責任を主張した（❻）。

　第1審・控訴審ともにXが善意であることを理由に、Xの請求を認容したため、Y会社より上告。

判決要旨　破棄差戻し。「商法262条に基づく会社の責任は、善意の第三者に対するものであって、その第三者が善意である限り、たとえ過失がある場合においても、会社は同条の責任を免れえないものであるが……、同条は第三者の正当な信頼を保護しようとするものであるから、代表権の欠缺を知らないことにつき第三者に重大な過失があるときは、悪意の場合と同視し、会社はその責任を免れるものと解するのが相当である。

　原判決は、本件手形は、Y会社の取締役であって同会社専務取締役上本町営業所長なる名称の使用を承認されていたAが、手形振出の権限がないのに、Y会社上本町営業所専務取締役営業所長名義をもって振り出したものであること、XはY会社の取締役であったCを介し本件手形の割引を依頼されたので、AにもY会社の代表権があるものと信じ、同人の代表権につき特に問いただすことなく右手形を取得したこと、Xが本件手形の所持人として満期に支払場所で支払のため右

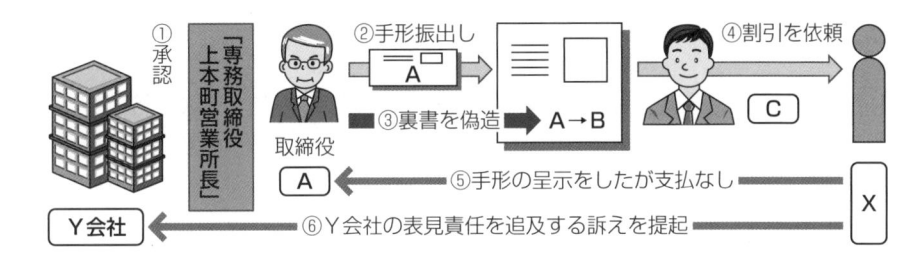

手形を呈示したが支払がなかったことを認定したうえ、Y会社は善意の第三者であるXに対し商法262条により本件手形の振出人としての責任を負うと判断した。……しかしながら、本件記録によれば、Y会社は原審においてXに重大な過失があると主張しているのであるから、重大な過失の有無を判断することなく、Xが善意であるというだけで直ちに、Xの請求を認容した原判決には、法令の解釈を誤った違法があり、右違法は判決に影響を及ぼすことが明らかであるから、この点に関する論旨は理由があり、その余の論旨について判断するまでもなく、原判決は破棄を免れない。そして、更にXの重大な過失の有無につき審理を尽くさせるため、本件を原審に差し戻すのが相当である。」

本判決の位置づけ・射程範囲

表見代表取締役に関する会社法354条（改正前商262条）を適用する際の第三者の主観的要件について、条文の表現からすると第三者は善意であれば足りるといえ、他方、同規定が民法109条と同一の精神を共有するとすれば、その解釈と同じく善意・無過失を要するともいえる。本判決の引用する最判昭和41・11・10 関連判例 は、第三者が善意である限り、たとえ過失があっても会社は責任を免れないとしたが、それが過失の有無・程度はまったく問題にせず、善意でありさえすれば足りる趣旨か、それとも重大な過失があった場合については言及していない趣旨かは、判文上必ずしも明らかでないため、種々の議論を呼んでいた。本判決は、重過失のある者は保護されないとする立場を明らかにし、その理由を、明示的には、重大な過失は悪意と同視できるということに求めたものである。なお、会社法9条（改正前商23条）の名義貸与者の責任に関する最判昭和41・1・27 関連判例 が、相手方の誤認が過失による場合であっても保護されるが、重過失は悪意と同様に取り扱うべきものであるから、誤認して取引をなした者に重大な過失があるときは、名義貸与者の責任は生じない旨判示しているが、本判決はこれとも整合的であると考えられる。

さらに理解を深める **会社法百選2版50事件〔道野真弘〕**最判解民事篇昭和52年度286頁〔時岡泰〕、商判5版Ⅰ-92事件、弥永・重要判例3版176事件、判例講義2版70事件、酒巻・尾崎3版補正87事件、江頭4版384頁、神田15版206頁、会社法コンメ⑻50頁〔落合誠一〕、逐条解説会社法⑷421頁〔石山卓磨〕 関連判例 最判昭和41・11・10民集20巻9号1771頁、最判昭和41・1・27民集20巻1号111頁

第2章　株式会社　　(6)　取締役

91　選任決議に瑕疵がある代表取締役の行為の効力

最高裁昭和56年4月24日第二小法廷判決
　事件名等：昭和54年（オ）第475号採掘権譲渡登録抹消登録請求事件
　掲載誌：判時1001号110頁、判タ441号88頁、金判621号13頁、
　　　　　金法967号34頁

概要　本判決は、手続上の瑕疵のため無効である取締役会決議により代表取締役に選任された者が、代表取締役としてした行為について、改正前商法262条（会社354条）の類推適用により会社は責任を負うとしたものである。

事実関係　X株式会社の取締役は代表取締役A、取締役BCDEの5名であった（❶）が、CはAに通知することなく取締役会を開催し、CDEの3名が出席した取締役会において、Aを代表取締役から解任してこれにCを選任し、その旨の登記を経由した（❷）。そのうえでCは、X会社の代表取締役としてX会社が所有する採掘権をY会社に譲渡し、その旨の移転登録を経由した（❸）。X会社は、本件譲渡契約当時、Y会社はCが真正な代表者でないことを知っており本件譲渡契約は無効であるとして、Y会社に対し上記移転登録の抹消を請求した（❹）。第1審・控訴審ともにXの請求を棄却したためXより上告。

判決要旨　破棄差戻し。「代表取締役に通知しないで招集された取締役会において代表取締役に選任された取締役が、この選任決議に基づき代表取締役としてその職務を行ったときは、右選任が有効な取締役会の代表取締役選任決議として認められず、無効である場合であっても、会社は、商法262条の規定の類推適用により、代表取締役としてした取締役の行為について、善意の第三者に対してその責に任ずべきものと解するのが相当である。」
「〔本件では、〕X会社が重要な会社財産である本件採掘権を譲渡するのに取締役5名のうち3名のみが出席した取締役会でこれを承認するというのは、X会社のような規模の会社の運営としては異例のことのように考えられるし、……本件では、その登録手続は直ちに行うが、代金は採掘事業開始後に分割して支払うというのであって、取引としては極めて異常であるといわざるをえない。〔また、Y会社としても本件採掘権について〕……調査、検討をしなかったというのは、会社経営の衝にあたる者のとる措置、態度としては極めて不自然であるとみられる。〔さらに、〕……X会社の代表取締役として契約の締結にあたったCが同会社の取締役D、Eとともに本件譲渡契約締結直後にY会社の代表取締役や取締役に就任

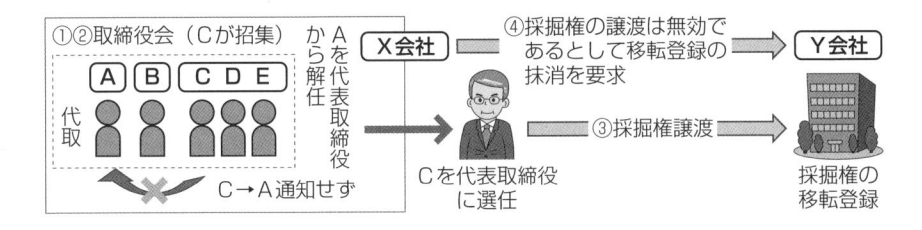

し、しかも本件採掘権の移転登録のされた日と同日に右各就任の商業登記を経由している〔が〕……さらに特段の説明がないかぎり、右3名のY会社の役員就任が何故にX会社の代金支払確保のためになるのかは容易に首肯し難いところである。……X会社の取締役C、D、Eの3名は、Y会社のFと意を通じ、X会社の正規の代表取締役Aの承認を得ないで本件採掘権をY会社名義に移転したものであると疑われてもやむをえない状況にあったと窺われないではないから、原判決のような説示だけから、直ちにY会社においてCがX会社の正規の代表取締役でないことにつき悪意であったとは断定し難いとした原判決には、経験則の適用を誤ったか又は審理不尽の違法があるものといわざるをえ」ない。

本判決の位置づけ・射程範囲

表見代表取締役に関する会社法354条（改正前商262条）の適用範囲との関係で困難な問題の1つに、会社による名称付与と法的に評価し得るのはどのような場合かという点がある（代表取締役の外観作出に対する会社の帰責性に係る問題。他の適用要件には、外観の存在および外観への信頼がある）。本判決は、その関係で、招集手続上の瑕疵があり無効である取締役会決議で代表取締役を選任している場合に、表見代表取締役の規定の類推適用の余地があることを明らかにした。正規の手続を経ずに取締役の多数がある取締役の名称使用を承認していた場合に、表見代表取締役の規定の類推適用を認めた本判決以前の先例として、最判昭和44・11・27 関連判例 がある。その事件では、行方不明になった代表取締役を除く取締役全員が決議内容に同意を与えていたのに対し、本判決の事案は、取締役5名中3名のみで代表取締役が選任されている点に特徴がある。また、昭和44年判決の事案では取締役会決議は外形的にはまったく不存在であったのに対し、本件事案では一応取締役会決議という形式はあったという相違も認められる。

本判決は、いかなる要件が備われば会社による名称の付与ありと認められるかの一般論を明示していない。その限界をどこで画するかについては、なお議論の余地が残る。また、本件では当事者の主張がなく、判決において触れられていないが、本件のような事実の下では、会社法908条2項による解決もあり得る。

さらに理解を深める 昭和56年度重判（ジュリ768号）3事件〔山口幸五郎〕判例講義2版69事件、江頭4版397・403頁、神田15版207頁、会社法コンメ(8)48頁〔落合誠一〕、逐条解説会社法(4)421頁〔石山卓磨〕 関連判例 最判昭和44・11・27民集23巻11号2301頁

第2章　株式会社　(6)　取締役

92 取締役の競業避止義務

東京地裁昭和56年3月26日判決
　事件名等：昭和51年（ワ）第4464号・昭和53年（ワ）第11599号損害賠償請求事件
　掲載誌：判時1015号27頁、判タ441号73頁

概要　本判決は、会社の人的、物的、資金的資源を利用しながら、自らが主宰する同種の営業を行う会社を設立・経営して、会社の市場を侵奪する行為、および、会社が別の市場に進出する機会を奪う行為を行った代表取締役に、競業避止義務違反、忠実義務違反、善管注意義務違反を認めたものである。

事実関係　Yは、パン・菓子類の製造販売を業とするX株式会社の代表取締役であったが、X会社から借入れをしてA株式会社の株式の大部分を取得し、同社の経営を支配した。またYは、関西進出を企図してX会社の資金を用いて大阪近郊の土地を購入、そこにB会社（後にC会社となる）を設立して自ら代表取締役となり、パン等の製造販売を行った。X会社は、Yが競業禁止義務、善管注意義務および忠実義務に違反し、委任の本旨に反する業務執行をしたとして、損害賠償等を求めて訴えを提起した。

判決要旨　請求認容。「〔Yは、〕A会社発足以来X会社への合併までの間A会社の事実上の主宰者として、これを経営してきた……Yの右行為は、第三者であるA会社のために、X会社の営業の部類に属する取引をしてきたことに外ならず、……X会社に対する競業避止義務に違反することは明らかである。」
「YがX会社の代表取締役でありながら、B会社およびC会社の代表取締役として、……これらの会社を経営したことは、第三者であるこれらの会社のために、X会社の営業の部類に属する取引をしてきたことに外ならず、……X会社に対する競業避止義務に違反することは明らかである。」
「Yは、X会社の代表取締役として、善良な管理者の注意をもって会社を有効適切に運営し、その職務を忠実に遂行しなければならない義務があるのに、X会社の人的、物的、資金的資源を利用しながら、A会社の株式のほとんどを自らが取得して、X会社がA会社をその傘下に収めて、千葉県下の市場を強化する機会を奪い、X会社の取締役会にはかることなく、また何らの対価も得ることなく、X会社の販売店合計508店をA会社に移管して、X会社の市場を侵奪し、A会社の

事実上の主宰者として、X会社との競業行為を行ったこと、及びB会社をX会社と全く資本関係のない会社として設立し、X会社が自ら又は子会社により関西に進出する機会を奪い、B会社及びC会社の代表取締役として、X会社との競業行為を行った……これらの行為が、X会社に対する取締役としての忠実義務、したがって善管注意義務に違背することは明らかである。」

「〔本件では、〕X会社は、その株式がYにおいてX会社に移転することがなお不可能とはみられない限り、委任又はその類推により、Yに対し、その移転を求め、既にこれらの株式につき取得した配当金はこれを返還し、またその移転義務の履行が将来不可能になる場合には、その填補賠償を求めることができると解するのが相当であり、この方法こそが競業避止義務、善管注意義務及び忠実義務違反を理由とする損害賠償請求よりもはるかに直接的でかつ根本的な救済を得る結果となるものというべきである。」

本判決の位置づけ・射程範囲

本判決は昭和56年改正前の商法264条の事件に関する下級審判決であるが、競業避止義務にかかる規制の範囲および損害の回復のいくつかの問題点について判示した先例として意義がある。まず、会社法356条1項1号は、取締役が自ら当事者となって、または第三者を代理・代表して行う競業取引を規制の対象とするところ、取締役が競業会社の代表取締役でなくとも、同社の株式の全部または大部分を保有し、事実上の主宰者としての経営を行ってきた場合は同規定が適用される旨、判示している（大阪高判平成2・7・18 関連判例 もこれを踏襲）。次に、会社が現在事業をしていないが、進出を企図し、具体的に計画している地域において、取締役が競業会社の代表取締役としてそれらの会社を経営したことは競業避止義務に抵触する旨、判示しており、これは、「会社の事業の部類に属する取引」の範囲の解釈に関して意義がある。さらに、代表取締役が取締役会を開かずワンマン経営を行っている場合を、取締役会から代表取締役に子会社の設立を含めて業務執行に関する一切の決定の委任があったものとみて、当該取締役が会社の事業にとって有益な財産を自己のために取得したとき、取締役が所有する競業会社株式等の会社への引渡しという効果を認めた点が注目されている。これは、介入権の行使（会社法で廃止）またはアメリカ法における法定信託の設定に類似したものとみられるが、その論理展開をめぐっては異論が少なくない。

さらに理解を深める

会社法百選2版55事件〔牛丸與志夫〕商判5版Ⅰ-93事件、判例講義2版92事件、酒巻・尾崎3版補正88事件、江頭4版408頁、神田15版213頁、会社法コンメ⑻76頁〔北村雅史〕 関連判例 大阪高判平成2・7・18判時1378号113頁

第2章　株式会社　(6) 取締役

93　退任取締役による従業員引抜きと忠実義務違反

東京高裁平成元年10月26日判決
　事件名等：昭和63年（ネ）第1068号他損害賠償等請求控訴事件、附帯控訴事件
　掲載誌：金判835号23頁

概要　本判決は、プログラマー、システムエンジニア等の人材の派遣を目的とする会社の取締役が右の人材を自己の利益のため会社から離脱させる引抜行為をなすことは、改正前商法254条ノ3（会社355条）所定の会社に対する忠実義務に違反するとしたものである。

事実関係　Yは、人材派遣業を営むX会社の代表取締役Aより懇請されてコンピューター事業部長次いで取締役に就任した（❶）が、後にAと反目するところとなり（❷）、独立を企図するとともに同事業部に所属する従業員の引抜行為に及んだ（❸）。Yは、自身の部下である同事業部の従業員にX会社を退職して新たに設立するM会社に勤務するよう勧誘し、X会社を退職した従業員はA～Gの7名にのぼった（❹）。そこでX会社は、Yに対して損害賠償を求めて訴えを提起した（❺）。原審はXの請求を一部認容した。Yより控訴。Xも附帯控訴した。

判決要旨　原判決変更、請求一部認容。「X会社のように、プログラマーあるいはシステムエンジニア等の人材を派遣することを目的とする会社においては、この種の人材は会社の重要な資産ともいうべきものであり、その確保、教育訓練等は、会社の主たる課題であることは明らかである。したがって、この種の業を目的とする株式会社の取締役が、右のような人材を自己の利益のためにその会社から離脱させるいわゆる引き抜き行為をすることは、会社に対する重大な忠実義務違反であって、同取締役は、商法第254条ノ3、第266条第1項第5号により、会社が被った損害につき賠償の責任を負うべきものである。」
「〔本件では、Yが〕独立後の営業のためにX会社のコンピューター事業部従業員らに右独立へ参加するように勧誘したこと、そのうちA……がこれに応じて退職し、後日、Yが代表取締役として設立されたM会社に雇用されるに至ったことは明らかである。また、……〔B、C及びD〕も右勧誘に応じて退職したものと認められる……〔が、〕E、F及びGについては、Yの勧誘により退職したと認め

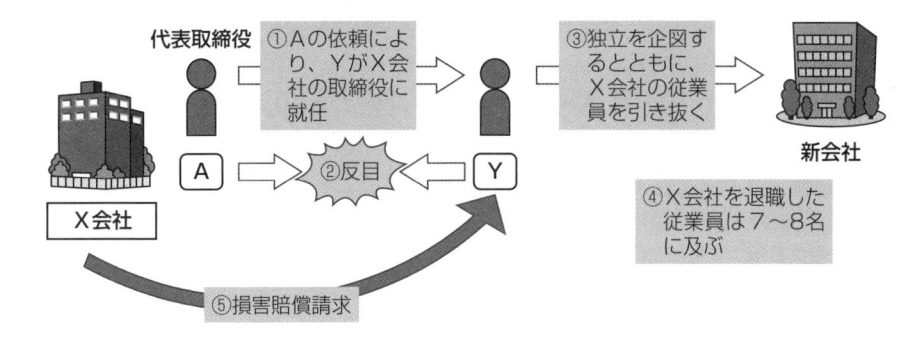

第2章 株式会社 取締役

代表取締役

X会社 → ①Aの依頼により、YがX会社の取締役に就任 → ②反目 → ③独立を企図するとともに、X会社の従業員を引き抜く → 新会社

④X会社を退職した従業員は7～8名に及ぶ

⑤損害賠償請求

ることはできない。……Yは、A、B、C及びDの4名が退職したことによりX会社が被った損害を賠償する義務を負うものである。」「Aら4名の従業員の退職後3か月の期間があれば、X会社のコンピューター事業部の体制は、元の状態に回復することが可能であった……、右の期間の逸失利益をもって、右4名の引き抜きと相当因果関係にある損害と認める。」

本判決の位置づけ・射程範囲

本判決は、取締役がその在任中に従業員に対して自己の利益のため会社から離脱させる引抜行為を行ったことが忠実義務違反になるとし、また、その場合に会社は取締役にどこまでの損害賠償を請求できるかについても判示している。

取締役の忠実義務違反を構成する従業員引抜行為の態様については、学説上、取締役が個人的利益のために従業員の引抜きを行うこと自体が忠実義務違反となるという説と、取締役と当該部下との従来の関係等諸般の事情を考慮の上不当な態様のもののみが義務違反になる説とに分かれるが、本判決は、従業員が取締役の勧誘に応じて退職したか、別の理由で退職したかだけを問題にしており、前者の立場を採用するものとみられることが多い（他に、前橋地判平成7・3・14 [関連判例] 等）。後者の説（東京地判平成3・8・30 [関連判例]、千葉地松戸支決平成20・7・16 [関連判例]）は、前者を採ると、退任やむなき状況に追いやられた取締役に酷にすぎる可能性があること等を考慮するものであるが、前者では、それらは会社の損害額算定の際に考慮されることになる。

会社に賠償すべき損害額としては、一応会社の逸失利益、従業員の教育費用、会社の信用失墜等が考えられる。本件は、会社の逸失利益の算定が比較的容易な事業であったが（後二者については、会社の損害と認定されず）、それが困難なケースもあり得る（他事例として、東京地判平成11・2・22 [関連判例]）。

さらに理解を深める 会社法百選61事件〔田村詩子〕商判5版Ⅰ-124事件、酒巻・尾崎3版補正89事件、江頭4版411頁、神田15版211頁、会社法コンメ(8)59頁・72頁〔北村雅史〕 [関連判例] 前橋地判平成7・3・14判時1532号135頁、東京地判平成3・8・30判時1426号125頁、千葉地松戸支決平成20・7・16金法1863号35頁、東京地判平成11・2・22判時1685号121頁

第２章　株式会社　(6)　取締役

94　取締役の競業取引と会社の損害額の推定

名古屋高裁平成20年4月17日判決
　事件名等：平成19年（ネ）第1016号損害賠償請求控訴事件
　掲載誌：金判1325号47頁

概要　本判決は、株式会社の代表取締役が別会社を利用して競業取引をした場合において、当該代表取締役と別会社の法人格が異なることを否定して、当該代表取締役と同じ限度で別会社にも損害賠償責任を負担させるのが相当であるとした事例である。

事実関係　貸コンテナ事業を営むＸ株式会社は、同社の関連会社Ａの顧客である農協組合員の所有土地を賃借して事業を営んでいた（❶）。Y_1はＸ会社の代表取締役であったが、貸コンテナ事業を営むY_2有限会社を設立し、自ら取締役に就任し、Y_1の妻、3名の子、長男の妻を役員に選任し、上記農協組合員の所有土地を賃借して事業を営むこととした（❷）。この賃貸借契約における賃借人名義はＸ会社、連帯保証人はY_1であり、賃料の引落し口座はＸ会社のものであった（❸）。Y_1がＸ会社の代表取締役を退任した後、Ｘ会社は、Y_1はY_2会社の事実上の主宰者であるとして、Y_1・Y_2会社に対し、主位的にコンテナの明渡しを求め、予備的にはY_1の競業避止義務違反等を理由として損害賠償を求めて訴えを提起した（❹）。原審は、Ｘ会社の主位的請求については棄却し、予備的請求についてはY_1の競業避止義務違反を肯定する一方、Y_2に対する請求は棄却した。Ｘ会社より控訴。

判決要旨　原判決変更。「①Y_1は、Y_2会社の出資持分を有していないが、Y_2会社の運転資金の多くはY_1からの借入に依っていること、②コンテナの敷地となる土地の賃貸借についてY_1が連帯保証人となっていること、③Y_1はＸ会社で貸コンテナ事業を担当していたところ、Y_2会社においては、貸コンテナ事業で重要な土地の賃貸借契約をY_1が担当し、土地の貸主の紹介、貸コンテナの設置作業、仲介及び集金等についてはＸ会社が利用してきたのと同一の業者を利用していること、④Y_2会社の事務所はY_1の自宅であり、これはY_1の取締役在任中のＸ会社及びＤ会社の貸コンテナ事業の事務所と同一であることなどからすれば、Y_2会社においては、資金調達、信用及び営業についてY_1が中心的役割を果たしているといえる。これにY_2会社に出資し業務に従事しているの

① X会社は土地を賃借し、貸コンテナ業を営む。
② Y₂会社を設立し、土地を賃借し、貸コンテナ業を営む。
③ 賃貸借契約の賃借人名義人はX会社、連帯保証人はY₁、賃料の引き落とし口座はX会社
④ Y₁とY₂に対して、主位的にはコンテナの明渡しを求め、予備的にはY₁の競業避止義務違反等を理由として損害賠償を求めて訴えを提起

X会社 — X会社の代表取締役Y₁ — Y₂会社

がY₁の家族であることからすれば、Y₁はY₂会社を事実上主宰して、Y₂会社において貸コンテナの利用に係る賃貸借契約をして、競業避止義務に違反したというべきである。」「Y₁が競業避止義務違反によって得た利益は、役員報酬又は給与手当が役務の対価又は労務の対価であり、Y₂会社においてY₁が資金調達、信用及び営業について中心的役割を果たしていることに鑑みれば、……Y₁及びその家族の報酬……の合計額の5割とするのが相当である。」
「Y₂会社は、Y₁とは別個の法人格を有している。しかし、……本件においては、Y₁とY₂会社の法人格が異なることを否定して、Y₂会社にもY₁と同じ限度で競業避止義務による損害賠償責任を負担させるのが相当である。」

本判決の位置づけ・射程範囲

取締役が、競業の承認（取締役会設置会社では、取締役会の承認〔会社356条1項1号・365条1項〕）を得ないで当該取引をしたときは、その取引によって同人または第三者が得た利益の額は会社に生じた損害額と推定される（改正前商266条4項、会社423条2項）。本判決は、取締役が競業会社の「事実上の主宰者」であるとして競業規制の対象となることを認め（この先例として、東京地判昭和56・3・26 本書92事件、大阪高判平成2・7・18 関連判例）、競業避止義務違反を肯定したうえ、会社の損害額の推定との関連で、取締役および取締役の家族が競業会社から得た役員報酬の額の一定割合を取締役が得た利益の額とした。同族会社においては、会社に発生した利益を剰余金の配当ではなく役員報酬等の形で利益の分配がなされることが多く、また家族であれば、役務負担状況とは無関係に税金が有利になるように配慮して報酬を決めることもあり得、本判決の判断は、そのような実態に照らして理解できるかもしれない。競業会社においては損失が計上されているという事実を明示的に考慮しない点につき理論的問題も指摘されているが（民事訴訟法248条を利用すれば、本判決のような認定も許容される）、事例判断として意義がある（他の事例として、東京地判平成3・2・25 関連判例 等）。

なお、本判決は、法人格否認の法理の適用を認め、競業会社の責任も認めている。

さらに理解を深める

弥永・新判例30事件、弥永真生・ジュリ1389号（2009）66頁、鳥山恭一・金判1313号（2009）2頁、江頭4版441頁、神田15版213頁

関連判例 東京地判昭和56・3・26 本書92事件、大阪高判平成2・7・18判時1378号113頁、東京地判平成3・2・25金判878号24頁

第2章　株式会社　(6)　取締役

95　株主全員の合意と利益相反取引

最高裁昭和49年9月26日第一小法廷判決
　事件名等：昭和47年（オ）第1225号会社解散請求事件
　掲載誌：民集28巻6号1306頁、判時760号93頁、判タ315号224頁、
　　　　　金判435号6頁、金法736号27頁

概要　本判決は、取締役と会社との取引が株主全員の合意によってされた場合には、当該取引について取締役会の承認を要しないとしたものである。

事実関係　Xは兄A、姉の夫B、妹の夫C、弟Dらとともに同族会社であるM株式会社を設立した（❶）。その後Xらは、Dを代表とするY株式会社を設立し、株主は上記同族5名およびM会社となった（❷）。Xらは脱税による査察を受けたことを契機にM会社を解散し、XにはY会社の株式7,000株が分配された（❸）ところ、Xは、Y会社の経営が行き詰まっており正常な業務の再開が見込めないとして、Y会社の解散の訴えを提起した（❹）。Y会社は、Xが主張するような株主分配協定が成立したとしても、それはXがその取締役の一員であるM会社から株式を譲り受けることであり、改正前商法265条に違反する、仮に右主張が認められないとしても、右株式の譲渡は株券発効前のものであるからY会社に対抗できないと主張した（❺）。第1審はM会社からXにY会社の株式が譲渡されたことを認めたが、それは株券発行前の譲渡であり会社に対抗できないからXは株主であることをY会社に対抗できないとしてXの原告適格を否定し訴えを却下した（❻）。原審は、XがM社から譲渡を受けたY会社株式をAに譲渡していたことを認定し、結局XはY会社の株主ではないとして第1審の結論を認容した。また、原審は、M会社およびY会社は、いずれも形式的には株式会社であるが、その実質は民法上の組合であり、右株式譲渡には改正前商法265条、204条2項の適用はない旨判示した。Xより上告。

判決要旨　上告棄却。「〔M会社およびY会社の〕法人格を否認し、これを民法上の組合であるとした原審の判断は、にわかに首肯することはできない〔が、〕……商法265条が取締役と会社との取引につき取締役会の承認を要する旨を定めている趣旨は、取締役がその地位を利用して会社と取引をし、自己又は第三者の利益をはかり、会社ひいて株主に不測の損害を蒙らせることを防止することにあると解されるところ、……M会社からXへの株式の譲渡は、M会社の

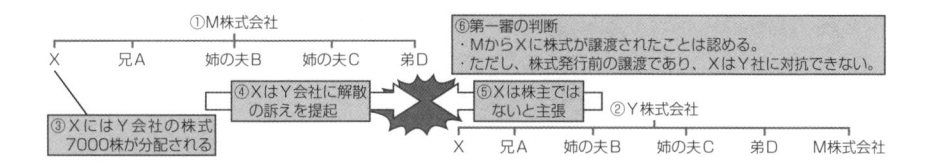

実質上の株主の全員であるAら前記5名の合意によってなされたものというのであるから、このように株主全員の合意がある以上、別に取締役会の承認を要しないことは、……会社の利益保護を目的とする商法265条の立法趣旨に照らし当然であって、右譲渡の効力を否定することは許されないものといわなければならない。」「また、Y会社の株券は未発行であるから、前記各株式の譲渡は商法204条2項にいう株券発行前の譲渡にあたるが、……同社は不当に株券の発行を遅滞しているものと認められるから、株券発行前であることを理由に株式譲渡の効力を否定することは許されないものというべきである」。「以上によると、……本件各株式の譲渡を有効とし、これによりXがY会社の株主たる地位を喪失したものと認め同人には本訴の原告適格がなく、本訴は不適法であるとした原判決の結論は正当である。」

本判決の位置づけ・射程範囲

本件当時の商法265条は、取締役の利益相反取引規制として取締役会の承認を要する旨を定め、会社法の下でも、取締役会設置会社の場合は同じく取締役会の承認を受けねばならない（会社365条1項）。本判決は、株主全員の合意のある会社・取締役間の取引については、あらためて取締役会の承認を要しないとした点で意義がある。本判決以前に、取締役が会社の全株式を所有しその営業の実質が取締役の個人経営のものにすぎないときに承認を不要としたものがある（最判昭和45・8・20 [関連判例]）。そこでは、実質的な利害関係がないことが根拠とされた。それに対し本判決は、利益相反取引規制は会社＝株主全員の利益保護のための利益保護のための規制であると理解し、保護の対象者が同意していることを基礎にその結論を導いた。

本判決に対しては、①取引の無効が主張できないと、取引の後に株主になった者の利益が害される、②会社全体の利益には会社債権者の利益も含まれているのに、その利益が無視される、との指摘もある。しかし、①については、株式売買時の問題（価格への反映や瑕疵担保責任、詐欺）として解決すべきであり、②についても、詐害行為の取消（民424条）、否認権の行使（破産法160条）、当該取締役の第三者に対する責任（会社429条1項）の救済が考えられるとして、本判決に賛成する見解が多数説になっている。

さらに理解を深める 会社法百選2版56事件〔浜田道代〕最判解民事篇昭和49年度116頁〔田尾桃二〕、商判5版Ⅰ-94事件、弥永・重要判例3版178事件、判例講義2版90事件、江頭4版387・414頁、神田15版215頁、会社法コンメ(8)239頁〔北村雅史〕 [関連判例] 最判昭和45・8・20民集24巻9号1305頁

第2章　株式会社　(6)　取締役

96　手形行為と利益相反取引規制

最高裁昭和46年10月13日大法廷判決
　事件名等：昭和42年（オ）第1464号約束手形金請求上告事件
　掲載誌：民集25巻7号900頁、判時646号3頁、判タ270号113頁、
　　　　　金判282号2頁、金法629号32頁

概要　株式会社がその取締役にあてて約束手形を振り出す行為は、原則として改正前商法265条にいう「取引」に当たるとしたものである。

事実関係　Y株式会社は、取締役会の承認を受けることなく取締役Aを受取人とする2通の融通手形を振り出した（❶）。うち1通（約束手形(イ)）はAからXに裏書譲渡され（❷）、1通はYX間で直接に交付され、受取人としてAが記載されていた（約束手形(ロ)）（❸）。Xは満期に支払呈示したが支払いを拒絶されたため、Y会社に対して手形金を請求して訴えを提起した（❹）。

判決要旨　上告棄却。「会社がその取締役に宛てて約束手形を振り出す行為は、原則として、商法265条にいわゆる取引にあたり、会社はこれにつき取締役会の承認を受けることを要するものと解するのが相当である。」
「手形が本来不特定多数人の間を転々流通する性質を有するものであることにかんがみれば、取引の安全の見地より、善意の第三者を保護する必要があるから、会社がその取締役に宛てて約束手形を振り出した場合においては、会社は、当該取締役に対しては、取締役会の承認を受けなかったことを理由として、その手形の振出の無効を主張することができるが、いったんその手形が第三者に裏書譲渡されたときは、その第三者に対しては、その手形の振出につき取締役会の承認を受けなかったことのほか、当該手形は会社からその取締役に宛てて振り出されたものであり、かつ、その振出につき取締役会の承認がなかったことについて右の第三者が悪意であったことを主張し、立証するのでなければ、その振出の無効を主張して手形上の責任を免れえないものと解するのを相当とする」。
「〔本件では、〕(イ)の約束手形については、XはAから右手形を取得するに際しその手形の振出につき取締役会の承認がなかったことを知らなかったことは、原審の確定するところであるから、Y会社がXに対しその振出の無効を主張して手形上の責任を免れえないことは、右の説示に照らして明らかである。また、(ロ)の約束手形自体の振出については、会社は取締役会の承認を受けることを要しないが、

```
①2通の融通手形振出し（取締役会の承認なし）　Y会社 取締役A　②手形1通（イ）はAからXに裏書譲渡
③手形1通（ロ）はYXで直接に交付。受取人はAと記載
④満期に支払呈示をしたが、支払を拒絶されたために、Y会社に対して手形金請求の訴えを提起
Y会社　　　　　　　　　　　　　　　　　　　　　　　　　X会社
```

その書替前の約束手形の振出につきこれを必要とすることはさきに述べたとおりであって、もしこの手形につき、Y会社が、取締役会の承認を受けなかったことを理由として、Xに対しその振出の無効を主張しうるとするならば、ひいてこれを抗弁として、(ロ)の手形についてもその支払を拒むことができることとなるべきところ、原審の確定するところによると、XはAから書替前の手形を取得するに際しその振出につき取締役会の承認がなかったことを知らなかったというのであるから、Y会社は書替前の手形についてXに対し手形上の義務を負担していたものであり、したがって、本件(ロ)の手形についても、その支払を拒む理由は存しないものといわなければならない。」

本判決の位置づけ・射程範囲

本件は、会社がその取締役にあてて約束手形を取締役会の承認なしに振り出し、その手形を裏書取得した第三者が会社に対して手形金の支払を請求した事案を含み、手形行為と利益相反取引規制（改正前商265条、会社356条1項2号・365条1項）との関係が問題になる。本判決の多数意見は、手形行為にも「原則として」利益相反取引の規定が適用されるとした。この点は、判例が古くから採用してきた立場（大判明治42・12・2 関連判例、最判昭和38・3・14 関連判例）を基本的に踏襲するものである。「原則として」と限定がつけられているのは、取締役・会社間の手形行為であっても、取締役が手形金額と同額の金員を交付して会社から手形の裏書を受けた事案で、会社に不利益を及ぼさないとして適用を否定するもの（最判昭和39・1・28 関連判例）など、個別的実質的基準により適用の有無を判断する傾向を考慮したためである。

次に本判決の多数意見は、適用肯定説を前提に、会社法所定の承認を欠く手形取引の効力につき、相対的無効説を採る旨を明らかにした。すでに間接取引の場合に最高裁は大法廷判決により相対的無効説を採用することを明らかにしていたが（最大判昭和43・12・25 本書97事件）、本判決は、直接取引のうちの会社・取締役間の手形行為の事案に関してそれを及ぼしたことに大きな意義がある。

さらに理解を深める　会社法百選2版57事件〔川村正幸〕最判解民事篇昭和46年度598頁〔小堀勇〕、商判5版Ⅰ-95事件、判例講義2版92事件、江頭4版417頁、神田15版215頁、会社法コンメ⑻80頁・87頁〔北村雅史〕 関連判例　大判明治42・12・2民録15輯926頁、最判昭和38・3・14民集17巻2号335頁、最判昭和39・1・28民集18巻1号180頁、最大判昭和43・12・25 本書97事件

第2章　株式会社　(6)　取締役

97 取締役の承認を経ずになされた利益相反取引の効力——間接取引

最高裁昭和43年12月25日大法廷判決
　事件名等：昭和42年（オ）第1327号売掛代金請求事件
　掲載誌：民集22巻13号3511頁、判時541号6頁、判タ229号93頁、
　　　　　金法533号23頁

概　要　本判決は、昭和56年改正前商法265条にいう利益相反取引には、いわゆる間接取引も含まれるとしたうえで、取締役が会社を代表して自己のためにした会社以外の第三者との間の取引については、当該第三者が取締役会の承認を受けなかったことについて悪意であるときに限り、その無効を主張することができるとしたものである。

事実関係　AはY株式会社の代表取締役であるが、X株式会社に対する自己の売掛代金債務につき、Y会社を代表して債務引受をした（❶）。X会社は、Y会社に対して、この債務の支払いを求めた（❷）。第1審はXの請求を認容したが、原審は、上記債務引受行為は利益相反取引に該当するが取締役会の承認を受けておらず無効であると判断した。X会社より上告。

判決要旨　破棄自判。「〔商法265条〕にいわゆる取引中には、取締役と会社との間に直接成立すべき利益相反の行為のみならず、取締役個人の債務につき、その取締役が会社を代表して、債権者に対し債務引受をなすが如き、取締役個人に利益にして、会社に不利益を及ぼす行為も、取締役の自己のためにする取引として、これに包含されるものと解すべきである」。「取締役が右規定に違反して、取締役会の承認を受けることなく、右の如き行為をなしたときは、本来、その行為は無効と解すべきである……民法108条の規定を適用しない旨規定している反対解釈として、その承認を受けないでした行為は、民法108条違反の場合と同様に、一種の無権代理人の行為として無効となることを予定している」。「取締役と会社との間に直接成立すべき利益相反する取引にあっては、会社は、当該取締役に対して、取締役会の承認を受けなかったことを理由として、その行為の無効を主張し得る〔が〕……、会社以外の第三者と取締役が会社を代表して自己のためにした取引については、取引の安全の見地より、善意の第三者を保護する必要があるから、会社は、その取引について取締役会の承認を受けなかったことのほか、相手方である第三者が悪意……であることを主張し、立証して始

第2章　株式会社　取締役　195

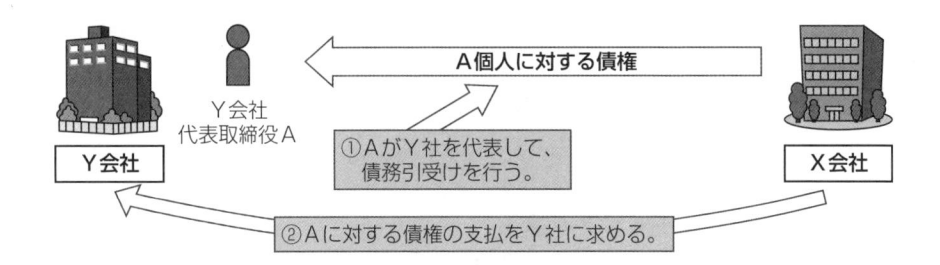

```
Y会社                    A個人に対する債権
代表取締役A   ←――――――――――――――――――
              ①AがY社を代表して、
              債務引受けを行う。
Y会社 ←――――――――――――――――――  X会社
              ②Aに対する債権の支払をY社に求める。
```

て、その無効をその相手方である第三者に主張し得るものと解するのが相当である。」「〔本件の債務引受行為は〕会社以外の第三者との間で取締役が会社を代表して自己のためにしたものであって商法265条の取引に該当するところ、……Y会社の取締役会の承認の決議の不存在についてX会社が悪意であったことについては、主張・立証がなく、したがって、Y会社は、X会社に対し、その無効を主張しえないのである。」

本判決の位置づけ・射程範囲

本件に適用された昭和56年改正前商法265条の下では、同条の適用が会社・取締役間に直接成立する取引に限定されるとの考えを示す最高裁判決も存在していた（最判昭和39・3・24 関連判例 等）。これに対し、会社と第三者の間の取引であるが、取締役と会社との間の利害が相反する取引（間接取引）も同条の規制対象に含まれるとする見解が、学説・下級審判例ではむしろ多数になっていた。本判決が、その規制趣旨を重視して従前の最高裁判例を変更したことにより、間接取引包含説でほぼ固まり、昭和56年改正商法265条がその立場を明定した（会社法も同様。会社356条1項2号〔直接取引〕・3号〔間接取引〕）。

次に、本判決は、取締役会の承認のない間接取引の効力につき、原則的に無効であるが、会社は相手方である第三者の悪意（承認を受けなかったことについて知っていること）を主張・立証するのでなければ、第三者に無効を主張できないとした（相対的無効説）。本判決の大きな意義は、今日ではこの点にあり、最判昭和46・10・13 本書96事件 では、それが直接取引の一種である手形行為にも及ぼされ、相対的無効説が確立された。なお、承認を要する間接取引の範囲は、効力の問題とも関わり困難な解釈問題である。会社による取締役の債務の保証（会社356条1項3号に例示）・債務引受（本判決）、物上保証（東京地判昭和50・9・11 関連判例 ）、さらには取締役が代表取締役をしている他社の債務を会社が保証する場合(最判昭和45・4・23 関連判例)がこれに含まれることに異論は少ない。

さらに理解を深める　会社法百選2版58事件〔山本爲三郎〕　最判解民事篇昭和43年度（下）1078頁〔奈良次郎〕、商判5版Ⅰ-96事件、弥永・重要判例3版177事件、判例講義2版91事件、江頭4版417頁、神田15版216頁、会社法コンメ(8)82頁・87頁〔北村雅史〕　関連判例　最判昭和39・3・24民集72号619頁、最判昭和46・10・13 本書96事件）、東京地判昭和50・9・11金法785号36頁、最判昭和45・4・23民集24巻4号364頁

第2章　株式会社　(6)　取締役

98　検査役選任の請求事由

大阪高裁昭和55年6月9日決定
　事件名等：昭和55年（ラ）第254号検査役選任即時抗告事件
　掲載誌：判タ427号178頁、金判614号18頁

概要　本決定は、会社が、二営業年度にわたり、定時株主総会を開催せずかつ計算書類を作成してその承認を求める手続をせず、代表取締役の任期満了にもかかわらず取締役選任手続を怠り、代表取締役に対する金員の支出・役員報酬額につき不正行為の疑いがある場合は、改正前商法294条1項所定の会社の業務執行に関し不正の行為または法令に違反する重大なる事実あることを疑うべき事由があるとしたものである。

事実関係　(1) Y会社は、一般小型貸切貨物自動車運送事業等を目的として設立された株式会社であり、発行済株式の総数は1万2,000株、資本の額は金600万円であって、その定款には、営業年度は毎年3月21日から翌年3月20日までの年一期とし、営業年度の末日を決算期とする、定時株主総会は毎決算期の翌日より三月以内に招集する、取締役及び監査役の任期は就任後2年内の最終の決算期に関する定時株主総会終結の時までとすると定められていた。
　(2) XはY会社の発行済株式の総数の10分の1以上に当たる4,000株を有する株主であった。
　(3) Xは昭和52年2月にY会社の代表取締役に就任したが、同年5月に代表取締役を辞任していわゆる平取締役となり、同日Xに代ってAが代表取締役に就任した。
　(4) Y会社の定時株主総会は、昭和52年5月にXが代表取締役在任当時に開催されて後、Aが代表取締役就任してから二期にわたって株主総会を開催せず、かつ、計算書類も作成していない。
　(5) Aが取締役に就任して2年間の任期が満了しているが、株主総会を招集、開催して取締役を選任する手続を怠り、代表取締役たる地位にとどまっている。
　(6) Aは昭和52年12月頃入院して手術を受けたが、その治療費中個人で負担すべき約100万円をY会社の資金から支出した。
　(7) Y会社は年間売上高約2億円、年間損失1,300万円（利益なし）の小規模赤字会社であるにもかかわらず、Aに対し役員報酬として年間約1,000万円を支出した。

決定要旨　抗告棄却。「以上の事実が認められるところ、右(4)の事実は商法234条、281条、283条及びY会社定款に違反し、右(5)の事実は商法254

第2章　株式会社　取締役　197

(1) Y会社
・定款で株主総会の開催、取締役、監査役の任期に関する事項が定められていた。

(4) Y会社
・Xが代表取締役であった昭和52年5月開催の株主総会の開催を最後に株主総会を開催せず、計算書類も作成していない。

(5) Y会社
・Aが代表取締役に就任して以来、株主総会を招集、開催して取締役を選任する手続を怠っている。

Y会社

株主X

(2) 株主X
・Y会社発行済み株式の10分の1以上を有する株主

(3) 株主X
・昭和52年2月にY会社の代表取締役に就任。同年5月に平取締役に。

(6) Y会社
・Aは自らの治療費のうち、100万円をY会社の資金から支出。

(7) Y会社
・赤字会社であるにかかわらず、役員報酬としてAに1000万円を支給。

条、254条の2、256条及びY会社定款に違反し、右(6)の事実は商法254条、254条の2、民法644条に違反しかつ不正行為の疑いがあり、右(7)の事実は商法254条、254条の2、民法644条に違反する疑いがあると認められる。よって、Y会社の業務の執行に関しては、商法294条1項所定の『不正ノ行為又ハ法令若ハ定款ニ違反スル重大ナル事実アルコトヲ疑フベキ事由』があるものと解するのが相当である。」

本決定の位置づけ・射程範囲

検査役選任請求権（改正前商294条、会社358条）は株主が有する各種の監督是正権行使のための情報収集手段として、少数株主の会計帳簿・資料閲覧権（会社433条。会計の範囲でしかも帳簿・資料に限定）よりも強力なものである。本決定は、定時総会の不開催・計算書類の不作成、代表取締役が任期満了後もその地位にとどまっていること、個人で負担すべき入院治療費の会社の資金からの支出、小規模赤字会社であるにもかかわらず多額の役員報酬を支出したことの事実が認められるとしたうえ、それぞれの事実に法令・定款違反があり、または法令違反または不正行為の疑いがあることを認定し、少数株主からの検査役選任請求権の行使を認めた。規定にいう不正または違法行為に該当するためには、会社の経理ないし財産に直接影響を及ぼすことを要するとの立場もみられたが（たとえば東京高決昭和40・4・27 関連判例 は、総会不開催等の主張はそれ自体理由がないとする）、本決定は会社の財産に直接影響しない事実についても検査を認めた点で注目に値する。なお、不正の行為、法令・定款違反の重大な事実を「疑うに足りる事由」（会社358条1項柱書）が証明されれば足りるが、調査が会社の業務運営・信用に与える影響を考慮し、裁判所は相当に厳格な証明を要求する傾向にある（東京高決平成10・8・31 関連判例 ）との指摘も存する。

さらに理解を深める　会社法百選2版60事件〔末永敏和〕商判5版Ⅰ-146事件、判例講義2版131事件、江頭4版536頁、神田15版251頁、会社法コンメ(8)115頁〔久保田光昭〕　関連判例　東京高決昭和40・4・27下民集16巻4号770頁、東京高決平成10・8・31金判1059号39頁

第２章　株式会社　　(6)　取締役

99 違法行為の差止請求権

東京高裁平成11年３月25日判決
事件名等：平成８年（ネ）第6052号違法行為差止請求事件
掲載誌：判時1686号33頁

概　要　本判決は、電力会社の株主から同会社の取締役に対する、原子力発電所の原子炉の運転停止を求める違法行為差止請求が棄却されたものである。

事実関係　東京電力株式会社の株主であるＸらは、再循環ポンプで破損事故が発生した福島第二原子力発電所３号機について（❶）事故再発の危険性がきわめて高く、十分な対策を施さないまま同社の代表取締役Ｙが同社に対して運転の継続を命じる（❷）ことは取締役の会社に対する善管注意義務・忠実義務等に違反し、回復不能な損害を生じるおそれがあるとして、Ｙに対し、株主の差止請求権に基づき、原子力発電機の運転差止めを求めて訴えを提起した（❸）。

判決要旨　控訴棄却。「〔原子炉施設を設置・運転する会社の代表取締役は、〕事業用電気工作物を通産省令で定める技術基準に適合するように維持する義務を負〔う〕……。他方、原子炉施設の安全性・健全性に関する評価・判断は、極めて高度の専門的・技術的事項にわたる点が多いから、……〔上記〕代表取締役としては、特段の事情がない限り、会社内外の専門家ないし専門機関の評価・判断に依拠することができ、また、そうすることが相当というべきである。……〔本件原子力発電機に〕技術基準違反があるとは認めることができない上、本件事故後、本件原子力発電機の運転を再開するについて、資源エネルギー庁及び原子力安全委員会等による健全性の検査の過程及び合格の判断に過誤があることが明らかであるなどの特段の事情も認められないから、技術基準不適合による電気事業法違反を前提とするＹに善管注意義務ないし忠実義務違反があるということはできない。」「原子炉施設の健全性についての判断は、……Ｙ自身が必ずしも必要とされる専門的、技術的知識、経験の全般にわたって、これを具有することを期待し得ないから、Ｙとして右善管注意義務ないし忠実義務を尽くしたというためには、社内の専門的知見を有する者らの報告、情報、意見や社外の信頼すべき公的専門機関やそこに所属する専門家の判断、見解、更には監督官庁の指導などを踏まえつつ、それらの意見等を尊重し、これに依拠して業務を執行することが必要であり、かつ、それらの意見等を信頼して業務の執行に当たる場合

図中:
- ①破損事故が発生
- ②発電所の運転の継続を命じる
- ③会社に対する善管注意義務・忠実義務違反を理由として、株主の差止請求権に基づき、原子力発電機の運転差止めを求める訴えを提起
- 東京電力 福島第２発電所
- 東京電力代表取締役Ｙ
- 東京電力株主Ｘら

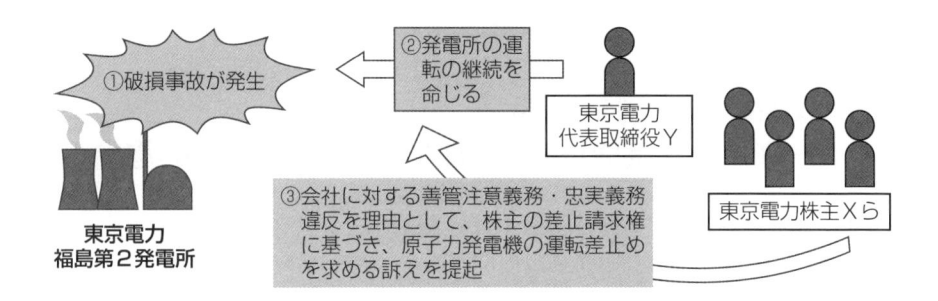

には、特段の事情がない限り、代表取締役としての会社に対する前記義務は尽くされていると解するのが相当である。……〔この点に関する特段の事情も認められない本件では、〕これを信頼して原子力発電の運転業務の遂行を命ずることも許され、その限りでは、Ｙの代表取締役としての会社に対する善管注意義務ないし忠実義務（商法254条の３）に違反するところはないものといわざるをえない」。

本判決の位置づけ・射程範囲

本判決は、改正前商法272条（会社360条）の下で株主の差止請求権が行使された数少ない事例に属し、また結論は取締役の法令違反行為なし（請求棄却）とされたが、差止請求が原子炉の運転の継続を命じる業務執行を対象としていたため、専門性の高い業務執行行為についての取締役の善管注意義務違反の有無に関する判示として意義がある。主張された法令違反は、①電気事業法違反を前提とした善管注意義務ないし忠実義務違反、②原子力発電における安全対策上の善管注意義務ないし忠実義務違反であった。①に関して、本判決は、電気事業法規定（取締規定）違反を直ちに上記272条の「法令」違反として扱うのではなく、善管注意義務違反に関する判断の中で扱う（ただし「法令」の範囲を限定する立場を採るか否かは明らかではない。また本件では電気事業法違反が否定されている）。次に、①の判断にも共通するが、②の判断において、本判決は、代表取締役が善管注意義務を尽くしたというためには、会社内外の専門家ないし専門機関の報告・情報・意見ないし判断・見解（さらには監督官庁の指導）に依拠すべきであり、そうした意見等を信頼してなされた業務執行は、特段の事情がない限り、善管注意義務に違反しないとする。いわゆる「信頼の抗弁」の考え方を踏まえたものと思われるが、事案の特殊性を反映して、代表取締役に当該専門知識を期待できない状況下では、専門家の意見等に依拠することが善管注意義務の内容そのものとされていることに留意を要する。また、不当な内容の専門家の意見への信頼を排除する観点から、「特段の事情」が重要な意味をもつ。

さらに理解を深める

会社法百選67事件〔小柿徳武〕商判５版Ｉ－98事件、判例講義２版76事件、松井秀征・ジュリ1217号（2002）125頁、会社法コンメ⑻133頁〔岩原紳作〕、江頭４版466頁、神田15版250頁　関連判例　東京地決平成16・６・23金判1213号61頁〔会社法百選２版61事件〕

第2章　株式会社　(6) 取締役

100 取締役の報酬請求権
―― 定款の定めまたは株主総会決議のない場合

最高裁平成15年2月21日第二小法廷判決
　事件名等：平成11年（受）第948号所有権移転登記抹消登記手続等請求事件
　掲載誌：金判1180号29頁、金法1681号31頁

概要　本判決は、株式会社の取締役について、定款または株主総会の決議によって報酬の金額が定められなければ、具体的な報酬請求権は発生せず、取締役が会社に対して報酬を請求することはできないとしたものである。

事実関係　Yは、昭和61年3月2日から平成5年6月21日までの間、X株式会社の代表取締役の地位にあり（❶）、X会社から、昭和61年10月分から平成3年7月分までの取締役の報酬として合計4,275万円の支給を受けていた（❷）。しかし、これについては、報酬額を定めた定款の規定または株主総会の決議がなかったし、株主総会の決議に代わる全株主の同意もなかった（❸）。そこでX会社は、Yが取締役報酬を受領したことは改正前商法269条（会社361条）に違反するなどと主張して、Yに対し、改正前商法266条1項5号（会社423条1項）に基づき損害賠償請求訴訟を提起した（❹）。第1審は、X会社の請求につき、2,245万円およびその利息の支払を求める限度で認容した（❺）。これに対し、控訴審は、取締役と会社との関係は通常であれば有償である旨の黙示の特約があるものと解され、同特約がある以上、株主総会の決議がない場合でも、取締役は会社に対し社会通念上相当な額の報酬を請求することができると解されるなどとして、同請求につき、第1審判決を変更してX会社の請求を棄却した。X会社は、X会社の請求を棄却した部分について不服であるとして上告。

判決要旨　破棄自判。「株式会社の取締役については、定款又は株主総会の決議によって報酬の金額が定められなければ、具体的な報酬請求権は発生せず、取締役が会社に対して報酬を請求することはできないというべきである。けだし、商法269条は、取締役の報酬額について、取締役ないし取締役会によるいわゆるお手盛りの弊害を防止するために、これを定款又は株主総会の決議で定めることとし、株主の自主的な判断にゆだねているからである。
　そうすると、本件取締役の報酬については、報酬額を定めた定款の規定又は株主総会の決議がなく、株主総会の決議に代わる全株主の同意もなかったのであるから、その額が社会通念上相当な額であるか否かにかかわらず、YがX会社に対し、報酬請求権を有するものということはできない。

```
                ②昭和61年10月～平成3年7月まで
                取締役報酬4,275万円を支給     →  Y
  [X会社]
                ③報酬額を定めた定款規定、株主総会の     ①昭和61年3月2
                決議、全株主の同意がない支給           日～平成5年6月
                                                    21日まで、X会
                ④Yは商法269条に違反するとして、       社の代表取締役で
                266条1項5号に基づく損害賠償請求 →   あった
                ⑤第一審は2,245万円および利息の限度で認容
```

ところで、Yは、報酬相当額の不当利得返還請求権等との相殺の抗弁を主張しているが、本件でX会社から不服申立てがあったのは、原審において請求を棄却された2245万円の損害賠償請求に関する部分についてのみであり、第1審において取締役の報酬請求権があるとして損害賠償請求を2030万円の限度で棄却している（この部分は不服申立てがない。）という経過等に照らしてみれば、この主張は、結論に影響を及ぼすものではないというべきである。

本判決の位置づけ・射程範囲

取締役の具体的な報酬請求権は、取締役任用契約において適法な手続によって定められた報酬を与える旨の合意があっても、それだけでは発生せず、定款または株主総会の決議によって報酬の金額が定められて初めて発生すると解するのが通説・判例（大阪高判昭和43・3・14関連判例、最判昭和56・5・11関連判例）である。本判決は、この考え方に従い、本件取締役が取締役報酬として支給を受けたもののうち、定款の定めまたは株主総会の決議がない部分について、その額が社会通念上相当な額であるか否かにかかわらず、報酬請求権を否定した点で意義がある。

定款・総会決議がなくても、例外的に取締役による報酬の支給請求が認められてきている1類型に、総株主の同意があったことを理由にするものがあるが（大阪高判平成元・12・21関連判例、東京地判平成3・12・26関連判例、東京高判平成7・5・25関連判例）、本判決も、「株主総会の決議に代わる全株主の同意もなかったのであるから……」として、この立場を是認している。なお中小企業において、会社内の紛争等から、株主総会またはその授権を受けた取締役会が少数派の取締役の報酬（とりわけ退職慰労金）の額を決定しないまま放置するケースがみられ、その救済のためさまざまな解釈の試みが存するところであるが、本件は、そのような議論が想定するケースとは幾分異なる。

さらに理解を深める

平成15年度重判（ジュリ1269号）商法3事件〔弥永真生〕商判5版I－100事件、弥永・重要判例3版192事件、判例講義2版75事件、酒巻・尾崎3版補正124事件、江頭4版420頁、神田15版216頁、会社法コンメ⑻154頁・196頁〔田中亘〕 関連判例 大阪高判昭和43・3・14金判102号12頁、最判昭和56・5・11集民133号1頁、大阪高判平成元・12・21判時1352号143頁、東京地判平成3・12・26判時1453号134頁、東京高判平成7・5・25判夕892号236頁

第２章　株式会社　(6)　取締役

101 役員の退職慰労金と報酬規制

最高裁昭和39年12月11日第二小法廷判決
事件名等：昭和38年（オ）第120号株主総会決議無効確認請求事件
掲載誌：民集18巻10号2143頁、判時401号61頁、判タ173号131頁

概要　本判決は、株式会社役員の退職慰労金に関し、株主総会において、金額、支給期日、支給方法を取締役会に一任すると決議した場合でも、会社において慣例となっている一定の基準に従うべき趣旨であるときは、改正前商法269条の趣旨に反し無効の決議であるということはできないとしたものである。

事実関係　Y株式会社は、退職した役員に対して退職慰労金を贈呈するに当たり、その都度株主総会の決議により金額・時期・方法について取締役会に一任し、取締役会は会社の業績、勤続年数、担当業務、功績の軽重等を基礎とする一定の基準に従う形で退職慰労金を決定してきており、これが慣例化していた（❶）。この慣例に基づき、Y会社は辞任した常任監査役Aの退職慰労金の贈呈について取締役会に一任する旨を株主総会で決議し、Aに退職慰労金が支払われた（❷）が、Y会社の株主Xは、かかる総会決議は改正前商法279条（会社387条）に違反するとして、総会決議の無効確認を求めて訴えを提起した（❸）。第１審・控訴審ともにXの請求を棄却したため、Xより上告。

判決要旨　上告棄却。「原判決は、従来Y会社において退職した役員に対し慰労金を与へるには、その都度株主総会の議に付し、株主総会はその金額、時期、方法を取締役会に一任し、取締役会は自由な判断によることなく、会社の業績はもちろん、退職役員の勤続年数、担当業務、功績の軽重等から割り出した一定の基準により慰労金を決定し、右決定方法は慣例となっているのであるが、辞任した常任監査役Aに対する退職慰労金に関する本件決議に当っては、右慣例によってこれを定むべきことを黙示して右決議をなしたというのであり、右事実認定は、挙示の証拠により肯認できる。株式会社の役員に対する退職慰労金は、その在職中における職務執行の対価として支給されるものである限り、商法280条、同269条にいう報酬に含まれるものと解すべく、これにつき定款にその額の定めがない限り株主総会の決議をもってこれを定むべきものであり、無条件に取締役会の決定に一任することは許されないこと所論のとおりであるが、Y会社の前記退職慰労金支給決議は、その金額、支給期日、支給方法を無条件に取締

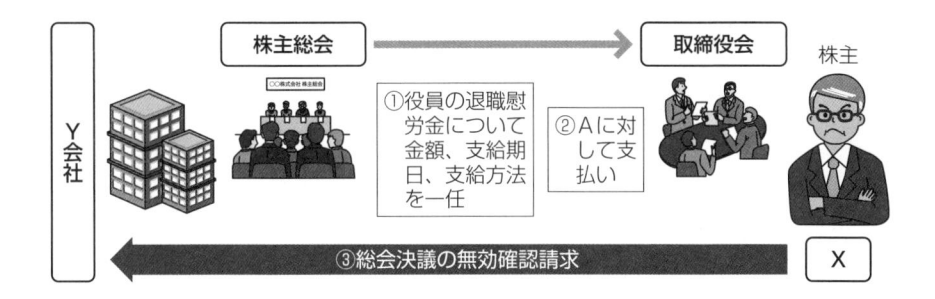

> 役会の決定に一任した趣旨でなく、前記の如き一定の基準に従うべき趣旨であること前示のとおりである以上、株主総会においてその金額等に関する一定の枠が決定されたものというべきであるから、これをもって同条の趣旨に反し無効の決議であるということはできない。」

本判決の位置づけ・射程範囲

役員が任期満了等により退任する場合、退職慰労金が贈呈されることが多い。これが「報酬等」(会社361条1項・387条1項）に該当すれば、定款・株主総会決議により額を定めなければならない。本判決は、その該当性を肯定する。役員の退職慰労金は、職務執行の対価の後払いとしての性格をもつなどとされ、今日この点について異論はないといえる。

次に、退職慰労金に特有の問題として、株主総会でその支給を決議するに当たって、その金額・時期・方法等は取締役会に一任する旨決議することが、実務上多くみられる（そうでないと退任する取締役が1人のとき、その支給額がわかってしまう）。本判決は、かかる決議方法について、無条件の一任は許されないが、本件での一任の趣旨は本件会社において慣行的に定まっている一定の支給基準に従って支給すべき趣旨であって、そうであれば総会において金額等に関する一定の枠が決定されたものというべきであるとして、これを容認した初めての最高裁判決である。なお、その後の判例では、支給基準が株主の知り得る状況にあったことにも留意されている（最判昭和44・10・28 関連判例、最判昭和48・11・26 関連判例、最判昭和58・2・22 関連判例。支給基準の開示方法に関する会社規82条2項はこれらを前提にする）。なお、総会で基準の内容の説明が求められた場合に関して、奈良地判平成12・3・29 本書71事件 等参照。

さらに理解を深める 会社法百選2版62事件〔烏山恭一〕最判解民事篇昭和39年度496頁〔坂井芳雄〕、商判5版Ⅰ-101事件、弥永・重要判例3版193事件、判例講義2版73事件、酒巻・尾崎3版補正127事件、江頭4版432頁、神田15版218頁、会社法コンメ(8)171頁〔田中亘〕 関連判例 最判昭和44・10・28判時577号92頁、最判昭和48・11・26判時722号94頁、最判昭和58・2・22判時1076号140頁、奈良地判平成12・3・29 本書71事件

第2章　株式会社　(6)　取締役

102　取締役の報酬の変更

最高裁平成4年12月18日第二小法廷判決
　事件名等：平成2年（オ）第1259号取締役報酬請求事件
　掲載誌：民集46巻9号3006頁、判時1459号153頁、判タ818号94頁、
　　　　　　金判923号3頁、金法1369号75頁

概要　本判決は、具体的に定められた取締役の報酬について、株主総会がこれを無報酬とする旨の決議をしたとしても、当該取締役は、これに同意しない限り報酬請求権を失わないとしたものである。

事実関係　Y株式会社では、取締役の報酬については株主総会がその総額を決議し、取締役会がその範囲内で各取締役に対し期間を定めずに毎月定額を支給する旨の決議をするという方法で定められていた（❶）。XはY会社の取締役であった（❷）が、昭和58年10月に常勤から非常勤となり（❸）、昭和59年1月にはY会社の取締役会決議により同年1月1日以降報酬支払いを停止され（❹）、同年7月13日の株主総会の決議によって無報酬とされた（❺）。昭和60年6月、Xは取締役を退任した（❻）が、一度決定された取締役報酬は当該取締役の同意がなければ任期中は変更できないと主張して、Y会社に対し、昭和59年1月1日から任期終了時までの報酬等を求めて訴えを提起した（❼）。第1審は、取締役の報酬額は当該取締役の同意がなければ一方的に変更できないとする一方、職務内容に変更が生じた場合には例外的に変更も許されるとしつつ、その場合でも営業年度の途中で無報酬とすることは特段の事情のない限り許されないとして、上記「❹」の取締役会決議は、同年4月以降の報酬を支給しないと定めたものとして効力があるとした。これに対し控訴審は、取締役の職務内容に著しい変更があり、かつ、それを前提として株主総会が報酬の減額・不支給を決議したときは、当該取締役の同意を得ることなく報酬の減額・無報酬化ができるとして、「❺」の株主総会決議の日までの報酬について、Xの請求を認容した（❽）。

判決要旨　破棄自判。「株式会社において、定款又は株主総会の決議（株主総会において取締役報酬の総額を定め、取締役会において各取締役に対する配分を決議した場合を含む。）によって取締役の報酬額が具体的に定められた場合には、その報酬額は、会社と取締役間の契約内容となり、契約当事者である会社と取締役の双方を拘束するから、その後株主総会が当該取締役の報酬に

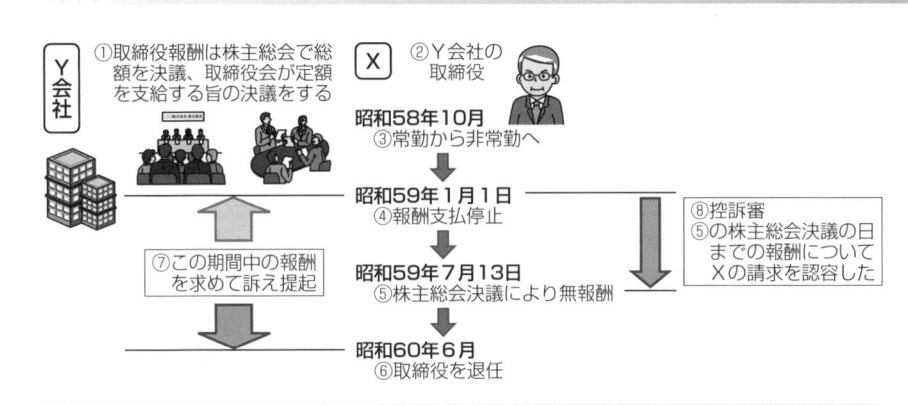

つきこれを無報酬とする旨の決議をしたとしても、当該取締役は、これに同意しない限り、右報酬の請求権を失うものではないと解するのが相当である。この理は、取締役の職務内容に著しい変更があり、それを前提に右株主総会決議がされた場合であっても異ならない。」

本判決の位置づけ・射程範囲

各取締役の報酬等の額が具体的に定められた後に、それを会社が一方的に変更することができるかという問題について、いったん確定した報酬額は、その取締役の同意がなければ変更できない旨を述べた最高裁判決は、本判決以前にも存在している（最判昭和31・10・5 関連判例）。本判決は、取締役の職務内容の著しい変更を理由とし、株主総会の決議による場合においても、同様に解されることを確認したものとして意義がある。

本判決は、直接的には、無報酬とすることについて判示するだけである。無報酬とすることと減額とが同列に扱えない面があることは否定できないが（非常勤取締役となっても、取締役会の審議に加わること、業務執行の監督等の基本的な職務に変更はなく、取締役としての責任を免れることもない）、本判決は、契約の拘束力を理由にしているところから、判旨の射程は減額にも及ぶとみられる。なお、取締役の報酬等の額が役職ごとに定められ、それが会社の内規・慣行になっている場合に、これを知って取締役に就任した場合には、職務変更による減額につき黙示の同意があり減額が可能とする学説・下級審判決（東京地判平成2・4・20 関連判例）がある。任期中の無報酬化・減額が許されないのは契約法理によるものであるから、本判決も、取締役が事前に同意（黙示の同意を含む）していることを理由とする無報酬化・減額を否定するものではないと解される。

 さらに理解を深める 　**会社法百選2版63事件〔甘利公人〕**最判解民事篇平成4年度589頁〔水上敏〕、商判5版Ⅰ−102事件、弥永・重要判例3版194事件、判例講義2版72事件、酒巻・尾崎3版補正132事件、江頭4版423頁、神田15版219頁、会社法コンメ(8)206頁〔田中亘〕　関連判例　最判昭和31・10・5集民23号409頁、東京地判平成2・4・20判時1350号138頁

第２章 株式会社　(6) 取締役

103　元取締役に対する退職慰労年金の一方的打切りの可否

最高裁平成22年3月16日第三小法廷判決
　事件名等：平成21年（受）第1154号退職慰労金等請求事件
　掲載誌：判時2078号155頁、判タ1323号114頁、金判1346号38頁、
　　　　　金法1900号115頁

概要　本判決は、株主総会の決議を経て、役員に対する退職慰労金の算定基準等を定める会社の内規に従い支給されることとなった会社法361条1項にいう取締役の報酬等に当たる退職慰労年金について、退任取締役相互間の公平を図るため集団的、画一的な処理が制度上要請されているという理由のみから、上記内規の廃止の効力をすでに退任した取締役に及ぼし、その同意なく未支給の退職慰労年金債権を失わせることはできないとしたものである。

事実関係　Xは、株式会社Y銀行の取締役であったが、退任後、株主総会決議で定められていたところに従い、当時のY銀行の役員退職慰労金規程に基づき計算された額の退職慰労年金を受給していた。ところが、その後、Y銀行の取締役会は当該規程を廃止する決議をし、同年金を一方的に打ち切った。そこでXは、Y銀行に対し、未支給の退職慰労年金の支払いを求めて訴えを提起した。第1審はXの請求を認容したが、控訴審は、退職慰労年金には集団的・画一的処理を図るという制度的要請に鑑みると、Y銀行は一定の場合に当該規程を改廃することができ、これに同意しない者に対しても改廃の効力は及ぶとしてXの請求を棄却した。Xより上告。

判決要旨　破棄差戻し。「Y会社の取締役に対する退職慰労年金は、取締役の職務執行の対価として支給される趣旨を含むものと解されるから、会社法361条1項にいう報酬等に当たる。本件内規に従って決定された退職慰労年金が支給される場合であっても、取締役が退任により当然に本件内規に基づき退職慰労年金債権を取得することはなく、Y会社の株主総会決議による個別の判断を経て初めて、Y会社と退任取締役との間で退職慰労年金の支給についての契約が成立し、当該退任取締役が具体的な退職慰労年金債権を取得するに至るものである。Y会社が、内規により退任役員に対して支給すべき退職慰労金の算定基準等を定めているからといって、異なる時期に退任する取締役相互間についてまで画一的に退職慰労年金の支給の可否、金額等を決定することが予定されている

ものではなく、退職慰労年金の支給につき、退任取締役相互間の公平を図るために、いったん成立した契約の効力を否定してまで集団的、画一的な処理を図ることが制度上要請されているとみることはできない。退任取締役がY会社の株主総会決議による個別の判断を経て具体的な退職慰労年金債権を取得したものである以上、その支給期間が長期にわたり、その間に社会経済情勢等が変化し得ることや、その後の本件内規の改廃により将来退任する取締役との間に不公平が生ずるおそれがあることなどを勘案しても、退職慰労年金については、上記のような集団的、画一的処理が制度上要請されているという理由のみから、本件内規の廃止の効力を既に退任した取締役に及ぼすことは許されず、その同意なく上記退職慰労年金債権を失わせることはできないと解するのが相当である。」

本判決の位置づけ・射程範囲

役員退職慰労金の支給方法には、役員退職後一定の時期に一括で全額支払う方式以外に、年金方式もある。その支給期間が長期に及ぶ場合、その間に社会経済情勢、会社の状況等が大きく変化することもある。本判決は、かかる役員退職慰労年金につきその額等が具体的に定められた場合、原則としてその支給を受けている退職役員の個別の同意がなければ、退職慰労年金債権を会社が一方的に失わせ得ない旨を判示した初めての最高裁判決である。契約の拘束力を基礎としており、いったん確定した報酬額は、その取締役の同意がなければ変更できないとした最判平成4・12・18 本書102事件 の考え方に沿うものといえる。

本判決は、①黙示的な合意の存在、または②事情変更の原則を理由に、上記平成4年判決の原則論の例外を認める余地があることを示している点でも、注目される。当該原則論が契約法理による以上、①が例外の理由になるのは当然であるが、その認定については、慎重な立場から、退職慰労年金の性格を基礎に比較的広く認める余地を示唆する立場まで見解が分かれる。②については、これを認めた裁判例も存するが（大阪地判昭和58・11・29 関連判例 ）、批判が強い。退職慰労年金は在任中の役員報酬（支給はその任期の限度のとどまる）と同列に扱えない面もあるが、ここでも資力悪化の可能性を考慮しなかったという当事者の責めに帰すべき事情があり、その適用に否定的な意見が強い。

さらに理解を深める　**平成22年度重判（ジュリ1420号）商法3事件〔中村康江〕** 商判5版Ⅰ-104事件、弥永・新判例25事件、判例講義2版74事件、中村信男・金判1346号（2010）7頁、江頭4版423頁、神田15版218頁　関連判例　最判平成4・12・18 本書102事件 、大阪地判昭和58・11・29判タ515号162頁

第2章　株式会社　(6)　取締役

104　総会決議を経ずに支払われた役員報酬と事後の総会決議

最高裁平成17年2月15日第三小法廷判決
　事件名等：平成15年（受）第995号損害賠償請求事件
　掲載誌：判時1890号143頁、判タ1176号135頁、金判1218号45頁

概要　本判決は、株主総会決議を経ずに支払われた役員報酬についても、事後の総会決議により原則として有効なものとなるとしたものである。

事実関係　A社の定款には、取締役報酬・監査役報酬は株主総会の決議をもって定めるとされていた(❶)ところ、株主であるXは、A社設立後4年9か月の間、取締役あるいは監査役の地位にあったYらに対して支払われた役員報酬は、A会社の定款および商法の規定に違反して総会決議に基づかずに支払われたものであり、YらはA社が被った本件役員報酬相当額の損害を賠償する義務を負うとして株主代表訴訟を提起した(❷)。ところが上記訴訟提起後A社は株主総会を開催し、設立時に遡及する条件付決議として取締役報酬・監査役報酬を定める決議をした(❸)。Xの請求を認容した原判決を不服としてYらより上告。

判決要旨　破棄自判。「商法269条、279条1項が、株式会社の取締役及び監査役の報酬について、定款にその額の定めがないときは、株主総会の決議によって定めると規定している趣旨目的は、取締役の報酬にあっては、取締役ないし取締役会によるいわゆるお手盛りの弊害を防止し、監査役の報酬にあっては、監査役の独立性を保持し、さらに、双方を通じて、役員報酬の額の決定を株主の自主的な判断にゆだねるところにあると解される。そして、株主総会の決議を経ずに役員報酬が支払われた場合であっても、これについて後に株主総会の決議を経ることにより、事後的にせよ上記の規定の趣旨目的は達せられるものということができるから、当該決議の内容等に照らして上記規定の趣旨目的を没却するような特段の事情があると認められない限り、当該役員報酬の支払は株主総会の決議に基づく適法有効なものになるというべきである。そして、上記特段の事情の存在することがうかがえない本件においては、本件決議がされたことにより、本件役員報酬の支払は適法有効なものになったというべきである。

　このように、A会社の株主総会において、本件決議により既に支払済みの本件役員報酬の支払を適法有効なものとすることが許される以上、本件決議に本件訴訟をYらの勝訴に導く意図が認められるとしても、それだけではYらにおいて本

件決議の存在を主張することが訴訟上の信義に反すると解することはできず、他にYらが本件決議の存在を主張することが訴訟上の信義に反すると認められるような事情はうかがわれない。また、本件役員報酬の支払は、本件決議がされたことによって適法なものとなるのであるから、取締役の責任を免除する株主総会の決議の対象とはならないし、A会社が本件役員報酬相当額の損害を被っていることにもならない。」

本判決の位置づけ・射程範囲

取締役報酬（会社361条）、監査役報酬（同378条）において定款の定めがない場合に必要とされる株主総会の決議の時期につき法は明文の定めを置かないが、決議は支払いに先立って行われることを予定していると考えられる（最判平成15・2・21 本書100事件 参照）。本判決は、取締役および監査役の報酬につき定款または株主総会による定めを要求する規定の趣旨目的をそれぞれ明らかにしたうえ、事後的であっても総会決議がなされれば、原則としてすでになされた報酬等の支払いは適法有効なものとなる旨を最高裁として初めて示したものである。この考え方は、退任取締役に対する退職慰労金贈呈の総会決議取消の訴え係属中にそれと同一内容の再決議が適法になされた場合、原則として訴えの利益は失われるとした最判平成4・10・29 関連判例 とも整合的であるが、その一方、手続の履践をなおざりにする傾向を助長することへの危惧も存する。「上記規定の趣旨目的を没却するような特段の事情がない限り」との留保が付されていることは、それに歯止めをかける点でも重要であり、特段の事情の内容が今後問題になろう。

なお、本件は、株主全員の同意（株主総会を開かず報酬を支払っている場合でも、閉鎖的な会社ではこれが認められる場合が多い）で総会決議に代替するという取扱い（上記平成15年判決、東京地判平成3・12・26 関連判例 参照）ができない事案であった。

さらに理解を深める 平成17年度重判（ジュリ1313号）商法3事件〔野田博〕弥永・重要判例3版131事件、江頭4版423頁、神田15版216頁、会社法コンメ(8)203頁〔田中亘〕 関連判例 最判平成4・10・29民集46巻7号2580頁、最判平成15・2・21 本書100事件、東京地判平成3・12・26判時1435号134頁

第2章　株式会社　　(6)　取締役

105　株主総会決議を経ない退職慰労金の支給と不当利得返還請求の許否

最高裁平成21年12月18日第二小法廷判決
　事件名等：平成21年（受）第233号損害賠償等請求事件
　掲載誌：判時2068号151頁、判タ1316号132頁、金判1338号22頁、金法1900号120頁

概要　本判決は、株式会社が株主総会の決議等を経ることなく退任取締役に支給された退職慰労金相当額の金員につき不当利得返還請求をすることが、信義則に反せず、権利の濫用に当たらないとした原審の判断に、違法があるとしたものである。

事実関係　X株式会社においては、取締役に対する退職慰労金は株主総会の決議を経ることなく発行済株式総数の99％以上を保有する代表取締役の決裁による支給手続がなされていた（❶）。代表取締役Aは退任取締役Yに対して退職慰労金を支給しない意向を告げたところ（❷）、YがX会社に対し支給の催促をしたため、X会社はAの決裁を経ずにYに対して内規に従った額を送金した（❸）。その後、X会社はYに対し、その返還を求めて訴えを提起した（❹）。第1審はX会社の請求を棄却したが、控訴審は、X会社がする退職慰労金相当額の金員についての不当利得返還請求は、信義則に反せず、権利の濫用にも当たらないとしてX会社の請求を認容した。Yより上告。

判決要旨　破棄差戻し。「X会社においては、従前から、退任取締役に対する退職慰労金は、通常は、事前の株主総会の決議を経ることなく、……支給されており、発行済株式総数の99％以上を保有する代表者が決裁することによって、株主総会の決議に代えてきたというのである。そして、Yが、弁護士を通じ、平成18年3月2日付けの内容証明郵便をもって、本件内規に基づく退職慰労金の支給をするよう催告をしたところ、その約10日後に本件金員が送金され、X会社においてその返還を明確に求めたのは、本件送金後1年近く経過した平成19年2月21日であったというのであるから、Yが、本件送金の担当者と通謀していたというのであればともかく、本件送金についてX会社代表者の決裁を経たものと信じたとしても無理からぬものがある。また、X会社代表者が、上記催告を受けて本件送金がされたことを、その直後に認識していたとの事実が認められるのであれば、X会社代表者において本件送金を事実上黙認してきたとの評価

①退職慰労金は発行済株式総数の99％以上を保有する代表取締役の決裁による

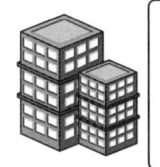

X会社

A

②Yには退職慰労金を支給しない。

③Yの督促に応じて送金。後に、④返還請求

Y

を免れない。さらに、Yは、Yが従前退職慰労金を支給された退任取締役と同等以上の業績を上げてきたとの事実も主張しており、上記各事実を前提とすれば、Yに対して退職慰労金を不支給とすべき合理的な理由があるなど特段の事情がない限り、X会社がYに対して本件金員の返還を請求することは、信義則に反し、権利の濫用として許されないというべきである。」「そうすると、上記催告を受けて本件金員が送金されたことについてのX会社代表者の認識やYの業績等の事実について審理判断せず、上記特段の事情の有無についても審理判断しないまま、X会社代表者が本件内規に基づく退職慰労金を支給する旨の意思表示をしたと認めるに足りず、X会社が民事再生手続開始の決定を受けていることのみを説示して、本件請求が信義則に反せず、権利の濫用に当たらないとした原審の判断には、審理不尽の結果、法令の適用を誤った違法があるといわざるを得〔ない。〕」

本判決の位置づけ・射程範囲

本判決は、株主総会の決議も、これに代わる発行済株式総数の99％以上を有する会社代表者の決裁もなしに支払われた退職慰労金について、会社から退任取締役に対する不当利得返還請求権の行使が信義則に反し権利濫用として許されないものとなる余地を認めた。判例・通説によると、取締役の具体的な報酬請求権は、定款または株主総会の決議によって報酬の金額が定められてはじめて発生する（最判昭和56・5・11 関連判例、最判平成15・2・21 本書100事件）。ただし、総株主の同意があった場合に、それをもって総会決議に代えることは認められてきている。前掲最判平成15・2・21等）。本判決も、これらの判例の枠組みを超えるものではなく、本件送金がなされた事情、会社がその返還を求めたのが約1年を経過した後であったこと、会社代表者の本件送金についての認識、退任取締役の主観的事情や会社に対する功績等を勘案して、信義則・権利濫用の理論に基づき結論として退任取締役に退職慰労金を取得させる余地を肯定したものであり、本件事案の下での事例判断を示したものと捉えられる（退任取締役の主観的事情や会社に対する功績への考慮が、報酬額の決定を株主の自主的な判断に委ねる現行規制の枠組みに沿うものかは、疑問の余地もある）。なお、以上の多数意見に対しては、竹内行夫裁判官の反対意見がある。

さらに理解を深める

商判5版Ⅰ-103事件、江頭4版434頁、神田15版218頁
関連判例　最判昭和56・5・11集民133号1頁、最判平成15・2・21 本書100事件

第2章　株式会社　(7)　取締役会

106 取締役会決議が必要な重要な財産の処分

最高裁平成6年1月20日第一小法廷判決
　事件名等：平成5年（オ）第595号株主権確認請求事件
　掲載誌：民集48巻1号1頁、判時1489号155頁、判タ842号127頁、
　　　　　金判943号3頁、金法1391号43頁

概要　本判決は、取締役会決議を要する「重要な財産」の処分の該当性について、最高裁が初めて具体的な判断基準を提示したものである。

事実関係　X会社は資本金1億6,000万円、総資産額47億8,640万円余の会社である（❶）。その代表取締役であったAはYに対して、X会社が保有していたB会社の株式約12万株を7,986万円で、取締役会の決議を経ずに譲渡した（❷）。株式譲渡の翌日にAに代わり代表取締役に就任したCは、上記株式譲渡は無効であるとして、Yに対してX会社が株主である旨の確認を求めて訴えを提起した（❸）。原判決は、本件株式は営業の維持発展に不可欠なものではないこと、株式の売却代金を取得できること、資産額に占める帳簿価額の割合等に鑑みると上記株式は「重要ナル財産」とはいえないなどとして、X会社の請求を棄却した（❹）ため、X会社より上告。

判決要旨　破棄差戻し。「商法260条2項1号にいう重要な財産の処分に該当するかどうかは、当該財産の価額、その会社の総資産に占める割合、当該財産の保有目的、処分行為の態様及び会社における従来の取扱い等の事情を総合的に考慮して判断すべきものと解するのが相当である。これを本件についてみるに、本件株式の帳簿価額は7,800万円で、これはX会社の前記総資産47億8,640万円余の約1.6パーセントに相当し、本件株式はその適正時価が把握し難くその代価いかんによってはX会社の資産及び損益に著しい影響を与え得るものであり、しかも、本件株式の譲渡はX会社の営業のため通常行われる取引に属さないのであるから、これらの事情からすると、原判決の挙示する理由をもって、本件株式の譲渡は同号にいう重要な財産の処分に当たらないとすることはできない。さらに、本件株式はB会社の発行済み株式の7.56パーセントに当たり、B会社はX会社の発行済み株式の17.86パーセントを有しているのであり、……本件株式の譲渡はX会社とB会社との関係に影響を与え、X会社にとって相当な重要性を有するとみることもできる。また、……本件株式譲渡の翌日である同年1月19日

④「重要ナル財産」といえるか

X会社
①資本金
1億6,000万円
総資産額
47億8,640万余

A 旧代表取締役

C 新代表取締役

B社株式 → Y

②約12万株を7,986万円で取締役会の決議を経ずに譲渡

③X会社が株主である旨の確認請求

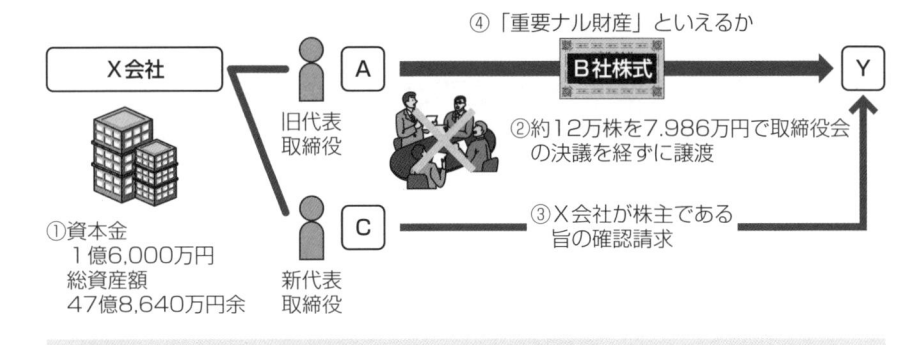

に開催されたX会社の取締役会において本件株式及びX会社の有するB会社の株式400株をY会社に譲渡することの承認決議がされたことがうかがわれ〔るなど〕、……X会社においてはその保有株式の譲渡については少額のものでも取締役会がその可否を決してきたものとみることもできる。」

本判決の位置づけ・射程範囲

会社法362条4項は、重要な業務執行事項を例示し、取締役会が自ら決しなければならない事項を明確にしようとするが、それらには、一義的に捉えられる事項だけでなく、個々のケースの具体的事情に即して判断されなければならない事項も含まれている。本判決は、改正前商法260条2項1号（会社362条4項1号）にいう重要な財産の処分に該当するかどうかについて最高裁が初めて具体的な判断基準を示したものである。それによると、①当該財産の価額、②その会社の総資産に占める割合、③その保有目的、④処分行為の態様および⑤会社における従来の取扱い等の事情を総合的に考慮して判断すべきものとされ、これは多数学説の従来の説明に沿った考え方を提示するものである。

本判決は、上記基準の本件事案へのあてはめにおいては、①、②に関し財産（保有株式）が帳簿価額では7,800万円で会社の総資産の約1.6％に相当すること（当該保有株式について適正時価を把握し難いことも指摘）、③に関し当該財産の保有は会社の相互保有関係にとって重要である側面があること（④の要素に含まれる面もある）、④に関しその譲渡は会社の営業のために通常行われる取引に属さないこと、⑤に関し従来保有株式の譲渡は取締役会がその可否を決してきたことを指摘し、重要な財産の処分に当たらないとはいえないとしており、事例判断としての意義が認められる（本判決後の裁判例として、大阪地判平成6・9・28 関連判例、札幌高判平成8・4・23 関連判例）。

さらに理解を深める　**会社法百選2版64事件〔中東正文〕**最判解民事篇平成6年度1頁〔野山宏〕、商判5版Ⅰ-105事件、弥永・重要判例3版171事件、判例講義2版65事件、江頭4版386頁、神田15版198頁、会社法コンメ⑻223頁〔落合誠一〕
関連判例　大阪地判平成6・9・28判時1515号198頁、札幌高判平成8・4・23資料版商事146号33頁

第2章 株式会社　(7) 取締役会

107 取締役会決議を欠く重要な財産の処分と取引の無効を主張できる者の範囲

最高裁平成21年4月17日第二小法廷判決
　事件名等：平成19年(受)第1219号約束手形金不当利得返還等請求事件
　掲載誌：民集63巻4号535頁、判時2044号142頁、判タ1299号140頁、
　　　　　金判1326号37頁、金法1880号36頁

概要　本判決は、代表取締役が重要な業務執行に該当する取引を会社法362条4項の取締役会決議を経ないで行った場合、取締役会の決議を経ていないことを理由とする同取引の無効は、原則として会社のみが主張することができ、会社以外の者は、当該会社の取締役会が上記無効を主張する旨の決議をしているなどの特段の事情がない限り、これを主張することはできないと判示したものである。

事実関係　A会社は、債権者であるY会社より利息制限法の上限を超える利息で貸付けを受けていた(❶)が事実上倒産し、Y会社に対して有していた過払金返還請求権につき債権者X₁会社に譲渡した(❷)。ところが、当該債権譲渡についてA会社は取締役会を開催しておらず、X₁会社もその事情を知っていた(❹)。X₁会社は上記債権譲渡により取得した過払金返還請求権に基づき、金銭の支払いを求めて訴えを提起した(❺)ところ、第1審はX₁会社の上記主張を容れたが、控訴審は、上記債権譲渡は取締役会決議が必要な重要な財産の処分であるにもかかわらず、取締役会の決議を経ておらず、またX₁会社もそれを知っていたとして、上記債権譲渡は無効であると判断した。そこでX₁会社より上告。

判決要旨　一部破棄差戻し、一部破棄自判。「〔会社法362条4項〕が重要な業務執行についての決定を取締役会の決議事項と定めたのは、代表取締役への権限の集中を抑制し、取締役相互の協議による結論に沿った業務の執行を確保することによって会社の利益を保護しようとする趣旨に出たものと解される。この趣旨からすれば、株式会社の代表取締役が取締役会の決議を経ないで重要な業務執行に該当する取引をした場合、取締役会の決議を経ていないことを理由とする同取引の無効は、原則として会社のみが主張することができ、会社以外の者は、当該会社の取締役会が上記無効を主張する旨の決議をしているなどの特段の事情がない限り、これを主張することはできないと解するのが相当である。これを本件についてみるに、前記事実関係によれば、本件債権譲渡はA会社の重要な財産の処分に該当するが、A会社の取締役会が本件債権譲渡の無効を主張す

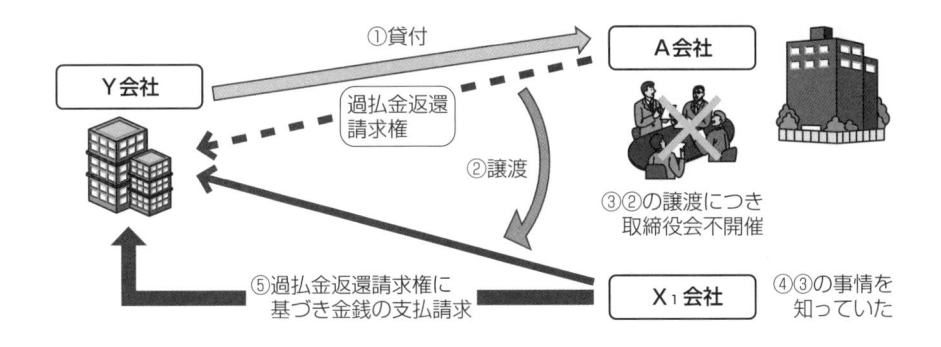

[図：①貸付（Y会社→A会社）、②譲渡（A会社→X₁会社、過払金返還請求権）、③②の譲渡につき取締役会不開催、④③の事情を知っていた、⑤過払金返還請求権に基づき金銭の支払請求（X₁会社→Y会社）]

る旨の決議をしているなどの特段の事情はうかがわれない。そうすると、本件債権譲渡の対象とされた本件過払金返還請求権の債務者であるY会社は、X₁会社に対し、A会社の取締役会の決議を経ていないことを理由とする本件債権譲渡の無効を主張することはできないというべきである。」

本判決の位置づけ・射程範囲

代表取締役が会社法362条4項1号の「重要な財産の処分」に該当する本件債権譲渡を取締役会の決議を経ずに行い、債権の譲受人がこれらの事実について悪意であった場合、本件債権譲渡は無効になる（最判昭和40・9・22 本書88事件 参照）。本判決は、当該無効を主張できる者の範囲について、会社の利益を保護しようとする会社法362条4項の趣旨から、原則として会社に限られること、およびその例外についても言及した初めての最高裁判決として意義がある。ただし、会社法362条4項以外では、会社と取締役との利益相反取引（改正前商265条、会社356条1項2号・3号・365条）が取締役会の承認を欠き無効となる場合の無効主張の主体に関して、取締役から無効を主張することはできないとしたものがあり（最判昭和48・12・11 関連判例 ）、本判決も、会社法が定める手続規制の趣旨から規制違反による取引の無効の主張資格者を限定するという、すでに採られていた立場に沿ったものといえる。なお、最高裁は、定款に記載のない財産引受や株主総会決議のない事業譲渡に関しては、会社、その利害関係者のみが無効を主張し得るということはできないとする（最判昭和28・12・3 関連判例 ・最判昭和61・9・11 本書7事件 ）。それらの場合は、事柄の重要性から、効力を否定して取引がなかった状態に戻す必要性が相対的に大きいとの判断が働いたのであろう。

さらに理解を深める

平成21年度重判（ジュリ1398号）商法3事件〔松中学〕商判5版Ⅰ-106事件、弥永・重要判例3版175事件、北村雅史・法教368号（2011）116頁、上柳克郎「商法における『当事者の一方のみが主張できる無効』」『商法学における論争と省察（服部古稀）』（商事法務研究会、1990）134頁、江頭4版402・418頁、神田15版207頁、会社法コンメ(7)445頁〔榊素寛〕 関連判例 最判昭和40・9・22 本書88事件 、最判昭和48・12・11民集27巻11号1529頁、最判昭和28・12・3民集7巻12号1299頁、最判昭和61・9・11 本書7事件

第2章　株式会社　(7)　取締役会

108 招集手続の瑕疵と取締役会決議の効力

最高裁昭和44年12月2日第三小法廷判決
　事件名等：昭和43年（オ）第1144号約束手形金請求事件
　掲載誌：民集23巻12号2396頁、判時581号72頁、判タ243号202頁、
　　　　　金判206号10頁、金法571号25頁

概要　本判決は、一部の取締役に招集通知の漏れがあり、招集手続に瑕疵がある場合でも、「特段の事情」があるときは取締役会決議は有効になるとしたものである。

事実関係　Y会社およびX会社の双方の代表取締役を兼務していたAは、Y会社のX会社に対する借入金返済のために、受取人をX会社とする約束手形を振り出し（❶）、取締役の手形振出しについてY会社の取締役会決議がなされた（❷）。その後X会社はY会社に対して手形金の支払を求めて訴えを提起した（❸）ところ、Y会社は、上記取締役会決議は取締役6名中B、Cへの招集通知を欠き、両者の出席がないままされたものであり無効であること等を理由として手形振出しの無効を主張した（❹）。第1審、控訴審ともにX会社の請求を棄却したため、X会社より上告。

判決要旨　破棄差戻し。「取締役会の開催にあたり、取締役の一部の者に対する招集通知を欠くことにより、その招集手続に瑕疵があるときは、特段の事情のないかぎり、右瑕疵のある招集手続に基づいて開かれた取締役会の決議は無効になると解すべきであるが、この場合においても、その取締役が出席してもなお決議の結果に影響がないと認めるべき特段の事情があるときは、右の瑕疵は決議の効力に影響がないものとして、決議は有効になると解するのが相当である（最高裁判所昭和36年（オ）第1147号同39年8月28日第二小法廷判決、民集18巻7号1366頁参照）」。「しかるところ、記録に徴すれば、第一審判決は、右の法理に基づき、Y会社取締役会において本件取引に対する承認決議がなされた際の事情を認定したうえ、右取締役会に出席しなかったBおよび同Cに対しては取締役会の招集通知がなされなかったが、右Bはいわば名目的に取締役に名を連ねているにすぎず、したがって、同人らに対して適法な招集通知がなされ、同人らが取締役会に出席しても、前記承認の意思決定に影響がなかったものと認められるとし、本件承認決議が有効になされたものとの判断を示したところ、X会社

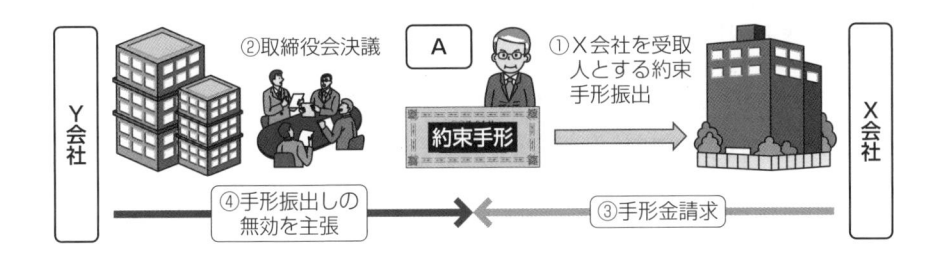

は、原審において右判断を援用し、本件決議の有効性を主張していることが認められるから、X会社は、原審において前記特段の事情を主張していたものと解すべきである。しかるに、原判決は、……X会社の前記主張については格別の判断を示さないまま本件承認決議は無効であると断定し、これが有効であることを前提とするX会社の請求を排斥しているのである。」

本判決の位置づけ・射程範囲

　取締役はその個人的な信任を基礎に選任されており、全取締役によって構成される取締役会制度は、協議と意見の交換により各取締役が有する知識と経験を結集することに重要な意義が見出される。そのため、会議の開催に当たってすべての取締役に出席の機会を与えるための手だてが講じられており（会社368条）、一部の取締役に対して招集通知を欠いたためその取締役が出席しなかったときは、その取締役会の決議は無効であると解されている。本判決もそのように解するが、同時に、その取締役が出席してもなお決議の結果に影響がないと認めるべき特段の事情があるときは、取締役会の決議は有効になるとの見解を、協同組合の理事会の事案に関する最判昭和39・8・28 関連判例 を引用しつつ最高裁として初めて示したものである。この立場は、最判平成2・4・17 本書82事件 でも確認されている。ただし、これらの判決では、「特段の事情」につき明確にされているとはいえない。

　学説上は、上記の取締役会制度の意義から決議を有効とすべきとの解釈には反対が強い。また本判決を支持する立場においても、「決議の結果に影響がない場合」はさらに限定されるべきとされ、取締役ではあるが、すでに辞表を提出しており、事実上取締役としてその職務をしていなかった場合は特段の事情の例となるが（東京高判昭和49・9・30 関連判例 ）、対立関係が明白な少数派に対する通知の欠缺の場合までそれに含めること（東京高判昭和60・10・30 関連判例 等）には否定的である。

さらに理解を深める　**会社法百選2版66事件〔山田純子〕** 最判解民事篇昭和44年度（下）687頁〔吉井直昭〕、商判5版Ⅰ-107事件、弥永・重要判例3版170事件、判例講義2版62事件、江頭4版397頁、神田15版202頁、会社法コンメ⑻282頁〔森本滋〕　 関連判例 　最判昭和39・8・28民集18巻7号1366頁、最判平成2・4・17 本書82事件 、東京高判昭和49・9・30金判436号2頁、東京高判昭和60・10・30判時1173号140頁

第2章　株式会社　(7) 取締役会

109 取締役会決議における特別利害関係
── 代表取締役解職の場合

最高裁昭和44年3月28日第二小法廷判決
　事件名等：昭和43年（オ）第728号債権譲渡無効確認、譲渡債権請求事件
　掲載誌：民集23巻3号645頁、判時553号74頁、判タ234号130頁、
　　　　　金判158号13頁

概要　本判決は、代表取締役の解任に関する取締役会決議について、その決議の対象となっている代表取締役は特別利害関係人に当たるとしたものである。

事実関係　X株式会社の取締役であるAは、同社を代表してX会社の有する債権をY会社に譲渡する契約を締結した（❶）。ところが後日、X会社は、上記契約に先立ち開催された取締役会においてAの代表取締役解任が付議され、出席取締役4名中A（投票不可）、Bが反対しC、Dが賛成したためAの解任決議は有効になされていた、それゆえに上記契約締結は代表権限を欠いたAによりなされたものであると主張して（❷）上記契約の無効確認を求めて訴えを提起した（❸）。第1審、控訴審ともにX会社の主張を認容したため、Y会社より上告。

判決要旨　上告棄却。「代表取締役の解任に関する取締役会の決議については、当該代表取締役は、商法260条ノ2第2項により準用される同法239条5項にいう特別の利害関係を有する者にあたると解すべきである。

　けだし、代表取締役は、会社の業務を執行・主宰し、かつ会社を代表する権限を有するものであって（商法261条3項・78条）、会社の経営、支配に大きな権限と影響力を有し、したがって、本人の意志に反してこれを代表取締役の地位から排除することの当否が論ぜられる場合においては、当該代表取締役に対し、一切の私心を去って、会社に対して負担する忠実義務（商法254条3項・254条ノ2参照）に従い公正に議決権を行使することは必ずしも期待しがたく、かえって、自己個人の利益を図って行動することすらあり得るのである。それゆえ、かゝる忠実義務違反を予防し、取締役会の決議の公正を担保するため、個人として重大な利害関係を有する者として、当該代表取締役の議決権の行使を禁止するのが相当だからである。……それゆえ、原判決が、X会社の代表取締役Aの解任に関する取締役会の決議について、同人をいわゆる特別利害関係人にあたるとして、その議決権の行使を排除したのは、正当である」。

「原判決が、その挙示の証拠のもとに、適法に確定した事実によると、所説の取

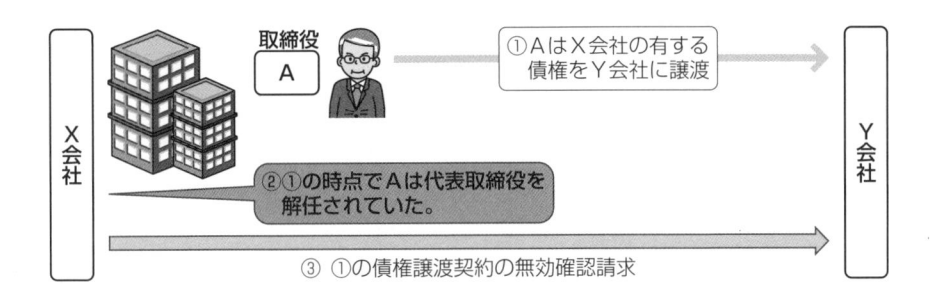

```
        取締役
X        A                  ①AはX会社の有する      Y
会                              債権をY会社に譲渡      会
社                                                    社
    ②①の時点でAは代表取締役を
       解任されていた。

         ③ ①の債権譲渡契約の無効確認請求
```

締役会は、招集権のない平取締役であったAが招集し、しかも、取締役の1人であったCに対し招集通知をせず、また、同人の出席もなかったというのであるから、その招集手続にかしがあることは明らかであって、結局、右取締役会は有効に成立したものということはできず、これと同旨にでた原判決の判断は、正当である。」

本判決の位置づけ・射程範囲

取締役会の決議につき特別の利害関係を有する取締役は議決に加わることができない（会社369条2項。本判決当時の昭和56年改正前商法の下では、株主総会、取締役会いずれにおいても特別利害関係人の議決権行使は排除される建前が採られ、昭和56年改正前商法260条ノ2は株主総会の場合の239条5項を準用する形で会社法369条2項と同内容を定めていた）。本判決は、代表取締役解職案件における当該取締役が特別利害関係人に当たるか否かという見解が激しく対立する問題につき、その該当性を認めた初めての最高裁判決である（この立場は、最判平成4・9・10 関連判例 でも確認されている）。判旨は「一切の私心を去って、会社に対して負担する忠実義務…に従い公正に議決権を行使することは必ずしも期待しがたく、かえって自己個人の利益を図って行動することすらあり得る」と指摘する。これに対し、学説上は、代表取締役の解職は、選定の場合と同様、忠実義務と矛盾する個人的利害関係は認められないとして、該当性を否定する見解もなお有力である（株主総会における取締役の選任・解任に関する株主の支配力はここでも貫徹されるべきと考えるもので、経営方針をめぐる争いの状況が主に想定されている）。

なお、議長の権限を有する代表取締役が特別利害関係人に当たる場合、当然にその権限も失う（東京地判平成8・2・8 関連判例 〔代表取締役兼任の場合の利益相反取引承認決議事例〕）。

さらに理解を深める

会社法百選2版67事件〔伊藤壽英〕 最判解民事篇昭和44年度（下）904頁〔奈良次郎〕、商判5版Ⅰ－109事件、弥永・重要判例3版173事件、判例講義2版63事件、酒巻・尾崎3版補正97事件、江頭4版393・923頁、神田15版201頁、会社法コンメ⑧294頁〔森本滋〕 関連判例 最判平成4・9・10資料版商事102号143頁、東京地判平成8・2・8資料版商事151号143頁

第２章　株式会社　(8)　取締役の責任等

110　取締役の善管注意義務と経営判断の原則

東京地裁平成16年9月28日判決
　事件名等：平成12年（ワ）第27221号損害賠償請求権査定の決定に対する異議事件
　掲載誌：判時1886号111頁①事件

概要　本判決は、百貨店の旧取締役について、海外出店事業のために行った貸付けおよびその回収業務に善管注意義務・忠実義務違反がないとして、旧取締役に対する再生裁判所の損害賠償請求権の査定決定が取り消されたものである。

事実関係　百貨店の営業を主たる業とするY株式会社は、駐日トルコ共和国大使からイスタンブール市への出店要請があったことを受けて検討を開始し、同市の視察時に日本国内会社の現地法人であるB会社に用地の取りまとめを依頼するとともに、Y会社の関連会社AはB会社に1,500万ドルを貸し付けた（本件第1貸付け）❶。B会社は用地の一部を取得し、A会社のために根抵当権の設定を経由した❷。

　その後A会社はB会社に対して追加的に1,500万ドルを融資した（本件第2貸付け）❸が、その直後、Y会社は、B会社から用地買収のため追加的に2,000万ドルが必要であるとの報を受けた❹。これに対してY会社は追加的融資を承諾せず、用地取得については様子をみることにした❺。Y会社のイスタンブール出店計画は暗礁に乗り上げ、すでに取得した用地の一部も第三者に譲渡され、Y会社に多大な損害が発生した❻。

　Y会社に民事再生手続が開始され、再生裁判所はY会社の役員であったXらに対して損害賠償請求権の査定申立てを行い、その額は16億2,570万円であるとの査定決定がなされた。これに対してXらが異議の訴えを提起した❼。

判決要旨　査定決定取消し。「企業の経営に関する判断は不確実かつ流動的で複雑多様な諸要素を対象にした専門的、予測的、政策的な判断能力を必要とする総合的判断であり、また、企業活動は、利益獲得をその目標としているところから、一定のリスクが伴うものである。このような企業活動の中で取締役が萎縮することなく経営に専念するためには、その権限の範囲で裁量権が認められるべきである。したがって、取締役の業務についての善管注意義務違反又は忠実義務違反の有無の判断に当たっては、取締役によって当該行為がなされた当時における会社の状況及び会社を取り巻く社会、経済、文化等の情勢の下にお

第2章　株式会社　取締役の責任等　221

[図：A会社（Y会社の関連会社）①1,500万ドル→B会社（日本国内会社の現地法人）、②保全⇒取得用地、③1,500万ドル、④追加的に2,000万ドルが必要、⑤静観、⑥多大な損害発生、Y会社役員Xら、⑦民事再生手続開始、査定決定に対する異議の訴えを提起]

いて、当該会社の属する業界における通常の経営者の有すべき知見及び経験を基準として、前提としての事実の認識に不注意な誤りがなかったか否か及びその事実に基づく行為の選択決定に不合理がなかったか否かという観点から、当該行為をすることが著しく不合理と評価されるか否かによるべきである。」
「本件第2貸付けを中止することは、本件計画を断念することに匹敵する事態であり、そのような判断を当時行うだけの事情はなかったと言うべきである。また、貸付けに当たっての債権保全措置に前記のとおり遺漏があったことは認められるが、経営者としては弁護士を含む事務担当者が適切に処理することを期待することは相当であり、Xら役員に義務違反があったとは言えない。」

本判決の位置づけ・射程範囲

本件では、大手百貨店たる会社がトルコ出店を目指したが、実現することなく、大きな損害を残すことになった事業において、現地法人に対してなした貸付けおよびその回収業務について取締役の善管注意義務・忠実義務違反が問題にされた。このような経営上の失敗について、もし結果論的な評価によって取締役の経営判断の内容を判断し善管注意義務に違反するとして責任（会社423条1項）を負わせるとすれば、企業家としての冒険心を委縮させ、ひいては会社・株主の利益を損ねることになる。そこで、わが国でも、いわゆる経営判断原則の考え方を取り入れたとみられる裁判例が蓄積されてきており、現在においては、(1)前提となった事実の認識に不注意な誤りがなかったかどうか、(2)その事実の認識に基づく意思決定の過程・内容に会社経営者として著しく不合理なところがなかったかどうか、の2段階の審査基準がほぼ確立している。本判決はその流れに沿う1事例と位置づけられる。その審査に際し行為当時の状況に照らして判断するとされ、後知恵による評価の排除が明確にされる。著しく不合理と評価されるか否かという判断枠組みは、経営判断に裁量の幅を確保するものである（とくに本件第2貸付けの実行と計画の継続の是非が大きな争点となった）。さらに、取締役に要求される能力の水準につき、当該会社の属する業界における通常の経営者の有すべき知見および経験を基準とされることも注目される。

さらに理解を深める　**会社法百選59事件〔吉原和志〕**商判5版Ⅰ-111事件、判例講義2版81事件、江頭4版438頁、神田15版209頁、会社法コンメ(7)425頁〔近藤光男〕

第2章　株式会社　(8)　取締役の責任等

111 取引相場のない株式の買取りと経営判断原則

最高裁平成22年7月15日第一小法廷判決
　事件名等：平成21年（受）第183号損害賠償請求事件
　掲載誌：判時2091号90頁、判タ1332号50頁、金判1353号26頁、
　　　　　金法1916号89頁

概要　本判決は、事業再編の目的でグループ会社を完全子会社とする方法として、株式を任意の合意に基づいて買い取ること、およびその株式取得価格についての決定が取締役の判断として著しく不合理なものということはできないとしたものである。

事実関係　Z社はその子会社A社を完全子会社化して傘下のB社と合併する事業再編計画を策定し（❶）、役付取締役全員で構成される経営会議において、A社株式を買取価格5万円で買い取るとしてこれを実行した（❷）が、買取価格が高額にすぎると主張するZ社の株主が代表訴訟を提起した（❸）。原審はYに善管注意義務違反があったとしてXの主張を認容したため、Yより上告。

判決要旨　破棄自判。「〔本件におけるZ社の〕事業再編計画の策定は、完全子会社とすることのメリットの評価を含め、将来予測にわたる経営上の専門的判断にゆだねられていると解される。そして、この場合における株式取得の方法や価格についても、取締役において、株式の評価額のほか、取得の必要性、Zの財務上の負担、株式の取得を円滑に進める必要性の程度等をも総合考慮して決定することができ、その決定の過程、内容に著しく不合理な点がない限り、取締役としての善管注意義務に違反するものではないと解すべきである。
　以上の見地からすると、ZがAの株式を任意の合意に基づいて買い取ることは、円滑に株式取得を進める方法として合理性があるというべきであるし、その買取価格についても、Aの設立から5年が経過しているにすぎないことからすれば、払込金額である5万円を基準とすることには、一般的にみて相応の合理性がないわけではなく、Z以外のAの株主にはZが事業の遂行上重要であると考えていた加盟店等が含まれており、買取りを円満に進めてそれらの加盟店等との友好関係を維持することが今後におけるZ及びその傘下のグループ企業各社の事業遂行のために有益であったことや、非上場株式であるAの株式の評価額には相当の幅があり、事業再編の効果によるAの企業価値の増加も期待できたことからすれば、

株式交換に備えて算定されたAの株式の評価額や実際の交換比率が前記のようなものであったとしても、買取価格を1株当たり5万円と決定したことが著しく不合理であるとはいい難い。そして、本件決定に至る過程においては、Z及びその傘下のグループ企業各社の全般的な経営方針等を協議する機関である経営会議において検討され、弁護士の意見も聴取されるなどの手続が履践されているのであって、その決定過程にも、何ら不合理な点は見当たらない。……以上によれば、本件決定についてのYらの判断は、Zの取締役の判断として著しく不合理なものということはできないから、Yらが、Zの取締役としての善管注意義務に違反したということはできない。」

本判決の位置づけ・射程範囲

本判決は、子会社を完全子会社化するためになされた、親会社による子会社株式（非上場株式）の買取りについて、これを決定した親会社取締役の善管注意義務違反を、経営判断原則を適用しつつ否定した最高裁判例として重要である。経営判断原則の考え方を採り入れた下級審判例においては、(1)前提となった事実の認識に不注意な誤りがなかったかどうか、(2)その事実の認識に基づく意思決定の過程・内容に会社経営者として著しく不合理なところがなかったかどうか、の2段階の審査基準がおおむね確立している。従前の最高裁はそのような審査基準を明確にしてこなかったが、本判決は、表現こそ簡潔であるが、その基準を採用したものとみられる（決定に至るまでのプロセスにおいて諸般の事情を総合考慮できる旨を述べ、それを前提に、その決定の過程、内容に著しく不合理な点がない限り、取締役としての善管注意義務に違反しないとしている）。

本件では、原判決と本判決（および第1審）とが同じ判断枠組みの下で正反対の結論を導いた。買取価格の判断に関して、原判決が、本件買取価格より低い額では買取りが円滑に進まないといえるか、本件における完全子会社化が経営上どの程度有益な効果を生むかの調査・検討の不足を問題にしたが、本判決はそれらの吟味・介入につき抑制的である。本判決の姿勢は、株式の取得とその価格についての経営判断を扱う先例（大阪高判平成12・9・28 関連判例、大阪高判平成19・3・15 関連判例）とも合致する。

| さらに理解を深める | 平成22年度重判（ジュリ1420号）商法5事件〔北村雅史〕商判5版Ⅰ-116事件、落合誠一・商事1913号（2010）4頁、江頭4版438頁、神田15版209頁、会社法コンメ(7)22頁〔岩原紳作〕・426頁〔近藤光男〕 関連判例 大阪高判平成12・9・28資料版商事199号330頁、大阪高判平成19・3・15判タ1239号294頁 |

第2章 株式会社　(8) 取締役の責任等

112 融資判断と銀行の取締役の善管注意義務
　　──拓銀カブトデコム事件

最高裁平成20年1月28日第二小法廷判決
　事件名等：平成17年（受）第1440号損害賠償請求事件
　掲載誌：判時1997号148頁、判タ1262号69頁、金判1291号38頁、
　　　　　金法1838号55頁

概要　本判決は、融資に関し銀行の取締役の善管注意義務違反の有無について最高裁が初めて判断した点で意義あるものである。

事実関係　A銀行は、甲社の発行する新株を引き受ける予定のB会社に対し、引受予定の新株を担保としてその引受代金約200億円を融資し（第1融資）、弁済期に当該株式を売却した代金で融資金の弁済を受けることを予定した（❶）。また、A銀行は、大幅な債務超過となって破たんに瀕したB会社に対し、もはや同社の存続は不可能であるとの認識を前提に、すでに多額の資金を融資し大部分が未回収であるG事業が完成する予定の時まで同社を延命させることを目的として、409億円の融資を行った（第3融資〔❷〕）（以上のほか第2融資があるが割愛する）。上記2件の融資はいずれも回収不能となり（❸）、それらを債権譲渡により継受したX会社（整理回収機構）は、A銀行の当時の取締役であるYらに対し、損害賠償請求訴訟を提起した（❹）。原審は上記2件の融資につきYらの忠実義務・善管注意義務違反を否定したため、X会社より上告。

判決要旨　破棄自判。「B会社については、第1融資を決定する以前の……調査において、その財務内容が極めて不透明であるとか、借入金が過大で財務内容は良好とはいえないなどの報告がされていたもので、このような調査結果に照らせば、A銀行が当時採用していた企業育成路線の対象としてB会社を選択した判断自体に疑問があるといわざるを得ないし、B会社を企業育成路線の対象とした場合でも、……あえて第1融資のようなリスクの高い融資を行ってB会社を支援するとの判断に合理性があったとはいい難い。……第1融資を行うことを決定したYらの判断は、第1融資が当時A銀行が採用していた企業育成路線の一環として行われたものであったことを考慮しても、当時の状況下において、銀行の取締役に一般的に期待される水準に照らし、著しく不合理なものといわざるを得ず、Yらには銀行の取締役としての忠実義務、善管注意義務違反があったというべきである。」

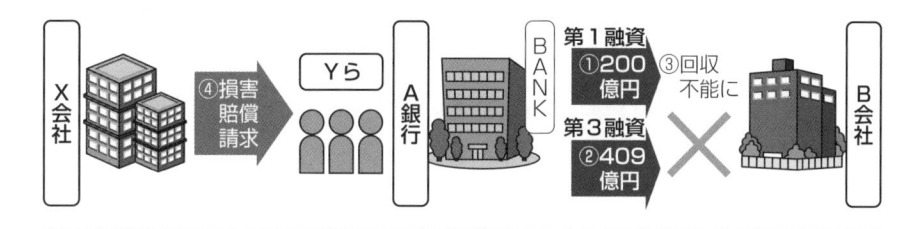

第 2 章　株式会社　取締役の責任等　225

```
X会社 →④損害賠償請求→ Yら → A銀行 BANK
  第1融資 ①200億円 ③回収不能に×
  第3融資 ②409億円
  → B会社
```

「第3融資は、大幅な債務超過となって破たんに瀕したB会社に対し、もはや同社の存続は不可能であるとの認識を前提に、G事業が完成する……まで同社を延命させることを目的として行われたものである。第3融資に際し、B会社の所有する不動産等に新たに担保が設定されたが、その実効担保価格は……第3融資の額である409億円に到底見合うものではなく、第3融資はその大部分につき当初から回収の見込みがなかったことは明らかである。……第3融資を行うことを決定したYらの判断は、当時の状況下において、銀行の取締役に一般的に期待される水準に照らし、著しく不合理なものといわざるを得ず、……銀行の取締役としての忠実義務、善管注意義務違反があったというべきである。」。

本判決の位置づけ・射程範囲

本判決は、融資に関し銀行の取締役の善管注意義務違反の有無について最高裁が初めて判断した点で意義がある（関連判例として、最判平成20・1・28 関連判例、最判平成20・1・28 関連判例）。本件第1融資、第3融資の決定につき、本判決は、当時の状況下において、銀行の取締役に一般的に期待される水準を基準に、銀行の取締役としての経営判断の合理性を問題にし、著しく不合理なものであったとした。銀行の取締役の注意義務の程度に関しては、最決平成21・11・9 関連判例（旧拓銀特別背任事件上告審決定）も参考になる。そこでは、融資業務に際して要求される銀行の取締役の注意義務の程度は一般の株式会社取締役の場合に比べ高い水準のものであると解し、経営判断の原則が適用される余地はそれだけ限定的なものにとどまる旨を述べ（経営判断の原則という用語の最高裁による初めての使用例）、その根拠を銀行業の特殊性（公共性および銀行取締役の専門性）に求めている。

なお、本判決は、本件事案における具体的状況下において融資判断を著しく不合理なものと評価したもので、今後の成長が見込める企業に対する確実な担保のない融資、実質破綻企業に対する融資、連鎖倒産を回避するための融資を一律に銀行取締役の善管注意義務に違反するとしたものではない（究極的には債権回収可能性がその考慮要素とされる）。

さらに理解を深める

会社法百選2版53事件〔吉井敦子〕商判5版Ⅰ-112②事件、弥永・重要判例3版210事件、判例講義2版83事件、清水真＝阿南剛・商事1896号（2010）36頁、江頭4版439頁、神田15版209頁、会社法コンメ(7)425頁〔近藤光男〕 関連判例 最判平成20・1・28判時1997号143頁、最判平成20・1・28判時1995号151頁、最決平成21・11・9刑集63巻9号1117頁

第2章 株式会社　(8) 取締役の責任等

113 違法事実の不公表と取締役・監査役の責任

大阪高裁平成18年6月9日判決
　事件名等：平成17年（ネ）第568号損害賠償請求控訴事件
　掲載誌：判時1979号115頁、判タ1214号115頁

概要　本判決は、食品衛生法上使用が許されていない添加物が混入した肉まんの販売に関して、取締役・監査役の善管注意義務違反が問われた事案についてそれぞれの義務の内容に即して判断したものである。

事実関係　A株式会社はB会社らと「大肉まん」の試作を開始し、後に販売を開始したが、この「大肉まん」には食品衛生法上使用が許されていない添加物が混入していた。テスト販売時にこれに気づきA会社関係者に指摘した者がいたが、その者に対してはA会社から合計6,300万円が支払われており、また、混入指摘後も在庫がある限度で販売は継続された。

　A会社の取締役・監査役であるY_1～Y_{11}は、それぞれ事実を知った時点を異にするが、事実関係の調査委員会の報告を受けた後、主要役員はあえて「自ら積極的には公表しない」との方針決定をした。

　A会社の株主Xは、上記販売継続を認識した後、直ちに事実関係を公表し、大肉まんを回収し謝罪するなどA会社の損害を回避し最小限にすべき善管注意義務をY_1らが怠った等と主張して、株主代表訴訟を提起した。原審は一部の被告のみについて責任を肯定した。

判決要旨　原判決一部変更、一部棄却。「Y_1らは、本件混入や本件販売継続の事実がZ側からマスコミに流される危険を十分認識しながら、それには目をつぶって、あえて、『自ら積極的には公表しない』というあいまいな対応を決めたのである。そして、これを経営判断の問題であると主張する。
　しかしながら、それは、本件混入や販売継続及び隠ぺいのような重大な問題を起こしてしまった食品販売会社の消費者及びマスコミへの危機対応として、到底合理的なものとはいえない。……ましてや、その事実を隠ぺいしたなどということになると、その点について更に厳しい非難を受けることになるのは目に見えている。それに対応するには、……自ら進んで事実を公表して、既に安全対策が取られ問題が解消していることを明らかにすると共に、隠ぺいが既に過去の問題であり克服されていることを印象づけることによって、積極的に消費者の信頼を取

り戻すために行動し、新たな信頼関係を構築していく途をとるしかないと考えられる。……本件のように6300万円もの不明朗な資金の提供があり、それが積極的な隠ぺい工作であると疑われているのに、さらに消極的な隠ぺいとみられる方策を重ねることは、ことが食品の安全性にかかわるだけに、企業にとっては存亡の危機をもたらす結果につながる危険性があることが、十分に予測可能であったといわなければならない。」

「したがって、そのような事態を回避するために、そして、現に行われてしまった重大な違法行為によってＡ会社が受ける企業としての信頼喪失の損害を最小限度に止める方策を積極的に検討することこそが、このとき経営者に求められていたことは明らかである。ところが、……Y₁らはそのための方策を取締役会で明示的に議論することもなく、『自ら積極的には公表しない』などというあいまいで、成り行き任せの方針を、手続き的にもあいまいなままに黙示的に事実上承認したのである。それは、到底、『経営判断』というに値しない」。

本判決の位置づけ・射程範囲

本件は、食品衛生法上使用が許されていない添加物が混入した肉まんの販売に関して、取締役・監査役の善管注意義務違反が問われた事案であり、判旨は、いわゆる内部統制システム構築義務違反については消極に解したが、本件混入および販売等の事実を知った後における、会社の損害および信用失墜を最小限にとどめるための適切な対応という点では、本件被告たる取締役・監査役それぞれの義務違反を、事実を知った時期等で区分しそれぞれの義務の内容を吟味しつつ、肯定した。本判決は、(不良)商品回収がもはや現実的にはなし得ない段階での善管注意義務の内容について判断を示したものとしても注目される。そのような段階での対応としては信用失墜の回避・最小化、信頼の回復が重要になるところ、たとえば、本件に見られる「自ら積極的には公表しない」との方針について、そのような消極的な隠蔽とみられても仕方のない方策を重ねることは、ことが食品の安全性に関わるだけに、企業にとっては存亡の危機をもたらす結果につながる危険性があることが十分に予測可能であったにもかかわらず、被告らはそのための方策を取締役会で明示的に議論することもなく、上記のような曖昧で成り行き任せの方針を、手続的にも曖昧なままに黙示的に事実上承認したのであり、到底「経営判断」に値しないとまでいっている(ただし、十分な調査・検討に基づいて事実を公表しないとの判断をした場合はどうであるかは、判旨から必ずしも明らかではない)。

さらに理解を深める **平成18年度重判(ジュリ1332号)商法2事件〔畠田公明〕** 商判5版Ⅰ－114事件、弥永・重要判例3版179事件、松井秀征・商事1834号(2008)4頁・1845号20頁・1836号4頁、江頭4版439・461頁、神田15版210・237頁

第2章 株式会社　(8) 取締役の責任等

114 法令違反に基づく取締役の責任

最高裁平成12年7月7日第二小法廷判決
　事件名等：平成8年（オ）第270号取締役損失補填責任追及請求及び共同訴訟参加事件
　掲載誌：民集54巻6号1767頁、判時1729号28頁、判タ1046号92頁、金判1105号3頁、金法1597号75頁

概要　本判決は、損失補てん行為を行った証券会社の取締役について、当時その行為が独占禁止法に違反するとの認識を欠いたことにつき過失があったとすることはできないとしてその責任を否定したものである。

事実関係　大手証券会社A会社の株主であるXらは、A会社が大口顧客であるB会社に対して損失補てんを行ったことによりA会社に損失補てん相当額の損害を生じさせたとして、その決定等に携わった当時の代表取締役Yらに対し、損害賠償請求訴訟を提起した。
　第1審・控訴審ともにXらの請求を棄却したため、Xらより上告。

判決要旨　上告棄却。「商法266条は、その職責の重要性にかんがみ、取締役が会社に対して負うべき責任の明確化と厳格化を図るものである。本規定は、右の趣旨に基づき、法令に違反する行為をした取締役はそれによって会社の被った損害を賠償する責めに任じる旨を定めるものであるところ、取締役を名あて人とし、取締役の受任者としての義務を一般的に定める商法254条3項（民法644条）、商法254条ノ3の規定（以下、併せて「一般規定」という。）及びこれを具体化する形で取締役がその職務遂行に際して遵守すべき義務を個別的に定める規定が、本規定にいう『法令』に含まれることは明らかであるが、さらに、商法その他の法令中の、会社を名あて人とし、会社がその業務を行うに際して遵守すべきすべての規定もこれに含まれるものと解するのが相当である。けだし、会社が法令を遵守すべきことは当然であるところ、取締役が、会社の業務執行を決定し、その執行に当たる立場にあるものであることからすれば、会社をして法令に違反させることのないようにするため、その職務遂行に際して会社を名あて人とする右の規定を遵守することもまた、取締役の会社に対する職務上の義務に属するというべきだからである。したがって、取締役が右義務に違反し、会社をして右の規定に違反させることとなる行為をしたときには、取締役の右行為が一

般規定の定める義務に違反することになるか否かを問うまでもなく、本規定にいう法令に違反する行為をしたときに該当することになるものと解すべきである。」
「〔本件では、〕Ａ證券がＢ会社との取引関係の維持拡大を目的として同社に対し本件損失補てんを実施したことは、一般指定の９（不当な利益による顧客誘引）に該当し、独占禁止法19条に違反するものと解すべきである〔が、〕……株式会社の取締役が、法令又は定款に違反する行為をしたとして、本規定に該当することを理由に損害賠償責任を負うには、右違反行為につき取締役に故意又は過失があることを要するものと解される〔ところ〕……、Ｙらが、本件損失補てんを決定し、実施した平成２年３月の時点において、その行為が独占禁止法に違反するとの認識を有するに至らなかったことにはやむを得ない事情があったというべきであって、右認識を欠いたことにつき過失があったとすることもできないから、本件損失補てんが独占禁止法19条に違反する行為であることをもって、Ｙらにつき本規定に基づく損害賠償責任を肯認することはできない。」

本判決の位置づけ・射程範囲

改正前商法266条１項５号は法令・定款に違反する行為を取締役の責任事由としていたところ、本判決は、同規定の「法令」には、商法その他の法令中の、会社を名宛人とし会社の事業に際して遵守すべきすべての法令が含まれるとして、取締役の責任事由となる「法令」違反の意義についていわゆる非限定説の立場に立つことを明らかにした。その上で、取締役が損害賠償責任を負うには、さらに違反行為につき取締役に故意または過失があることを要するとし、本件では損失補てん行為の独占禁止法違反が問題になったが、その違法性の認識を欠いたことにつき、当時の状況に照らすと取締役には過失があるとはいえないとしてその責任を否定した（なお、非限定説では取締役に過酷な責任を負わせることにならないかとの懸念につき、河合伸一裁判官の補足意見がそのような懸念を背景とするいわゆる限定説と法廷意見は結論においてさほどの差を生じないと述べている）。

会社法は、上記規定を役員等が「任務を怠ったとき」に責任を負う旨の規定に改めた（会社423条１項）。文言が相当異なるため、本判決の会社法の下での意義については、さまざまな見方があり、本判決の内容がそのまま会社法423条１項の解釈に妥当するとの見解（会社法355条にいう「法令」はすべての法令を含み、それに違反することは当然に「任務を怠った」ことになるが、「任務を怠った」ことにつき故意・過失がない場合には役員は責任を負わないと理解することになると指摘される）もあるが、あくまで当該法令違反行為をして「任務を怠った」と評価できるか否かの問題になるとの見解もある。

さらに理解を深める

会社法百選２版51事件〔畠田公明〕　平成12年度重判（ジュリ1202号）商法２事件〔宮島司〕最判解民事篇平成12年度（下）582頁〔豊澤佳弘〕、商判５版Ⅰ－115事件、判例講義２版80事件、江頭４版437頁、神田15版236頁、会社法コンメ(8)60頁〔北村雅史〕

第2章　株式会社　(8)　取締役の責任等

115　リスク管理体制の整備と取締役の責任
──大和銀行事件

大阪地裁平成12年9月20日判決
　事件名等：平成7年（ワ）第11994号株主代表訴訟事件他
　掲載誌：判時1721号3頁、判タ1047号86頁、金判1101号3頁

概要　本判決は、取締役は取締役会の構成員として、また代表取締役または業務担当取締役として、リスク管理体制を構築すべき義務を負い、さらに代表取締役および業務担当取締役がリスク管理体制を構築すべき義務を履行しているか否かを監視する義務を負うのであり、これもまた取締役としての善管注意義務および忠実義務の内容であるとしたものである。

事実関係　A銀行ニューヨーク（NY）支店に勤務するBは、昭和59年から平成7年に至るまでの間、米国財務省証券の取引を行い多額の損失を出し、これを隠蔽するために顧客およびA銀行所有の財務省証券を無断・簿外で売却し、A銀行に損害を与えた（❶）。A銀行は罰金刑にも処せられた（❷）。A銀行の株主であるXは、上記無断取引によりA銀行が被った損害および上記罰金を損害額とし、A銀行の取締役と監査役に対して、株主代表訴訟を提起した（❸）。本判決は、判決要旨のとおり一般論を展開したうえで、NY支店長を務めた取締役には任務懈怠を認め、代表取締役および副頭取、その他の取締役には任務懈怠を認めず、監査役に関しては、NY支店に往査し会計監査人の監査に立ち会った監査役についてのみ任務懈怠を認めた。

判決要旨　請求一部認容。「健全な会社経営を行うためには、目的とする事業の種類、性質等に応じて生じる各種のリスク……の状況を正確に把握し、適切に制御すること、すなわちリスク管理が欠かせず、会社が営む事業の規模、特性等に応じたリスク管理体制（いわゆる内部統制システム）を整備することを要する。そして、重要な業務執行については、取締役会が決定することを要するから（商法260条2項）、会社経営の根幹に係わるリスク管理体制の大綱については、取締役会で決定することを要し、業務執行を担当する代表取締役及び業務担当取締役は、大綱を踏まえ、担当する部門におけるリスク管理体制を具体的に決定するべき職務を負う。この意味において、取締役は、取締役会の構成員として、また、代表取締役又は業務担当取締役として、リスク管理体制を構築すべき義務を負い、さらに、代表取締役及び業務担当取締役がリスク管理体制を構

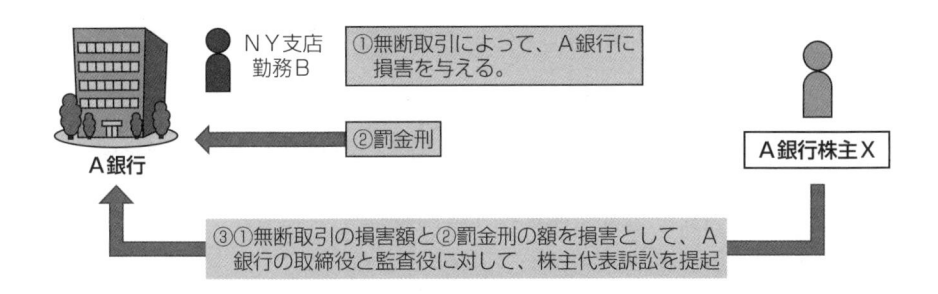

第2章　株式会社　取締役の責任等　231

```
[図]
A銀行（NY支店勤務B）
①無断取引によって、A銀行に損害を与える。
②罰金刑
A銀行株主X
③①無断取引の損害額と②罰金刑の額を損害として、A銀行の取締役と監査役に対して、株主代表訴訟を提起
```

築すべき義務を履行しているか否かを監視する義務を負うのであり、これもまた、取締役としての善管注意義務及び忠実義務の内容をなすものと言うべきである。監査役は、商法特例法22条1項の適用を受ける小会社を除き、業務監査の職責を担っているから、取締役がリスク管理体制の整備を行っているか否かを監査すべき職務を負うのであり、これもまた、監査役としての善管注意義務の内容をなすものと言うべきである。」

本判決の位置づけ・射程範囲

本判決は、会社のリスク管理体制ないし内部統制システムに関する義務を明言した初めての裁判例である。判旨は、まず、リスク管理体制の大綱は、取締役会が決定し、その具体的な内容については担当の代表取締役・業務担当取締役（会社363条1項2号参照）が決定する職務を負うとする。こうして、各取締役はそれぞれの役割において大綱レベルまたは具体的なレベルで構築義務を負うことになるが、さらに、各取締役は、代表取締役・業務担当取締役の上記の構築義務の履行について善管注意義務・忠実義務の一環として監視義務を負うとする。この一般論は広く受け入れられ、その後、まず委員会設置会社においてこの義務が明文化され、会社法では、大会社（会社348条4項・362条5項）および委員会設置会社（会社416条1項1号ロおよびホ・2項）においてこの事項についての決定が義務づけられている（それ以外の会社も任意適用可。会社348条3項4号・362条4項6号）。

構築義務を問題にすれば、業務執行者または従業員の不正行為等の防止・発見システムの不構築の点に責任の根拠を見出し得る。相応のリスク管理体制があり監視義務違反なしとされた例もあるが（東京高判平成20・5・21 関連判例 ）、本判決は、財務省証券の保管残高の確認方法のみ相当性を否定し（この点は批判もある）、直接の担当者の責任を認めた（担当外の取締役については、当時の水準に照らし責任を否定。その関係で、いわゆる「信頼の原則」も肯定されるが、それは「疑念を差し挟むべき特段の事情」がある場合は認められないとされる）。

さらに理解を深める　**会社法百選60事件〔野村修也〕**　商判5版Ⅰ-119事件、判例講義2版85事件、江頭4版440頁、神田15版212頁、会社法コンメ(8)227頁〔落合誠一〕　関連判例　東京高判平成20・5・21判タ1281号274頁

第2章　株式会社　　(8)　取締役の責任等

116 有価証券報告書の虚偽記載と
リスク管理体制構築義務違反にかかる会社の責任

最高裁平成21年7月9日第一小法廷判決
　事件名等：平成20年（受）第1602号損害賠償請求事件
　掲載誌：判時2055号147頁、判タ1307号117頁、金判1330号55頁、
　　　　　金法1887号111頁

概要　本判決は、株式会社の従業員らによる架空売上げの計上が原因となり有価証券報告書に不実の記載がされ、株主が損害を被ったことにつき、会社の代表者にリスク管理体制構築義務違反の過失がないとされたものである。

事実関係　ソフトウェアの開発・販売を業とするY株式会社のC事業部長Aは、営業成績を上げる目的のため、営業社員に対して売上げの架空計上をさせた。その後不正行為が明らかになり、Y会社が自社の有価証券報告書に不実の記載がされている旨を公表したところ、Y会社の株価は大幅に下落したため、Y会社の株主であるXは、Y会社の代表取締役Bに従業員らの不正行為を防止するためのリスク管理体制を構築すべき義務に違反した過失があり、その結果Xが損害を被ったとして、平成18年改正前民法44条（会社350条）に基づき、損害賠償請求訴訟を提起した。第1審、控訴審ともにY会社の責任を肯定したためY会社より上告。

判決要旨　破棄自判。「本件不正行為当時、Y会社は、〈1〉職務分掌規定等を定めて事業部門と財務部門を分離し、〈2〉C事業部について、営業部とは別に注文書や検収書の形式面の確認を担当するBM課及びソフトの稼働確認を担当するCR部を設置し、それらのチェックを経て財務部に売上報告がされる体制を整え、〈3〉監査法人との間で監査契約を締結し、当該監査法人及びY会社の財務部が、それぞれ定期的に、販売会社あてに売掛金残高確認書の用紙を郵送し、その返送を受ける方法で売掛金残高を確認することとしていたというのであるから、Y会社は、通常想定される架空売上げの計上等の不正行為を防止し得る程度の管理体制は整えていたものということができる。そして、本件不正行為は、Aがその部下である営業担当者数名と共謀して、販売会社の偽造印を用いて注文書等を偽造し、BM課の担当者を欺いて財務部に架空の売上報告をさせたというもので、営業社員らが言葉巧みに販売会社の担当者を欺いて、監査法人及び財務部が販売会社あてに郵送した売掛金残高確認書の用紙を未開封のまま回収し、金額を記入して偽造印を押捺した同用紙を監査法人又は財務部に送付し、

見掛け上はＸの売掛金額と販売会社の買掛金額が一致するように巧妙に偽装するという、通常容易に想定し難い方法によるものであったということができる。……〔また、〕Ｙ会社の代表取締役であるＢにおいて本件不正行為の発生を予見すべきであったという特別な事情も見当たら〔ず、〕……さらに、前記事実関係によれば、売掛金債権の回収遅延につきＡらが挙げていた理由は合理的なもので、販売会社との間で過去に紛争が生じたことがなく、監査法人もＹ会社の財務諸表につき適正であるとの意見を表明していたというのであるから、財務部が、Ａらによる巧妙な偽装工作の結果、販売会社から適正な売掛金残高確認書を受領しているものと認識し、直接販売会社に売掛金債権の存在等を確認しなかったとしても、財務部におけるリスク管理体制が機能していなかったということはできない。以上によれば、Ｙ会社の代表取締役であるＢに、Ａらによる本件不正行為を防止するためのリスク管理体制を構築すべき義務に違反した過失があるということはできない。」

本判決の位置づけ・射程範囲

一定の規模以上の会社であれば、その経営の健全性の確保は、リスク管理体制の整備と切り離せなくなっている（大阪地判平成12・9・20 本書115事件 、会社362条5項参照）。本件は、従業員らが営業成績を上げる目的で架空の売上げを計上したため有価証券報告書に不実の記載がされたことに関して代表取締役の不法行為に基づく会社の損害賠償責任（会社350条）が追及され、その下で、代表取締役において、従業員らの不正行為を防止するための適切なリスク管理体制を構築する義務に違反した過失があったか否かが問題になったものである。その場合、どこまでのことを行えばリスク管理体制を整備したといえるかは、一概にはいえない（その会社に内在するリスクの大きさや性質によって変わってくるし、また行為時の社会通念に照らして判断される）。本判決は、想定される架空売上げの計上等の不正行為を防止し得る程度の管理体制は整えていたことに加え、会社の財務部（ひいては代表取締役）が従業員らによる説明の合理性、販売会社との間での紛争が過去に生じていないこと、あるいは監査法人の適正意見を考慮して（これらは信頼の原則の考え方に通じる）、実際になした対応を是認し、会社法350条の責任を否定した。事例判断にとどまるが、整備すべきリスク管理体制の内容に関して判断した初めての最高裁判例として意義がある。なお、リスク管理体制構築義務の懈怠はストレートに第三者に対する不法行為責任には結びつかず、両者の関係は今後に残された問題である。

さらに理解を深める　**会社法百選２版54事件〔野村修也〕** 商判5版Ⅰ-120事件、弥永・ジュリ1385号（2009）60頁、判例講義２版86事件、川島いづみ・判例セレクト2009〔Ⅱ〕（法教354号〔2010〕別冊付録）20頁、江頭４版440頁、神田15版212頁　関連判例　大阪地判平成12・9・20 本書115事件

第2章 株式会社　(8) 取締役の責任等

117 子会社管理に関する取締役の責任

東京地裁平成13年1月25日判決
　事件名等：平成9年（ワ）第9480号損害賠償請求事件
　掲載誌：判時1760号144頁、金判1141号57頁

概要　本判決は、親会社の取締役が子会社に指図するなど、実質的に子会社の意思決定を支配したと評価し得る場合であって、かつ親会社の取締役の上記指図が親会社に対する善管注意義務や法令に違反するような場合に、親会社の取締役は、子会社の取締役の業務執行の結果生じた親会社の損害について損害賠償責任を負うとしたうえで、そのような事実は認められないとして取締役の責任を否定したものである。

事実関係　XらはA証券会社の株主であった（❶）。A会社の米国における孫会社であるC会社（A会社の100％子会社であるB会社が持株会社としてその株式の100％を保有しており、実質的にはA会社の子会社である（❷））は、ニューヨーク証券取引所に対し外国証券について必要とされる引当金を計上しなかったとして米国証券取引委員会規則違反とされ、2度にわたり合計118万米ドルの課徴金を納付した（❸）。Xらは当該課徴金納付につき責任があるとして、A会社の取締役であるYらに対してA会社への損害賠償を求めて訴えを提起した（❹）。これに対し、Y会社は、課徴金の支払いによりC会社に生じた損害はA会社の損害ということはできず、また、親会社の取締役は子会社の業務行為から発生した損害について任務懈怠の責任を負わない、と主張した（❺）。

判決要旨　請求棄却。「親会社と子会社（孫会社も含む）は別個独立の法人であって、子会社（孫会社）について法人格否認の法理を適用すべき場合の他は、財産の帰属関係も別異に観念され、それぞれ独自の業務執行機関と監査機関も存することから、子会社の経営についての決定、業務執行は子会社の取締役（親会社の取締役が子会社の取締役を兼ねている場合は勿論その者も含めて）が行うものであり、親会社の取締役は、特段の事情のない限り、子会社の取締役の業務執行の結果子会社に損害が生じ、さらに親会社に損害を与えた場合であっても、直ちに親会社に対し任務懈怠の責任を負うものではない。

　もっとも、親会社と子会社の特殊な資本関係に鑑み、親会社の取締役が子会社に指図をするなど、実質的に子会社の意思決定を支配したと評価しうる場合で

```
A会社 ──100%子会社──→ B会社 ──100%子会社──→ ②C会社
```

- ①A会社株主 Xら
- ④③の課徴金の納付について責任があるとして、A会社の取締役Yらに対して、損害賠償を求める訴えを提起
- ⑤「C会社における課徴金の支払いはA会社の損害といえない。また、親会社の取締役は子会社の業務懈怠の責任を負わない。」
- ③課徴金を課される

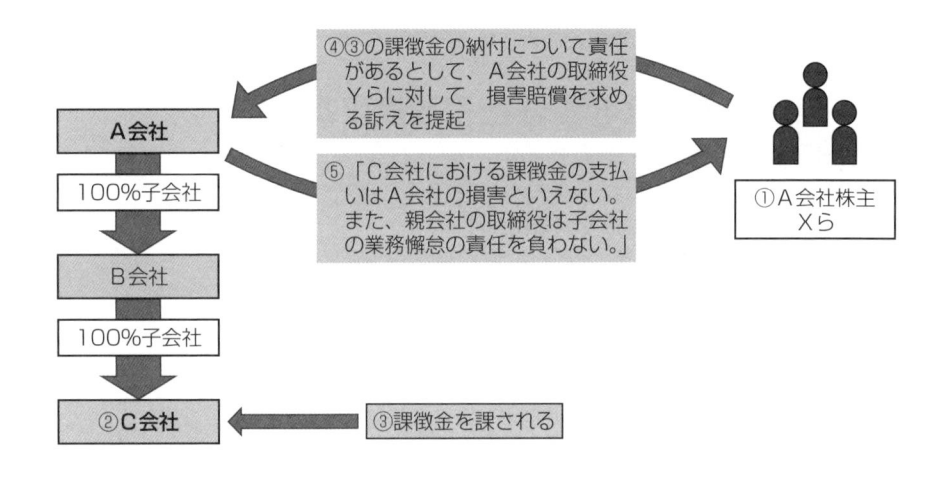

> あって、かつ、親会社の取締役の右指図が親会社に対する善管注意義務や法令に違反するような場合には、右特段の事情があるとして、親会社について生じた損害について、親会社の取締役に損害賠償責任が肯定されると解される。」
> 「〔本件では、〕いずれの点からもＸらの主張する取締役の義務違反の主張は理由がない。」

本判決の位置づけ・射程範囲

親会社の取締役は、子会社（孫会社）の取締役の業務執行の結果子会社に損害が生じたのみならず、親会社にまで損害が生じたと考えられる場合、親会社に対して任務懈怠の責任を負うことがあるか。本判決はこの問題につき、親子会社は法的に別個独立の法人であり、子会社の経営についての決定、業務執行はあくまで子会社の取締役が行うものであること等を指摘し、原則として否定されるとの解釈を示すとともに、例外的に一定の場合に責任が認められる余地があるとして、法人格否認の法理が適用される場合のほか、「特段の事情」が認められる一般的な基準を示したうえ、本件においては特段の事情はなく、また、親会社取締役に子会社の経営監視のための内規を制定する義務があったとも認められないとした。

本判決後の変化として、会社法の下において、会社法施行規則98条1項5号、同100条1項5号は、いわゆるリスク管理体制（会社348条3項4号・362条4項6号）の一内容に「当該株式会社並びにその親会社及び子会社から成る企業集団における業務の適正を確保するための体制」を挙げている。とりわけ親会社が大会社である場合には（会社362条5項参照）、子会社管理に関する取締役の責任追及がリスク管理体制構築義務を通じてなされる可能性があるといえる。

さらに理解を深める 商判5版Ⅰ-122事件、判例講義2版87事件、江頭4版434頁、神田15版210頁

第2章　株式会社　　(8)　取締役の責任等

118　取締役の対会社責任と寄与度に基づく賠償額の算定

東京地裁平成8年6月20日判決
　事件名等：平成4年（ワ）第17649号損害賠償請求（株主代表訴訟）事件
　掲載誌：判時1572号27頁、金判1000号39頁

概　要　本判決は、取締役の義務違反と損害との間の因果関係が認められる場合でも、当該取締役の責任が原因事実の一部についてしかなく、関与の度合いも限定されたものである場合には、責任額を決めるに当たり寄与度に応じた因果関係の割合的認定を行うことが合理的であるとしたものである。

事実関係　A株式会社は、ココム（対共産圏輸出統制委員会）規制品である戦闘機用の加速度計「ジャイロスコープ」とミサイル部品「ローレロン」を最終仕向地がイランであることを知りながら不正に輸出し（❶）、後にこれが発覚してA会社とその役員および従業員が日本および米国で刑事訴追を受け、米国国務省により輸出取引を禁止するなどの行政処分を受けた（❷）。A会社の株主であるXらは、不正輸出によりA会社に罰金・制裁金の支払いのほか棚卸資産の廃棄など50億円を超える損害を与えたとして、事件発覚時の社長であったY₁および取締役であったY₂・Y₃に対し、株主代表訴訟を提起した（❸）。

判決要旨　請求一部認容。「〔ローレロンの不正輸出による〕罰金500万円については、その処罰の対象となった事実のすべてにわたりY₁ら3名の責任が認められるから、Y₁らは連帯して右罰金相当額全額の損害賠償責任を負う。しかし、……棚卸資産の廃棄損については、Y₁、Y₂は、原因事実の一部にしか責任がなく、しかも、責任の認められるローレロンの不正輸出に対する関与の度合いも限定されたものである。このような場合、条件的な因果関係が認められるからといって、生じた損害の全額について責任を負わせるのは酷であって、寄与度に応じた因果関係の割合的認定を行うことが合理的であり、右損害1億8,200万円のうち、最も控え目にみて2割に当たる3,640万円の限度でY₃と連帯して責任を負うものと認めるのが相当である。また、加速度計及びジャイロスコープの不正取引とローレロンの不正輸出の両者について責任の認められるY₃に関しても、取締役としての責任は全事実にわたるものではない点等を考慮し、〔米国における罰金・制裁金の支払いおよび受注見込みのない長期滞留棚卸資産、ライセンスの一時停止によって出荷不能となった棚卸資産、受注見込みのない長

① 不正輸出
② 刑事罰・行政処分
③ 不正輸出によって損害を与えたとして、事件発覚時のA会社社長Y₁らに対して、株主代表訴訟を提起

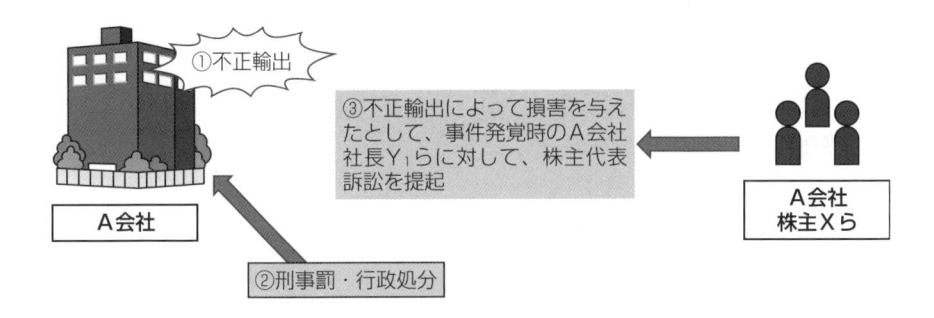

A会社
A会社株主Xら

期滞留棚卸資産〕……の損害については、右に準じて、その寄与度に応じた責任の限定を行うことが合理的であって、最も控え目にみて、〔米国における罰金、制裁金の支払い〕……の損害24億8,030万円の4割に当たる9億9,212万円、〔受注見込みのない長期滞留棚卸資産、ライセンスの一時停止によって出荷不能となった棚卸資産、受注見込みのない長期滞留棚卸資産〕……の損害合計6億2,600万円の4割に当たる2億5,040万円について割合的因果関係を認めるのが相当である。」

本判決の位置づけ・射程範囲

本判決では、株主代表訴訟提起前の会社に対する提訴請求に際しての事実の特定の程度についても判示されているが（会社規217条2号参照）、とりわけ取締役の義務違反と損害との間の因果関係を認めながら、最終的に責任額を決めるに当たり、「寄与度に応じた因果関係の割合的認定」という手法を用いて、損害の一部についてのみ責任を認めた点が注目される（本判決後、因果関係の割合的認定の考え方を勘案して賠償すべき損害額を認定した事例として、大阪高判平成18・6・9 本書113事件 等。なお、そこでは、違法行為を知った後の会社の損害および信用失墜を最小限度にとどめるた めの適切な対応における善管注意義務違反のみを肯定し、また因果関係の割合的認定の理由について責任の根拠を明らかにする努力が行われている）。

本判決は多額にのぼる損害賠償請求額を妥当に抑えるための裁判所の努力の1例を示すものである一方、割合的因果関係論の考え方の理論的当否をめぐる議論のほか、本件事案がそのような考え方を論ずべき事案であったのかを問う議論（単に取締役就任時期との関係で事実的因果関係の範囲が問題になっている事例という捉え方）もみられる。さらに、本判決の意義に関しては、本判決後における賠償額の一部免除制度（会社425条以下）導入の影響の有無も問題になり得る。

さらに理解を深める 平成8年度重判（ジュリ1113号）商法3事件〔森淳二朗〕商判5版Ⅰ-123事件、判例講義2版95事件、江頭4版440頁、神田15版237頁 関連判例 大阪高判平成18・6・9 本書113事件

第2章　株式会社　(8)　取締役の責任等

119　取締役の任務懈怠に基づく対会社責任の消滅時効期間

最高裁平成20年1月28日第二小法廷判決
　事件名等：平成18年（受）第1074号損害賠償請求事件
　掲載誌：民集62巻1号128頁、判時1995号151頁、判タ1262号56頁、
　　　　　金判1291号24頁、金法1838号46頁

概要　本判決は、改正前商法266条1項5号に基づく会社の取締役に対する損害賠償請求権の消滅時効期間は、民法167条1項により10年と解すべきとしたものである。

事実関係　A銀行は平成9年に経営破綻した(①)ところ、同行から債権譲渡を受けたX（株式会社整理回収機構）は、A銀行の元取締役であるY₁らに対し、融資時における善管注意義務違反によりA銀行に損害を与えた等と主張して損害賠償請求訴訟を提起した(②)。第1審・控訴審ともにY₁らの善管注意義務違反を肯定しXの主張を認容した(③)が、上告審ではXの有する損害賠償請求権の消滅時効期間が商法522条の規定する5年なのか、それとも民法167条1項の規定する10年なのかが争われた(④)。

判決要旨　上告棄却。「株式会社の取締役は、受任者としての義務を一般的に定める商法254条3項（民法644条）、商法254条ノ3の規定に違反して会社に損害を与えた場合に債務不履行責任を負うことは当然であるが（民法415条）、……会社の業務執行を決定し、その執行に当たる立場にある取締役の会社に対する職務上の義務は、契約当事者の合意の内容のみによって定められるものではなく、契約当事者の意思にかかわらず、法令によってその内容が規定されるという側面を有するものというべきである。商法266条は、このような観点から、取締役が会社に対して負うべき責任の明確化と厳格化を図る趣旨の規定であり……、このことは、同条1項5号に基づく取締役の会社に対する損害賠償責任が、民法415条に基づく債務不履行責任と異なり連帯責任とされているところにも現れているものと解される。
　これらのことからすれば、商法266条1項5号に基づく取締役の会社に対する損害賠償責任は、取締役がその任務を懈怠して会社に損害を被らせることによって生ずる債務不履行責任であるが、法によってその内容が加重された特殊な責任であって、商行為たる委任契約上の債務が単にその態様を変じたにすぎないもの

①平成9年に経営破たん

②元取締役であるY₁らに対し融資時の善管注意義務違反を理由として損害賠償請求訴訟を提起

A銀行

A銀行から債権譲渡を受けたX

③第1審・控訴審でXの主張を認容

④上告審にてXの損害賠償請求権の消滅時効が商法522条の5年となるか、民法167条1項の10年となるかが争われた。

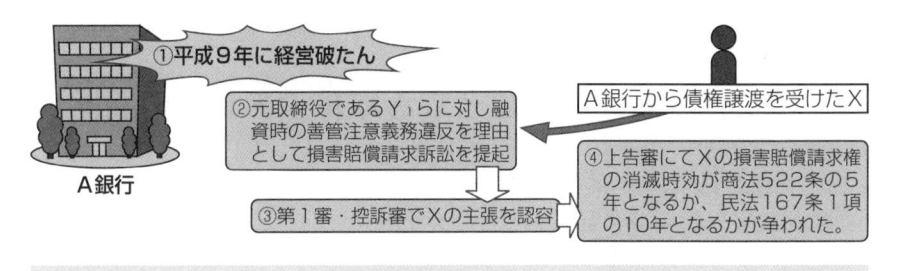

ということはできない。また、取締役の会社に対する任務懈怠行為は外部から容易に判明し難い場合が少なくないことをも考慮すると、同号に基づく取締役の会社に対する損害賠償責任については商事取引における迅速決済の要請は妥当しないというべきである。したがって、同号に基づく取締役の会社に対する損害賠償債務については、商法522条を適用ないし類推適用すべき根拠がないといわなければならない。……以上によれば、商法266条1項5号に基づく会社の取締役に対する損害賠償請求権の消滅時効期間は、商法522条所定の5年ではなく、民法167条1項により10年と解するのが相当である。」

本判決の位置づけ・射程範囲

本判決は、改正前商法266条1項5号に基づく取締役の会社に対する責任には商事消滅時効にかかる商法522条の適用がなく、その消滅時効期間は民法167条1項により10年であるとした初めての最高裁判決である（取締役の対第三者責任〔改正前商266条ノ3、会社429条〕については、最判昭和49・12・17 関連判例 が、同責任は法定責任であって不法行為責任ではないとして民法724条によらず、民法167条1項により10年と解している）。商法522条が適用されない根拠は、改正前商法266条1項5号に基づく取締役の責任は法によってその内容が加重された特殊な責任であって、商行為たる委任契約上の債務が単にその態様を変じたにすぎないものとはいえないことに加え、取締役の会社に対する任務懈怠行為は外部から容易に判明し難い場合が少なくないことに鑑み商事取引における迅速決済の要請は妥当しないという実質的考慮に求められる。本判決も認めるように、会社と取締役との任用契約が商行為の性格を有し、改正前商法266条1項5号に基づく取締役の責任の本質が会社と委任関係に立つ取締役の受任者としての債務不履行責任であるとしても（この関係で、一般的には最判昭和47・5・25 関連判例 参照）、上記の考慮から同号に基づく損害賠償債権は商事債権ではないとされたものであり、その趣旨は、会社法423条が定める損害賠償責任に基づく債務にも妥当すると考えられる。

さらに理解を深める　平成20年度重判（ジュリ1376号）商法5事件〔齋藤真紀〕曹時62巻7号223頁〔増森珠美〕、弥永・重要判例3版182事件、判例講義2版96事件、江頭4版446頁、神田15版238頁、会社法コンメ⑺427頁〔近藤光男〕　関連判例　判昭和49・12・17民集28巻10号2059頁、最判昭和47・5・25判時671号83頁

第2章　株式会社　(8)　取締役の責任等

120　株主代表訴訟の対象となる取締役の責任の範囲

最高裁平成21年3月10日第三小法廷判決
　事件名等：平成19年（受）第799号所有権移転登記手続請求事件
　掲載誌：民集63巻3号361頁、判時2041号139頁、判タ1295号179頁、
　　　　　金判1319号40頁、金法1873号63頁

概要　本判決は、株主代表訴訟の対象となる改正前商法267条1項（会社847条1項）にいう「取締役ノ責任」には、同法266条1項各号所定の責任など同法が取締役の地位に基づいて取締役に負わせている責任のほか、取締役が会社との取引によって負担することになった債務についての責任も含まれるとしたものである。

事実関係　A株式会社の株主であるXは、A会社が買い受けた複数の土地について、その取締役であるYに所有権移転登記がされていると主張して、Aへの所有権移転登記手続をすることを求めて株主代表訴訟を提起した（❶）。Xの主位的請求は、Aの取得した土地所有権に基づき真正な登記名義の回復を原因とするAへの所有権移転登記手続を求めるものであった（❷）が、予備的請求は次のとおりであった。A会社は本件土地の買受けに当たり、Yに対し本件土地の所有名義をYとする所有権移転登記手続を委託し、Yとの間で期限の定めのない借用契約を締結していたが、この借用契約は終了したので、真正な登記名義の回復を原因とする所有権移転登記手続を求める（❸）。

　原審は、株主代表訴訟によって追及することのできる取締役の責任は、商法266条1項各号所定の責任など、商法が取締役の地位に基づいて取締役に負わせている厳格な責任を指すものと理解すべきであり、取締役がその地位に基づかないで会社に負っている責任を含まない等としてXの訴えを却下したため、Xより上告。

判決要旨　一部破棄差戻し、一部棄却。「〔商法〕267条1項にいう『取締役ノ責任』には、取締役の地位に基づく責任のほか、取締役の会社に対する取引債務についての責任も含まれると解するのが相当である。」
「Xの主位的請求は、A会社の取得した本件各土地の所有権に基づき、A会社への真正な登記名義の回復を原因とする所有権移転登記手続を求めるものであって、取締役の地位に基づく責任を追及するものでも、取締役の会社に対する取引債務についての責任を追及するものでもないから、上記請求に係る訴えを却下した原

図の説明:
- Ａ会社の株主Ｘ → ①株主代表訴訟を提起 → Ａ会社取締役Ｙ
- Ａ会社（Ｙ名義の所有権登記）
- ②Ａの土地所有権を原因とする登記移転請求【主位的請求】
- ③土地の借用契約は終了したとして、Ａへの真正な登記名義の回復を原因とする登記移転請求【予備的請求】

審の判断は、結論において是認することができる。

　これに対し、Ｘの予備的請求は、本件各土地につき、Ａ会社とその取締役であるＹとの間で締結されたＹ所有名義の借用契約の終了に基づき、Ａへの真正な登記名義の回復を原因とする所有権移転登記手続を求めるものであるから、取締役の会社に対する取引債務についての責任を追及するものということができる。そうすると、予備的請求に係る訴えは、株主代表訴訟として適法なものというべきである。」

本判決の位置づけ・射程範囲

改正前商法の下で、株主代表訴訟の対象となる「取締役の責任」の範囲についての学説は、会社による提訴懈怠の可能性という観点を重視し、取締役が会社に対して負担する一切の債務が含まれるとする説（全債務説）と、訴えの不提起に会社の裁量を認めないわが国の制度の下では、全債務説によると、会社の経営上の判断の余地を不当に制約するとして、会社法が特別に定めた厳格な責任（任務懈怠、利益供与、違法配当の差額支払い等）のみを含むとする説（限定債務説）とに大別され、下級審の判断も分かれていた（たとえば大阪高判昭和54・10・30 関連判例 は不動産所有権の真正な登記名義の回復義務も含むとし、他方、東京地判昭和31・10・19 関連判例 、東京地判平成10・12・7 関連判例 は限定債務説を採る）。このような状況下で、本判決において最高裁としての初めての判断が示された。「取締役の責任」には取締役の地位に基づく責任のほか取締役の会社に対する取引債務についての責任も含まれるとするものである。それは、限定債務説によらないが、全債務説の立場を採用するものでもなく（取引と無関係な会社の所有権に基づく請求のほか、不法行為に基づく請求等も排除する趣旨と考えられる）、取締役が会社と取引を行うことによって負担することになった債務という限定が付される。ただし、判旨の根拠（全債務説が挙げるもののほか、取締役の忠実義務に言及）からは、代表訴訟の対象が上記の範囲にとどまる必然性はないとの指摘もある。

さらに理解を深める　会社法百選２版68事件〔岸田雅雄〕　平成21年度重判（ジュリ1398号）商法３事件〔福島洋尚〕商判５版Ⅰ-126事件、弥永・重要判例３版189事件、判例講義２版103事件、森本滋・商事1932号（2011）４頁、江頭４版458頁、神田15版246頁　関連判例　大阪高判昭和54・10・30民集32巻２号214頁、東京地判昭和31・10・19下民集７巻10号2931頁、東京地判平成10・12・7判時1701号161頁

第2章　株式会社　(8)　取締役の責任等

121　株主代表訴訟における会社の被告取締役側への訴訟参加

最高裁平成13年1月30日第一小法廷決定
事件名等：平成12年（許）第17号補助参加申立て却下決定に対する抗告棄却決定に対する許可抗告事件
掲載誌：民集55巻1号30頁、判時1740号3頁、判タ1054号106頁、金判1113号5頁

概要　本決定は、取締役会の意思決定が違法であるとして取締役に対し提起された株主代表訴訟において、当該株式会社は、特段の事情がない限り、被告のために補助参加する利益を有するとしたものである。

事実関係　Z株式会社の株主であるXは、同社の取締役であるYらに対して株主代表訴訟を提起した（❶）。Xの主張は、Yらは2決算期について粉飾決算を指示するなどした結果、Z会社に対して法人税の過払いを余儀なくさせる等の損害を与えたというものである（❷）が、この訴訟においてZ会社は、Yらのために補助参加申立てをした（❸）。XはZ会社の補助参加申立てに対して異議を述べた（❹）ところ、原々審はXの異議を認め、Z会社の補助参加申立てを却下した。原審もZ会社の抗告を棄却したため、Z会社より再抗告。

決定要旨　破棄自判。「取締役会の意思決定が違法であるとして取締役に対し提起された株主代表訴訟において、株式会社は、特段の事情がない限り、取締役を補助するため訴訟に参加することが許されると解するのが相当である。けだし、取締役の個人的な権限逸脱行為ではなく、取締役会の意思決定の違法を原因とする、株式会社の取締役に対する損害賠償請求が認められれば、その取締役会の意思決定を前提として形成された株式会社の私法上又は公法上の法的地位又は法的利益に影響を及ぼすおそれがあるというべきであり、株式会社は、取締役の敗訴を防ぐことに法律上の利害関係を有するということができるからである。そして、株式会社が株主代表訴訟につき中立的立場を採るか補助参加をするかはそれ自体が取締役の責任にかかわる経営判断の一つであることからすると、補助参加を認めたからといって、株主の利益を害するような補助参加がされ、公正妥当な訴訟運営が損なわれるとまではいえず、それによる著しい訴訟の遅延や複雑化を招くおそれはなく、また、会社側からの訴訟資料、証拠資料の提出が期待され、その結果として審理の充実が図られる利点も認められる。」

第2章 株式会社 取締役の責任等 243

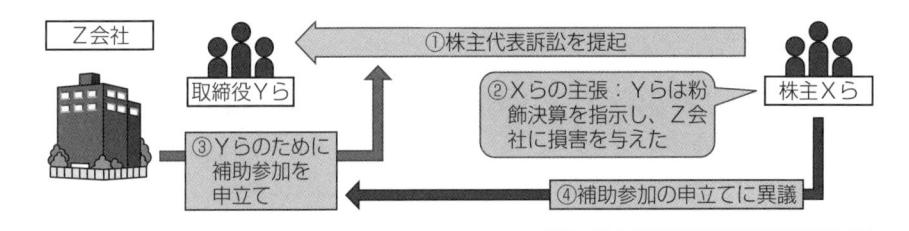

図中テキスト:
- Z会社
- 取締役Yら
- ①株主代表訴訟を提起
- 株主Xら
- ②Xらの主張：Yらは粉飾決算を指示し、Z会社に損害を与えた
- ③Yらのために補助参加を申立て
- ④補助参加の申立てに異議

> 「これを本件についてみると、……本件は……Z会社のYらに対する損害賠償請求権を訴訟物とするものであるところ、決算に関する計算書類は取締役会の承認を受ける必要があるから……、本件請求は、取締役会の意思決定が違法であるとして提起された株主代表訴訟である。そして、上記損害賠償請求権が認められてYらが敗訴した場合には、Z会社の第48期以降の各期の計算関係に影響を及ぼし、現在又は将来の取引関係にも影響を及ぼすおそれがあることが推認されるのであって、Z会社の補助参加を否定すべき特段の事情はうかがわれない。」

本決定の位置づけ・射程範囲

株主代表訴訟において会社が被告取締役のために補助参加できるかという問題につき、平成13年改正前商法には規定がなく（議論は民訴法42条における解釈論を軸に展開）見解は分かれ、株主代表訴訟の訴訟構造上会社と取締役の利害が相反することに着眼してこれを否定する解釈も有力であった（名古屋高決平成8・7・11 関連判例 等。本決定に対する町田裁判官の反対意見も同旨）。これに対して、本決定は、そうした株主代表訴訟の訴訟構造とは関わりなく、被告取締役が敗訴することに会社が法律上の利害関係を有するか否かで補助参加の利益を判断しようとするものであり、しかも、取締役会の意思決定の適法性が争われていれば、特段の事情がない限り、それだけで法律上の利害関係性は認められるとした初めての最高裁による判断である。本決定を受けて平成13年商法改正は、会社の被告側への補助参加の場合の手続的規定を設け（会社法849条2項に相当）、さらに会社法849条1項は、会社が「共同訴訟人として、又は当事者の一方を補助するため」被告取締役のために訴訟参加できることを明示した。後者につき、民訴法42条に規定する「利害関係」を有するか否かにかかわらず、会社は代表訴訟に補助参加することができることを明らかにし補助参加の利益をめぐる争いが生じないようにしたものであるとの説明が立案担当者によりなされており、それによると、本決定の先例的意義は薄いものとなるが、解釈論としてその見解に対し反対もあり、この点について議論の余地はなお残されている。

さらに理解を深める　会社法百選2版70事件〔笠井正俊〕最判解民事篇平成13年度（上）55頁〔髙部眞規子〕、商判5版Ⅰ-128事件、判例講義2版105事件、酒巻・尾崎3補正107事件、江頭4版464頁、神田15版248頁、シンポジウム「会社法の制定と民事手続法上の問題点」民訴55号（2009）147頁　関連判例　名古屋高決平成8・7・11判時1588号145頁

第2章　株式会社　(8) 取締役の責任等

122 株主代表訴訟と担保提供命令における悪意

東京高裁平成7年2月20日決定
　事件名等：平成6年（ラ）第840号担保提供申立却下決定に対する抗告事件他
　掲載誌：判夕895号252頁、金判968号23頁

概要　本決定は、改正前商法267条6項の準用する同106条2項（会社847条8項）にいう「悪意」とは、原告の請求が理由がなく、原告がそのことを知って訴えを提起した場合、または原告が株主代表訴訟の制度の趣旨を逸脱し、不当な目的をもって被告を害することを知りながら訴えを提起した場合をいうとしたものである。

事実関係　A株式会社の株主であるXらが同社の取締役Y_1～Y_4に対し株主代表訴訟を提起したところ、Y_1らはXらの提訴は悪意によるとして、担保提供の申立てをした。原決定はY_1らの申立ての一部を認め、XらおよびY_1ら双方より抗告。

決定要旨　原決定変更、申立一部認容、申立一部却下。「株主代表訴訟の訴えの提起についての担保提供命令の要件を定めた商法267条6項が準用する同法106条2項の『訴ノ提起ガ悪意ニ出タルモノナルコト』とは、原告の請求が理由がなく、原告がそのことを知って訴えを提起した場合又は原告が株主代表訴訟の制度の趣旨を逸脱し、不当な目的をもって被告を害することを知りながら訴えを提起した場合をいうものと解するのが相当である。そして、株主代表訴訟の被告が右事実を疎明したときは、受訴裁判所は、その裁量によって定めた担保の提供を原告に命ずることができる。」
「なお、訴えの提起が不当訴訟であるとして、その訴えの原告に損害賠償義務が認められるのは、故意による場合だけではなく過失による場合（重大な過失に限るかどうかはともかく）も含むと解されるが、原告が過失によって自己の請求に理由がないことを知らずに訴えを提起したことが疎明された場合にまで、担保提供を命ずることができると解することは、『悪意』という文言にそわないものであって、相当ではないといわなければならない。……そして、請求に理由がないことの疎明がある場合とは、原告が請求原因として主張する事実をもってしては請求を理由あらしめることができない場合（主張自体が失当である場合）、請求原因事実の立証の見込みが極めて少ないと認められる場合、又は、被告の抗弁が成立して請求が棄却される蓋然性が高い場合などがあげられる。そして、右の事

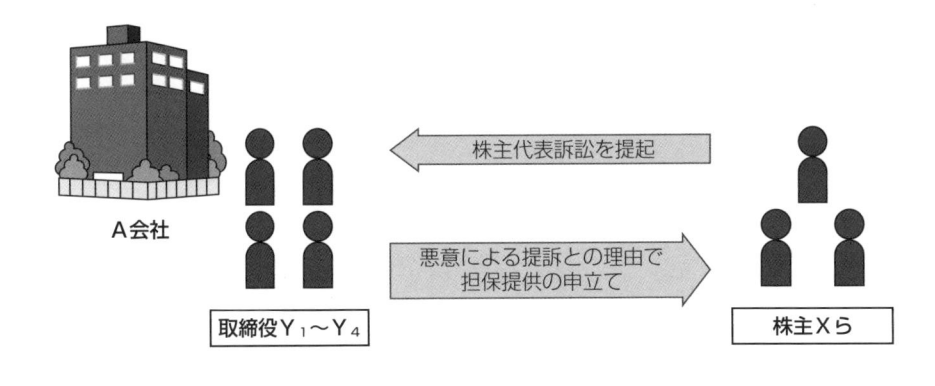

[図: A会社 / 取締役Y₁〜Y₄ ←株主代表訴訟を提起― 株主Xら / 悪意による提訴との理由で担保提供の申立て→]

情を認識しながら訴えを提起していると一応認められるならば、自己の請求が理由のないことを知って訴えを提起したものと推認することができる。」

本決定の位置づけ・射程範囲

担保提供命令（会社847条7項・8項、民訴81条）は、代表訴訟が不法行為を構成する場合に被告取締役が取得する損害賠償請求権を担保する制度の形をとるが、濫訴防止において中心的な役割を担ってきた。担保提供命令は、訴えの提起が「悪意」によるものであることが疎明された場合に発せられ、その悪意の意味内容は代表訴訟の帰趨に大きく影響する。本決定は、悪意が認定される場合として、①原告の請求に理由がなく、原告がそのことを知って訴えを提起した場合（不当訴訟要件。請求に理由がないとはどのような場合かにも言及されている）を、②原告が株主代表訴訟の趣旨を逸脱し、不当な目的をもって被告を害することを知りながら訴えを提起した場合（不法不当目的要件）とともに挙げ（両者は選択的）、さらに不当訴訟要件には、原告が過失により自己の請求に理由がないことを知らずに訴えを提起した場合は含まれないとした点で意義がある。過失の場合を含めないことは、不法行為が成立する範囲と担保提供が必要とされる範囲は必ずしも一致しなくてもよいことを意味するが、この立場は大阪高決平成9・8・26 関連判例 において一層明確にされている。過失の場合まで含めると（本件原審決定、名古屋高決平成7・3・8 関連判例 等参照）、請求の理由の有無という客観的事情が重視されやすくなり、微妙な法律判断までもが決定手続で行われてしまうことに注意を要する。

なお、会社法が不当な提訴請求をすること自体を禁止する規定（会社847条1項ただし書）を設けたことが上記の判断に影響するか、今後の制度の運用の動向が注目される。

さらに理解を深める　**会社法百選2版69事件〔行澤一人〕**　商判5版Ⅰ－129事件、弥永・重要判例3版190事件、判例講義2版104事件、江頭4版462頁、神田15版248頁　関連判例　大阪高決平成9・8・26判時1631号140頁、名古屋高決平成7・3・8判時1531号134頁

第２章　株式会社　(8)　取締役の責任等

123　取締役の対第三者責任の意義

最高裁昭和44年11月26日大法廷判決
　　事件名等：昭和39年（オ）第1175号損害賠償請求事件
　　掲載誌：民集23巻11号2150頁、判時578号3頁、判タ243号107頁、
　　　　　　金判193号8頁

概要　本判決は、株式会社の代表取締役が他の代表取締役その他の者に会社業務の一切を任せきりにし、それらの者の任務懈怠を看過すれば、自らも悪意または重大な過失により任務を怠ったとしてその責任を認めるなかで、取締役の対第三者責任の法意を最高裁が述べたものである。

事実関係　A株式会社の代表取締役であるBは、他の代表取締役Yから会社業務の一切を任せきりにされていた（❶）ことを奇貨として、A会社を代表してX会社より鋼材を買い入れたうえで、その代金支払いのためにY名義の約束手形を振り出した（❷）。この手形が不渡りとなった（❸）ことから、X会社は、鋼材代金が回収できなくなったとしてYに対し損害賠償請求訴訟を提起した（❹）。第１審・控訴審ともにX会社の請求を認容したため、Yより上告。

判決要旨　上告棄却。「法は、株式会社が経済社会において重要な地位を占めていること、しかも株式会社の活動はその機関である取締役の職務執行に依存するものであることを考慮して、第三者保護の立場から、取締役において悪意または重大な過失により右義務に違反し、これによって第三者に損害を被らせたときは、取締役の任務懈怠の行為と第三者の損害との間に相当の因果関係があるかぎり、会社がこれによって損害を被った結果、ひいて第三者に損害を生じた場合であると、直接第三者が損害を被った場合であるとを問うことなく、当該取締役が直接に第三者に対し損害賠償の責に任ずべきことを規定したのである。」

「したがって、以上のことは、取締役がその職務を行なうにつき故意または過失により直接第三者に損害を加えた場合に、一般不法行為の規定によって、その損害を賠償する義務を負うことを妨げるものではないが、取締役の任務懈怠により損害を受けた第三者としては、その任務懈怠につき取締役の悪意または重大な過失を主張し立証しさえすれば、自己に対する加害につき故意または過失のあることを主張し立証するまでもなく、商法266条ノ３の規定により、取締役に対し損

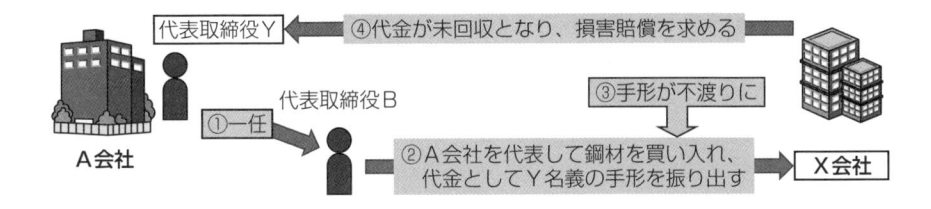

害の賠償を求めることができるわけであ〔る。〕」
「もともと、代表取締役は、……善良な管理者の注意をもって会社のため忠実にその職務を執行し、ひろく会社業務の全般にわたって意を用いるべき義務を負うものであることはいうまでもない。したがって、少なくとも、代表取締役が、他の代表取締役その他の者に会社業務の一切を任せきりとし、その業務執行に何等意を用いることなく、ついにはそれらの者の不正行為ないし任務懈怠を看過するに至るような場合には、自らもまた悪意または重大な過失により任務を怠ったものと解するのが相当である。」

本判決の位置づけ・射程範囲

本判決は、会社法429条1項の前身である改正前商法266条ノ3第1項に関するほとんどの論点について、大法廷判決をもって最高裁の立場を明らかにした重要な判決である（その考え方は、会社法429条1項にもそのまま妥当）。本判決は、まず、改正前商法266条ノ3第1項の責任は第三者保護を目的とする特別の法定責任であるとしたうえで、その責任と不法行為責任との競合を認める。また、不法行為責任とは異なるとの位置づけから、悪意・重過失の方向については会社に対する任務懈怠についてあればよいとする。さらに責任の範囲について、任務懈怠があれば、取締役の任務懈怠と第三者の損害との間に相当因果関係があるかぎり、直接第三者が損害を被った場合（直接損害）、会社が損害を被った結果第三者に損害が生じた場合（間接損害）を問わないとする（両損害包含説）。以上に対する反対意見として松田二郎裁判官は、取締役の対第三者責任を民法709条の責任を取締役について軽減するための特則とみ、悪意・重過失は第三者への加害について必要であり、また損害は直接損害に限定されるとする見解を示しているが（間接損害については、株主には代表訴訟制度があり、会社債権者には債権者代位権があり、これにより会社資産を充実させれば足りるとする）、その立法趣旨の理解には批判が強い。なお、損害を受けた第三者に過失があったときは、過失相殺（民722条2項）の適用が肯定される（最判昭和59・10・4 関連判例）など、一般不法行為に関する規定が適用される場合があることにも留意を要する。

さらに理解を深める　**会社法百選2版71事件〔洲崎博史〕**　最判解民事篇昭和44年度（下）1076頁〔杉田洋一〕、商判5版Ⅰ-130事件、弥永・重要判例3版184事件、判例講義2版97事件、酒巻・尾崎3版補正111事件、江頭4版469頁、神田15版242頁、会社法コンメ(7)23頁〔岩原紳作〕　関連判例　最判昭和59・10・4判時1143号143頁

第２章　株式会社　(8)　取締役の責任等

124　取締役の対第三者責任——監視義務

最高裁昭和48年5月22日第三小法廷判決
　事件名等：昭和46年（オ）第673号損害賠償請求事件
　掲載誌：民集27巻5号655頁、判時707号92頁、判タ297号218頁、
　　　　金判374号2頁、金法692号25頁

概要　本判決は、各取締役は会社に対し、代表取締役の業務執行一般につきこれを監視し、必要があれば取締役会を招集しあるいは招集を求め、取締役会を通じて業務執行が適正に行われるようにする職務を有するとしたものである。

事実関係　A株式会社の取締役会はY_1～Y_3により構成されており、監査役にはY_4が就任していた。Y_2・Y_3は代表取締役であるY_1に一切の経営を委ねていた（❶）ところ、Y_1はBにだまされ、Y_2・Y_3に相談せずに多額の融通手形を振り出した（❷）。その後資金を調達できずに手形金支払義務だけが残り、A社は倒産した（❸）ため、手形の所持人であるXらはY_1らに対して損害賠償請求訴訟を提起した。第1審はXらの請求を認容した（❹）。控訴審ではY_4の控訴のみを容れた（❺）。Y_2・Y_3より上告（❻）。

判決要旨　上告棄却。「株式会社の取締役会は会社の業務執行につき監査する地位にあるから、取締役会を構成する取締役は、会社に対し、取締役会に上程された事柄についてだけ監視するにとどまらず、代表取締役の業務執行一般につき、これを監視し、必要があれば、取締役会を自ら招集し、あるいは招集することを求め、取締役会を通じて業務執行が適正に行なわれるようにする職務を有するものと解すべきである。
　そして、原審の確定した事実関係のもとにおいて、Y_1らに右職務を行なうにつき重大な過失があり、そのためXらに本件損害を生じたとする原審の認定・判断は正当として肯認することができる。原判決に所論の違法はなく、論旨は採用することができない。」

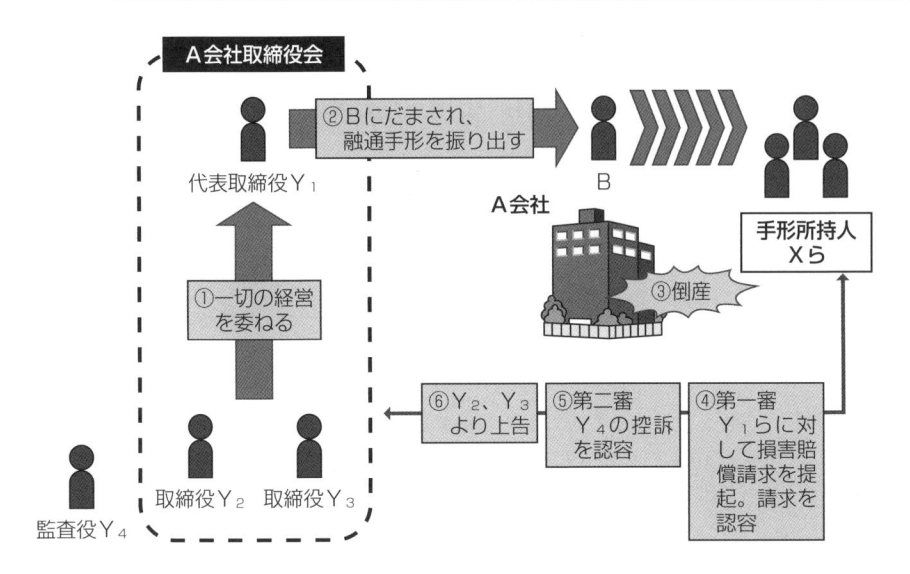

本判決の位置づけ・射程範囲

　取締役会設置会社における取締役は、基本的には取締役会という機関の構成員であるにすぎない。代表取締役については、他の（代表権のない）取締役の行為に対しても（最判昭和49・12・17 関連判例 等）、他の代表取締役の行為に対しても（最判昭和44・11・26 本書123事件 ）、いずれも監督義務を負うものとされてきた。その根拠は、代表取締役が広く会社業務全般にわたって注意すべき職責があることに求められる。それに対し、本判決は、取締役会構成員の資格による取締役の監視義務について判断し、取締役会に上程された事項だけでなく、代表取締役の業務執行一般について監視義務を負うとした点で意義がある。本判決の前後を通じて学説でもかかる積極説が通説的見解になっていたところ、本判決はそのなかでも、取締役は取締役会の監督機能を通じて代表取締役の行為につき一般的監視義務を負うと考える説（多数説）と同一見解に立つものと解されている。

　本判決では、監視義務違反により改正前商法266条ノ3第1項（会社429条1項）の責任が肯定されたが、その後の下級審判例では、名目的取締役の監視義務違反に基づく責任を、重過失による任務懈怠とまではいえない（東京地判昭和56・9・28 関連判例 等）、任務懈怠と損害との間に相当因果関係がない（東京地判平成6・7・25 関連判例 等）などとして否定する例も多い。小規模な会社でも3名以上の取締役を必要とする制度から転換した会社法の下でもそのような姿勢が維持されるかは注目される。

さらに理解を深める　会社法百選2版72事件〔梅本剛正〕、最判解民事篇昭和48年度1頁〔田尾桃二〕、商判5版Ⅰ-131事件、弥永・重要判例3版180事件、判例講義2版84事件、江頭4版472頁、神田15版211頁、会社法コンメ(7)427頁〔近藤光男〕

関連判例　最判昭和49・12・17民集28巻10号2059頁、東京地判昭和56・9・28判時1021号131頁、東京地判平成6・7・25判時1509号31頁

第2章　株式会社　　(8)　取締役の責任等

125 取締役の株主に対する不法行為責任

東京高裁平成17年1月18日判決
　事件名等：平成16年（ネ）第3563号損害賠償請求事件
　掲載誌：金判1209号10頁

概要　本判決は、全株主が平等に不利益を受けた場合、株主が取締役に対しその責任を追及するためには、特段の事情がない限り、株主代表訴訟によらなければならず、直接民法709条に基づき取締役に対し損害賠償を求める訴えを提起することは認められないとしたものである。

事実関係　A株式会社は、A会社の親会社であるY₁会社製品による食中毒事件、A会社による牛肉偽装事件を原因として業績が急激に悪化し、会社解散の事態となった（❶）。A会社の株主であるXは、所有株式が無価値化したとして、Y₁会社、その役員であるY₂・Y₃・Y₄・Y₅、A会社の取締役であるY₅・Y₆・Y₇に対し、民法709条に基づき直接に損害賠償請求訴訟を提起した（❷）。原審はXの請求を棄却したため、Xより控訴。控訴審は、本件食中毒事故とXの主張する損害との間に相当因果関係は認められないとして、Y₁～Y₄に対するXの主張を排斥し、Y₅～Y₇の責任について次のとおり判断した。

判決要旨　控訴棄却。「公開会社である株式会社の業績が取締役の過失により悪化して株価が下落するなど、全株主が平等に不利益を受けた場合、株主が取締役に対しその責任を追及するためには、特段の事情のない限り、商法267条に定める会社に代位して会社に対し損害賠償をすることを求める株主代表訴訟を提起する方法によらなければならず、直接民法709条に基づき株主に対し損害賠償をすることを求める訴えを提起することはできないものと解すべきである。その理由は、①上記の場合、会社が損害を回復すれば株主の損害も回復するという関係にあること、②仮に株主代表訴訟のほかに個々の株主に対する直接の損害賠償請求ができるとすると、取締役は、会社及び株主に対し、二重の責任を負うことになりかねず、これを避けるため、取締役が株主に対し直接その損害を賠償することにより会社に対する責任が免責されるとすると、取締役が会社に対して負う法令違反等の責任を免れるためには総株主の同意を要すると定めている商法266条5項と矛盾し、資本維持の原則にも反する上、会社債権者に劣後すべき株主が債権者に先んじて会社財産を取得する結果を招くことになるほか、株主

```
Y₁会社 ──親子関係── A会社 ──①解散── A会社取締役 Y₅〜Y₇ ──②民法709条に基づく損害賠償請求── A会社株主X
Y₁取締役 Y₂〜Y₄
```

相互間でも不平等を生ずることになることである。以上のことを考慮して、株式会社の取締役の株主に対する責任については、商法266条が会社に対する責任として定め、その責任を実現させる方法として商法267条が株主の代表訴訟等を規定したものと解すべきである。そして、その結果として、株主は、特段の事情のない限り、商法266条の3や民法709条により取締役に対し直接損害賠償請求することは認められないと解すべきである。」「Xの所有するA会社の株式を証券市場において売却するに〔は〕十分な時間があったものというべきである。また、……本訴とは別個に、Y₅、同Y₆及び同Y₇を含むA会社の元取締役らに対しては株主代表訴訟が提起されていることが認められ、同訴訟の遂行が支配株主であるY₁の妨害により困難であるとの事情もうかがえない。……Y₅、同Y₆及びY₇に対する本訴請求は許されない」。

本判決の位置づけ・射程範囲

株主は会社の業績悪化による株式価値の低下という間接損害について取締役に対して直接損害賠償請求を行うことができるかということが、会社法429条1項（改正前商266条ノ3第1項）における「第三者」に株主が含まれるかという論点において議論されてきた。本判決は、会社の業績悪化による解散によって保有株式が無価値となった株主が、取締役は株主に対して不法行為責任を負うとして損害賠償を請求した事案において、株主は、特段の事情がない限り、株主代表訴訟を提起する方法によらなければならず、直接民法709条に基づき株主に対し損害賠償をすることを求める訴えを提起することはできないとの立場を示した。これは、上記問題について、株主の被る間接損害の救済は代表訴訟によることが期待されており、株主を第三者とするその損害賠償請求は認めるべきでないと解する学説上の多数説に従ったものである（本判決の挙げる理由も多数学説のそれと共通する）。

本判決は、「特段の事情」についても踏み込んだ考察を加える。非公開会社の場合に、代表訴訟による追及を試みても大株主であり代表取締役でもある被告があらゆる方策を用いてそれを妨げるであろうことは容易に予測し得るところであるとして直接的な請求を認めたものがあり（福岡地判昭和62・10・28 関連判例 ）、そうした事例の存在にも配慮したものと考えられる。

さらに理解を深める　平成17年度重判（ジュリ1313号）商法2事件〔鈴木千佳子〕商判5版Ⅰ-133事件、弥永・重要判例3版185事件、江頭4版470頁、神田15版244頁　関連判例　福岡地判昭和62・10・28判時1287号148頁

第2章　株式会社　(8)　取締役の責任等

126 選任決議を欠く登記簿上の取締役と対第三者責任

最高裁昭和47年6月15日第一小法廷判決
事件名等：昭和44年（オ）第531号損害賠償請求事件
掲載誌：民集26巻5号984頁、判時673号7頁、判タ279号199頁、
　　　　金法654号22頁

概要　本判決は、適法な選任手続を経ないで、登記簿上取締役（代表取締役）として登記されているにすぎない者について、不実登記への承諾という事情から改正前商法14条（会社908条2項）の類推適用を認め、同法266条ノ3（会社429条）にいう取締役としての責任を免れることができないとしたものである。

事実関係　Xは、A株式会社に対してCMフィルムの製作代金等の債権を有していた（❶）ところ、A会社が倒産し、上記債権が取立不能となった（❷）ため、A会社の代表取締役Yに対し、A会社の倒産はYが会社の業務執行を営業部長Bに任せきりにしたゆえであるとして、損害賠償請求訴訟を提起した（❸）。Yは、自ら代表取締役として就任の登記をされることを承諾し、登記を経由していたものの、Yを取締役に選任する株主総会の決議も、代表取締役に選任する旨の取締役会の決議も存在していないなどとして争った（❹）。第1審・控訴審ともにXの請求を認容したためYより上告。

判決要旨　上告棄却。「Yの取締役への就任は、A会社の創立総会または株主総会の決議に基づくものではなく、まったく名目上のものにすぎなかったというのである。このような場合においては、Yが同会社の取締役として登記されていても、本来は、商法266条ノ3第1項にいう取締役には当たらないというべきである。けだし、同条項にいう取締役とは、創立総会または株主総会において選任された取締役をいうのであって、そのような取締役でなければ、取締役としての権利を有し、義務を負うことがないからである。」
「商法14条は、『故意又ハ過失ニ因リ不実ノ事項ヲ登記シタル者ハ其ノ事項ノ不実ナルコトヲ以テ善意ノ第三者ニ対抗スルコトヲ得ズ』と規定するところ、同条にいう『不実ノ事項ヲ登記シタル者』とは、当該登記を申請した商人（登記申請権者）をさすものと解すべき……であるが、その不実の登記事項が株式会社の取締役への就任であり、かつ、その就任の登記につき取締役とされた本人が承諾を与えたのであれば、同人もまた不実の登記の出現に加功したものというべく、した

第2章　株式会社　取締役の責任等　253

①A会社に対する金銭債権
②倒産
③A会社の倒産について、Yに損害賠償請求
④代表取締役として就任を承諾し、登記もあるが、株主総会、取締役会決議を経ていないと主張
A会社　代表取締役Y　X

がって、同人に対する関係においても、当該事項の登記を申請した商人に対する関係におけると同様、善意の第三者を保護する必要があるから、同条の規定を類推適用して、取締役として就任の登記をされた当該本人も、同人に故意または過失があるかぎり、当該登記事項の不実なことをもって善意の第三者に対抗することができないものと解するのを相当とする。」

「Yは、右登記事項の不実であること、換言すれば同人が同訴外会社の取締役でないことをもって善意の第三者であるXに対抗することができず、その結果として、原審の確定した事実関係のもとにおいては、YはXに対し同法266条ノ3にいう取締役としての責任を免れ得ないものというべきである。」

本判決の位置づけ・射程範囲

適法な選任手続を経ないで、登記簿上取締役（代表取締役）として登記されているにすぎない者は、会社法429条1項（改正前商266条ノ3第1項）にいう「役員等」に含まれる「取締役」には該当しないが、本判決はそのような登記簿上だけの取締役について、不実登記への承諾という事情から会社法908条2項（改正前商14条）の類推適用を導き、それを介して会社法429条1項の責任を肯定したものであり、この理論構成はその後の判例により踏襲され（辞任登記未了の退任取締役の場合につき、最判昭和62・4・16(本書127事件))、判例法上ほぼ確立している。会社法908条2項は本来登記当事者である商人ないし会社の故意・過失による不実登記について適用されるもので

あるが、本判決は、承諾を与えることにより積極的・消極的な不実登記の出現に加功したことを要件としてその類推を認めた（自己について不実の登記が存する者と登記を信頼した者との間の利益衡量がその根拠）。下級審判決の中には、知らぬ間に取締役就任登記をされた者の過失（印鑑証明書の手渡し等）を帰責原因として類推を認め対第三者責任を肯定したものがあるが（浦和地判昭和55・3・25(関連判例))、本判決の解釈はこの点について限定的である。最高裁の態度を理解するうえで、登記簿上の取締役に対する会社法908条2項の類推は会社法429条1項の責任を認めるための借用にすぎず、それは登記当事者の「不実登記への加功」とは質が異なることに留意する必要がある。

さらに理解を深める　**会社法百選79事件〔加藤徹〕** 最判解民事篇昭和47年度100頁〔柳川俊一〕、商判5版Ⅰ-136事件、弥永・重要判例3版186事件、判例講義2版99事件、酒巻・尾崎3版補正114事件、江頭4版474頁、神田15版244頁
(関連判例)　最判昭和62・4・16(本書127事件)、浦和地判昭和55・3・25判時969号110頁

第2章　株式会社　(8)　取締役の責任等

127 取締役の辞任登記の未了と対第三者責任

最高裁昭和62年4月16日第一小法廷判決
　事件名等：昭和58年（オ）第678号損害賠償請求事件
　掲載誌：判時1248号127頁、判タ646号104頁、金判778号3頁、
　　　　　金法1170号29頁

概要　本判決は、取締役を辞任した者が、当該会社の代表者に対し、辞任登記を申請しないで不実の登記を残存させることにつき明示的に承諾を与えていたなどの特段の事情が存在する場合には、右の者は、改正前商法14条（会社908条2項）の類推適用により善意の第三者に対し取締役でないことをもって対抗することができず、改正前商法266条ノ3第1項（会社429条1項）にいう取締役として所定の責任を免れないとしたものである（本件では、特段の事情の存在を否定）。

事実関係　A株式会社の取締役であるY₁～Y₃は、いずれもA会社の倒産を機に辞任していたが、辞任登記を経由していなかった（❶）。また、同社の監査役であるY₄は、辞任のうえ登記の抹消を代表取締役であるBに求めていたが、放置されていた（❷）。X会社は、A会社倒産の事実を知りながら会社債権者集会で事業の継続が決まった同社と取引に入った（❸）ものの、A会社が再度の倒産に陥ったため、未回収の代金債権相当額等を求めて、Y₁～Y₄に対して損害賠償請求訴訟を提起した（❹）。第1審はY₄の責任は否定したがY₁～Y₃の責任を肯定し、控訴審はY₁～Y₄全員の責任を否定した。X会社より上告。

判決要旨　上告棄却。「株式会社の取締役を辞任した者は、辞任したにもかかわらずなお積極的に取締役として対外的又は内部的な行為をあえてした場合を除いては、辞任登記が未了であることによりその者が取締役であると信じて当該株式会社と取引した第三者に対しても、商法（昭和56年法律第74号による改正前のもの、以下同じ。）266条ノ3第1項前段に基づく損害賠償責任を負わないものというべきである……が、右の取締役を辞任した者が、登記申請権者である当該株式会社の代表者に対し、辞任登記を申請しないで不実の登記を残存させることにつき明示的に承諾を与えていたなどの特段の事情が存在する場合には、右の取締役を辞任した者は、同法14条の類推適用により、善意の第三者に対して当該株式会社の取締役でないことをもって対抗することができない結果、同法266条ノ3第1項前段にいう取締役として所定の責任を免れることはできない

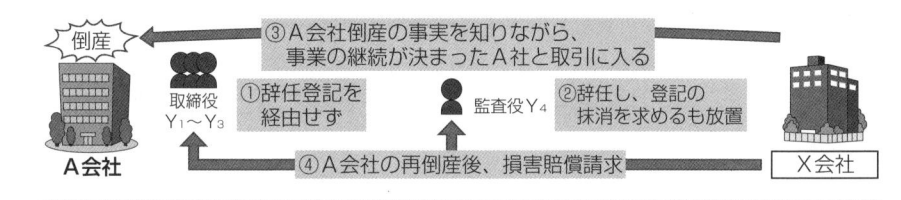

①辞任登記を経由せず（取締役 Y₁〜Y₃、A会社倒産）
②辞任し、登記の抹消を求めるも放置（監査役 Y₄）
③A会社倒産の事実を知りながら、事業の継続が決まったA社と取引に入る
④A会社の再倒産後、損害賠償請求
X会社

ものと解するのが相当である。」
「Y₁、Y₂、Y₃が、A会社の代表取締役であるBに対し、取締役を辞任する旨の意思表示をした際ないしその前後に、辞任登記の申請をしないで不実の登記を残存させることにつき明示的に承諾を与えていたなどの特段の事情の存在については、原審においてなんら主張立証のないところである。そうすると、Y₁〜Y₃はX会社に対し商法266条ノ3第1項前段に基づく損害賠償責任を負うものではないとした原審の判断は、結論において是認することができる。」

本判決の位置づけ・射程範囲

取締役を辞任したがその旨の登記を経ていない者にも会社法429条1項（改正前商266条ノ3第1項）の適用の余地はあるか。本判決の引用する最判昭和37・8・28〔関連判例〕は、辞任した以上は、取締役としての権利義務を有しないことになるから、何もしないことをもって任務懈怠ということはできず、その責任を負わないとしていた。本判決は、そのような登記簿上だけの取締役も次の2つの場合に第三者に対して責任を負うとする。1つは、傍論に属するが、「辞任したにもかかわらずなお積極的に取締役として対外的又は内部的な行為をあえてした」場合である。これは37年判決も認めるところであり、議論の余地はあるが、登記と無関係に、取締役でないにもかかわらず取締役として現実に業務を行ったがゆえに生じる責任を認めたとの捉え方もなし得る。そして本判決は、最判昭和47・6・15〔本書126事件〕の趣旨を辞任登記が未了の場合にも及ぼし、辞任者が取締役としての行為を一切行っていない場合にも例外的に責任を負う余地を認めるとともに（最判昭和63・1・26〔関連判例〕により踏襲）、その要件を、不実登記の残存について「明示の承諾を与えていたなどの特段の事情」がある場合と限定的に解した（辞任者は自ら登記申請する権利も義務もないこと等に留意）。なお、47年判決以降の下級審判例を事実関係に即して分析すると、不実の登記の出現に加功したタイプの責任を認めたとされる事案でも、業務関与等の事情が含まれている場合が大半であると指摘されている。

さらに理解を深める　**会社法百選2版73事件**〔久保寛展〕商判5版Ⅰ-137事件、弥永・重要判例3版187事件、判例講義2版100事件、酒巻・尾崎3版補正115事件、江頭4版474頁、神田15版245頁、藤田友敬「いわゆる登記簿上の取締役の第三者責任について」『米田古稀・現代金融取引法の諸問題』（民事法研究会、1996）15頁
〔関連判例〕　最判昭和37・8・28金判778号22頁、最判昭和47・6・15〔本書126事件〕、最判昭和63・1・26金法1196号26頁

第2章　株式会社　　(8)　取締役の責任等

128　計算書類の虚偽記載と取締役の対第三者責任

名古屋高裁昭和58年7月1日判決
　事件名等：昭和57年（ネ）第250号損害賠償請求事件
　掲載誌：判時1096号134頁、判タ510号193頁、金判688号41頁

概要　本判決は、計算書類に虚偽の記載をした取締役に対する昭和56年改正前商法266条ノ3第1項後段に基づく損害賠償請求が否定されたものである。

事実関係　手形割引を業とするXは、著名な季刊誌『会社四季報』により、A株式会社の経営成績等を調査し（❶）、A会社振出しの約束手形を同業であるB会社から割り引いた（❷）が、支払場所で支払呈示したところ、資金不足により支払いを拒絶された（❸）。ところでA会社は大阪証券取引所二部上場の中堅商社であったが、その代表取締役であるY₁は、業務担当取締役であるY₂らに命じて、利益が出ている旨の虚偽の計算書類を作成させた（❹）。当該計算書類は取締役会および株主総会の承認を得ており、かかる計算書類はXが調査した上記『会社四季報』の基礎資料とされていた（❺）。XはY₁らに対して、商法266条ノ3第1項後段に基づき、損害賠償を求めて訴えを提起した（❻）。

判決要旨　控訴棄却。「Xが第1次的に帰責の根拠としている昭和56年法律第74号による改正前の商法266条ノ3第1項後段の規定の趣旨とするところは、その挙示する各書類の記載に虚偽がある場合において、これを信頼して会社と直接の取引関係に入った者あるいは会社と直接の取引関係はなくとも当該会社の株式又は社債を公開の流通市場において取得した者（その大多数を占める一般投資家としては前記各書類を信頼する以外に投資活動に伴う危険から自己を防衛する手段を有しない。）等を保護することにあり、これを確実なものにするため取締役に対し個人責任として故意・過失の存在を要しない極めて重い責任を負担させていると解されるのであり、従って会社以外の者との間の取引において生じた必要から会社の資力、業績等を判定する資料として右各書類を閲読したに止まる第三者一般について右規定による保護を及ぼすことは、時として右規定による責任を無過失責任とした本来の趣旨を超えて取締役に過大の犠牲を強いることになり、相当でないといわなければならない。このことは、同条2項により計算書類の承認決議に賛成したことのみを理由に責任を問われる取締役の場合において特に顕著である。」

第2章　株式会社　取締役の責任等　257

①会社四季報によりA株式会社の経営成績等を調査
②B会社よりA会社振出の手形を割引
③手形の支払を拒絶される
⑥商法266条ノ3第1項後段に基づき提訴
（④Y₁がY₂に命じて虚偽の計算書類を作成し、
⑤会社四季報の基礎資料となっていた）
X
A株式会社
A会社取締役Y₁ら

　本件についてみるに、Xは手形割引業者として同業者である株式会社Bとの間に本件手形の割引契約を締結し、対価を支払って本件手形を取得するに当り、A会社の業績を調査して本件手形の経済的価値を判定するため会社四季報を閲読したにすぎないものであることは前認定から明らかであるところ、右によればXは会社と直接取引関係に入った者でないことはもちろん、有価証券を取得した者とはいっても公開市場における株式、社債の取得者とは著しく趣を異にするというべきであるから、その被ったとする損害は前記規定による保護の範囲外にあると解するのが相当である。」

本判決の位置づけ・射程範囲

　まず、開示書類等の虚偽記載・虚偽登記等の責任を定める昭和56年改正前商法266条ノ3第1項後段を無過失責任を定めたものと解する本判決の説示については、もはや先例的価値は認められない。すなわち、昭和56年改正は、この責任を商法266条ノ3第2項（会社429条2項）に移すとともに、取締役が注意を怠らなかったことを証明したときは責任を負わない旨の文言を追加しており、この責任が過失責任であり、かつ過失の立証責任が転換されたものであることに争いの余地はない。

　他方、本判決が、上記規定の趣旨は、虚偽記載のある書類を信頼して会社と直接の取引関係に入った者および会社の株式または社債を公開の流通市場において取得した者を保護する点にあると理解して、取締役が責任を負うべき第三者の範囲を限定し、会社振出しの約束手形を割り引く際に会社の資力、業績等を判定するために会社四季報の当該会社に関する記載を閲読したにとどまる者を保護範囲外と解することは、会社法429条2項の解釈として成り立ち得ないわけではない。しかし、この解釈も取締役の無過失責任を根拠としており（判旨が指摘する決議賛成取締役に関する規定も、決議に賛成した取締役を行為者とみなす規定〔平成17年改正前商266条2項〕は会社法には存在しない）、この点についての本判決の意義は慎重に考える必要がある。学説の多数説は、上記のような者も会社法429条2項の保護を否定すべき理由はないと考えている（虚偽情報が種々の媒体を通じて拡散し第三者の損害を惹起することは当然取締役が予想すべき事態であると指摘される）。

さらに理解を深める

会社法百選2版74事件〔上村達男〕 商判5版Ⅰ-138事件、弥永・重要判例3版188事件、判例講義2版101事件、江頭4版475頁、神田15版245頁

第2章　株式会社　(8)　取締役の責任等

129 会計監査人の責任

大阪地裁平成18年2月23日判決
　事件名等：平成15年（ワ）第6577号損害賠償請求事件
　掲載誌：判時1939号149頁、判タ1213号287頁、金判1242号19頁

概要　本判決は、計算書類の作成に虚偽があったということはできないとして取締役・監査役のほか、会計監査法人の株主に対する責任が否定されたものである。

事実関係　A株式会社は、B株式会社を含む運輸会社7社により共同設立され、B会社に対して多額の債権を有しているという関係にあった（❶）が、B会社について民事再生手続開始決定がされ、A会社も同手続開始決定を受ける事態となった（❷）。A会社の株主であり、民事再生によってその株価が下落したと主張するXは、A会社の取締役らに対して、貸倒金引当処理をすべきであったにもかかわらずこれをしないという計算書類の虚偽記載、株主総会での虚偽回答とその放置、監査報告書への虚偽記載をしたとして、改正前商法266条ノ3等に基づき損害賠償を求めて訴えを提起した（❸）。

判決要旨　請求棄却。「商法266条ノ3第2項の貸借対照表等の計算書類の『虚偽ノ記載』には、重要事項について積極的に虚偽の記載をすることのみならず、重要事項を記載しないことも含まれると解されるから、Xの主張する貸倒引当金が計上すべきものであれば、これを計上していないB会社の第19期及び第20期事業年度における計算書類には虚偽記載があることになる。」「貸倒引当金の計上の基準については、当時の『公正な会計慣行』によるべきであるから、当該債権を回収できない事態が発生する可能性が高く、かつ、回収不能見込額を合理的に見積もることができる場合であって、その判断にあたっては、帳簿価格ではなく、資産を時価で再評価して実質的に判断するという基準によるのが相当であると解される。」
「B会社の上記の各期の未処理損失額を考慮しても、上記の各期において、いずれもB会社は、実質的に資産超過の状態にあったというべきであり、債務超過の状態にあったということはできない。……B会社は、所有する不動産を売却して、負債の減少を図っていたこと、B会社が粉飾決算を開示した後に民事再生を申し立てざるを得なくなった最大の理由がS銀行の都合によるものであったと推認で

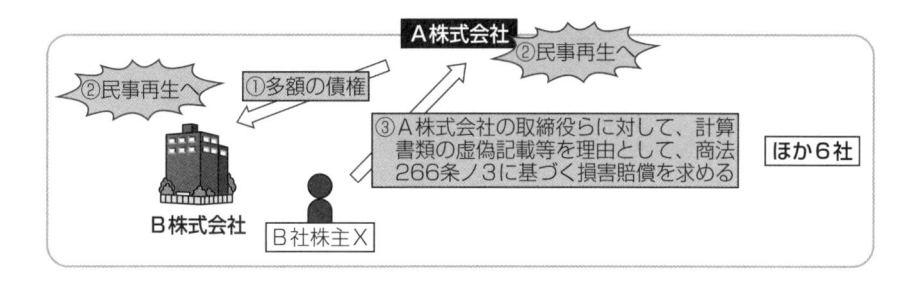

```
   ②民事再生へ      A株式会社    ②民事再生へ
         ①多額の債権  ③A株式会社の取締役らに対して、計算
                    書類の虚偽記載等を理由として、商法    ほか6社
                    266条ノ3に基づく損害賠償を求める
    B株式会社
           B社株主X
```

きること、A会社のB会社に対する売掛金についての本件滞留状況は、その内容がもっぱらロイヤリティにかかるものを原因としており、B会社は、A会社に対する通常債務を支払っていたものであること、B会社は、A会社の債務を連帯保証ないし物上保証しており、その保証額がA会社のB会社に対する売掛金残高に見合うものであったことをも考慮すると、A会社の平成11年3月期（第19期事業年度）ないし平成12年3月期（第20期事業年度）において、いまだ、A会社のB会社に対する債権について貸倒引当金として計上（本件処理）する必要があったということはできず、各計算書類の作成に虚偽があったということはできない。」

本判決の位置づけ・射程範囲

金銭債権（時価評価した場合を除く）については取立不能見込額を減額しなければならない（改正前商285条ノ4第2項・34条3号、会社計算規則5条4項）。本判決は、取締役・監査役の他、会計監査法人の第三者に対する損害賠償責任（改正前商266条ノ3・280条1項、同商法特例法10条、会社429条2項）に関して、貸付先である関連会社に対する債権について貸倒引当処理をすべきであったのにしていないという虚偽記載があった等の主張を退け、貸倒引当金を計上しないことが虚偽記載に当たらない（公正な会計慣行に反しない）とした。その判断に際して本判決は、上記貸付先が所有する不動産が含み益を有しており実質的に資産超過の状態にあったこと、その再建可能性を示す事実などを指摘している。これは、貸倒引当金や貸倒償却についての処理が公正な会計慣行に照らして適法であったかどうかが争われた東京地判平成16・10・12 関連判例 （再生会社のグループ会社に対する貸付金について貸倒引当金等の計上の要否が問題になった事案）、東京地判平成17・5・19 関連判例 （銀行の関連ノンバンク等に対する貸出金についての貸倒償却・貸倒引当金計上の要否が問題になった事案）が指摘した事実と共通し、それらの裁判例の流れに沿うものである。なお、これらの判決の射程との関係で、問題とされた会計処理の時期がいずれも税効果会計の本格的導入の前であること、および当時の金融行政の状況等を考慮する必要があるとの指摘がある。

さらに理解を深める　平成18年度主判解（判タ1245号）156頁〔齋藤毅〕、江頭4版598頁、神田15版245頁　関連判例　東京地判平成16・10・12判時1886号132頁、東京地判平成17・5・19判タ1183号129頁

第2章　株式会社　(9)　監査役

130　弁護士である監査役の訴訟代理と兼任禁止

最高裁昭和61年2月18日第三小法廷判決
　事件名等：昭和60年（オ）第223号株券券種変更および真正株券交付請求事件
　掲載誌：民集40巻1号32頁、判時1185号151頁、判タ592号72頁、
　　　　　金判742号3頁、金法1124号45頁

概要　本判決は、弁護士である監査役が特定の訴訟事件について当該会社の訴訟代理人となることは、改正前商法276条（会社335条2項）に反しないとしたものである。

事実関係　X有限会社は、滞納処分手続における売却決定を受けてY株式会社の株式を取得したうえで、Y会社に対して100株券への株券券種変更を求めるとともに、取得した株式につき様式を整えた真正株券の発行を求めて訴えを提起した（❶）。第1審および控訴審ともに株券券種変更についてのX会社の請求のみを認容し、その余の請求を棄却したため、X会社はこれを不服として上告した（❷）。X会社は上告理由において、Y会社の訴訟代理人であるA弁護士はY会社の監査役であるが、監査役が本件のような株主・会社間の訴訟において訴訟代理人となるとすると、監査役と会社の使用人との兼任を禁じた改正前商法276条に違反し、また双方代理に当たるとして、かかる訴訟代理権の欠缺を看過した控訴審判決は違法であると主張した（❸）。

判決要旨　上告棄却。「原審の事実認定は、原判決挙示の証拠関係に照らして首肯するに足り、右事実関係のもとにおいて、X会社が、その所持する本件株券について、Y会社に対し所論の記載事項の訂正をした真正な株券の交付を請求する権利を有しないとした原審の判断は、正当として是認することができる。原判決に所論の違法はない。」
「Y会社の訴訟代理人であるA弁護士は、……Y会社の監査役に就任したことが認められる。しかし、監査役が会社又は子会社の取締役又は支配人その他の使用人を兼ねることを得ないとする商法276条の規定は、弁護士の資格を有する監査役が特定の訴訟事件につき会社から委任を受けてその訴訟代理人となることまでを禁止するものではないと解するのが相当である。……また、監査役は株主総会において選任され、監査役と会社との関係は委任に関する規定に従うものであり（商法280条1項、254条1項、3項）、かつ、監査役は会社、取締役間の訴訟につ

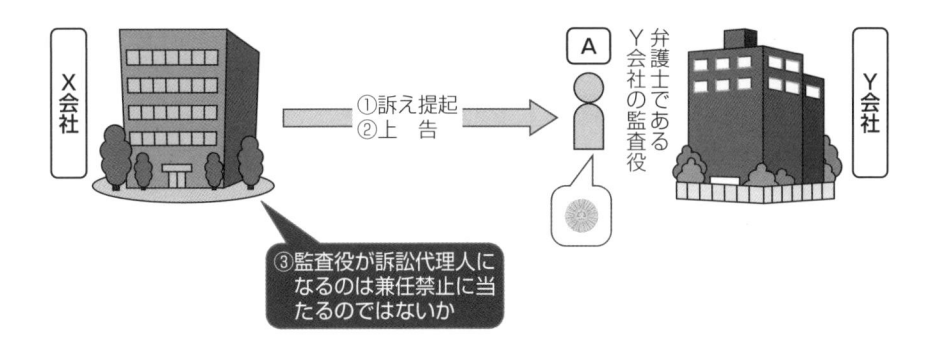

いて会社を代表することとされており（同法275条ノ4）、監査役が会社ひいては全株主の利益のためにその職務権限を行使すべきものであることは所論のとおりであるけれども、そのことから直ちに、一株主が会社に対して提起した特定の訴訟につき弁護士の資格を有する監査役が会社から委任を受けてその訴訟代理人となることが双方代理にあたるものとはいえない。」

本判決の位置づけ・射程範囲

監査役が、会社の取締役、使用人等を兼ねることは禁止される（改正前商276条、会社335条2項）。本判決は、弁護士である監査役が特定の訴訟事件について会社から委任を受けて訴訟代理人になることはこの兼任禁止規定に違反しない旨を判示するものである。ただし、判旨はその根拠を明らかにしていない。今日、本判決の結論に賛成する見解が多いが、その場合も、兼任禁止規定は監査役が会社の業務執行に属する特定の事項につき会社から委任を受けてこれを処理することまでも禁止するものではないことに主たる根拠を置くものと（大阪地判昭和33・1・21 関連判例 はこの立場を採る）、高度の専門性を有する独立した職業人としての判断と責任において受任事務を処理する弁護士の職務ないし地位の独自性に照らし、特定の訴訟代理の受任は監査役としての公正な職務執行を損なうものでない（兼任禁止の趣旨は、自らの業務執行を監査するという自己監査の防止と同時に、監査役の地位の独立性の確保にある）ということを強調するものとに分かれ、いずれの根拠を採るかによって、本判決の射程も異なることになろう。

なお、監査役が会社の顧問弁護士を兼ねることが禁止されるかについても議論があるが、本件に直接の関係がないので、本判決は態度を示していない（顧問契約の内容に依存する問題であると考えられる。なお、大阪高判昭和61・10・24 関連判例 、最判平成元・9・19 関連判例 参照）。

さらに理解を深める 会社法百選2版75事件〔大塚英明〕最判解民事篇昭和61年度12頁〔魚住庸夫〕、商判5版Ⅰ-110事件、弥永・重要判例3版199事件、判例講義2版108事件、江頭4版481頁、神田15版191頁、会社法コンメ(7)483頁〔山田純子〕
関連判例 大阪地判昭和33・1・21下民集9巻1号52頁、大阪高判昭和61・10・24金法1158号33頁、最判平成元・9・19判時1354号149頁

第2章　株式会社　⑽　計　算

131　「公正な会計慣行」の意味

最高裁平成20年7月18日第二小法廷判決
　事件名等：平成17年（あ）第1716号証券取引法違反、商法違反被告事件
　掲載誌：刑集62巻7号2101頁、判時2019号10頁、判タ1280号126頁、
　　　　　金判1306号37頁、金法1851号44頁

概要　本判決は、銀行の決算処理において、関連ノンバンク等に対する貸出金の資産査定が改正後の決算経理基準によらず、従来の基準（いわゆる税法基準）により行われた事案につき、当該貸出金の償却・引当てを行わずにした決算処理は「公正ナル会計慣行」に反する違法なものとはいえないとしたものである。

事実関係　株式会社Ｘ銀行の代表取締役Ａ・Ｂ・Ｃは、取立不能と見込まれた貸出金の償却・引当てをしないことにより、未処理損失を圧縮した虚偽の有価証券報告書を提出し、また、違法な利益配当を行ったとして、虚偽記載有価証券報告書提出および違法配当の罪に問われた。平成9年当時の「決算経理基準」（旧基準）によれば、銀行の貸付債権の償却・引当ては税法上の損金算入が認められる範囲内で行えば足りるとされ、関連ノンバンクに対して金融支援を継続する限り、貸出金の償却・引当ては不要というものであった。ところが同年3月以降一連の通達により、銀行は貸付債権について自己査定をし、必要に応じて償却・引当てを行うこととされ、債務者の業況等の客観的判断が求められるようになった。ところがＸ銀行は、そのような方向から逸脱した自己査定基準を設け、関連ノンバンク等に対する金融支援の意思の継続を根拠に、償却・引当てをほとんど行わなかった。このようなＸ銀行の対応について、原審は、同行の決算処理は、公正なる会計慣行に従ったものではないと判示した。

判決要旨　破棄自判、被告人無罪。「資産査定通達等によって補充される改正後の決算経理基準は、金融機関がその判断において的確な資産査定を行うべきことが強調されたこともあって、……大枠の指針を示す定性的なもので、その具体的適用は必ずしも明確となっておらず、……いわゆる母体行主義を背景として、一般取引先とは異なる会計処理が認められていた関連ノンバンク等に対する貸出金についての資産査定に関しては、具体性や定量性に乏しく、実際の資産査定が容易ではないと認められる上、資産査定通達等によって補充される改正後の決算経理基準が関連ノンバンク等に対する貸出金についてまで同基準に

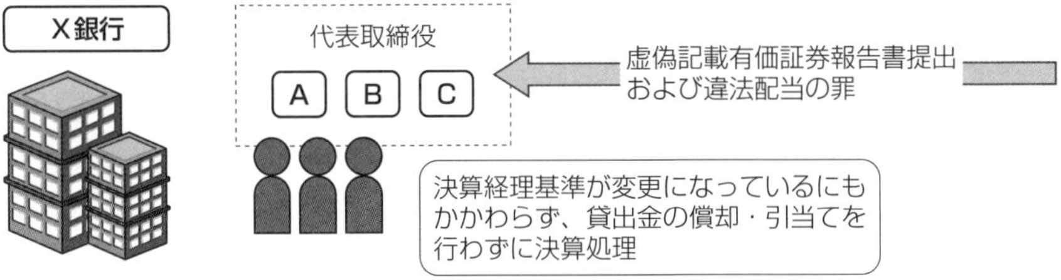

従った資産査定を厳格に求めるものであるか否か自体も明確ではなかったことが認められる。」「〔そのうえ〕本件当時、関連ノンバンク等に対する貸出金についての資産査定に関し、従来のいわゆる税法基準の考え方による処理を排除して厳格に前記改正後の決算経理基準に従うべきことも必ずしも明確であったとはいえず、過渡的な状況にあったといえ、そのような状況のもとでは、これまで『公正ナル会計慣行』として行われていた税法基準の考え方によって関連ノンバンク等に対する貸出金についての資産査定を行うことをもって、これが資産査定通達等の示す方向性から逸脱するものであったとしても、直ちに違法であったということはできない。」

本判決の位置づけ・射程範囲

本判決は、旧日本長期信用銀行の会計処理に関連した虚偽記載有価証券報告書提出罪、違法配当罪の事案の上告審判決である。不良債権についてどのような場合に取立不能見込額として償却・引当ての処理をすべきかは、本件当時の証券取引法上も商法上も、商法（平成11年法律125号による改正前のもの）285条ノ4によることになるが、同条は具体的基準を示していないため、改正前商法32条2項（会社431条・614条に引き継がれている）の「公正ナル会計慣行」に従うことになる。本件の控訴審判決（東京高判平成18・11・29 関連判例 ）は、平成10年3月当時、平成9年3月5日付けの大蔵省資産査定通達等の定める基準に従うことが「公正ナル会計慣行」になっており、これから大きく逸脱する会計処理によったことは違法であるとしたが、本判決は、新資産査定通達は基準としての具体性に乏しいことなどを理由に挙げて、従来「公正ナル会計慣行」として行われてきた税法基準の考え方によったことが違法とはいえず、新通達に基づく貸倒引当金計上の必要はなかったとした。

会社法の下では、「公正ナル会計慣行」は「一般に公正妥当と認められる会計慣行」とされ、「参酌」ではなく「従う」こととされているが（会社431条）、規定の実質は変わらず、その株式会社の会計包括規定について最高裁が正面から論じた判決として、重要な意義がある。

さらに理解を深める

会社法百選2版77事件〔片木晴彦〕商判5版Ⅰ-140事件、弥永・新判例33事件、判例講義2版127事件、江頭4版598頁、神田15版254頁、会社法コンメ⑽55頁〔尾崎安央〕 関連判例 東京高判平成18・11・29判タ1275号245頁

第2章　株式会社　⑽　計　算

132 帳簿閲覧請求の対象となる会計帳簿・資料の意義

横浜地裁平成3年4月19日判決
　事件名等：平成元年（ワ）第2281号文書等の閲覧等請求事件
　掲　載　誌：判時1397号114頁、判タ768号227頁、金判892号23頁

概　要　本判決は、改正前商法293条ノ6（会社433条1項参照）にいう会計の帳簿とは会計学上の仕訳帳、元帳および補助簿を意味し、会計の書類とは会計帳簿作成に当たり直接の資料となった書類、その他会計帳簿を実質的に補充する書類を意味するとしたものである。

事実関係　XはY株式会社の株主であるが、Y会社の会計処理を調査するため、右図記載の文書の閲覧請求をしたところ、Y会社はこれを拒んだため、Y会社に対し、本件文書を営業時間中に限り閲覧・謄写させることを求めて訴えを提起した。Y会社は、本件文書が改正前商法293条ノ6にいう「会計ノ帳簿及書類」に該当しないなどと主張して争った。

判決要旨　請求一部認容。「商法293条の6は少数株主の閲覧謄写請求権の対象を『会計ノ帳簿及書類』に限定しているところ、ここでいう『会計ノ帳簿』とは、商法32条及び企業会計原則に基づけば、通常会計学上の仕訳帳、元帳及び補助簿を意味し、『会計ノ書類』とは、会計帳簿作成に当たり直接の資料となった書類、その他会計帳簿を実質的に補充する書類を意味するものと解するのが相当である。なお、伝票については、これを仕訳帳に代用する場合には『会計ノ帳簿』と同視すべきであるが、それ以外の場合には、会計帳簿作成の資料となった書類として『会計ノ書類』に該当するものと解する。」
「これを本件について検討すると、本件文書中、〔③、⑥－2、⑨、⑩－1が〕……『会計ノ帳簿』に該当することは明らかである。」「また、本件文書中の⑦……について検討すると、本件全証拠によっても、Y会社が会計処理において伝票を仕訳帳に代用していることを認めることはできないから、本件においては、⑦は『会計ノ書類』に該当するというべきである。」「Y会社の会計処理方法は、(1) 原始伝票を作成してA〔Y会社代表取締役〕の決済を受けた後、一旦これをコンピューターに入力し、(2) 支払期日に買掛金等が最終的に確定した後、右確定金額をもとに修正を加えて仮決算を行い、(3) これに基づき総勘定元帳を作成するものである……右事実によれば、Y会社の会計処理において直接会計帳簿の資料となるのは原始伝票のみであって、それ以外の〔④、⑤、⑥－1、⑧、

① 決算報告書	⑦ 会計用伝票全部
② 法人税確定申告書及び明細表とその作成資料のすべて	⑧ 普通預金通帳のすべて
③ 総勘定元帳	⑨ 現金出納帳
④ 契約書綴り	⑩-1 売掛金に関する売上明細補助簿
⑤ 当座預金照会表	⑩-2 請求書控・納品書控・領収証控
⑥-1 手形帳・小切手帳の控え	⑪ 経費・固定資産に関する領収書・請求書全部
⑥-2 これらの元帳	⑫ その他右に関連する一切の資料

「⑩-2、⑪、⑫〕……の各書面はあくまで伝票作成のための資料に過ぎないことが推認され〔る。〕」「〔②〕は、会計の帳簿を材料として作成される書類であって、会計の帳簿作成の資料となる余地はない。」

「そうすると、本件文書中、その性格上、商法293条ノ6所定の『会計ノ帳簿及書類』に該当するものは、〔③、⑨、⑥-2、⑩-1及び⑦〕……のみであり、その余の文書はこれに該当しない。」

本判決の位置づけ・射程範囲

総株主の議決権の100分の3以上、または発行済株式の100分の3以上（いずれも、その割合の定款による引下げ可）を有する株主は、会計帳簿またはこれに関する資料の閲覧・謄写を請求することができる（会社433条1項）。この会計帳簿の閲覧権の範囲について非限定説と限定説の対立があるところ、本判決は、本件当時の改正前商法293条ノ6（「会計の帳簿及書類」と規定）の下で、限定説の立場に立つことを明らかにしたものである。非限定説は、会計の帳簿・書類につき、間接に会計に関するものも含め、経理の状況を示す一切の帳簿・書類と解する。これに対し限定説は、会計帳簿とは、計算書類およびその附属明細書の作成の基礎となる帳簿、すなわち会社計算規則59条3項にいう「会計帳簿」をいい、会計資料（書類）は、その会計帳簿の作成に当たって直接の材料となった書類を意味するとする。限定説は、その根拠を規定の文言および検査役による会社の業務・財産状況の調査との対象の振分け等に求めるものであり、東京地決平成元・6・22 関連判例 でも採られ、学説上も有力である。

本判決は、以上の一般論を踏まえ、契約書綴り等の書類や、法人税確定申告書について、前者は会計帳簿作成と直接関係ないとし、後者についても、会計の帳簿を材料として作成される書類であって、会計の帳簿作成の資料となる余地はないとして、対象とはならないとした。その結論に賛成するにしても、理由づけについて、会社の会計処理方法によって会計の資料になったりならなかったりする余地が生まれるという指摘がみられる。

さらに理解を深める　**会社法百選2版78事件〔豊岳信昭〕**商判5版Ⅰ-142事件、江頭4版649頁、神田15版255頁、会社法コンメ⑩126頁〔尾崎安央〕・137頁〔久保田光昭〕　関連判例　東京地決平成元・6・22判時1315号3頁

第2章　株式会社　(10)　計　算

133　帳簿閲覧請求の要件

最高裁平成16年7月1日第一小法廷判決
　事件名等：平成15年（受）第1104号会計帳簿閲覧謄写、株主総会議事録等
　　　　　　閲覧謄写、社員総会議事録等閲覧謄写請求事件
　掲載誌：民集58巻5号1214頁、判時1870号128頁、判タ1162号129頁、
　　　　　金判1204号11頁

概　要　本判決は、株主が改正前商法293条ノ6（会社433条1項）の規定に基づく会計帳簿等の閲覧の請求を行う際の請求の理由は、具体的に記載されなければならないが、株主がその記載された請求の理由を基礎づける事実が客観的に存在することを立証する必要はない等としたものである。

事実関係　Y₁会社は有限会社であり、Y₂〜Y₆会社は定款により株式の譲渡につき取締役会の承認を要する旨を定める株式会社であった。Y₁〜Y₆会社は化粧品を主力商品とするY企業グループに属していた（❶）。Xは、亡夫AよりY₁会社の持分およびY₂〜Y₆会社の株式を、他の相続人3名とともに相続し、Y₁〜Y₆社に対して権利行使者としてXが選任された旨を通知する（❷）とともに、会社帳簿等の閲覧謄写を請求し、それが必要な理由として右図の〔理由(2)〕を含む4つの理由を挙げた（❸❹）が、第1審・控訴審ともに本件閲覧謄写請求は、改正前商法293条ノ7第1号前段（会社493条2項1号）の拒絶事由に該当するとしてXの請求を棄却した。Xより上告。

判決要旨　破棄差戻し。「商法及び有限会社法は、株主又は社員が会社に対し会計帳簿等の閲覧謄写を請求するための要件として、株式会社については総株主の議決権の100分の3以上、有限会社については総社員の議決権の10分の1以上を有することのほか、理由を付した書面をもって請求をすることを要求している（商法293条ノ6第1項、第2項、有限会社法44条ノ2第1項、46条本文）。そして、上記の請求の理由は、具体的に記載されなければならないが、上記の請求をするための要件として、その記載された請求の理由を基礎付ける事実が客観的に存在することについての立証を要すると解すべき法的根拠はない。」「株式の譲渡につき定款で制限を設けている株式会社又は有限会社において、その有する株式又は持分を他に譲渡しようとする株主又は社員が、上記の手続に適切に対処するため、上記株式等の適正な価格を算定する目的でした会計帳簿等の

第2章　株式会社　計算　267

```
[X] →②権利行使者として選任された旨を通知
     ④会社帳簿等の閲覧請求
                                    →  [Y₁]      ①Y企業グループ
     ③〔理由(2)〕株式等の時価算定の必要
        Xは、遺産分割協議及び相続税支払          [Y₂〜Y₆]
        のための売却に備え、相続により取得
        した本件株式等の時価を適正に算定す
        るために本件閲覧謄写が必要である。
```

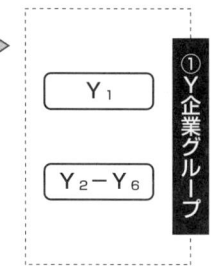

閲覧謄写請求は、特段の事情が存しない限り、株主等の権利の確保又は行使に関して調査をするために行われたものであって、第1号所定の拒絶事由に該当しないものと解するのが相当である。……そうすると、上記特段の事情の存することがうかがえない本件においては、Xが、前記の理由(2)において、相続により取得した本件株式等の売却に備え、その適正な価格を算定するために必要であるとして行った本件会計帳簿等の閲覧謄写請求は、第1号所定の拒絶事由に該当しないものというべきである。」

本判決の位置づけ・射程範囲

　株主の会計帳簿の閲覧等の請求権の行使においては、当該請求の理由を明らかにしてしなければならない（本件当時の改正前商293条ノ6、会社433条1項）。学説上、その請求の理由は具体的に記載することを要すると解されていたが、本判決は、最高裁として初めてその解釈を正面から肯定するとともに、併せて、その記載された請求の理由を基礎付ける事実が存在することを立証する必要はないことも明確にしたものである。また、理由の具体性を肯定した判決も存在していなかったが、本判決は、本件での申立理由の具体性を肯定している。記載の具体性の要求は、会社が閲覧に応ずる義務の存否および閲覧させるべき帳簿等の範囲を判断できるようにし、さらに株主等による探索的・証拠漁り的な閲覧等を防止し、株主等の権利と会社の経営の保護との調和を図るためであるところ、本判決は今後の実務の参考になると思われる。

　その他、本判決は、株式の譲渡制限のある株式会社における株式の売却のための時価算定目的の閲覧謄写請求は、特段の事情が存しない限り、改正前商法293条ノ7第1号（会社433条2項）所定の拒絶事由に当たらない旨判示しているが（指定買取人との間で株式売買価格を協議する等の手続に対処する必要性に留意）、この点も最高裁としての初めての判断である。

| さらに理解を深める | 会社法百選2版79事件〔西山芳喜〕最判解民事篇平成16年度（下）389頁〔松並重雄〕、商判5版Ⅰ-141事件、判例講義2版128事件、江頭4版650頁、神田15版254頁、会社法コンメ⑽139頁〔久保田光昭〕

第2章　株式会社　⑽　計　算

134　帳簿閲覧請求と拒絶事由

東京地裁平成19年9月20日判決
　事件名等：平成19年（ワ）第17249号会計帳簿等の閲覧・謄写請求事件
　掲　載　誌：判時1985号140頁、判タ1253号99頁、金判1276号28頁

概　要　本判決は、株主がその完全親会社と一体的に事業を営んでいると評価できる場合には、相手方会社は、会社法433条2項3号を理由として会計帳簿等の閲覧・謄写請求を拒むことができ、また、同号所定の「競争関係」とは現に競争関係にある場合のほか近い将来において競争関係に立つ蓋然性が高い場合も含むとしたものである。

事実関係　X会社はR会社の完全子会社であり、Y株式会社の株主である（❶）。X会社はY会社に対し監督是正権を行使または検討し、Y会社の株主総会で株主権を行使するため、会社法433条1項に基づき、Y会社が有する投資有価証券の明細を記載等した帳簿の閲覧・謄写を求めて訴えを提起した（❷）。これに対しY会社は、X会社のする閲覧・謄写請求は同条2項1号ないし3号所定の拒絶事由に該当するなどとして、これを争った（❸）。

判決要旨　請求棄却。「会社法433条2項3号所定の『請求者が当該株式会社の業務と実質的に競争関係にある事業』を営む場合とは、単に請求者の事業と相手方会社の業務とが競争関係にある場合に限るものではなく、請求者（完全子会社）がその親会社と一体的に事業を営んでいると評価することができるような場合には、当該事業が相手方会社の業務と競争関係にあるときも含むものと解するのが相当である。……また、会社法433条2項3号の趣旨が上記のとおりであることからすれば、近い将来において競争関係に立つ蓋然性が高い者からの請求も相手方会社に甚大な被害を生じさせるおそれがある点では、現に競争関係にある者からの請求と実質的に変わるところはない。そうだとすると、会社法433条2項3号所定の『競争関係』とは、現に競争関係にある場合のほか、近い将来において競争関係に立つ蓋然性が高い場合をも含むものと解するのが相当である。」

「X会社とR会社は一体的に事業を営んでいると評価することができ、会社法433条2項3号の実質的な競争関係の有無を判断するに当たっては、R会社の事業内容をも併せて考慮すべきである。……Y会社の営む事業とX会社らの営む事業は、

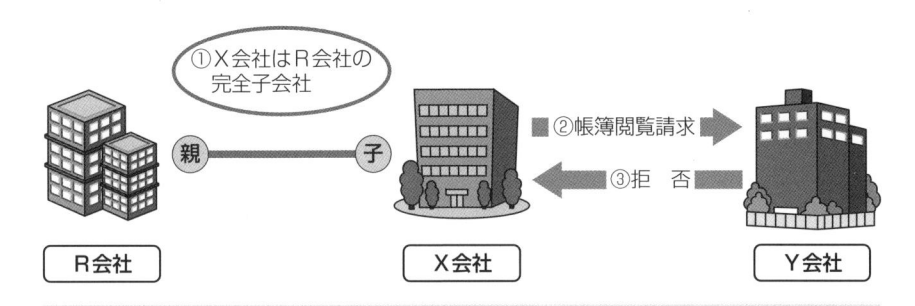

①X会社はR会社の完全子会社
親 — 子
②帳簿閲覧請求
③拒否
R会社　　X会社　　Y会社

　基本事業であるインターネットと放送の点において、現に競争関係にあり、かつ、両者とも『インターネットと放送の融合』を指向しているのであるから近い将来においてその競争関係はますます厳しくなる蓋然性が高いものと認めるのが相当であ〔る〕。……以上によれば、R会社を完全親会社とするX会社とY会社は、『実質的に競争関係にある』ということができ、Y会社は、会社法433条2項3号所定の拒絶事由により、本件書類の閲覧等請求を拒絶することができると解するのが相当である。」

本判決の位置づけ・射程範囲

　株主の会計帳簿の閲覧等の請求があった場合でも、一定の拒絶事由に該当するときには、会社はこれを拒絶することが認められる（会社433条2項）。本判決は、同項3号所定の拒否事由の解釈を明らかにしたものとして意義がある。まず、同号の拒絶事由は、その趣旨から、単に請求者の事業と相手方会社の事業とが競争関係にある場合に限るものではなく、請求者（完全子会社）がその親会社と一体的に事業を営んでいると評価することができるような場合にあっては、当該事業が相手方会社の業務と競争関係にあるときも含むものと解するのが相当であるとされている。請求者と親会社の関係を考慮するものであり、会社法433条2項3号の前身である改正前商法293条ノ7第2号には「会社ト競業ヲ為ス者ノ為其ノ会社ノ株式ヲ有スル者」の文言が含まれていたところ、本判決も指摘するように、それは競業者の計算において株式を有する者をいい、親会社が競業者である場合の完全子会社を含むと解されていた（東京高決平成19・6・27 関連判例 ）。本判決は、会社法制定の経緯から、これらを踏まえることを妥当とするものである。

　また、本判決は、会社法433条2項3号所定の「競争関係」につき、現に競争関係にある場合のほか、近い将来において競争関係に立つ蓋然性が高い場合をも含むと解している。この点も、会社法制定前における解釈を踏襲するものといえる（東京地決平成6・3・4 関連判例 ）。

さらに理解を深める　平成19年度重判（ジュリ1354号）商法3事件〔上田純子〕商判5版Ⅰ-143事件、判例講義2版130事件、弥永真生・ジュリ1357号(2008) 164頁、神田15版255頁、会社法コンメ⑽143頁〔久保田光昭〕　関連判例　東京高決平成19・6・27金判1270号52頁、東京地決平成6・3・4金判942号17頁

第2章 株式会社　⑽ 計　算

135 親会社株主による帳簿閲覧請求と拒絶事由

最高裁平成21年1月15日第一小法廷決定
　事件名等：平成20年（許）第44号親会社の株主の子会社の会社帳簿等閲覧
　　　　　許可決定等に対する抗告審の変更決定等に対する許可抗告事件
　掲載誌：民集63巻1号1頁、判時2031号159頁、判タ1288号61頁、
　　　　　金判1314号40頁

概要　本決定は、子会社会計帳簿の閲覧許可申請に関して、閲覧拒絶事由があるというためには、当該株主が当該会社と競業をなす者であるなどの客観的事実が認められれば足り、主観的意図は不要であるとしたものである。

事実関係　XはCの母親であり、両者はともに、野菜を中心に青果仲買業を営むA株式会社の株主であった。またCは、果実類を中心に青果仲卸業を営むB株式会社の株主でもあった（Xは同社の株主ではない）。XおよびCは、A会社の完全子会社であるY株式会社に対し、会計帳簿等の閲覧・謄写を求めて許可申請をしたところ、原々決定は当該申請を却下し、Cについてはこれが確定した。これに対し原決定は、その一体性からCの拒絶事由はXの拒絶事由であると認められるものの、株主が閲覧謄写によって知り得た事実を自己の競業に利用しようとするなどの主観的な意図がないことを立証した場合は、同号の拒絶事由に当たらないとして、Xの申請の一部を容れた。Y会社より許可抗告。

決定要旨　抗告棄却。「〔商法293条の7第2号は、〕文言上、会計帳簿等の閲覧謄写によって知り得る事実を自己の競業に利用するためというような主観的意図の存在を要件としていない。そして、一般に、上記のような主観的意図の立証は困難であること、株主が閲覧謄写請求をした時点において上記のような意図を有していなかったとしても、同条2号の規定が前提とする競業関係が存在する以上、閲覧謄写によって得られた情報が将来において競業に利用される危険性は否定できないことなども勘案すれば、同号は、会社の会計帳簿等の閲覧謄写を請求する株主が当該会社と競業をなす者であるなどの客観的事実が認められれば、会社は当該株主の具体的な意図を問わず一律にその閲覧謄写請求を拒絶できるとすることにより、会社に損害が及ぶ抽象的な危険を未然に防止しようとする趣旨の規定と解される。
　したがって、会社の会計帳簿等の閲覧謄写請求をした株主につき同号に規定する拒絶事由があるというためには、当該株主が当該会社と競業をなす者であるな

どの客観的事実が認められれば足り、当該株主に会計帳簿等の閲覧謄写によって知り得る情報を自己の競業に利用するなどの主観的意図があることを要しないと解するのが相当であり、同号に掲げる事由を不許可事由として規定する同法293条ノ8第2項についても、上記と同様に解すべきである。」

「〔商法293条ノ7第2号〕に掲げる客観的事実の有無に関しては、X及びCの各許可申請につき各別にこれを判断すべきであって、XとCが親子であり同一の手続で本件会計帳簿等の閲覧謄写許可申請をしたということのみをもって、一方につき同号に掲げる不許可事由があれば当然に他方についても同一の不許可事由があるということはできない。そして、……XはB社の株主ではなく、B社の役員であるなどの事情もうかがわれないから、B社がY会社と競業をなす会社に当たるか否かを判断するまでもなく、Xについては同号に掲げる事由がないというべきである。……本件許可申請の一部につきこれを許可した原審の判断は、結論において是認することができる。」

本決定の位置づけ・射程範囲

本決定は、子会社会計帳簿の閲覧許可申請に関して、会社法433条2項3号の前身である改正前商法293条ノ7第2号（および同号に掲げる事由を不許可事由として規定する同法293条ノ8第2項）の閲覧拒絶事由があるというためには、当該株主が当該会社と競業をなす者であるなどの客観的事実が認められれば足り、当該株主に会計帳簿等の閲覧謄写によって知り得る情報を自己の競業に利用するなどの主観的意図があることは不要であることを明らかにした初めての最高裁決定である。本件の原審は、株主が競業をなす者に該当する場合であっても、株主が主観的意図の不存在を立証すれば株主は帳簿閲覧請求権を行使できるとする主観的意図推定説の立場を採るが、下級審判例の多くは主観的要件不要説を採り（東京地決平成6・3・4 関連判例）、名古屋高決平成8・2・7 関連判例 等）、学説でも主観的要件不要説が多数説であった。規定の文言その他本決定が示す理由にもかかわらず、主観的意図推定説が唱えられるのは、個別事案の特性に応じた合理的解決を可能にする理由からであり、その立場は本決定以降も有力といえるが、会社法433条2項3号においては、「会社ト競業ヲ為ス者ノ為其ノ会社ノ株式ヲ有スル者」（改正前商293条ノ7第2号参照）の文言がなく、閲覧を請求する株主が競業会社の株式を少数でも保有しているために閲覧を拒絶される等の不合理な事態が生じる可能性は少なくなり、主観的意図推定説の考え方を加える必要性が薄れているとの指摘もみられる。

さらに理解を深める
会社法百選2版80事件〔上田純子〕　平成21年度重判（ジュリ1398号）商法4事件〔木俣由美〕増森珠美「時の判例」ジュリ1410号（2010）105頁、商判5版Ⅰ-144事件、弥永・新判例35事件、江頭4版652頁、神田15版255頁、会社法コンメ⑽143頁〔久保田光昭〕　関連判例　東京地決平成6・3・4判時1495号139頁、名古屋高決平成8・2・7判タ938号221頁

第2章　株式会社　⑽　計　算

136　係争中の債権者と「知れている債権者」

大審院昭和7年4月30日第三民事部判決
　事件名等：昭和6年（オ）第1523号資本減少対抗不能確認請求事件
　掲載誌：民集11巻706頁

概　要　本判決は、株式会社に準用される商法旧78条・80条（会社449条1項・2項）にいわゆる「知レタル債権者」とは、債権者の何人たるやまたその債権がいかなる原因に基づく請求権であるかの大体が会社に知れている場合の債権者をいい、会社との間に訴訟上係争中の債権者のごときは包含しないとはいえないとしたものである。

事実関係　X会社はY株式会社に対して確定判決により瑕疵担保責任に基づく債権を有していた（❶）が、Y会社は当該債権に関する訴訟係属中に資本減少の決議をなし、その旨の登記を経た（❷）。ところがY会社は、X会社に対して減資に関する通知をしなかった（❸）ため、X会社は当時の商法の規定（会社449条参照）に基づき、X会社に減資を対抗できないことの確認を求めて訴えを提起した（❹）。これに対してY会社は、催告の対象となる債権には係争中の債権は含まれないとして、X会社の主張を争った（❺）。第1審はX会社の請求を認容したが、原審はX会社の請求を棄却したため、X会社より上告。

判決要旨　破棄差戻し。「知れたる債権者とは、債権者の何人たるや、又、其の債権は、如何なる原因に基く、如何なる請求権なりやの大体が、会社に知れ居れる場合の債権者を謂へるものにして、而して其の会社に知れ居れりや否は、個々の場合に於て、諸般の事情を審査したる上決すべき事実問題に属するものとす。然れば、縦令会社が、他人より起されたる請求訴訟に於て、其の主張する債権の存在を争へりとて、必しも会社敗訴の判決確定するに至る迄の間は、其の債権者を以て、所謂知れたる債権者に該当せざるものと為すことを要するものに非ずして、尚ほ未だ訴訟の繋属中と雖、事件の経過、既に表はれたる訴訟資料、其の他種々の事情を調査したる上、其の債権者を以て、所謂知れたる債権者に該当するものと認定することを妨げざるものとす。蓋し、会社が、訴訟に於て、債権者の債権を争うは、其の不存在を確信せるに因ることもあり得べしと雖も、又、之と同時に、債権者の債権は、大体之を知れるも、其の精確なる範囲数額は、裁判所の判定を待つに非ざれば、知り得ずとし、之を争へることもあり

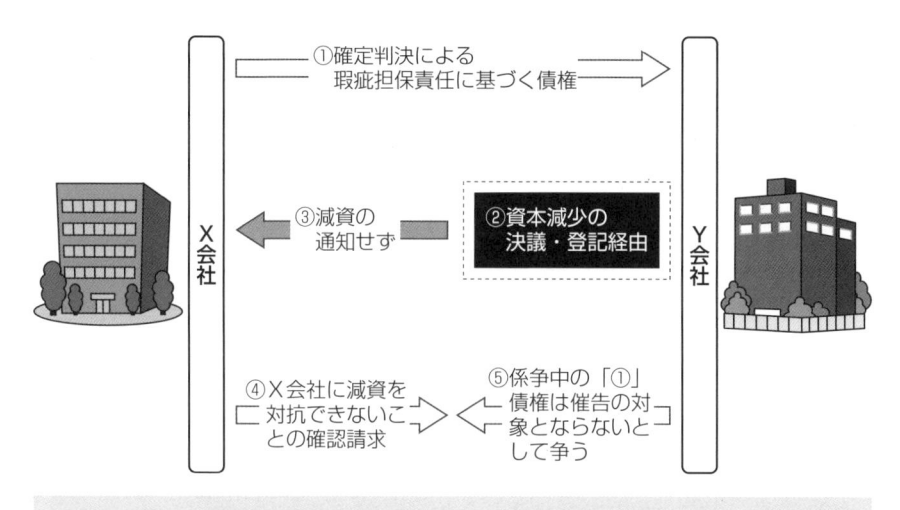

第 2 章　株式会社　計算　273

①確定判決による
　瑕疵担保責任に基づく債権 →

X会社 ← ③減資の通知せず　②資本減少の決議・登記経由　Y会社

④X会社に減資を対抗できないことの確認請求　⑤係争中の「①」債権は催告の対象とならないとして争う

得べく、又、債権者の請求の正当なることは、十分に之を知悉せるも、弁済資金の決定、其の他の事情ありて、争ふこともあり得べきことにして、一概に云ふことを得ざればなり。」

本判決の位置づけ・射程範囲

本判決は、資本金減少に伴う債権者保護手続との関係で、個別催告の対象となる「知れている債権者」の意義につき、債権者が誰であるか、その債権がいかなる原因に基づくいかなる債権なのかの大体を会社が知っている場合の債権者をいうとし、さらに、そのような者であれば、会社がその債権の存在を訴訟で争っているからといって、その者が知れている債権者でないとは必ずしもいえないとした点で意義を有する。それは、会社が債権の不存在を当時の状況に照らし合理的に確信している場合には、後に会社が敗訴し債権が確定しても、知れている債権者に該当しないこともあり得ることを認めるものでもある。

ところで、判決当時と異なり、会社の基礎の変更（減資を含む）の場合の債権者保護手続において債権者への各別の催告をする義務は緩和されてきており、会社法では、官報の公告に加え、日刊新聞紙への公告または電子公告をするときには、会社分割における分割会社の不法行為債権者を除いて、各別の催告を要しない（会社449条3項・789条3項かっこ書・810条3項かっこ書）。なお、会社法449条5項ただし書は、資本金額の減少によってその債権者を害するおそれがないときは、異議を述べた債権者に対しても弁済等を要しないとしているが、そのような場合であっても、上記の公告による便法によりなす場合を除き、催告の省略を認めていない。

さらに理解を深める　**会社法百選2版81事件〔青木浩子〕**商判5版Ⅰ-148事件、弥永・重要判例3版213事件、判例講義2版145事件、江頭4版639頁、神田15版340頁、会社法コンメ(11)90頁〔伊藤壽英〕

第2章　株式会社　⑾　社　債

137 社債権者の単独償還請求

大審院昭和3年11月28日第三民事部判決
　事件名等：昭和3年（オ）第695号社債金請求証書訴訟事件
　掲　載　誌：民集7巻1008頁

概　要　本判決は、担保付社債権者は、社債権の行使につき制限を受けていないので、担保付社債の発行会社に対して単独で社債の償還請求をすることができるとしたものである。

事実関係　Y株式会社（委託者）は、A銀行（受託者）との間で契約した信託証書に基づき、総額200万円の物上担保付社債を発行した（❶）。この社債券の所持人であるXらは、最終償還日が到来しても支払いがないため、Y会社に対して償還請求の訴えを提起した（❷）。これに対してY会社は、担保付社債権者は受託会社によらずに格別に社債権を行使することはできないとして争った（❸）。第1審、控訴審ともにXの請求を認容したためY会社より上告。

判決要旨　上告棄却。「按ずるに、担保附社債信託法の規定は、信託契約に基く物上担保権の保存実行に依り社債の募集償還を容易且確実ならしむることを主眼とし、同法中社債の実体に関する規定を欠くを以て社債権自体は原則として民法商法の規定の適用を受くべきものにして、担保附社債権者と雖担保に関する事項を除きては、債権者として其の権利を行使するに付制限を受くるものに非ず。従て、債務者たる委託会社に対し債権者として単独に社債の償還を請求し得べきものとす。担保附社債券は委託会社と受託会社との間に成立したる信託契約に基きて発行せられ、之を取得したる社債権者は、総て右信託契約の受益者なること疑なく、受託会社は総社債権者の為に担保権を保存し且実行し、総社債権者をして担保の利益を享受せしむる義務を負ひ、総社債権者は、共同するに非ざれば、受託会社をして担保権の保存実行を為さしむる権利を有せざること担保附社債信託法の規定に徴し明白なるも、是れ担保に関するものなり社債権者か敢て担保権実行を為すに非ずして単に弁済を求むるに当りては、単独に其の権利を行使するの妨となるものに非ず。又、受託会社は、信託契約上特別の委任に依り社債の募集に関する一切の手続を為したる場合には、自ら社債の償還及利息の支払に関する一切の行為を為し得べく（担保附社債信託法第23条）、信託契約に禁止せる限りは総社債権者に代はりて債権を取立つることを得べく（同法第

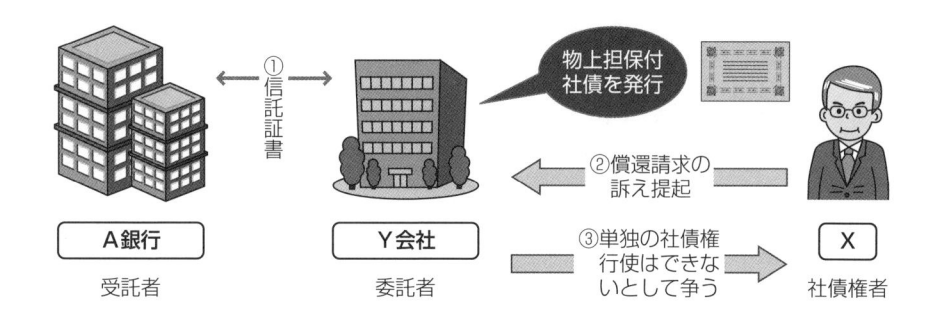

84条)、社債権者集会の決議を経て訴訟行為又は破産手続に属する行為並総社債に付支払を猶予し、不履行に因りて生したる責任を免除し又は和解を為し得べし（同法第86条第85条）と雖、此等の規定は受託会社か信託契約上の受信〔託〕者たる地位に附随して便宜上委託会社若は社債権者に代りて受託会社の為し得べき権能を定めたるものにして之を以て社債権者各自か固有の権利を行使するに付共同することを必要とし、訴訟行為に出つることを禁止したる趣旨と解すべきに非ざれば論旨は理由なし」。

本判決の位置づけ・射程範囲

本件は、社債権者の単独償還請求の可否の問題につき、初めて最上級審が答えたものであり、担保付社債において、受託会社には社債権者のために社債の償還請求をする法定権限があるが、担保付社債権者は、社債権の行使につき制限を受けていないので、担保付社債の発行会社に対して単独で社債の償還請求をすることができるとしている。上告論旨が、制限をもたらす可能性のある事項として担保付社債信託法の規定を自己に有利に援用したのに対し判旨はそれを斥けたが、これに異論はほとんどない（総社債権者のために受託会社の取得するものは担保権のみであること、受託会社に与えられている権限は、受託会社たる地位に付随して、便宜上社債権者に代わってなし得る権限を認めるものであり、それらの規定を各社債権者の単独償還請求の権利を奪う特則とみることはできない旨述べられる）。そして本判決は、無担保社債との関係でも意義を有すると考えられ、社債管理者が存在しても（会社705条1項参照）、各社債権者が発行会社に対し元利金の支払請求をすることを妨げられない。ただし、受託会社または社債管理者が総社債権者のために元利金支払請求の訴えを提起したときは、各社債権者が別個に訴えを提起することはできないと解されている（訴えの利益を欠くことがその理由）。

さらに理解を深める

会社法百選2版86事件〔今井克典〕 商判5版Ⅰ−151事件、弥永・重要判例3版212事件、判例講義2版133事件、江頭4版661頁、神田15版302頁、会社法コンメ⑯143頁〔藤田友敬〕

第2章　株式会社　⑾　社債

138　社債を受働債権とする相殺

最高裁平成15年2月21日第二小法廷判決
　事件名等：平成14年（受）第336号損害賠償請求事件
　掲載誌：金判1165号13頁、金法1678号61頁

【概要】本判決は、受働債権が金融債の償還請求権である相殺を認めても、大量性・集団性・公衆性という社債の性質に反することにはならず、その相殺ができないとする理由はないとしたものである。

【事実関係】Y銀行は、A証券会社との間で銀行取引約定を締結した（❶）。その後Y銀行は金融債を発行し、A会社はこれを購入してきた（❷）が、A会社が会社更生手続開始申立てをした（❸）ため、上記銀行取引約定上の期限の利益喪失条項および相殺条項に基づき、Y銀行は、A会社に対する貸金債権等の一部と上記金融債の償還元金等を対当額で相殺する旨の意思表示をした（❹）。A会社は後に破産手続に移行し、裁判所により選任された破産管財人X（❺）は、Y銀行に対し、同行が無効な上記相殺をすることによって、金融債の換価を事実上不可能としたことが違法であるとして不法行為に基づく損害賠償を求めて訴えを提起した（❻）。第1審はXの請求を棄却したが、Xが元利金の償還請求権を主位的請求として追加し、上記損害賠償請求を予備的請求と変更して臨んだ控訴審は、Xの主位的請求を認容した。Y銀行より上告。

【判決要旨】破棄自判。「〔原審の判断〕理由は、要するに、……社債の一種である金融債の償還請求権を受働債権とする相殺の意思表示は、償還期限の到来の前後にかかわらず、許されないというにある。そして、原審は、本件約定の中に、社債の償還請求権を受働債権として発行会社が相殺をすることができる旨の定めがあるとすれば、その約定は公序に反し、無効であり、本件相殺の効力は認められないとする。……しかしながら、原審の上記判断は是認することができない。その理由は、次のとおりである。」
「相殺の受働債権が金融債の償還請求権であることをもって、相殺ができないとする理由はないというべきである……。受働債権が金融債の償還請求権である場合に、相殺が許されない根拠として、原審の判示する理由は、いずれも相殺を否定すべき根拠となり得るものとはいえない。そうだとすると、Y銀行発行の金融債の償還請求権を受働債権として相殺ができる旨の本件約定の中の定めが公序に

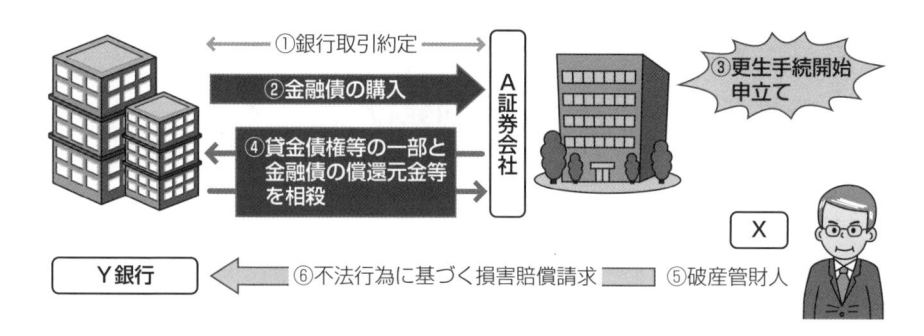

反して無効であるということはできず、他に本件相殺を無効とすべき事情もうかがわれない。したがって、本件相殺は有効というべきであり、論旨は理由がある。
　以上のとおり、Xの主位的請求を認容した原審の判断には、判決に影響を及ぼすことが明らかな法令の違反がある。また、本件相殺が違法な行為であるということはできないから、Xの予備的請求は理由がなく、これを棄却した第1審判決は正当である。」

本判決の位置づけ・射程範囲

　本判決は、社債（金融債）の償還請求権を受働債権とする相殺の可否という問題を最高裁が初めて正面から扱い、これを肯定したものである。本件の原審判決（東京高判平成13・12・11 [関連判例]）では、相殺を認めると、社債の譲受人が相殺の対抗を受ける可能性が出てくることになり、社債に市場性が失われることなど、社債の本来的性質から考察を展開し、相殺を否定する結論を導いていた（民505条1項ただし書参照）。この原審判決言渡し直後に、最判平成13・12・18 [関連判例] は、長期信用銀行が、貸付債権を自働債権とし、貸付先の保有する自行発行の金融債を受働債権として相殺するには当該金融債券の占有を要しない旨判示した。この判決は、本判決での問題を直接の争点とするものではないが、金融債を受働債権とする相殺が肯定されることを前提にしているといえ、本判決はこの判決を引用し、それが本件原審判決の判断を否定する趣旨を含むものであったことをはっきりさせた（なお、本件は平成13年判決の事案と異なり、登録債についてのものであり、また償還期限未到来のものである）。

　本件では、長期信用銀行法などの特別法に基づき金融機関が長期の資金調達のために発行する金融債が相殺の対象となっているが、原審が社債一般の性質に照らした理由を述べ、それに対して最高裁がその論旨を否定していることからすると、本判決の射程は、広く社債一般に及ぶ趣旨と捉えることができるものと考えられる。

さらに理解を深める　商判5版Ⅰ-149事件、野田博・金判1170号（2003）63頁、神田15版295頁、会社法コンメ⑯26頁〔今井克典〕 [関連判例] 東京高判平成13・12・11金判1132号3頁、最判平成13・12・18民集204号157頁

第2章　株式会社　⑾　社　債

139 新株予約権付社債の有利発行

東京地裁平成19年11月12日決定
　　事件名等：平成19年（ヨ）第20137号新株予約権付社債発行差止仮処分命令
　　　　　　　申立事件
　　掲載誌：金判1281号52頁

概　要　本決定は、新株予約権付社債の発行について、特に有利な条件による発行に該当すると認められず、差止めの仮処分が認められなかったものである。

事実関係　Y株式会社は、M＆Aの実行に必要な資金調達のために新株予約権付社債を発行することとした（❶）。当該新株予約権付社債の発行に事項として、募集新株予約権と引換えに金銭の払込みを要しないこととされていた（❷）。自己名義および他人名義でY会社の株式を保有するトラストを運営するX会社は、当該新株予約権付社債の発行は特に有利な条件による発行であるとし、それにもかかわらず株主総会の特別決議を経ていないという法令違反があること、不公正発行であることを理由として、新株予約権付社債の発行差止仮処分の申立てをした（❸）。

決定要旨　申立却下。「新株予約権付社債を発行する場合において、当該新株予約権付社債に付された募集新株予約権（以下「当該新株予約権」という。）と引換えに金銭の払込みを要しないこととする場合には、当該新株予約権の実質的な対価は、特段の事情のない限り、当該新株予約権付社債について定められた利率とその会社が普通社債を発行する場合に必要とされる利率との差に相当する経済的価値であるということができる。また、当該新株予約権の公正な価値は、現在の株価、権利行使価額、行使期間、金利、株価変動率等の要素をもとにオプション評価理論に基づき算出された新株予約権の発行時点における価額であると解される。……その上で、こうして算出された当該新株予約権の実質的な対価と当該新株予約権の公正な価値とを比較し、当該新株予約権の実質的な対価が公正な価値を大きく下回るときは、当該新株予約権付社債の発行は、会社法238条3項1号にいう『特に有利な条件』による発行（有利発行）に該当すると解すべきである。」
「本件新株予約権付社債の利率は1％であるところ、Y会社がこれと同じ5年満期で総額650億円の普通社債を発行する場合に想定される利率は1.787％とすると、

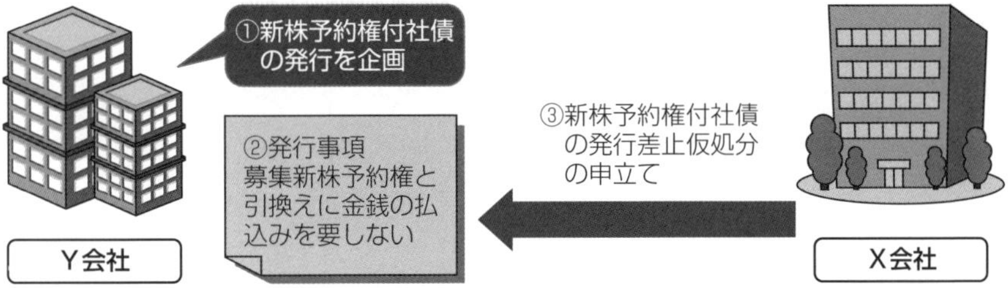

額面金額1億円の本件社債に付される本件新株予約権についての実質的な対価は、393万5000円であり（(1.787%－1%)×1億円×5年間）、これを1.787%の割引率で発行時点での現在価値に割り戻すと373万円となることが一応認められる。」
「以上によれば、額面金額1億円の本件社債に付された本件新株予約権の実質的な対価は373万円となることが一応認められるところ……、当該本件新株予約権の公正な価値がY会社の主張する価額（198万円）を上回ることについての疎明はなく……、本件新株予約権の実質的な対価がその公正な価値を大きく下回るものとはいえないから、本件新株予約権付社債の発行が有利発行に該当するということはできない。」

本決定の位置づけ・射程範囲

新株予約権付社債の有利発行の場合には、株主総会でそれが必要な理由を説明したうえ、その特別決議によって定めることが必要であるところ（会社238条3項・239条1項・240条1項・309条2項6号）、本決定は、その有利発行の判断基準に関して、新株予約権付社債に付された募集新株予約権と引換えに金銭の払込みを要しないこととする場合には、募集新株予約権部分の実質的な対価は、当該新株予約権付社債について定められた利率と、その会社が普通社債を発行する場合に必要とされる利率との差に相当する経済的価値であることを明らかにしている。また、新株予約権の公正な価値について、現在の株価、行使価額、行使期間、金利、株価変動率等の要素をもとにオプション評価理論に基づき算出された新株予約権の発行時点における価額であるとする（先例として、東京地決平成18・6・30 関連判例 、札幌地決平成18・12・13 関連判例 ）。そして、上記のように算出された実質的な対価と新株予約権の理論値とを比較して、有利発行該当性を判断すべき旨判示するものであり、これまで裁判例のなかった新株予約権付社債の発行について有利発行に該当するか否かの点を判断した先例として、参考になるものである。

さらに理解を深める 商判5版Ⅰ－152事件、江頭4版730頁、神田15版310頁、会社法コンメ(6)101頁・104頁〔洲崎博史〕 関連判例 東京地決平成18・6・30判タ1220号110頁、札幌地決平成18・12・13金判1259号14頁

第2章　株式会社　(12)　基礎的変更

140　事業譲渡の意義

最高裁昭和40年9月22日大法廷判決
　事件名等：昭和36年（オ）第1378号建物並びに土地明渡所有権確認、同移転登記手続、同反訴請求上告事件
　掲載誌：民集19巻6号1600頁、判時421号20頁、判タ183号104頁、金法425号6頁

概要　本判決は、改正前商法245条1項にいう「営業の譲渡」は商法総則にいう「営業の譲渡」と同義であるとしたものである。

事実関係　X株式会社は、製材加工事業およびその製品の販売等を事業目的とし、土地、建物、器具類一式（本件物件）から構成される木曽工場を基盤として営業を行ってきたが、休業のやむなきに至った（❶）。その後X会社の代表取締役であるAは、株主総会の特別決議および取締役会の決議を経ずに、最も重要な財産である本件物件をY協同組合に対し売り渡す旨の売買契約を締結した（❷）。ところが、X会社は後になって、当該売買契約の成立を争うとともに、仮に売買契約が成立したとしても、この売買契約は無効であると主張して訴えを提起した（❸）。X会社が主張する無効の理由は、上記売買は営業譲渡に該当するにもかかわらず株主総会特別決議を経ていないこと（❹）、上記売買契約につき取締役会決議を経ていないこと（❺）、にある。第1審・控訴審ともにX会社の請求を棄却したため、X会社より上告。本項では❹について扱い、❺については 本書88事件 で扱う。

判決要旨　論旨理由なし。「商法245条1項1号によって特別決議を経ることを必要とする営業の譲渡とは、同法24条以下にいう営業の譲渡と同一意義であって、営業そのものの全部または重要な一部を譲渡すること、詳言すれば、一定の営業目的のため組織化され、有機的一体として機能する財産（得意先関係等の経済的価値のある事実関係を含む。）の全部または重要な一部を譲渡し、これによって、譲渡会社がその財産によって営んでいた営業的活動の全部または重要な一部を譲受人に受け継がせ、譲渡会社がその譲渡の限度に応じ法律上当然に同法25条に定める競業避止業務を負う結果を伴うものをいうものと解するのが相当である。」「商法245条1項1号の規定の制定およびその改正の経緯に照しても、右法条に営業の譲渡という文言が採用されているのは、商法総則における既定概念であり、その内容も比較的に明らかな右文言を用いることによって、譲渡

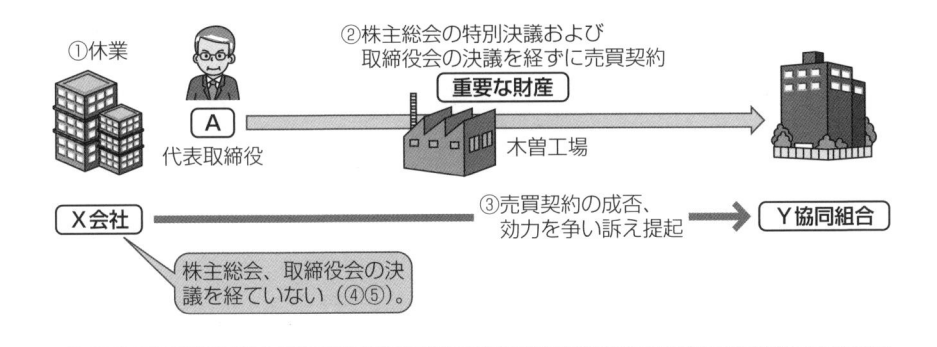

第2章　株式会社　基礎的変更　281

①休業
A 代表取締役
②株主総会の特別決議および取締役会の決議を経ずに売買契約
重要な財産
木曽工場
X会社
株主総会、取締役会の決議を経ていない（④⑤）。
③売買契約の成否、効力を争い訴え提起
Y協同組合

会社がする単なる営業用財産の譲渡ではなく、それよりも重要である営業の譲渡に該当するものについて規制を加えることとし、併せて法律関係の明確性と取引の安全を企図しているものと理解される。」

本判決の位置づけ・射程範囲

　事業（営業）の全部または重要な一部の譲渡を行うには、株主総会の特別決議が必要であるが（改正前商245条1項1号、会社467条1項1号・2号、309条2項11号）、事業譲渡の意義をめぐっては見解が対立する。本判決は、商法（会社法）総則のそれと同義であると解し、①一定の営業目的のため組織化され有機的一体として機能する財産（得意先関係等の経済的価値のある事実関係を含む）の譲渡で、②譲受人による営業的（事業）活動の承継、および、③譲渡会社による競業避止義務の負担の結果を伴うものとし、その根拠として、法律関係の明確性と取引の安全に資する解釈の必要等が挙げられている。本判決以後も同趣旨の最高裁判決（最大判昭和41・2・23 関連判例、最判昭和46・4・9 関連判例）が出

されるなど、本判決の考え方は判例法として固まったものとみられる。この考え方に対して、学説上は、規定の制度趣旨が株主保護にあることから、有機的一体として機能する財産の譲渡でなくてはならないが、②・③の要素は不可欠ではないとする見解が現在でも有力であるが（特別決議を欠く事業譲渡の効力については、相対的無効説を主張して取引の安全に配慮）、①の要素の範囲（得意先・仕入先や労働力等まで含まれるか）の捉え方によっては両説の差異は小さくなる。また③の要素の捉え方についても議論があり、特約で排除できることを理由にした本判決への批判が必ずしも適切とはいえないとの見方もある。

　なお、事業の「重要な一部」の譲渡の判断に関して、会社法の下では簡易事業譲渡の制度にも留意する必要がある（会社467条1項2号）。

さらに理解を深める　会社法百選2版87事件〔山部俊文〕　総則・商行為百選5版18事件〔藤田友敬〕　最判解民事篇昭和40年度337頁〔豊水道祐〕、商判5版Ⅰ-153事件、弥永・重要判例3版164事件、判例講義2版36事件、酒巻・尾崎3版補正147事件、江頭4版884頁、神田15版319頁、会社法コンメ⑿26頁〔齊藤真紀〕　関連判例　最大判昭和41・2・23民集20巻2号302頁、最判昭和46・4・9判時635号149頁

第2章　株式会社　　(12)　基礎的変更

141　解散判決における業務執行上の著しく困難な状況

東京地裁平成元年7月18日判決
　事件名等：昭和63年（ワ）第18631号株式会社解散請求事件
　掲載誌：判時1349号148頁、金判843号46頁

概要　本判決は、株主が2派に分かれ、双方が株式を5割ずつ保有し、両派が共同して経営することは到底期待できない状況にある会社について、業務執行上著しい難局に逢着している等として会社の解散請求を認容したものである。

事実関係　Y株式会社は、A家とB家が半額ずつ出資し、経営についても利益配分についても両家平等という前提で設立された（❶）。Y会社においては、A家側のCおよびB家側のZが代表取締役に就任していた（❷）が、Cが死亡した後、Zは、自らがCの生前にC所有株式を譲り受けていたとの虚偽の事実を主張し、A家側の取締役であるX_1およびX_2を経営と利益享受（配当・役員報酬）から排除していた（❸）。また、Zは、自己が経営するD会社に対してY会社名義で多額の貸付けをするなどの行為に及び、その貸付債権が焦げ付いたことを原因としてY会社は支払不能となった（❹）。そこでX_1らは、Y会社の解散を求めて訴えを提起した（❺）。

判決要旨　請求認容。「Y会社は、A家とB家が半額ずつ出資し、その経営及び利益配分も両家平等という前提で経営されてきた株式会社であるところ、A家側の代表取締役であったCの死後、B家側の代表取締役であるZがCの生前に本件係争株式を同人から譲渡されたのでB家側が過半数を有しているとの虚偽の事実を主張して、A家側をY会社の経営からも、また、Y会社の経営による利益の享受からも排除していることになる。
　ところで、右に認定した事実に弁論の全趣旨を総合すると、X_1らA家側のB家側に対する不信は極めて強度なものと認められるので、今後、両者が共同してY会社を経営することは到底期待することはできず、A家側が3万株、B家側が3万株と、両家がY会社の株式を5割ずつ保有している状況の下においては、株主総会における取締役の選任によりY会社の業務執行の決定機関である取締役会を新たに構成することはできないというべきである（係争事件がすべて解決すれば、Cが死亡した時点での役員構成に戻ることになるので、Zが代表取締役の権利義務を、X_1及びX_2が取締役の権利義務を有することになる……。）。そうする

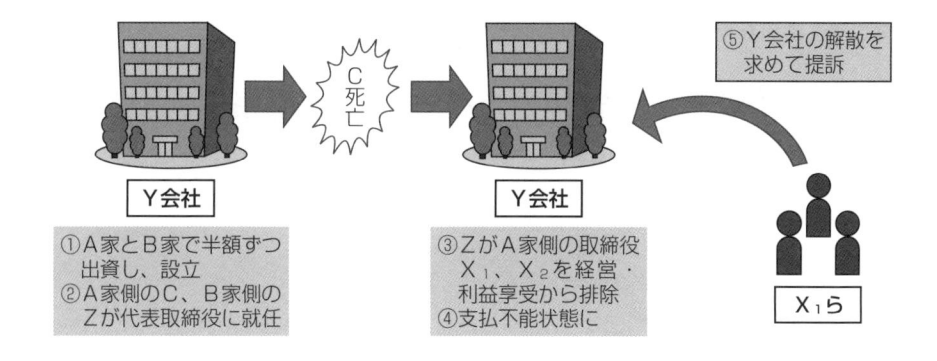

と、前示のようにZがA家側を排除し、自己の経営する株式会社Dのために恣意的にY会社の経営をし、支払不能の状況に陥らせている状況からすれば、Y会社は、業務の執行上、著しい難局に逢着しており、また、Y会社に回復することができない損害が生ずるおそれがあることは明らかといわなければならない。」

本判決の位置づけ・射程範囲

　解散請求は、持分会社にも株式会社にも認められている制度であるが（改正前商112条・406条ノ2、会社833条）、持分会社の場合、「やむを得ない事由」がある限りで認められるのに対し、株式会社の場合には、それに加えて、①株式会社が業務の執行において著しく困難な状況に至り、当該株式会社に回復することができない損害が生じ、または生ずるおそれがあるとき（会社833条1項1号）、または②株式会社の財産の管理または処分が著しく失当で、当該株式会社の存立を危うくするとき（同項2号）のいずれかに該当しなければならない。①は行き詰まりの事例を、②は会社財産の流用等株主間の経済的不公正の事例を主として念頭に置いている。本判決は①の事由を認定し、持分割合50％ずつの株主間の深刻な対立による行き詰まりの状態を会社の解散によって解決することを肯定した事例と評価される。もっとも、本件の事実関係をみる限り、相当多額の資産の流用が行われており、②の事由にも該当し得ると考えられる（合名会社について、会社の業務が一応困難なく行われている場合であっても、少数派社員がいわれのない経済的不利益を被っている場合において解散を認める裁判例として、最判昭和61・3・13 関連判例 ）。

　なお、本判決に「やむを得ない事由」に関する説示がないこととの関係で、①の事由が認められる場合には、原則として解散が唯一の打開策であり、特段の事情のない限り解散以外の打開策について検討を加える必要はないとの指摘が存する。

さらに理解を深める　**会社法百選2版94事件〔宍戸善一〕** 商判5版Ⅰ-154事件、弥永・重要判例3版221事件、判例講義2版146事件、江頭4版915頁、神田15版285頁 関連判例 　最判昭和61・3・13民集40巻2号229頁

第2章 株式会社　⑿　基礎的変更

142　合併発表後に取得した株式の買取価格

東京地裁昭和58年10月11日決定
　事件名等：昭和58年（ヒ）第69号株式買取価格決定申請事件
　掲　載　誌：下民集34巻9＝12号968頁、判タ515号159頁

概　要　　本決定は、会社の合併計画公表後に新たに株式を取得して株主となった者の持株についての買取価格を決定するに当たっては、合併を前提として形成される市場価格を基準とすべきであり、また取得時の価格を超えることはないとしたものである。

事実関係　　Y株式会社とA株式会社は、昭和57年8月31日、Y会社を存続会社とする合併契約書に調印し、その翌日には当該合併の事実が報道された（❶）。解散会社となるA会社の株主Xは、同年11月5日・9日の両日に名義書換請求をし（❷）、書面により合併反対の意思を通知し、同年12月に開催された臨時株主総会では合併契約書の承認に反対した（❸）。総会後、Xは、A会社に対し株式買取請求をしたが買取価格について協議が調わなかったため、買取価格決定の申立て（被申請者は合併によりA会社の一般承継人となったY会社）をした（❹）。

決定要旨　　1株238円。「商法408条ノ3第1項によれば、右価格の決定基準は、『承認ノ決議ナカリセバ其ノ有スベカリシ公正ナル価格』とされており、その趣旨は、通常合併承認決議の影響を受けることなくして形成されたと想定される合併承認決議当日の交換価格をいうものと解せられる。しかしながら、商法が同条で合併承認決議に反対する株主に買取請求権を認めているのは、会社合併の場合に、相手方会社の内容、合併条件などによって不利益を被るおそれがある少数株主について、経済的な救済方法を図るためのものであるから、本来合併計画の公表後に、右事実を知りながら新たに株式を取得して株主となったような者については、右のような救済方法を当然には顧慮する必要がないというべきである。したがって、このような株主について買取価格を決定するにあたっては、商法408条ノ3第1項の規定が直ちに適用されるのではなく、むしろ右規定の趣旨を鑑みて、その価格は、合併を前提として形成される市場価格によるべきであり、また取得時の価格をこえることはないものと解すべきである（けだしこのような株主になお同条の適用があるとするなら、不当な利益を与えることがありう

①Yを存続会社とする合併契約が成立【S57.8.31】
②A社に名義書換請求【S57.11.5,9】
③A社の臨時株主総会で反対【S57.12】
④A社に対して株式買取請求、不調のため、Y会社を被申請者とした買取価格決定の申立て

「〔本件では、〕Xが名義書換請求をした当時……、既にXは、両社の合併を知悉していたことは容易に推認しうるところである。そして……Xが名義書換請求をした11月5日、同月9日の株価（終値）は、それぞれ245円、232円であったこと……などが認められるから、結局本件株式の買取価格は、右245円と232円の平均値……である238円（円未満切りすて）を超えないものであり……右価格をもって相当と解すべきである。」

本決定の位置づけ・射程範囲

合併承認決議が成立した場合、反対株主には株式買取請求権が認められる。その株式の価格の決定について協議が調わないときは、裁判所によって価格の決定がなされるが、その決定基準として、改正前商法408条ノ3第1項は、「承認ノ決議ナカリセバ其ノ有スベカリシ公正ナル価格」と定めていた。株式買取請求権が設けられている趣旨は、合併等を多数決により行うことを認めるとともに、多数決に服することを強いられる立場の少数株主の保護を図ろうとするものであるところ、本件のように計画公表後に株式を取得した株主に対しては、不当な投機のために買取請求権を濫用するものとしてそもそも買取請求自体を認めるべきでないとする見解も存在した。本決定は学説の多数説に従い、買取請求自体は否定しない（その後の東京高決昭和58・12・14 関連判例〔本決定の抗告審〕・東京地決昭和60・11・21 関連判例 も同様）。しかし、買取価格の決定については、株式取得が計画公表後であることを考慮に入れ、合併を前提として形成される市場価格によるべきであり、また取得時の価格を超えることはないとした。

会社法の下では、「公正な価格」が買取価格の基準とされている（会社785条1項）。本決定の考え方はその解釈にも妥当するであろうが、その考え方に対して、計画公表後の取得でも総会決議前の取得は、当然に買取請求権を濫用する意図のものと解すべき理由はないとの指摘がなされていることにも留意を要する。

さらに理解を深める 　**会社法百選93事件〔弥永真生〕**商判5版Ⅰ-155事件、江頭4版809頁、神田15版338頁、会社法コンメ⑱114頁〔柳明昌〕

関連判例　東京高決昭和58・12・14判タ525号285頁〔本決定の抗告審〕、東京地決昭和60・11・21判時1174号144頁

第2章 株式会社　⑿ 基礎的変更

143 上場株式の買取価格──日興コーディアル事件

東京地裁平成21年3月31日決定
　事件名等：平成20年（ヒ）第112号株式買取価格決定申立事件
　掲 載 誌：判時2040号135頁、判タ1296号128頁、金判1315号37頁

概要　本決定は、株式交換の前に、その前提として行われた公開買付けにおける株式の公開買付価格と、当該株式交換における株式交換比率の算定の際の株式交換完全子会社株式の基準価格が同価格とされている場合には、当該価格は、その効力発生時において当該株式交換から生ずる相乗効果（シナジー）を織り込んだものとして設定されたものと推認するのが相当であるとしたものである。

事実関係　株式会社Nグループは、米国法人Cグループの日本国内における完全子会社にNグループの株式全部を取得させ、その取得対価としてNグループの株主に対してCグループの普通株式を交付することを内容とする株式交換契約を締結した（❶）そこでは、基準価格は1,700円とされていた（❷）。

なお、これに先立ちCグループはNグループ株の公開買付を実施しており、その際の買取価格も1株当たり1,700円であった（❸）。Nグループの株主総会において株式交換を承認する決議がされた（❹）ことから、株式買取請求をした反対株主らは、買取価格の協議不調を受け、買取価格決定の申立てをした（❺）。

決定要旨　1株1700円。「株式買取請求の前提となる組織再編の条件は、当該組織再編から生ずる相乗効果（シナジー）が当該組織再編の当事会社間において適正に分配されることも含めて公正に定められる必要があり、株式買取請求に係る『公正な価格』も上記相乗効果（シナジー）を適正に反映したものである必要があるというべきである。……そして、裁判所による価格の決定は、……新たに公正な価格を形成するものであって、……会社法785条1項が買取価格の判断基準について格別規定していないことからすると、法は、価格決定を裁判所の裁量に委ねているものと解するのが相当である」。
「株式交換の前に、その前提として、株式交換完全子会社となる会社の株式について公開買付けが行われた場合において、当該公開買付けにおける株式の公開買付価格と、当該株式交換における株式交換比率の算定の際の株式交換完全子会社株式の基準価格が同じ価格とされている場合には、当該価格は、その効力発生時において当該株式交換から生ずる相乗効果（シナジー）を織り込んだものとして設定されたものと推認するのが相当である。……当該株式交換に反対する同社の

第2章　株式会社　基礎的変更　287

図の説明:
- Nグループ
- 米国法人Cグループ（日本国内の完全子会社）
- ③1株当たり1,700円で公開買付け
- ①Cグループの完全子会社にNグループの株式全部を取得させ、対価としてCグループの株式を交付する株式交換契約を締結
- ②基準価格は1,700円
- ④Nグループ株主総会で株式交換契約を承認
- ⑤反対株主らが買取価格決定の申立て

> 株主がした株式買取請求に基づく株式買取価格決定の際の『公正な価格』は、原則として、当該公開買付価格及び当該基準価格を下回ることはないと解するのが相当である。」
> 「〔本件では、〕公開買付けは本件株式交換の前提として行われたものと認められ、かつ、本件株式交換における株式交換比率算定の際のNグループ株式の基準価格を本件公開買付けの公開買付価格と同額である1株当たり1700円としたことに合理性が認められる……、本件株式の『公正な価格』は、本件効力発生日において本件株式交換から生ずる相乗効果（シナジー）を織り込んだものとして設定されたものと推認される1株当たり1700円とするのが相当である。」

本決定の位置づけ・射程範囲

本決定は、会社法785条1項の「公正な価格」について、投下資本の回収を保障するという株式買取請求権の趣旨に照らし、買取請求の前提となる組織再編から生じる相乗効果（シナジー）の適正な反映の必要性を明らかにするとともに、最決昭和48・3・1 関連判例 を引用して、その決定は新たに公正な価格を形成するものであって、裁判所の裁量に委ねられていることも確認する。そして、相乗効果の反映に関して、本件では、買収者が全株式取得の意図を株主に明らかにして公開買付けとそれに続く株式交換を行い、しかも公開買付価格と株式交換の基準価格とが同額に設定されているところ、第1段階の公開買付価格の決定は、第2段階の株式交換から生じる相乗効果を織り込んだものとして設定されたと推認するのが相当であるとし、「公正な価格」は、原則として公開買付価格を下回らないことを判示した。なお、「株式買取価格が、当該公開買付け……より低い価格とされることになると、……いわゆる二段階買収について指摘される強圧性の問題が生じる」ことが説示され、公開買付けの「強圧性」の防止も理由の1つとされている。

本決定では、全体が企業買収にかかる一連の取引と認定された事案であったが、どのような場合にそのように法的に評価できるかについては、なお課題として残る（この関係で、東京地決平成21・10・19 関連判例 も参照）。

さらに理解を深める　平成21年度重判（ジュリ1398号）商法5事件〔中東正文〕商判5版Ⅰ-156事件、判例講義2版142事件、江頭4版810頁、神田15版315・336頁、会社法コンメ⑱120頁〔柳明昌〕 関連判例 　最決昭和48・3・1民集27巻2号161頁、東京地決平成21・10・19金判1329号30頁

第2章　株式会社　⑿　基礎的変更

144　上場株式の買取価格——東京放送事件

最高裁平成23年4月19日第三小法廷決定
　事件名等：平成22年（許）第30号株式買取価格決定に対する抗告棄却決定
　　　　　　に対する許可抗告事件
　掲載誌：民集65巻3号1311頁、判時2119号18頁、判タ1352号140頁、
　　　　　金判1366号9頁

【概要】本決定は、会社法782条1項所定の吸収合併等によりシナジーその他の企業価値の増加が生じない場合に、同項所定の消滅株式会社等の反対株主がした株式買取請求に係る「公正な価格」は、原則として、当該株式買取請求がされた日における、吸収合併契約等を承認する旨の株主総会の決議がされることがなければその株式が有したであろう価格をいうとしたものである。

【事実関係】Ｘ株式会社は、同社のテレビ放送事業等に関して有する権利義務をＸ会社の完全子会社Ａに承継させる目的で吸収分割をした（❶）。Ｘ会社の株主総会において当該吸収分割の承認が決議された（❷）後、買取価格の協議不調を受けて（❸）、反対株主であるＹらは買取価格決定の申立てをした（❹）。原々審・原審ともにＸ会社の提示価格である1,294円を買取価格と認めた（❺）。Ｙらより許可抗告。

【決定要旨】抗告棄却。「会社法782条1項所定の吸収合併等によりシナジーその他の企業価値の増加が生じない場合に、同項所定の消滅株式会社等の反対株主がした株式買取請求に係る『公正な価格』は、原則として、当該株式買取請求がされた日におけるナカリセバ価格をいうものと解するのが相当である。」「吸収合併等により企業価値が増加も毀損もしないため、当該吸収合併等が消滅株式会社等の株式の価値に変動をもたらすものではなかったときは、その市場株価は当該吸収合併等による影響を受けるものではなかったとみることができるから、株式買取請求がされた日のナカリセバ価格を算定するに当たって参照すべき市場株価として、同日における市場株価やこれに近接する一定期間の市場株価の平均値を用いることも、当該事案に係る事情を踏まえた裁判所の合理的な裁量の範囲内にあるものというべきである。」
「〔本件では、〕本件吸収分割により相手方の事業がＡに承継されてもシナジーが生じるものではないというのであり、また、本件吸収分割により相手方の企業価値が増加したとの事実も原審において認定されていない。そうすると、本件買取

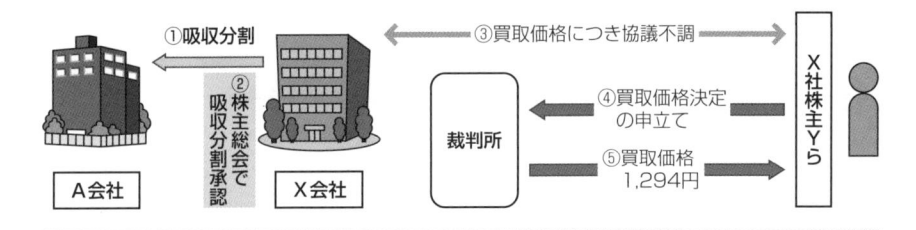

① 吸収分割　③買取価格につき協議不調
② 株主総会で吸収分割承認
④ 買取価格決定の申立て
⑤ 買取価格 1,294円

A会社　X会社　裁判所　X社株主Yら

　請求に係る『公正な価格』は、本件買取請求がされた平成21年3月31日におけるナカリセバ価格をいうものと解するのが相当である。……〔本件の〕事実関係によれば、相手方の市場株価が相手方の客観的価値を反映していないとの事情はうかがわれないから、本件買取請求がされた日のナカリセバ価格を算定するに当たっては、その市場株価を算定資料として用いることは相当であるというべきであり、また、本件吸収分割は相手方の株式の価値に変動をもたらすものではないというのであるから、これを算定するに当たって、原審が、同日の市場株価を用いて同日のナカリセバ価格を算定したことは、その合理的な裁量の範囲内にあるものということができる。」

本決定の位置づけ・射程範囲

　本決定は、会社法786条2項に基づき、裁判所に価格の決定の申立てがなされた事案に関して、会社法785条の「公正な価格」の意義のほか、下級審裁判例や学説において見解が分かれる公正な価格を定める基準日、基準日における公正な価格の算定の仕方等の問題について、最高裁が理論的根拠を示しつつ判断したものとして意義がある。本決定中、吸収合併等によりシナジーその他の企業価値の増加が生じない場合には、いわゆる「ナカリセバ価格」を基礎に、「公正な価格」を定めるべきとしているのは、会社法下の通説的見解に沿う（本件原決定、原々決定も同様）。そして、「ナカリセバ価格」はどのように算定されるべきかについて、本決定は、原決定の結論（算定基準日を買取請求期間の満了時とし、基準日の市場価格をもって公正な価格とした）を裁判所の合理的裁量の範囲内にあるとしてこれを是認しつつも、算定基準日について、「原則として」買取請求権の行使日であるとしている点が注目される。田原睦夫裁判官の補足意見においてその理由が詳論されており、期間満了時説は算定作業の負担等に照らすと実務上魅力があるが、買取請求権行使後、買取請求期間満了時までに株価が大きく低落した場合、請求権行使者がそのリスクを全面的に負うことになり（会社785条6項）、公平性の観点から問題があること等が指摘されている。その後、算定基準日につき本決定と同旨の判断が続いている（最決平成23・4・26 関連判例 等）。

さらに理解を深める　商判5版Ⅰ-157事件、判例講義2版141事件、北村雅史・商事1941号（2011）4頁、高橋真弓・判例セレクト2010〔Ⅱ〕（法教366号〔2011〕別冊付録）16頁〔本件控訴審〕、江頭4版778・809頁、神田15版336頁、会社法コンメ⑱115頁〔柳明昌〕　関連判例　最決平成23・4・26判時2120号126頁

第2章 株式会社　(12) 基礎的変更

145 上場株式の買取価格——テクモ事件

最高裁平成24年2月29日第二小法廷決定
　事件名等：平成23年（許）第21号・第22号株式買取価格決定に対する抗告
　　　　　　棄却決定に対する許可抗告事件
　掲載誌：民集66巻3号1784頁、判時2148号3頁、判タ1370号108頁、
　　　　　金判1394号34頁、金法1956号100頁

概　要　本決定は、プラスのシナジー効果その他の企業価値の増加が生じる場合の株式買取請求の「公正な価格」につき、組織再編比率が公正な場合にその株式が有する価格である旨、および、相互に特別の資本関係がない会社間における組織再編比率の公正さの判断方法を示したものである。

事実関係　相互に特別の資本関係のないA株式会社とY株式会社は、経営統合に向けて、両社を株式移転完全子会社とし、株式移転設立完全親会社としてB株式会社を設立するとの株式移転計画を作成・公表した。この計画ではA会社の株主に対してはその普通株式1株につきB会社の普通株式0.9株を割り当てることとされた。株式移転を承認する株主総会決議がされ、その効力が生じた後、株式移転に反対するA会社株主Xは、株式買取請求に及んだところ、買取価格の協議が調わなかったことから、Xは買取価格の決定を申し立てた（第1審決定後、Y会社がA会社を吸収合併した）。原審は、上記株式移転比率に基づく株式移転がなければ有していたであろうA会社の株式の客観的価値を前提として「公正な価格」を算定すべきであるとし、第1審の決定した買取価格を肯定した。X、Y会社の双方より許可抗告。

決定要旨　破棄差戻し。「〔株式移転によりシナジー効果その他の企業価値の増加が生じない場合〕以外の場合には、株式移転後の企業価値は、株式移転計画において定められる株式移転設立完全親会社の株式等の割当てにより株主に分配されるものであること……に照らすと、……『公正な価格』は、原則として、株式移転計画において定められていた株式移転比率が公正なものであったならば当該株式買取請求がされた日においてその株式が有していると認められる価格をいうものと解するのが相当である。」
「相互に特別の資本関係がない会社間において、株主の判断の基礎となる情報が適切に開示された上で適法に株主総会で承認されるなど一般に公正と認められる手続により株式移転の効力が発生した場合には、当該株主総会における株主の合

理的な判断が妨げられたと認めるに足りる特段の事情がない限り、当該株式移転における株式移転比率は公正なものとみるのが相当である。」

「〔本件では、〕A会社とY会社は、相互に特別の資本関係がなく、本件株式移転に関し、株主総会決議を経るなどの一般に公正と認められる手続を経て、本件株式移転の効力が発生したというのであり、本件総会に先立つ情報の開示等に問題があったことはうかがわれない。そうであれば、本件総会における株主の合理的な判断が妨げられたと認めるに足りる特段の事情がない限り、本件株式移転比率は公正なものというべきところ、市場株価の変動には様々な要因があるのであって、専らA会社の市場株価の下落やその推移から、直ちに上記の特段の事情があるということはできず、他に、本件において、上記特段の事情の存在はうかがわれない。したがって、本件株式移転比率は公正なものというべきである。」

本決定の位置づけ・射程範囲

本決定は、株式移転完全子会社の反対株主が会社法807条2項に基づき価格決定の申立てをした事案に関して、「公正な価格」は、当該企業再編により企業価値の増加が生じない場合には、「ナカリセバ」価格による（最決平成23・4・19 本書144事件 参照）ことを確認したうえ、それ以外の場合には、株式移転比率が公正な場合に株式買取請求がされた日において（算定基準日につき企業価値の増加が生じない場合と同じ解釈を採用）その株式が有する価格であるとした初めての最高裁決定である。本件では、増加した企業価値の分配が問題になるところ、株式移転比率の公正さに着眼されるのは、増加する企業価値はその比率に応じて株主に分配されるためである。そして株式移転比率の公正に関して、相互に特別の資本関係がない会社間において、株主の判断の基礎になる情報が適切に開示されたうえで適法に株主総会で承認されるなど一般に公正と認められる手続により株式移転の効力が発生した場合には、当該株主総会における株主の合理的な判断が妨げられたと認めるに足りる特段の事情がない限り、当該株式移転における株式移転比率は公正なものであるとする。なお、本決定の射程は、相互に特別の資本関係がある会社間の場合には及んでいない。その場合の「公正な価格」の判断枠組みはもとより、相互に特別の資本関係があるか否かの判断基準についても、なお今後に委ねられている。

さらに理解を深める　**平成24年度重判（ジュリ1453号）商法4事件〔森まどか〕**　商判5版Ⅰ-159事件、弥永真生・ジュリ1441号（2012）2頁、伊藤靖史・判評647号（2013）172頁、飯田秀総・判例セレクト2012〔Ⅱ〕（法教390号〔2013〕別冊付録18頁）、江頭4版778頁、神田15版336頁　**関連判例**　最決平成23・4・19 本書144事件

第2章　株式会社　⑿　基礎的変更

146 合併比率の不当と株主代表訴訟

大阪地裁平成12年5月31日判決
事件名等：平成11年（ワ）第9523号損害賠償請求事件（株主代表訴訟）
掲載誌：判時1742号141頁、判タ1061号246頁

概要　本判決は、合併比率が存続会社と消滅会社の資産内容から見て不合理、不公平であり、合併当事会社の株主間の公平、不公平の問題を生ずるとしても、会社自体には損害が生じているとはいえないとしたものである。

事実関係　A株式会社は、B株式会社を吸収合併した（❶）。この吸収合併に当たり、A会社はB会社株主に対し、B会社株式1株につきA会社の株式0.2株の割合をもって、これを割り当て交付した（❷）。ところが、A会社の株主であるXは、以上の合併比率は不合理・不公平であり、これによりなされた本件吸収合併によりA会社は多額の損害を被ったところ、これはA会社の代表取締役Y₁が忠実義務・善管注意義務に、監査役Y₂・Y₃が、善管注意義務に違反したためであるとして、それぞれ上記損害の一部をA会社に賠償することを求めて株主代表訴訟を提起した（❸）。

判決要旨　請求棄却。「Xは、本件合併契約における合併比率が不合理、不公平であり、そのためにA会社に多額の損害が生じたと主張し、合併比率が不合理、不公平である根拠を具体的に主張している。
　しかしながら、仮に、合併比率が合併当事会社であるA会社とB会社の資産内容からみて不合理、不公平であり、消滅会社であるB会社の株主に対し同社の資産内容に比して過当な株式（存続会社であるA会社の株式）が割り当てられたとしても、合併により、消滅会社であるB会社の資産及び負債は全て包括的に存続会社であるA会社に引き継がれており、合併交付金の支払いという形での資産の流出もなく、また、新たな債務負担はないのであるから、消滅会社であるB会社の株主が不当に利得する反面、存続会社であるA会社の株主が損失を被ることになるとしても、存続会社であるA会社自体には何ら損害は生じないものと解される（なお、存続会社であるA会社の株主が、合併比率が不合理、不公平であり合併により損害を受けると信じたのであれば、商法が定める手続を践み、株式買取請求権を行使することにより、その損害を回避することができたものである）。」
「……仮に、本件合併契約における合併比率が不合理、不公平であったとしても、

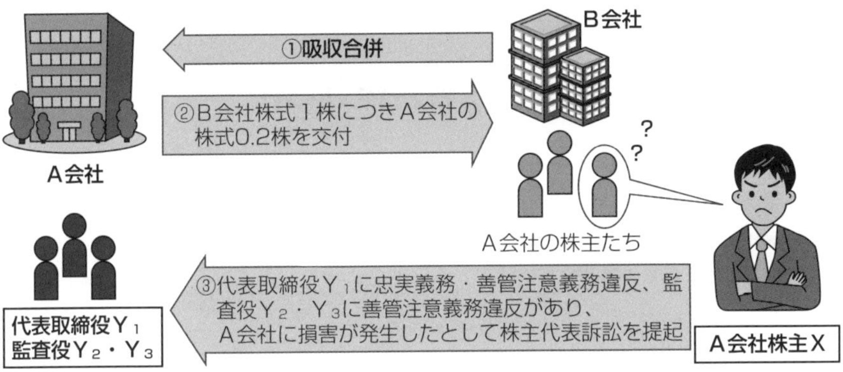

第2章　株式会社　基礎的変更　293

```
①吸収合併
A会社 ← B会社
②B会社株式1株につきA会社の株式0.2株を交付
A会社の株主たち
代表取締役Y₁
監査役Y₂・Y₃
③代表取締役Y₁に忠実義務・善管注意義務違反、監査役Y₂・Y₃に善管注意義務違反があり、A会社に損害が発生したとして株主代表訴訟を提起
A会社株主X
```

> A会社に損害は生じないのであり、株主代表訴訟は、会社のいわば所有者たる株主が、会社が受けた損害の回復を通じ、株主自身の利益の回復を図るために認められた手段であるから、会社に損害が発生しない以上、合併比率の当、不当について判断するまでもなく、Xの請求は、主張自体理由がないものと言わざるを得ない。」

本判決の位置づけ・射程範囲

本判決は、合併比率が存続会社と消滅会社の資産内容から見て不合理、不公平であった場合、合併当事会社の株主間の公平、不公平の問題を生ずるとしても、会社自体には損害が生じているとはいえないと判示し、合併比率の不当に対し当事会社の株主が代表訴訟を提起できるかという問題につき消極に解する見解を明らかにしたものである。同様の立場は、東京地判平成6・11・24〔関連判例〕において示され、その控訴審（東京高判平成7・6・14〔関連判例〕）および上告審（最判平成8・1・23〔関連判例〕）でも支持されている。

もっとも本判決は、合併交付金の支払いという形での資産の流出に言及し、合併当事会社間で締結される合併契約の内容によっては、会社自体に損害が生じることがあり得ることに言及している。この点は、対価の柔軟化の改正がなされた会社法の下では、一層留意の必要性が大きいと考えられる。社債や現金を対価とする合併がなされる場合には、対価の定め方によっては合併後の会社に損害が生じないとは必ずしもいえないのであり、少なくとも消滅会社の株主に存続会社の株式が交付される場合と同じ論理で株主代表訴訟の提起を否定することはできないと考えられる。

さらに理解を深める

永井裕之・平成13年度主判解（判タ1096号）131頁、商判5版Ⅰ－160事件、江頭4版795頁、神田15版325頁、会社法コンメ⒄140頁〔柴田和史〕　〔関連判例〕　東京地判平成6・11・24資料版商事130号89頁、東京高判平成7・6・14資料版商事143号161頁、最判平成8・1・23資料版商事143号158頁

第2章　株式会社　⑿　基礎的変更

147 合併比率の不公正と合併無効事由

東京高裁平成2年1月31日判決
　事件名等：平成元年（ネ）第2921号合併無効確認請求事件
　掲載誌：資料版商事77号193頁

概要　本判決は、合併比率の当不当または不公正自体は合併無効事由とはならないとしたものである。

事実関係　上場会社Y社は、その子会社A社との間で、Y社を存続会社、A社を消滅会社とする吸収合併を行い、合併比率を1対1とする合併契約を締結した（❶）。Y会社の株主であるXは、本件合併比率は著しく不当かつ不公正であり合併は無効である（❷）、本件承認決議は特別利害関係人が議決権を行使したため著しく不当な合併比率の合併契約書の承認をしたものであるから、決議取消事由がある（❸）などと主張し、本件合併の無効確認を求めて提訴した（❹）。原審はXの請求を棄却したため、Xより控訴。

判決要旨　控訴棄却。「Xは、合併比率が著しく不当かつ不公正であることが合併無効事由に該当すると主張するが、合併比率が不当であるとしても、合併契約の承認決議に反対した株主は、会社に対し、株式買取請求権を行使できるのであるから、これに鑑みると、合併比率の不当又は不公正ということ自体が合併無効事由になるものではないというべきである。」「仮に合併比率が著しく不公正な場合には、それが合併無効事由になるとの主張を前提にしても、……各合併当事会社の株式の価値及びそれに照応する合併比率は、……多くの事情を勘案して種々の方式によって算定されうるのであるから、厳密に客観的正確性をもって唯一の数値とは確定しえず、微妙な企業価値の測定として許される範囲を超えない限り、著しく不当とは言えないこととなる。」「本件合併比率の算定は、Yの依頼により、N研究所によって行われ、同研究所は、A社の株式の価値の算定を、……各方式によって試算したうえで、A社の……実態に照らして各試算価額を比較検討し、右実質純資産価額方式による一株当たり2666円を適正な株式価額として採用〔する一方、〕……Y社の株式の価値は、……Y社の株価の終値平均値である625円とされた……。以上の算定によれば合併比率はA社の株式1株に対しY社の株式4株の割合となるが、その後、A社は株主割当による額面有償増資（本件増資）を行ったから、本件合併契約書における合併比率は1対1

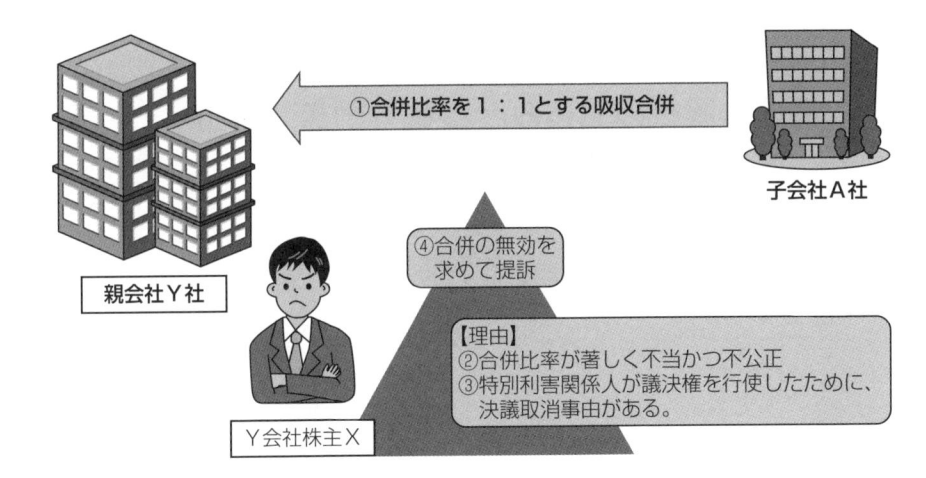

①合併比率を1:1とする吸収合併
子会社A社
親会社Y社
Y会社株主X
④合併の無効を求めて提訴
【理由】
②合併比率が著しく不当かつ不公正
③特別利害関係人が議決権を行使したために、決議取消事由がある。

とされた……。そうすると、本件合併における合併比率は両合併当事会社の株式の価値を相当な方法によって算定し、1対1と定められたものと認めることができるから、同合併比率が著しく不当であるということはできない。」

本判決の位置づけ・射程範囲

合併契約の承認決議に反対した株主は、会社に対し株式買取請求権を行使することが認められている（改正前商408条ノ3、会社785条・797条）。本判決は、そのような救済手段があることに鑑みて、合併比率の当不当または不公正自体が合併無効事由とならないことを初めて判示した原審判決（東京地判平成元・8・24〔関連判例〕）を支持することを明らかにしたものである。この立場は、親子会社間の合併に際し子会社の総会において当該合併契約の承認決議に参加する親会社のように、特別利害関係を有する株主が議決権を行使したために著しく不当な合併条件が決定されたときは、決議取消事由になり（会社831条1項3号）、その瑕疵が合併成立後は原則として合併無効事由となるとする見解と両立し得るとみられる。

学説上は、合併比率が著しく不公正であることは合併無効事由に当たるとする見解も有力である。本判決が合併比率の不公正自体は合併無効事由とはならないとする趣旨は著しく不公正な場合にも及ぶとの捉え方もあるが、その点についての判断はなされていないとみることも可能である（判旨は、上記有力説に基づく原告の主張を前提にしても、微妙な企業価値の測定として許される範囲を超えない限り、合併比率は著しく不当とはいえないとしているにすぎないことに留意）。

さらに理解を深める 会社法百選2版90事件〔遠藤美光〕商判5版Ⅰ-161事件、判例講義2版138事件、江頭4版784頁、神田15版341頁、会社法コンメ⑰133頁〔柴田和史〕 【関連判例】 東京地判平成元・8・24判時1331号136頁

第2章 株式会社　⑿ 基礎的変更

148 債務の履行の見込みと会社分割無効事由

名古屋地裁平成16年10月29日判決
　事件名等：平成15年（ワ）第4169号／平成15年（ワ）第5073号会社分割無効確認請求事件
　掲載誌：判時1881号122頁

概要　本判決は、改正前商法374条ノ2第1項3号の解釈として会社分割を行うには分割後に債務の履行の見込みがあることが必要であり、その見込みは会社分割時に存することが必要であるとして、新設分割無効確認の請求を認容したものである。

事実関係　Y₁株式会社は、自社の映像ソフト卸売部門の営業全部を、新たに設立するY₂株式会社に承継させる会社分割（金融債務はY₁会社に残存）を行った（❶）。平成15年4月17日に分割契約書が作成された（❷）後、その本店備置きがなされ（❸）、Y₁会社による臨時株主総会の承認決議がされ（❹）、同年6月18日にY₂会社の設立登記がなされた（❺）が、Y₁会社はその12日後である同月30日に民事再生手続開始申立てをし（❻）、翌年に破産宣告を受けた（❼）。そこでY₁会社の株主および債権者であるXらは、本件会社分割は債務の履行の見込みがないにもかかわらず行われたとして、Y₁会社およびY₂会社に対して、会社分割の無効確認を求めて訴えを提起した（❽）。

判決要旨　請求認容。「商法374条の2第1項3号には、分割会社が本店に備え置くべき書類として『各会社の負担すべき債務の履行の見込みあること及びその理由を記載したる書面』が挙げられているが、同規定は、形式的にかかる書面の作成、備え置き義務を定めているにとどまらず、分割会社が負っていた債務を分割計画書の記載に従って新設会社が承継する場合においても、分割会社が同債務を負う場合においても、その履行の見込みがない限り、会社分割を行うことができないことを定めているものと解される。
　そして、同規定の趣旨が会社債権者の保護にあることからすると、この債務履行の見込みは、分割計画書の作成時点、分割計画書の本店備え置き時点、分割計画書の承認のための株主総会の各時点だけ存すればよいのではなく、会社分割時においてこれが存することを要するものと解するのが相当である。また、債務の履行の見込みは、各会社が負担する個々の債務につき、その弁済期における支払

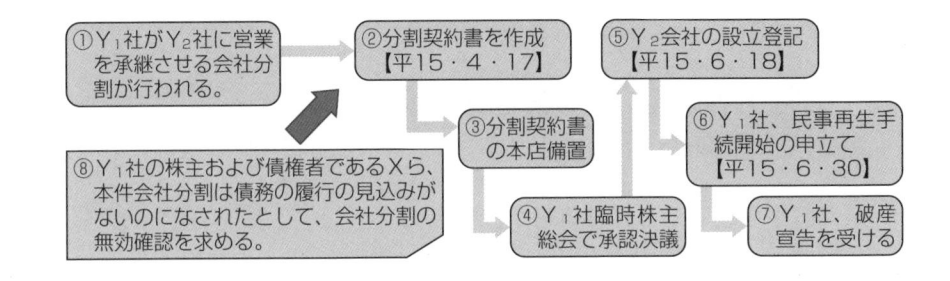

第2章　株式会社　基礎的変更　297

```
①Y₁社がY₂社に営業     →  ②分割契約書を作成    ⑤Y₂会社の設立登記
  を承継させる会社分        【平15・4・17】      【平15・6・18】
  割が行われる。              ↓
                          ③分割契約書          ⑥Y₁社、民事再生手
⑧Y₁社の株主および債権者であるXら、   の本店備置      続開始の申立て
  本件会社分割は債務の履行の見込みが      ↓         【平15・6・30】
  ないのになされたとして、会社分割の   ④Y₁社臨時株主
  無効確認を求める。              総会で承認決議    ⑦Y₁社、破産
                                              宣告を受ける
```

について存在することを要すると解される。」

「〔本件では、〕Y₁会社は、平成15年4月17日の分割計画書の作成から2か月余であり、分割時である同年6月18日から12日後の同年6月30日本件再生申立をなしたことは当事者間に争いがないところ、これらの各時点が本件再生申立時と近接していること、……〔等〕の事実に鑑みれば、Y₁会社は上記各時点で既に債務の履行の見込みがなかったものと推認するのが相当であり、特に平成16年6月18日時点で履行の見込みがなかったことは強く推認される事実といえる。」

本判決の位置づけ・射程範囲

改正前商法374条ノ2第1項3号は、分割会社が本店に備え置くべき書類の1つとして「各会社ノ負担スベキ債務ノ履行ノ見込アルコト及其ノ理由ヲ記載シタル書面」を挙げており、同規定下での学説等により、「債務ノ履行ノ見込アルコト」は会社分割の効力要件であり、分割会社、新設会社いずれかに債務の履行の見込みがないときには、会社分割は許されないと解されていた。本判決はその見解に従い、会社の新設分割につき、会社分割時に、分割会社の負担する債務の履行の見込みがないとして分割の無効を確認した。

会社法においては、「債務の履行の見込みに関する事項」が組織再編行為にかかる契約・計画の一般的開示事項とされ（会社規205条7号）、「履行の見込みがあること」という表現は採られていない。このように規定文言が変更された会社法の下で、改正前と同様「履行の見込みがあること」が効力要件となるかについては、争いがある。効力要件とする見解も有力であるが、立案担当者は、債務の履行の見込みの判断は困難であり、これを効力要件とすることは法的安定性を損なう、他に債権者保護を図る方法がある等を理由に、これに否定的な見解を示している。本判決の意義はこの解釈如何に依存することになるが、効力要件とする見解については、会社分割の無効の訴えにおける原告適格の問題（本書151事件）にも留意する必要がある。

さらに理解を深める　会社法百選95事件〔川島いづみ〕商判5版Ⅰ-163事件、弥永・重要判例3版220事件、江頭4版841頁、神田15版351頁、会社法コンメ⒄268頁〔神作裕之〕

第2章　株式会社　⑿　基礎的変更

149 会社分割により事業を承継した会社の名称続用責任

最高裁平成20年6月10日第三小法廷判決
　事件名等：平成18年（受）第890号預託金返還請求事件
　掲載誌：判時2014号150頁、判タ1275号83頁、金判1302号46頁、
　　　　　金法1848号57頁

概要　本判決は、会社分割に伴いゴルフ場の事業を承継した設立会社が事業主体を表示するものとして用いられていたゴルフクラブの名称を続用していた場合、特段の事情のない限り、会社法22条1項が類推適用されるとしたものである。

事実関係　X会社は、Y会社が管理するZゴルフクラブの法人会員であり、Y会社に対して預託金返還請求権を有していたところ、その据置期間を経過していた（❶）。その後、Y会社はZゴルフクラブ事業を新設分割し、新たにZ会社を設立した（❷）。その3か月後、Z会社は旧来のZゴルフクラブ会員権をZ会社株式に転換するよう依頼する内容の「お願い書」と題する書面を送付した（❸）。これを受けたX会社は、Y会社およびZ会社に対し、退会の通知をするとともに、預託金の返還を求めた（❹）。第1審・原審ともにY会社に対する請求は認めたものの、Z会社に対する請求を認めなかったため、X会社より上告。

判決要旨　破棄自判。「預託金会員制のゴルフクラブの名称がゴルフ場の事業主体を表示するものとして用いられている場合において、ゴルフ場の事業が譲渡され、譲渡会社が用いていたゴルフクラブの名称を譲受会社が引き続き使用しているときには、譲受会社が譲受後遅滞なく当該ゴルフクラブの会員によるゴルフ場施設の優先的利用を拒否したなどの特段の事情がない限り、譲受会社は、会社法22条1項の類推適用により、当該ゴルフクラブの会員が譲渡会社に交付した預託金の返還義務を負うものと解するのが相当であるところ……、このことは、ゴルフ場の事業が譲渡された場合だけではなく、会社分割に伴いゴルフ場の事業が他の会社又は設立会社に承継された場合にも同様に妥当するというべきである。」「なぜなら、……上記のような特段の事情のない限り、ゴルフクラブの会員において、同一事業主体による事業が継続しているものと信じたり、事業主体の変更があったけれども当該事業によって生じた債務については事業を承継した会社に承継されたと信じたりすることは無理からぬものというべきであるからである。なお、……ゴルフクラブの会員が本店に備え置かれた分割計画書や

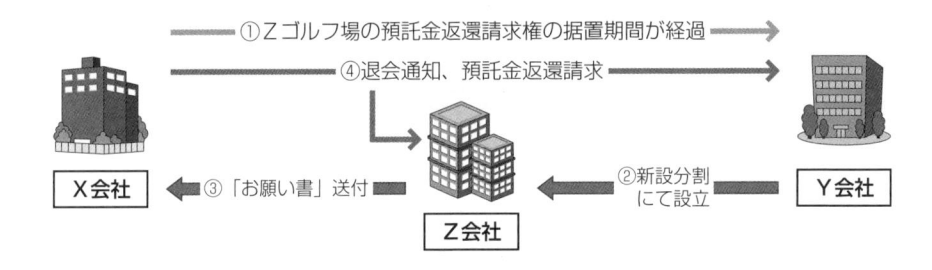

```
①Ｚゴルフ場の預託金返還請求権の据置期間が経過
④退会通知、預託金返還請求
③「お願い書」送付
②新設分割にて設立
X会社        Z会社        Y会社
```

分割契約書を閲覧することを一般に期待することはできない」。
「〔本件の〕事実関係によれば、本件会社分割後にＹ会社及びＺ会社からＸ会社を含む本件クラブの会員に対して送付された本件書面の内容……からは、Ｚ会社が、上記株式への転換に応じない会員には本件ゴルフ場施設の優先的利用を認めないなどＹ会社が従前の会員に対して負っていた義務を引き継がなかったことを明らかにしたものと解することはできない。それゆえ、本件書面の送付をもって、上記特段の事情があるということはできず、他に上記特段の事情といえるようなものがあることはうかがわれない。」

本判決の位置づけ・射程範囲

本判決は、営業譲渡に関する最判平成16・2・20 関連判例 に依拠して、会社分割に伴いゴルフ場の事業を承継した設立会社がゴルフクラブの名称を続用している場合に、特段の事情のない限り、会社法22条1項が類推適用される旨判示したものである（改正前商26条1項の類推適用を争う事件であるが、最高裁では会社法22条1項の類推適用の可否が判断された。会社附則2条）。

会社分割においては、債権者保護手続があり、また、分割計画書または分割契約書が一定期間本店に備え置かれる。この関係で、学説上、原則的に類推適用を否定する見解もある。しかし、分割会社に対して債務の履行を請求することができる分割会社の債権者（主として、分割会社の残存債権者）は債権者保護手続の対象から除外される（本件のゴルフクラブ会員は保護対象とならない。本書151事件 も参照）。また、分割計画書等による開示についても、本判決は、ゴルフクラブの会員がこれを閲覧することを一般に期待することはできないとみる。債権者の悪意を擬制する公示方法という点において、債務を負わない旨の登記または通知に及ぶものではないと考えられる。

濫用的会社分割への対処手段として会社法22条1項の類推適用があり得ることは、本判決が示すとおりである。ただ、同条による方法では、免責登記がなされる場合等において責任は認められないことにも留意を要する（大阪地判平成22・10・4 関連判例 ）。

さらに理解を深める　平成20年度重判（ジュリ1376号）商法8事件〔池野千白〕商判5版Ⅰ-12事件、江頭4版839頁、神田15版22・351頁、会社法コンメ(17)264頁〔神作裕之〕 関連判例 最判平成16・2・20民集58巻2号367頁、大阪地判平成22・10・4金法1920号118頁

第2章　株式会社　⑿　基礎的変更

150 会社分割と詐害行為取消権

最高裁平成24年10月12日第二小法廷判決
　事件名等：平成22年（受）第622号詐害行為取消請求事件
　掲載誌：民集66巻10号3311頁、判時2184号144頁、判タ1388号109頁、
　　　　　金判1417号16頁、金法1970号112頁

【概要】本判決は、株式会社を設立する新設分割がされた事例との関係で、会社分割が詐害行為取消権の対象となり得ることを最高裁が初めて明らかにしたものである。

【事実関係】B会社よりA会社に対する債権の管理および回収を委託されたX会社（❶）は、A会社がその所有不動産を新設分割によりY会社に承継させたこと（❷）が詐害行為に当たるとして、Y会社に対し、詐害行為取消権に基づき、その取消および上記不動産についてされた会社分割を原因とする所有権移転登記の抹消登記手続を求めて訴えを提起した（❸）。原審は、本件新設分割は詐害行為に当たる等としてX会社の請求を認容したため、Y会社より上告。

【判決要旨】上告棄却。「新設分割について詐害行為取消権を行使してこれを取り消すことができるか否かについては、新設分割に関する会社法その他の法令における諸規定の内容を更に検討して判断することを要するというべきである。……そこで検討すると、まず、会社法その他の法令において、新設分割が詐害行為取消権行使の対象となることを否定する明文の規定は存しない。また、会社法上、新設分割をする株式会社（以下「新設分割株式会社」という。）の債権者を保護するための規定が設けられているが（同法810条）、一定の場合を除き新設分割株式会社に対して債務の履行を請求できる債権者は上記規定による保護の対象とはされておらず、新設分割により新たに設立する株式会社（以下「新設分割設立株式会社」という。）にその債権に係る債務が承継されず上記規定による保護の対象ともされていない債権者については、詐害行為取消権によってその保護を図る必要性がある場合が存するところである。
　ところで、会社法上、新設分割の無効を主張する方法として、法律関係の画一的確定等の観点から原告適格や提訴期間を限定した新設分割無効の訴えが規定されているが（同法828条1項10号）、詐害行為取消権の行使によって新設分割を取り消したとしても、その取消しの効力は、新設分割による株式会社の設立の効力

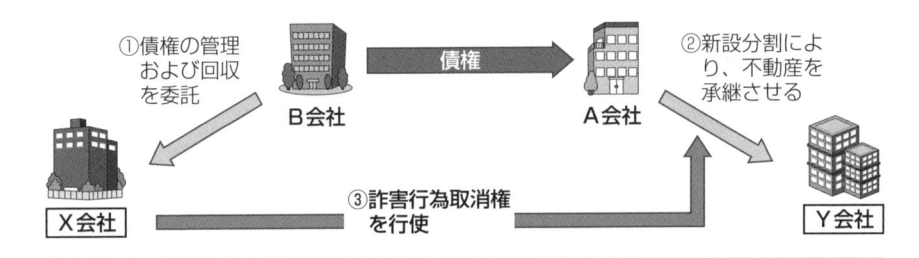

には何ら影響を及ぼすものではないというべきである。したがって、上記のように債権者保護の必要性がある場合において、会社法上新設分割無効の訴えが規定されていることをもって、新設分割が詐害行為取消権行使の対象にならないと解することはできない。……そうすると、株式会社を設立する新設分割がされた場合において、新設分割設立株式会社にその債権に係る債務が承継されず、新設分割について異議を述べることもできない新設分割株式会社の債権者は、民法424条の規定により、詐害行為取消権を行使して新設分割を取り消すことができると解される。」

本判決の位置づけ・射程範囲

本判決は、会社分割が詐害行為取消権の対象となり得るかどうかについて、下級審判例で主流になっていた肯定説の立場を、最高裁が初めて明らかにしたものとして意義を有する。最高裁は、本件で問題になった会社分割（新設分割）には、財産権を目的とする法律行為としての性質を有する一方で、新たな会社の設立をその内容に含む会社の組織に関する行為でもあるという二面性があることを踏まえ、それが詐害行為取消権の対象になるか否かについては、新設分割に関する会社法その他の法令における諸規定の内容をさらに検討して判断を要するとした。そして、その関係では、一定の場合を除き残存債権者は会社法810条の規定による保護の対象とはされず、詐害行為取消権によってその保護を図る必要性がある場合が存すること（債権者の執行可能性も考慮）、詐害行為取消権の行使によって新設分割を取り消したとしても、その効力は、新設分割による株式会社の設立の効力には何ら影響を及ぼすものではないため、債権者保護の必要性がある場合において、会社法が法律関係の画一的確定等の観点から新設分割無効の訴え（会社828条1項10号）を規定していることをもって、新設分割が詐害行為取消権行使の対象にならないと解することはできないこと等を指摘している。それまでの下級審の裁判例では、会社分割にも財産権の承継という一面があることを捉え肯定説を導くのが一般的であったところ、本判決は、それが同時に会社法上の組織行為という一面もあることをどう考えるかということにも考慮を及ぼすものである。

さらに理解を深める　平成24年度重判（ジュリ1453号）商法7事件〔清水円香〕北村雅史・商事1990号（2013）4頁、江頭4版845頁、神田15版351頁

関連判例　東京地判平成15・10・10本書11事件、東京高判平成23・1・26本書151事件

第2章　株式会社　(12)　基礎的変更

151　会社分割の無効の訴えと原告適格

東京高裁平成23年1月26日判決
　事件名等：平成22年（ネ）第5788号会社分割無効請求事件
　掲載誌：金判1363号30頁、金法1920号100頁

概要　本判決は、新設分割について会社法810条1項2号所定の異議を述べることができない債権者は、同法828条2項10号所定の承認をしなかった債権者に該当しない以上、会社分割の無効の訴えの原告適格を有しないとしたものである。

事実関係　X銀行はY₁会社の債権者である（❶）が、Y₁を新設分割株式会社、Y₂を新設分割設立株式会社とする会社分割（❷）について、Y₁会社の債務の履行の見込みがなく無効であると主張して、新設分割無効の訴えを提起した（❸）。Y会社は、X銀行の主張を争うとともに、新設分割無効の訴えを提起できるのは会社法828条2項10号所定の異議を述べることができる債権者に限定されるのであり、X銀行はこれに該当しないとして、X銀行の原告適格を争った（❹）。原審がX銀行の原告適格を否定したため、Xより控訴。

判決要旨　控訴棄却。「会社の新設分割は、株式会社が事業に関して有する権利義務の全部あるいは一部を分割後新たに設立する会社（新設分割設立会社）に承継させる会社の組織上の行為であって、新設分割設立会社は、新設分割の効力が生じると、新設分割計画……の定めに従い、既存の会社（新設分割会社）の権利義務を包括的に当然承継する（同法764条1項）。新設分割に異議を述べることができる債権者は、一定の手続の下、異議を述べることにより、新設分割会社から弁済を受けたり、相当の担保の提供を受けたりすることができる（同法810条5項）。」
「新設分割の無効は、訴えをもってのみ主張することができ、その出訴期間が定められている（会社法828条1項10号）。また、無効の訴えを提起することができる者を同条2項10号に規定する者に限定している。これは、新設分割による権利義務の承継関係の早期確定と安定の要請を考慮しているためである。……そして、債権者については、『新設分割について承認をしなかった債権者』に限定している（同号参照）。『新設分割について承認をしなかった債権者』とは、新設分割の手続上、新設分割について承認するかどうか述べることができる債権者、すなわち、新設分割に異議を述べることができる債権者（同法810条1項2号）と解す

第2章 株式会社 基礎的変更 303

［図：X銀行 ①債権→ Y₁会社／②Y₂を新設分割設立会社とする会社分割→ Y₂会社／③新設分割無効の訴え／④Xの主張と原告適格を争う。］

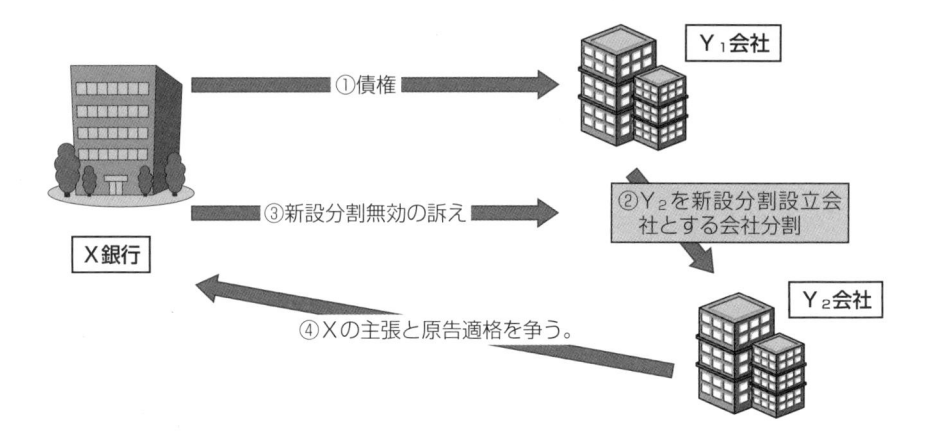

るのが相当である。この反面、新設分割に異議を述べることができない債権者は、新設分割について承認するかどうか述べる立場にないから、新設分割無効の訴えを提起することができないことになる。」

本判決の位置づけ・射程範囲

　新設分割の無効は訴えをもってのみ主張することができる（会社828条1項9号〔吸収分割〕・10号〔新設分割〕）。本件では、新設分割無効の訴えの原告適格の有無が問題になった。新設分割無効の訴えを提起することができる者は会社法828条2項10号に規定する者に限定されているところ、本判決は、同号所定の「承認をしなかった債権者」の意義について、新設分割の手続上、新設分割について承認するかどうか述べることができる債権者、すなわち、同法810条1項2号所定の新設分割に異議を述べることができる債権者をいうとした。これは学説の支配的見解に従うものであり、これによると、新設分割後も新設分割会社に対して債務の履行を請求することができる債権者には無効の訴えの提起権限がないことになる。

　以上のような解釈に対しては、濫用的な会社分割を活発に行う者たちの隠れ蓑や温床になるとの懸念もあり得る。判旨は、その場合でも、新設分割無効の訴え以外の方法で個別に救済を受ける余地があることを示唆する。そのような方法としては、①詐害行為取消権の行使（最判平成24・10・12 本書150事件）、②否認権の行使（福岡地判平成21・11・27 関連判例）、③法人格の否認（福岡地判平成23・2・17 関連判例）、会社法22条1項の類推適用（東京地判平成22・7・9 関連判例）等が考えられる。

さらに理解を深める　平成23年度重判（ジュリ1440号）商法4事件〔小松卓也〕　弥永真生「会社分割無効の訴えの原告適格」商事1936号（2011）4頁、江頭4版829頁、神田15版352頁　関連判例　最判平成24・10・12 本書150事件、福岡地判平成21・11・27金法1911号84頁、福岡地判平成23・2・17金判1364号31頁、東京地判平成22・7・9判時2086号144頁

第2章 株式会社　(12) 基礎的変更

152 企業買収の基本合意書中の協議禁止条項の効力

最高裁平成16年8月30日第三小法廷決定
　事件名等：情報提供又は協議禁止仮処分決定認可決定に対する保全抗告審の取消決定に対する許可抗告事件
　掲 載 誌：民集58巻6号1763頁、判時1872号28頁、判タ1166号131頁、金判1205号43頁、金法1727号78頁

概　要　本決定は、基本合意書中の協議禁止条項に基づく仮処分命令の申立てにつき、保全の必要性を否定することによって、これを棄却したものである。

事実関係　X会社（信託銀行）は、平成16年5月、Yグループ各社（以下、「Yら」）との間で、Y会社（信託銀行）の営業の一部等をXグループに移転すること等を内容とする事業再編・業務提携につき基本合意書を取り交わした（❶）。基本合意書のなかには、同合意書の目的と抵触し得る取引等を禁止する本件〔協議禁止〕条項が設けられていた（❷）。ところが、同年7月末の最終合意の成立を目指して交渉中であった同月14日、Yらは、その窮状を乗り切るにはAグループとの統合しかないとの経営判断の下、X会社に対し、上記基本合意の解約を通知し（❸）、そのうえでAグループに対してY会社も含めた経営統合の申入れをした（❹）ため、X会社は、本件基本合意に基づき仮処分命令の申立てをした（❺）。東京地裁はX会社の請求を認容、異議審も同様の判断をしたため、Yらより保全抗告。抗告審は原決定を取り消し上記仮処分命令申請を却下。X会社より上告。

決定要旨　抗告棄却。「本件基本合意書には、X会社及びY会社らが、本件協働事業化に関する最終的な合意をすべき義務を負う旨を定めた規定はなく、最終的な合意が成立するか否かは、今後の交渉次第であって、本件基本合意書は、その成立を保証するものではなく、X会社は、その成立についての期待を有するにすぎないものである……Y会社らが本件条項に違反することによりXが被る損害については、最終的な合意の成立によりXが得られるはずの利益相当の損害とみるのは相当ではなく、X会社が第三者の介入を排除して有利な立場でY会社らと交渉を進めることにより、X会社とY会社らとの間で本件協働事業化に関する最終的な合意が成立するとの期待が侵害されることによる損害とみるべきである。X会社が被る損害の性質、内容が上記のようなものであり、事後の損害賠償によっては償えないほどのものとまではいえないこと、……本件協働事業

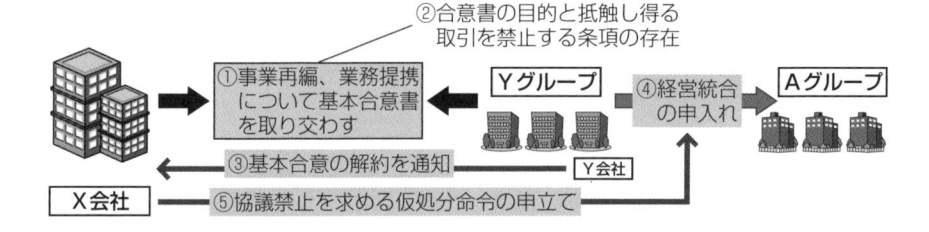

```
                    ②合意書の目的と抵触し得る
                      取引を禁止する条項の存在
  ┌──┐   ①事業再編、業務提携      ┌──┐   ④経営統合  ┌──┐
  │  │ → について基本合意書 ← │Yグループ│ → の申入れ → │Aグループ│
  │  │   を取り交わす           └──┘              └──┘
  └──┘ ← ③基本合意の解約を通知 ──
   X会社 ← ⑤協議禁止を求める仮処分命令の申立て   Y会社
```

業化に関する最終的な合意が成立する可能性は相当低いこと、しかるに、本件仮処分命令の申立ては、平成18年3月末日までの長期間にわたり、Y会社らがX会社以外の第三者との間で前記情報提供又は協議を行うことの差止めを求めるものであり、これが認められた場合にY会社らの被る損害は、Y会社らの現在置かれている状況からみて、相当大きなものと解されること等を総合的に考慮すると、本件仮処分命令により、暫定的に、Y会社らがX会社以外の第三者との間で前記情報提供又は協議を行うことを差し止めなければ、X会社に著しい損害や急迫の危険が生ずるものとはいえ」ない。

本決定の位置づけ・射程範囲

本決定は、企業グループ同士の協働事業化に関しその最終的な合意に至る以前の交渉の節目で締結された「基本合意」に含まれた、第三者との間で基本合意の目的と抵触し得る取引等にかかる情報提供・協議を行わない旨の「協議禁止条項」の効力に関する初めての最高裁決定である。本決定は、当事者が交渉を重ねても、社会通念上、最終的な合意が成立する可能性が存しないと判断されるに至った場合には、上記の本件条項に基づく債務も消滅するとしたうえで、原決定と異なり、流動的な要素の存在を指摘し、本件条項に基づく債務は未だ消滅していないとした。その解釈に関して、何があれば社会通念上最終合意の成立が不可能と判断されるかには、なお解明すべき点

も残る。また、法的効力の内容として、違反の行為の差止めまで認められるか否かは議論があるところ、本決定の立場について、その議論の進め方から被保全権利である差止請求権の存在を前提としていると捉えるのが自然とも思われるが、そのようにみる見解の他、本件条項が差止請求権の根拠になるかについて判断を避けているとの捉え方もみられる（本決定は保全の必要性を否定することによって、仮処分を認めなかった）。

本決定は、事例判断にとどまるが、本件のような協議禁止条項は、有利な競合提案を検討する機会（組織再編行為は一般に株主総会の承認を要する）を長期にわたって排し、株主利益を損なう可能性があるところ、本件を契機にかかる会社法の観点の議論も活発化した。

さらに理解を深める 会社法百選2版95事件〔神谷髙保〕最判解民事篇平成16年度（下）528頁〔志田原信三〕、商判5版Ⅰ-166事件、判例講義2版144事件、江頭4版61頁、神田15版315頁、会社法コンメ⑰222頁〔三苫裕〕

第2章 株式会社　⑿ 基礎的変更

153 企業買収と表明保証条項

東京地裁平成18年1月17日判決
　事件名等：平成16年（ワ）第8241号損害賠償等請求事件
　掲載誌：判時1920号136頁、判タ1230号206頁、金判1234号6頁、
　　　　　金法1770号99頁

概要　本判決は、企業買収を目的とする株式譲受けに際し、表明保証を行った事項に関して売主が違反していることを買主が重大な過失により知らなかった場合には、公平の見地に照らし売主は表明保証責任を免れる余地があるとしつつ、本件の事案の下では買主に重大な過失がないとしたものである。

事実関係　X株式会社は、A株式会社の全株式を譲り受けるため、同会社の株主であるYらとの間で株式譲渡契約を締結した（❶）。契約締結に先立ちX会社はB会社に依頼して2回にわたりデューディリジェンスを実施し（❷）、その結果、上記株式譲渡契約書においては譲渡価額を23億3,000万円とされた。その際、Yらは、Xに対し、A会社の財務諸表が完全かつ正確であること、財務内容が貸借対照表のとおりであり簿外債務が存在しないことなどを表明保証し、それに違反があった場合は表明保証責任を負うものとする内容の条項が置かれた（❸）。株式譲渡後、A会社の財務諸表に不当な会計処理が存在していたことが判明した（❹）ため、XはYらに対し、上記表明保証責任条項に基づき、補償金3億500万円超および遅延損害金を求めた（❺）。

判決要旨　請求一部認容。「本件において、……XがYらが本件表明保証を行った事項に関して違反していることについて善意であることがXの重大な過失に基づくと認められる場合には、公平の見地に照らし、悪意の場合と同視し、Yらは本件表明保証責任を免れると解する余地があるというべきである。……しかし、企業買収におけるデューディリジェンスは、買主の権利であって義務ではなく、主としてその買収交渉における価格決定のために、限られた期間で売主の提供する資料に基づき、資産の実在性とその評価、負債の網羅性（簿外負債の発見）という限られた範囲で行われるものである。……〔B会社のデューディリジェンスの手法については〕特段の問題はない。また、A会社が監査法人による監査を受けていたことからすると、B会社がA会社の作成した財務諸表等が会計原則に従って処理がされていることを前提としてデューディリジェ

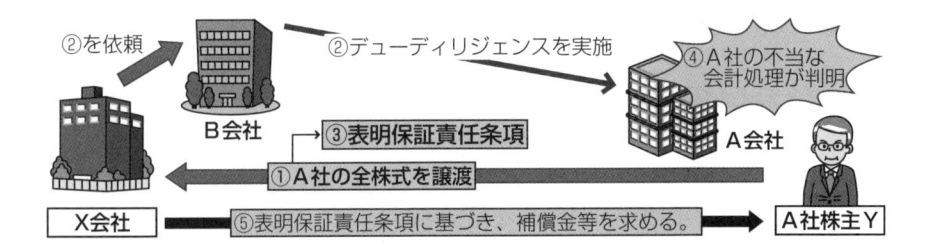

```
②を依頼 → B会社 → ②デューディリジェンスを実施 → ④A社の不当な会計処理が判明
B会社 → X会社: ③表明保証責任条項
X会社 ← ①A社の全株式を譲渡 ← A社株主Y
X会社 → ⑤表明保証責任条項に基づき、補償金等を求める。 → A社株主Y
```

ンスを行ったことは通常の処理であって、このこと自体は特段非難されるべきでない。……本件においては、取り分け、……A会社及びYらがXに対して本件和解債権処理を故意に秘匿したことが重視されなければならない。以上の点に照らすと、Xが、わずかの注意を払いさえすれば、本件和解債権処理を発見し、Yらが本件表明保証を行った事項に関して違反していることを知り得たということはできないことは明らかであり、XがYらが本件表明保証を行った事項に関して違反していることについて善意であることがXの重大な過失に基づくと認めることはできない。」

本判決の位置づけ・射程範囲

本件のような株式譲渡の場合に限らず、合併、会社分割等の手段を用いた企業買収においては、その遂行の是非や取引条件の決定をするために、対象企業の精査（デューディリジェンス）が通常行われるが、それとともに、本件のように表明保証条項が契約に置かれることがある。これは、売主が対象企業に関する一定の事項について、それが真実かつ正確であることを表明、保証する旨の条項であり、対象会社の資産内容が買主の認識していたものと異なっていた場合に意義を有する。本判決は、表明保証条項の違反に基づく売主の責任を認めたものであり、先例の乏しい分野における判断として意義がある（本判決後、表明保証違反に基づく補償義務が問題になったものに、東京地判平成19・7・26 関連判例〔売主の責任を肯定〕）。本件判旨は一般論として、表明保証違反について買主が善意であることに重過失がある場合、悪意の場合と同視して、売主は表明保証に基づく補償責任を否定される余地があるとする。買主の主観的事情をどのように取り扱うかは、議論があり得るところであり、この一般論を一人歩きさせることには注意を要する。また、重過失ある場合に補償責任を認めない場合には、買主がデューディリジェンスの際に当該違反を見逃した点を、重過失との関係でどう考えるかが問題になるところ、この点について重過失が否定され（売主らが事実を秘匿した点をも重視）、事例判断としての意義がある。

さらに理解を深める 平成19年度重判（ジュリ1354号）商法4事件〔高橋美加〕商判5版Ⅰ-167事件、商法総則・商行為百選5版24事件〔小林量〕、江頭4版757頁、神田15版315頁、会社法コンメ⑰222頁〔三苫裕〕 関連判例 東京地判平成19・7・26判タ1268号192頁

第3章 刑事事件

154 預合いの意義

最高裁昭和42年12月14日第一小法廷判決
　事件名等：昭和41年（あ）第961号商法違反公正証書原本不実記載同行使被告事件
　掲　載　誌：刑集21巻10号1369頁、判時510号3頁、判タ218号93頁、金法503号25頁

概　要　本判決は、払込みの仮装行為としての預合いが成立するための実質的基準について明確化したものである。

事実関係　A株式会社の取締役であったY₁は、2,750万円の増資に際して、引受申込額との差額分につき、その払込取扱銀行であるB銀行のC支店長Y₂と通謀し、株金の払込みを仮装することを企てた（❶）。まず、A会社の増資手続の完了後に直ちに返済するという約束の下に、B銀行C支店からA会社に770万円の貸付が、A会社の代表取締役D個人に1,500万円の貸付けがされた（❷）。ただ、実際にはA会社の口座に振替記帳されただけで金銭の授受はなかった（❸）。その後Y₁は、Y₂から2,750万円の株金払込金保管証明書の交付を受け、増資手続が完了した翌日に、B銀行に対して、A会社およびD個人の借入金を同保管金から返済した（❹）。この過程で、A会社の借入れ分は新株引受人である同社の従業員等が以前から会社に対して有していた債権の弁済にあてられ、従業員等はこの弁済金に会社からの貸付金を加えて本件払込金に充当するという帳簿処理がなされていた。

判決要旨　破棄差戻し。「思うに、形式的に帳簿上の操作をすることによって容易に払込の仮装が行われうることにかんがみると、払込が実質的になされたか否かについてはきわめて慎重に審理することを要し、帳簿上の操作に惑わされるべきでないことはもちろんであるが、しかし、株式引受人の会社に対する債権が真実に存在し、かつ会社にこれを弁済する資力がある場合には、右弁護人主張のような態様の払込方法をとったとしても、資本充実の原則に反するものではなく、株金払込仮装行為とはいえないから、商法491条の預合罪および応預合罪にあたらないものと解するのを相当とする。」「本件会社が本件銀行から借り受けた770万円は、会社に対する従業員らの債権637万円とDの債権約102万5千円の各弁済にあてられ、従業員らおよびDは、右弁済を受けた金員に会社か

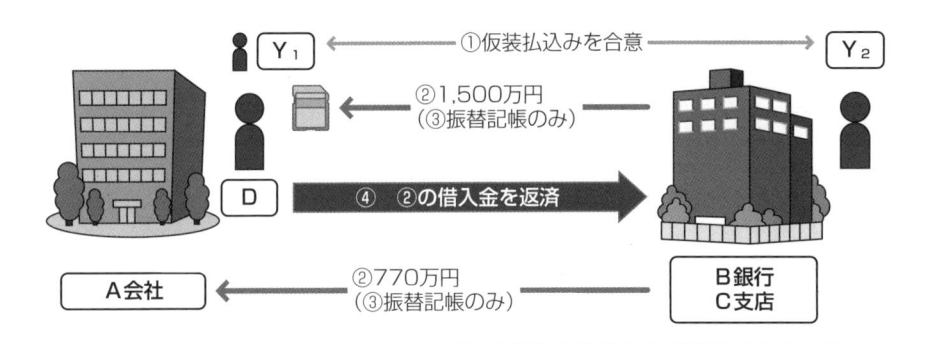

```
        ①仮装払込みを合意
Y₁ ←――――――――――――→ Y₂

       ②1,500万円
D ← ――――――――
       (③振替記帳のみ)

D ――――④ ②の借入金を返済――――→ B銀行C支店

A会社 ← ②770万円 (③振替記帳のみ) ―― B銀行C支店
```

らの貸付金を加えて本件払込金にあてる方法によりその払込の一部をなしていることが証拠上うかがわれるので、原審としては、当時従業員らおよびDが会社に対して真実右の債権をもっていたかどうか、また会社がその弁済の資力をもっていたかどうかなどの事実を調べたうえ本件を処理すべきであったのに、これらの事実を確定することなく、本件払込金全額につき預合罪および応預合罪が成立するとして第一審判決を維持したのは、法令の解釈を誤った結果審理を尽くさなかったもので、原判決を破棄しなければ著しく正義に反するものと認める。」。

本判決の位置づけ・射程範囲

払込みを仮装する形態は、預合いと見せ金とに大別され、預合いについては、罰則規定（会社965条、改正前商491条）が置かれている。この刑事責任上の預合いの意義について、最高裁は、少なくとも取締役・発起人が払込みを仮装するために払込取扱機関の役職員と通謀することを要するとしてきた（最決昭和35・6・21 関連判例、最決昭和36・3・28 関連判例）。この立場は、これをさらに厳格に解する立場（狭義説：取締役等が払込取扱機関に借入金を返済するまでは払込金を引き出さない旨を約束する場合に限定）と取締役等が払込みを仮装する一切の行為と解する立場（広義説：通謀の要件まで外す）との中間的な立場（中間説）であり、学説でも多数説になっている。本判決も中間説を前提とするとみられるが、本件における争点は仮装の払込みがあったといえるかである。判旨は、「払込が実質的になされたか否かについてはきわめて慎重に審理することを要し、帳簿上の操作に惑わされるべきでない」としたうえ、増資手続完了後ただちに返済する約束の下に、会社が払込取扱機関から借入れをして、株式引受人に対する債務を弁済し、株式引受人がこの弁済金を払込金に充当するという本件での払込方法につき、株式引受人の会社に対する債権が真実に存在し、かつ、会社にこれを弁済する資力がある場合には、預合罪・応預合罪は成立しないとしている。

さらに理解を深める 会社法百選98事件〔荒谷裕子〕最判解刑事篇昭和42年度381頁〔鬼塚賢太郎〕、商判5版Ⅰ-168事件、判例講義2版12事件、江頭4版80頁、神田15版51頁、会社法コンメ⑵121頁〔佐伯仁志〕 **関連判例** 最決昭和35・6・21刑集14巻8号981頁、最決昭和36・3・28刑集15巻3号590頁

第3章　刑事事件

155　見せ金と公正証書原本不実記載罪

最高裁平成3年2月28日第三小法廷決定
　事件名等：昭和62年（あ）第1283号公正証書原本不実記載、同行使、詐欺被告事件
　掲載誌：刑集45巻2号77頁、判時1379号141頁、判タ753号87頁

概要　本決定は、仮装の払込みによる増資について公正証書原本不実記載罪の成立を認めたものである。

事実関係　株式会社A₁は第三者割当増資の方法により新株発行をした。その払込みは下記の方法を含んでいたところ、同社の代表取締役Yらがした同社の発行済株式総数が増加した旨の登記申請が公正証書原本不実記載罪に当たるとして、公訴が提起された。

　1　A₁社は、A₁社振出の額面3億円および2億円の手形2通をB会社に交付し、B会社はP信用金庫支店で割引きを受け、割引金のうち3億円をA₁社に交付し、A₂社は、これをA₁社から借り受け、申込証拠金としてQ銀行支店のA₁社の別段預金口座に入金した。A₁社は株式払込金保管証明書を取得した後、上記3億円について右口座から当座預金口座に振り替えたうえ、上記額面3億円の手形の決済にあてていた。

　2　C会社はA₁社の連帯保証の下にD会社から10億円を借り受け、申込証拠金としてR銀行支店のA₁社の別段預金口座に入金し、A₁社は同支店から株式払込金保管証明書を取得した後、上記10億円を右口座から普通預金口座に振り替え、C会社のD会社に対する右10億円の借入金債務の代位弁済にあてていた。

　3　A₁社は前記1のB会社名義の2億円の通知預金証明書を担保に提供し、A₂社がD会社の代表取締役M個人から2億円を借り受け、2と同様にして、A₁社は、申込証拠金として払い込まれた2億円をA₂社のMに対する右2億円の借入金債務の代位弁済にあてていた。

　4　A₂社は、Q銀行の連帯保証の下にS保険株式会社から1億円を借り受け、申込証拠金としてQ銀行支店のA₁社の別段預金口座に入金し、A₁社は、同支店から株式払込金保管証明書を取得した後、上記1億円を右口座から普通預金口座に振り替えたうえ、小切手で引き出してただちに同支店の定期預金に預け入れ、これにQ銀行の質権が設定された。

決定要旨　上告棄却。「右1ないし3の各払込みは、いずれもA₁会社の主導の下に行われ、当初から真実の株式の払込みとして会社資金を確保させる意図はなく、名目的な引受人がA₁会社自身あるいは他から短期間借り入れ

た金員をもって単に払込みの外形を整えた後、A_1会社において直ちに右払込金を払い戻し、貸付資金捻出のために使用した手形の決済あるいは借入金への代位弁済に充てたものであり、右4の払込みも、同様の意図に基づく仮装の払込みであって、A_1会社名義の定期預金債権が成立したとはいえ、これに質権が設定されたため、A_2会社がS保険に対する借入金債務を弁済しない限り、A_1会社においてこれを会社資金として使用することができない状態にあったものであるというのであるから、1ないし4の各払込みは、いずれも株式の払込みとしての効力を有しないものといわなければならない……。もっとも、本件の場合、A_1会社がC会社に対する10億円及びA_2会社に対する5億円の各債権並びに1億円の定期預金債権を有している点で典型的ないわゆる見せ金による払込みの場合とは異なるが、右各債権は、当時実質的には全く名目的な債権であったとみるべきであり、また、右定期預金債権は、これに質権が設定されているところ、A_2会社においてS保険に債務を弁済する能力がなかったのであるから、これまたA_1会社の実質的な資産であると評価することができないものである。したがって、公正証書原本不実記載の罪の成立を認めた原判決の判断は正当である。」

本決定の位置づけ・射程範囲

見せ金の典型的な方法は、発起人・取締役等が払込取扱機関以外の者から借入れをして払込みにあて、会社成立後または募集新株の発行後に、ただちにこれを引き出して借入金の弁済をなすというものである。最高裁の裁判例においてすでに、このような株式払込みは仮装の払込みとして無効であり（最判昭和38・12・6 [関連判例]〔預合いと見せ金の中間形態〕）、また、これに基づいてされた設立または増資の登記は、「発行済株式の総数」（会社911条3項9号）につき公正証書原本不実記載罪を構成するとされている（最決昭和40・6・24 [関連判例]、最判昭和41・10・11 [関連判例] 等）。本決定も、これらの最高裁の考え方に従うものであるが、本件においては、会社は払込人に対する債権を取得し、また自己名義の定期預金を有している。仮装の払込みに当たるか否かは実質的に判断されるべきところ（最判昭和42・12・14 [本書154事件]）、本決定は、各債権は、当時実質的にはまったく名目的な債権であったとみるべきであり、また、定期預金債権は、これに質権が設定されていて、当該質権にかかる借入金債務が弁済されない限り会社資金として使用することができない状態にあったところ、その弁済の見込みはなく、会社の実質的な資産であると評価することはできないとしたものであり、仮装の払込みに当たるかどうかの認定についての事例判断として意義がある。

さらに理解を深める　会社法百選2版102事件〔林竧〕 商判5版Ⅰ-169事件、判例講義2版11事件、江頭4版80頁、神田15版51頁、会社法コンメ(21)121頁〔佐伯仁志〕　[関連判例]　最判昭和38・12・6民集17巻12号1633頁、最決昭和40・6・24刑集19巻4号469頁、最判昭和41・10・11刑集20巻8号817頁

第3章 刑事事件

156 総会屋に対する贈収賄罪の成立

最高裁昭和44年10月16日第一小法廷決定
　事件名等：昭和42年（あ）第3003号商法違反、業務上横領被告事件
　掲 載 誌：刑集23巻10号1359頁、判時572号3頁、判タ241号176頁、
　　　　　　金判184号5頁

概　要　本決定は、会社役員等が経営上の不正や失策の追及を免れるため、株主総会における公正な発言または公正な議決権の行使を妨げることを株主に依頼してこれに財産上の利益を供与することは、改正前商法494条（会社968条）にいう「不正ノ請託」に当たるとしたものである。

事実関係　電機メーカーであるA株式会社は、新型カラーテレビ受像機開発により世上の注目を集め、株価が急騰したものの、やがて開発の裏舞台における各種疑惑が取りざたされるところとなり、株価は反落に向かう一方、定時株主総会は大荒れになることが予想された（❶）。そこでA会社は、いわゆる総会屋である株主Y_1・Y_2に議事進行の協力を依頼し（❷）、2回の株主総会はそれぞれおおむね大きな混乱なく閉会した（❸）。なお、上記依頼に関して、Y_1およびY_2は、Y_3（A会社副社長）、Y_4（A会社常務取締役）およびY_5（A会社取締役）から各株主総会の前に接待を受け、総会のとりまとめを了承していた（❹）。また、Y_3らは、その謝礼としてY_1・Y_2に対し、直接にあるいは人を介して合計58万円の金員を供与した（❺）。これが改正前商法494条（会社968条）1項・2項にいう株主総会における株主の発言または議決権の行使に関し「不正の請託」を受けてなされた財産上の利益の収受・供与に当たるとしてY_1～Y_5につき公訴が提起された。

決定要旨　上告棄却。「株主は個人的利益のため株式を有しているにしても、株式会社自体は株主とは異なる別個の存在として独自の利益を有するものであるから、株式会社の利益を擁護し、それが侵害されないためには、株主総会において株主による討議が公正に行なわれ、決議が公正に成立すべきことが要請されるのである。したがって、会社役員等が経営上の不正や失策の追及を免れるため、株主総会における公正な発言または公正な議決権の行使を妨げることを株主に依頼してこれに財産上の利益を供与することは、商法494条にいう『不正の請託』に該当するものと解すべきである。本件において、原判決認定のごとく、株式会社の役員に会社の新製品開発に関する経営上の失策があり、来

① 株主総会
大荒れの予想

② 議事進行の協力依頼

Y₁・Y₂

③ 混乱なく閉会

A会社

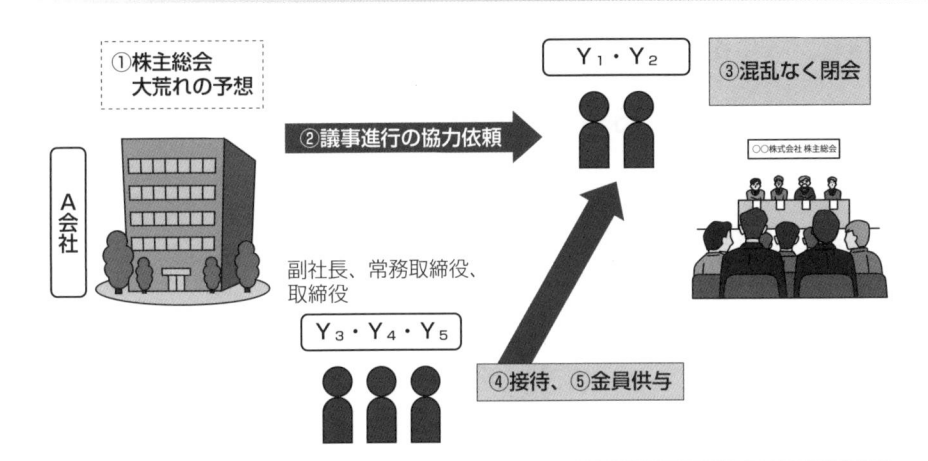

副社長、常務取締役、取締役

Y₃・Y₄・Y₅

④ 接待、⑤ 金員供与

べき株主総会において株主からその責任追及が行なわれることが予想されているときに、右会社の役員が、いわゆる総会屋たる株主またはその代理人に報酬を与え、総会の席上他の一般株主の発言を押えて、議案を会社原案のとおり成立させるよう議事進行をはかることを依頼することは、右法条の『不正の請託』にあたるとした原判断は相当である。」

本決定の位置づけ・射程範囲

本決定は、会社法968条（改正前商494条）が定める株主等の権利の行使に関する贈収賄罪の成立を認めた初めての最高裁決定であり、同条にいう「不正の請託」の意義について判断を示したものとして意義がある。本決定は、同条の保護法益に関して、株式会社自体は株主とは異なる別個の存在として独自に利益を有することを指摘し、株主総会において株主による討議が公正に行われ、決議が公正に成立すべきことが要請されると述べる。本決定の原審（東京高判昭和42・10・17〔関連判例〕）は株主権行使の公正保持を重視し、その立場では、株主権の濫用的な行使・不行使について財産上の利益の収受さえあれば同条違反になるというように、適用範囲の拡大につながる傾向が指摘される。これに対し本決定は、会社の利益の擁護を強調したものであり、会社役員等が経営上の不正や失策の追及を免れるため、一般株主の発言等を妨害するという不正目的の認められる事案において「不正の請託」を認めたにすぎない。

なお、こうした「不正の請託」の要件のため、会社法968条の適用は困難であり、総会屋対策の罰則として有効とはいえず、昭和56年改正商法において、株主権の行使に関する利益供与を禁止する規定（会社120条・970条に相当）が設けられるに至っている。

さらに理解を深める　**会社法百選2版103事件〔菊地雄介〕**最判解刑事篇昭和44年度375頁〔海老原震一〕、商判5版Ⅰ-170事件、弥永・重要判例3版222事件、判例講義2版48事件、江頭4版330頁、神田15版177頁、会社法コンメ(21)137頁〔佐伯仁志〕　〔関連判例〕　東京高判昭和42・10・17高刑集20巻5号643頁〔本件原審〕

第4章 持分会社

157 債権者による退社予告

最高裁昭和49年12月20日第二小法廷判決
　事件名等：昭和47年（オ）第496号家賃金請求上告事件
　掲載誌：判時768号101頁、金判439号6頁、金法744号26頁

概要　本判決は、社員の持分を差し押さえた債権者のなした退社予告の効力は、強制執行停止決定によって左右されないが、その社員が差押えにかかる債務についてした供託が弁済供託としての効力を有するときは、退社予告はその効力を失うとしたものである。

事実関係　X会社（賃貸人）は、Aを代表社員とする合名会社であり、Y（賃借人）との間で家屋の賃貸借契約を締結していた（❶）。X会社はYに対して未払賃料および遅延損害金の支払を求めて訴えを提起し、第1審はX会社の主張を認容した（❷）。Yは控訴審において、AがX会社を代表する権限を有しないとし（代表社員就任につき、下記Bの承認がないことを理由とする）、次のような主張をした（❸）。

(1) AはX会社の社員であるBに対する扶養料請求債権をもってBのX会社持分を差し押さえ、退社予告をしていたものの、強制執行停止決定がされているから、Bは依然としてX会社の社員である（❹）。

(2) (1)の退社予告に対してBは金銭を名古屋法務局に供託していたため、Bは依然としてX会社社員である（❺）。原審もYを敗訴させたため、Yより上告。

判決要旨　破棄差戻し。「おもうに、商法91条1項により社員の持分を差し押えた債権者のなす強制退社予告の効力は、右差押えに対する強制執行停止決定によって左右されるものとはいえず、また、同条2項所定の強制退社予告の効力を失わせる相当の担保を供したときとは、差押債権者との間で、担保物権を設定し、又は保証契約を締結した場合をいい、差押債権者の承諾を伴わない担保物権設定又は保証契約締結の単なる申込みは、右担保の供与にはあたらないと解するのが相当である。しかしながら、持分を差し押えられた社員が債務を弁済すれば退社予告の効力を失うことは、同条項の明らかに定めるところであり、したがってBが昭和34年12月28日本件差押えにかかる債務についてした所論の供託が弁済供託としての効力を有するときは、退社予告はその効力を失い、ひいてはAのX会社代表社員としての資格が否定される結果ともなるのであるから、原

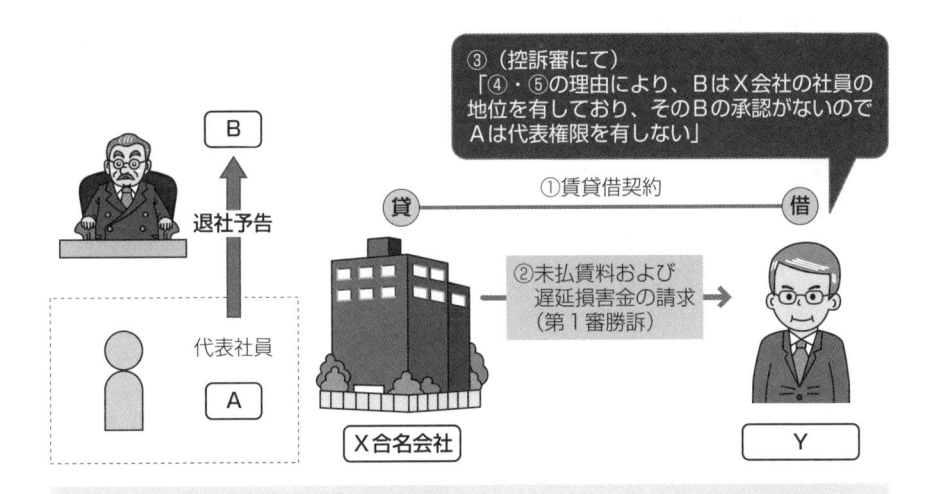

③（控訴審にて）
「④・⑤の理由により、BはX会社の社員の地位を有しており、そのBの承認がないのでAは代表権限を有しない」

B ← 退社予告

代表社員 A

X合名会社 貸 ①賃貸借契約 借 Y

②未払賃料および遅延損害金の請求
（第1審勝訴）

審としては、右の点につき当事者に対して主張立証をうながすなど審理を尽くすべきであったにもかかわらず、原判決が、単にX会社の商業登記簿謄本のみによって、当事者間に争いのあるAの代表権限をたやすく認めたことには、審理不尽の違法があるといわなければならず、それが判決の結果に影響を及ぼすことは明らかである。」

本判決の位置づけ・射程範囲

会社法609条1項（改正前商91条1項）によれば、社員の持分を差し押さえた債権者は、予告により社員を退社させることで満足を得ることができる。本判決は、同項に関して、その強制退社予告の効力は、当該差押えに対する強制執行停止の決定によって左右されないとした。6か月前の予告がなされると、事業年度の終了時に、当然に退社の効力が生じる。執行の停止は、たとえ退社の効力が生じ、持分払戻請求権が生じていても、執行機関としては換価手続を続行できないということを意味するにすぎないのである。

会社法609条2項は、強制退社の意思表示の効力を失わせる場合について規定する。同項の「相当の担保を供したとき」は、判旨によると、差押債権者との間で担保物権を設定し、または保証契約を締結した場合に限られ（民301条2項参照）、担保供与の申込みをしても差押債権者の承諾が得られないときは、その承諾に代わるべき判決（民414条2項ただし書）を得る必要が生じる。他方、会社法609条2項が定める弁済については、差押債権者が受領を拒んでも、弁済供託（民494条）を行えば、退社予告の効力を失わせることができる。本件では、退社予告を受けた社員が行った供託が弁済供託に該当するか否かが重要であり、この点を明確にするために原審に差し戻すとの判断がなされている。

さらに理解を深める　**会社法百選2版82事件〔吉見研究〕**　商判5版Ⅰ-171事件、判例講義2版149事件、神田15版292頁

第4章　持分会社

158　同時退社申出と総社員の同意

最高裁昭和40年11月11日第一小法廷判決
　事件名等：昭和38年（オ）第224号土地所有権移転登記手続請求事件
　掲載誌：民集19巻8号1953頁、判時431号44頁、判タ185号84頁

概要　本判決は、合資会社の社員数名が同時退社の申出をした場合には、各退社申出者ごとに、その者を除く他のすべての社員の同意がなければ、総社員の同意があったとはいえないとしたものである。

事実関係　Aは自己に加えて、Y_1・Y_2およびB・Cを社員とするP合資会社を設立し、自己の所有する土地等を含む営業資産を現物出資の目的として提供したが、土地の所有権移転登記は経由されていなかった。その7年後、Y_1・Y_2・Bは総社員の同意を得て退社し、新たにD・Eが入社し、その2日後にA・Cが総社員の同意を得て退社した。このとき、現物出資されていた財産はすべてAに返還された。その後会社再編・組織変更を経てP会社の権利義務を承継したX会社は、Aの相続人であり土地の所有権移転登記を受けたY_1らに対して所有権移転登記手続を求めて訴えを提起した。第1審で敗訴したX会社は、原審において、上記のY_1・Y_2・Bの退社については当該三者間において同意がなく、総社員の同意があったとはいえないことから退社は無効であり、A・Cの退社についてもY_1・Y_2・Bの同意が必要であるからAの退社も無効であると主張したが、原判決は、合資会社の社員数名が同時に退社する場合においては残留する総社員の同意があれば足り、退社員相互間の同意までは要しないとしてAら3名の退社は有効であるとし、X会社の控訴を棄却した。X会社より上告。

判決要旨　破棄差戻し。「退社申出をした社員も退社の効力を生ずるまでは社員たるの地位にあるのであるから、定款をもって、総社員の同意に代え、社員の過半数の同意によって退社できる旨規定したような場合を除き、数人が同時に退社の申出をした場合においても、その退社には各退社申出者自身を除く他のすべての社員の同意を要し、すなわち総社員の同意を要するものと解することが、組合的結合である合資会社の本質に合致するものというべきであり、また、退社後も会社債務について一定の責任（商法147条、93条参照）を負わねばならない各退社員としては、自己と同時に退社する者が誰であるか、逆にいえばいかなる者が残留して、会社の企業維持経営に当たることになるかについて、

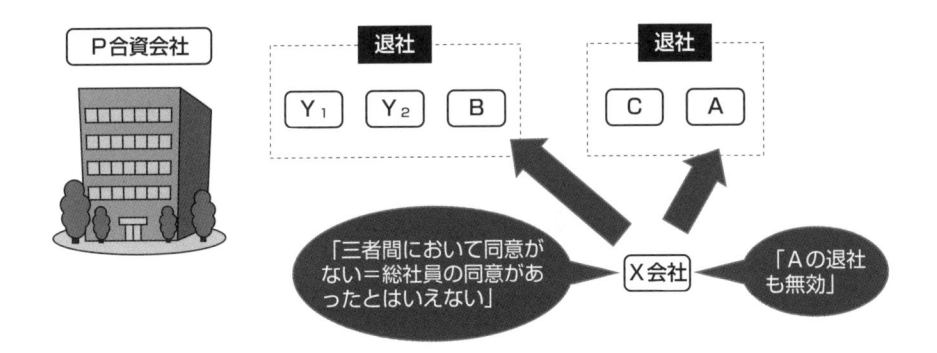

具体的な利害関係を有するから、同時退社の申出者相互間に同意権が留保されていると解することが前記条規の法意に合するものといわねばならない。従つて、原判決の前示法令解釈適用は誤りというのほかなく、右違法は判決に影響を及ぼすこと明らかといわねばならない。……右の点に関する論旨は理由があり、原判決は、その余の上告理由について判断するまでもなく破棄を免れず、所論総社員の同意の有無およびその有無を前提とする判断につき、更に審理を尽くさせるため、本件を原審に差し戻すべきものとする。」

本判決の位置づけ・射程範囲

会社法607条1項2号（改正前商85条2号・147条）は、「総社員の同意」による退社を認めている。同時に複数の社員から退社の申出があった場合における、その規定の適用に関し、残留する総社員の同意があれば足りるとする原審に対し、本判決は、退社申出者ごとにその者を除く他の社員全員の同意が必要であるとしており、この問題についてのリーディングケースと位置づけられる。ただし、本判旨への学説からの批判は強い。

主な批判として、まず、会社法606条が任意退社を認めていることからは、「総社員の同意」は退社自体に向けられたものではなく、告知もなく事業年度の途中で退社されると予定外の事務処理が必要になるので、そのような時機に外れた退社を容認するかどうかに向けられているとの捉え方ができるとし、そうであるとすれば、実質的な利害関係を有するのは、その処理に当たる残存総社員であり、その同意で足りるというべきではないかとされる。また、判旨の第2の根拠についても、退社員は残留社員が誰かに関心をもつとしても、同意権を留保されているというまでの具体的な利害関係はないとされる（退社登記前に生じた会社債務について責任を負うとはいえ、その債務を弁済した場合は各自の負担部分に応じて求償し得ることに留意）。判旨の立場によると、自己の都合で退社を望む者が、他の社員の申出には反対して、その退社を阻止し得る結果を容認することになってしまう。

さらに理解を深める　　会社法百選87事件〔吉川栄一〕最判解民事篇昭和40年度417頁〔安倍正三〕、神田15版292頁、弥永・重要判例3版138事件

第4章　持分会社

159 合資会社の社員の出資義務と持分払戻請求権

最高裁昭和62年1月22日第一小法廷判決
　事件名等：昭和58年（オ）第1562号合資会社退社による持分払戻し請求、同附帯請求事件
　掲載誌：判時1223号136頁、判タ631号130頁、金判764号3頁、金法1152号45頁

概要　本判決は、合資会社の社員の出資義務は会社の請求によりはじめて具体的な債務となるとし、会社からの請求前に退社した場合には、出資義務は社員資格の喪失とともに消滅するとしたうえで、その場合、持分払戻請求権も成立しないとしたものである。

事実関係　Xら4名は、昭和44年8月6日に設立されたY合資会社の有限責任社員であった（❶）。Xら4名の出資の目的はY会社の定款により金銭とされ、その価額は、Xら4名のそれぞれについて個別に定められており（❷）、Y会社の上記定款および登記簿上、Xら4名の前記各金銭出資義務は全部履行されたことになっていたものの、Xら4名が上記出資額に相当する金銭を現実にY会社に支払ったことはなかった（❸）。また、Y会社の定款または総社員の同意によって上記金銭出資義務の履行期が定められていたことはなく、Xら4名がその退社前にY会社から右金銭出資義務の履行の請求を受けたこともなかった（❹）。

Xら4名は昭和52年3月31日、Y会社を退社し、Y会社に対して持分の払戻しを求めて訴えを提起した（❺）。第1審は、Xらの出資義務の履行期は到来しており、出資義務が実際には未履行であったとしてもXらは持分の払戻請求権を有するとしてXらの請求を認容したが、原審は、Xらの請求を棄却した。Xらより上告。

判決要旨　上告棄却。「合資会社の社員の金銭出資義務は、定款又は総社員の同意によりその履行期が定められていないときは、会社の請求によりはじめてその履行期が到来し、特定額の給付を目的とする金銭債務として具体化されるものというべきであり、かかる金銭債務となる前の出資義務は社員たる地位と終始すべきものであって、社員が退社して社員たる地位を喪失するときは、出資義務も消滅するに至るというべきであるから、右退社員の合資会社に対する持分払戻請求権は成立しないと解すべきである（大審院昭和15年（オ）第68号同16年5月21日判決・民集20巻12号693頁参照）。」

第3章　持分会社　319

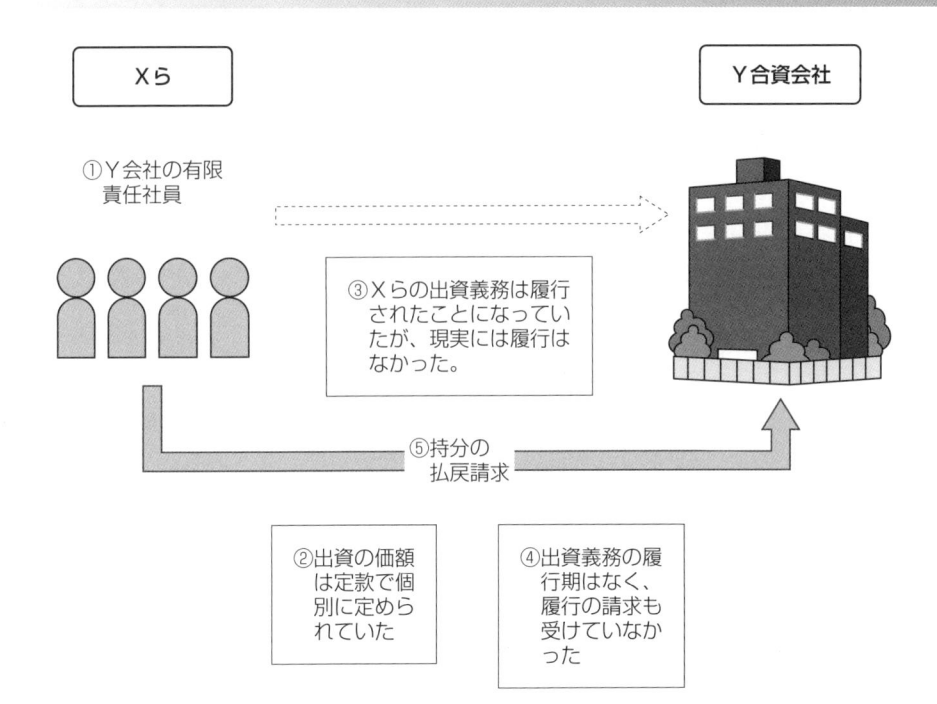

```
[Xら] ────────────────────→ [Y合資会社]
①Y会社の有限責任社員
③Xらの出資義務は履行されたことになっていたが、現実には履行はなかった。
⑤持分の払戻請求
②出資の価額は定款で個別に定められていた
④出資義務の履行期はなく、履行の請求も受けていなかった
```

本判決の位置づけ・射程範囲

　全額出資規制（会社34条１項・63条１項、578条）が採用されている株式会社・合同会社の場合と異なり、合名会社・合資会社の社員は、出資義務を負うものの、会社から出資を求められたときにその義務を履行すればよい。判旨に引用されている連合部判決たる大判昭和16・5・21〔関連判例〕は、その出資義務の履行期がいかに定まるかにつき、特別の定めのない限り、出資義務は会社の請求によりはじめて具体的な債務となるとし、会社からの請求前に退社した場合には、出資義務は社員資格の喪失とともに消滅するとした。本判決はこれに従うとともに、さらに、その場合、持分払戻請求権も成立しないとした。後者の点は、履行期の到来の有無によって持分払戻請求権の成否を判断するのが学説上の多数説であるところ、最高裁としてその立場を採ることを明らかにした初めての判決として意義が認められる。もっとも、本判決に対しては、履行期未到来といっても、その社員の将来の出資の履行を期待できることにより会社に余剰価値が生じることも考えられるため、その限りでは持分払戻請求権を認めるべきではないか等、批判も少なくなく、結論の具体的妥当性と併せ（本事案では、原告らは会社に対し無償で自己の借地の供与や労務の提供を行っている）、議論の余地は残されている。

さらに理解を深める　**会社法百選２版83事件〔大和正史〕**　商判５版Ⅰ－173事件、判例講義２版151事件、神田15版292頁　〔関連判例〕　大判昭和16・5・21民集20巻693頁

第4章　持分会社

160　利益を侵害されている少数派社員による解散請求

最高裁昭和61年 3 月13日第一小法廷判決
　事件名等：昭和56年（オ）第1243号合名会社解散請求事件
　掲 載 誌：民集40巻 2 号229頁、判時1190号115頁、判タ597号31頁、
　　　　　　金判743号 3 頁、金法1128号56頁

概　要　本判決は、最高裁として初めて会社の解散請求を認めたものである。

事実関係　Y会社は合資会社から合名会社に組織変更する際、旧来の目的である土地の売買等に加えて、各種繊維の売買等を追加した。工場が空襲により停止した後、製糸業を営んでいたY会社社員であるAら 3 名は新たにP会社を設立し、Y会社の唯一の財産である土地建物を利用して業務を継続した。Y会社の利益はほとんどないなか、製糸業を継続する社員と廃業する社員との間で深刻な利害対立を生ずるに至ったことから、製糸業を廃業し、P会社の設立にも関与していないY会社の社員Xは、この状況を打開しようとしてさまざまな提案をしたがいずれも採用されなかったため、Y会社の解散請求をした。

　第 1 審、原審ともにXの請求を認容したためY会社より上告。

判決要旨　上告棄却。「合名会社は総社員の利益のために存立する目的的存在であるから、会社の業務が一応困難なく行われているとしても、社員間に多数派と少数派の対立があり、右の業務の執行が多数派社員によって不公正かつ利己的に行われ、その結果少数派社員がいわれのない恒常的な不利益を被っているような場合にも、また、これを打開する手段のない限り、解散事由があるものというべきである。」「打開の手段とは、その困難な事態を解消させることが可能でありさえすれば、いかなる手段でもよいというべきではなく、社員間の信頼関係が破壊されて不和対立が生ずるに至った原因、解散を求める社員又はこれに反対する社員の右原因との係わり合いの度合、会社の業務執行や利益分配が解散を求める社員にとってどの程度不公正・不利益に行われてきたか、その他諸般の事情を考慮して、解散を求める社員とこれに反対する社員の双方にとって公正かつ相当な手段であると認められるものでなければならないと解するのが相当である。」「〔本件では、〕Xの持分払戻請求権が債権として実現するには多大の困難と長い年月を要することが避けられない。しかも、……Y会社の社員間の利

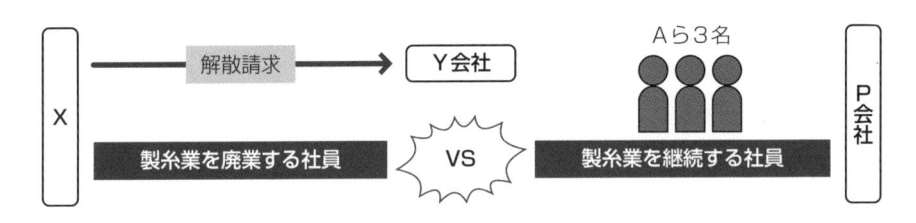

```
┌─┐   解散請求    ┌────┐         Aら3名     ┌─┐
│X│ ─────────→  │Y会社│                    │P│
│ │             └────┘    👤👤👤           │会│
│ │  製糸業を廃業する社員  VS  製糸業を継続する社員  │社│
└─┘                                        └─┘
```

害の対立の原因は、おしなべて製糸業を継続する社員の不公正かつ利己的な行為にあるものというべきであるから、Y会社の社員間に利害の対立が生じたことにつき特段の帰責事由の認められないXに対し、その意思に反する退社の方法を選択させ、かつ、債権としてその実現に問題のある持分払戻請求権を行使することを強いることは、著しく不公正かつ不相当であるというべきである。したがって、Xに対し退社を求めることは、Y会社における社員間の利害の対立によって少数派社員に生じている恒常的な不利益状態を打開する手段として公正かつ相当な手段であるということはできない。……他にY会社の右の現状を打開すべき手段はないのであるから、結局、Y会社には解散事由があるものというべきである。」

本判決の位置づけ・射程範囲

持分会社において「やむを得ない事由」がある場合、各社員には会社解散請求権が認められる（会社833条2項。改正前商112条1項では「已ムコトヲ得ザル事由」）。この解散請求を認容した裁判例は、戦前はかなり多かったが（大判昭和13・10・29 関連判例 等）、戦後は、解散以外の打開策（除名〔改正前商86条1項〕、退社等）があれば、「已ムコトヲ得ザル事由」の存在は否定される傾向にあった（最判昭和33・5・20 関連判例、岐阜地判昭和43・2・24 関連判例 ）。本判決は、会社の解散請求を認めた最初の最高裁判決として重要である。また、その結論のみならず、会社業務の執行が多数派社員によって不公正かつ利己的に行われ、その結果少数派社員がいわれのない恒常的な不利益を被っている場合にも、打開の手段がない限り解散事由があるとするとともに、そこにいう打開の手段は、解散を求める社員とこれに反対する社員の双方にとって公正かつ相当であると認められるものでなければならないとしている点に大きな意義が見出されている。いわれのない不利益・犠牲を受けている少数派に対し、そのような状況の原因を作り出している側（多数派）が退社＝持分払戻請求権行使の選択を強いるということが、公正かつ相当な打開の手段といえないことは明らかであり、このようにして、少数派の有し得べき正当な利益に配慮する立場が示されたものといえる。

さらに理解を深める　**会社法百選2版84事件〔土橋正〕**　最判解民事篇昭和61年度105頁〔塚原朋一〕、商判5版Ⅰ－172事件、弥永・重要判例3版139事件、判例講義2版150事件、神田15版285頁　関連判例　大判昭和13・10・29大審院判決全集5輯1122頁、最判昭和33・5・20民集12巻7号1077頁、岐阜地判昭和43・2・24下民集19巻1＝2号97頁

会社法判例インデックス　年月日順索引

＊本書に掲載した160件について年月日順に掲載する。
〔　〕内は本書の事件番号を示す。

大　　判	昭和 2 ・ 7 ・ 4	民集 6 巻428頁〔 8 〕	16
大　　判	昭和 3 ・11・28	民集 7 巻1008頁〔137〕	274
大　　判	昭和 7 ・ 4 ・30	民集11巻706頁〔136〕	272
最 二 判	昭和27・ 2 ・15	民集 6 巻 2 号77頁〔 1 〕	2
最 一 判	昭和30・10・20	民集 9 巻11号1657頁〔21〕	42
最 二 判	昭和33・10・24	民集12巻14号3228頁〔 6 〕	12
最 一 判	昭和35・ 9 ・15	民集14巻11号2146頁〔25〕	50
最 二 判	昭和35・12・ 9	民集14巻13号2994頁〔 5 〕	10
最 一 判	昭和38・ 9 ・ 5	民集17巻 8 号909頁〔89〕	178
最 二 判	昭和38・12・ 6	民集17巻12号1633頁〔10〕	20
最 二 判	昭和39・12・11	民集18巻10号2143頁〔101〕	202
最 大 判	昭和40・ 9 ・22	民集19巻 6 号1600頁〔140〕	280
最 三 判	昭和40・ 9 ・22	民集19巻 6 号1656頁〔88〕	176
最 一 判	昭和40・11・11	民集19巻 8 号1953頁〔158〕	316
最 三 判	昭和40・11・16	民集19巻 8 号1970頁〔27〕	54
最 三 判	昭和41・12・23	民集20巻10号2227頁〔 9 〕	18
最 一 判	昭和42・ 9 ・28	民集21巻 7 号1970頁〔75〕	150
最 二 判	昭和42・11・17	民集21巻 9 号2448頁〔12〕	24
最 一 判	昭和42・12・14	刑集21巻10号1369頁〔154〕	308
最 二 判	昭和43・11・ 1	民集22巻12号2402頁〔66〕	132
最 大 判	昭和43・12・25	民集22巻13号3511頁〔97〕	194
最 一 判	昭和44・ 2 ・27	民集23巻 2 号511頁〔 3 〕	6
最 二 判	昭和44・ 3 ・28	民集23巻 3 号645頁〔109〕	218
最 一 決	昭和44・10・16	刑集23巻10号1359頁〔156〕	312
最 大 判	昭和44・11・26	民集23巻11号2150頁〔123〕	246
最 三 判	昭和44・12・ 2	民集23巻12号2396頁〔108〕	216
仙台地判	昭和45・ 3 ・26	金判211号17頁〔 4 〕	8
最 一 判	昭和45・ 4 ・ 2	民集24巻 4 号223頁〔78〕	156
最 大 判	昭和45・ 6 ・24	民集24巻 6 号625頁〔 2 〕	4
最 大 判	昭和45・ 7 ・15	民集24巻 7 号804頁〔13〕	26
最 二 判	昭和45・11・ 6	民集24巻12号1744頁〔86〕	172
最 三 判	昭和45・11・24	民集24巻12号1963頁〔18〕	36
最 一 判	昭和46・ 3 ・18	民集25巻 2 号183頁〔80〕	160

最 一 判	昭和46・6・24	民集25巻4号596頁〔63〕··················	126
最 二 判	昭和46・7・16	判時641号97頁〔41〕······················	82
最 大 判	昭和46・10・13	民集25巻7号900頁〔96〕··················	192
最 一 判	昭和47・6・15	民集26巻5号984頁〔126〕·················	252
最 大 判	昭和47・11・8	民集26巻9号1489頁〔28〕··················	56
最 三 判	昭和48・5・22	民集27巻5号655頁〔124〕·················	248
最 二 判	昭和48・6・15	民集27巻6号700頁〔30〕···················	60
東京高判	昭和48・7・27	判時715号100頁〔46〕·····················	92
最 一 判	昭和49・9・26	民集28巻6号1306頁〔95〕·················	190
最 二 判	昭和49・12・20	判時768号101頁〔157〕···················	314
最 三 判	昭和50・4・8	民集29巻4号350頁〔45〕···················	90
最 二 判	昭和50・6・27	民集29巻6号879頁〔87〕··················	174
最 二 判	昭和51・12・24	民集30巻11号1076頁〔77〕·················	154
最 二 判	昭和52・10・14	民集31巻6号825頁〔90〕··················	180
最 三 判	昭和52・11・8	民集31巻6号847頁〔23〕···················	46
最 一 判	昭和53・7・10	民集32巻5号888頁〔81〕··················	162
最 二 判	昭和54・11・16	民集33巻7号709頁〔83〕··················	166
大阪高決	昭和55・6・9	判タ427号178頁〔98〕····················	196
東京地判	昭和56・3・26	判時1015号27頁〔92〕····················	184
東京高判	昭和56・3・30	高民集34巻1号11頁〔37〕···················	74
最 二 判	昭和56・4・24	判時1001号110頁〔91〕···················	182
最 一 判	昭和57・1・21	判時1037号129頁〔85〕···················	170
最 三 判	昭和58・6・7	民集37巻5号517頁〔79〕··················	158
名古屋高判	昭和58・7・1	判時1096号134頁〔128〕··················	256
東京地決	昭和58・10・11	下民集34巻9〜12号968頁〔142〕·············	284
大阪高決	昭和58・10・27	高民集36巻3号250頁〔68〕·················	136
最 一 判	昭和60・3・7	民集39巻2号107頁〔24〕···················	48
最 二 判	昭和60・12・20	民集39巻8号1869頁〔62〕·················	124
最 三 判	昭和61・2・18	民集40巻1号32頁〔130〕··················	260
東京高判	昭和61・2・19	判時1207号120頁〔69〕···················	138
最 一 判	昭和61・3・13	民集40巻2号229頁〔160〕·················	320
最 一 判	昭和61・9・11	判時1215号125頁〔7〕·····················	14
最 一 判	昭和62・1・22	判時1223号136頁〔159〕··················	318
最 一 判	昭和62・4・16	判時1248号127頁〔127〕··················	254
最 三 判	昭和63・3・15	判時1273号124頁〔31〕····················	62
東京地判	平成元・7・18	判時1349号148頁〔141〕··················	282
東京地決	平成元・7・25	判時1317号28頁〔47〕····················	94
東京高判	平成元・10・26	金判835号23頁〔93〕·····················	186
東京高判	平成2・1・31	資料版商事77号193頁〔147〕················	294
高松高判	平成2・4・11	金判859号3頁〔20〕······················	40
最 三 判	平成2・4・17	民集44巻3号526頁〔82〕··················	164
最 三 判	平成2・12・4	民集44巻9号1165頁〔17〕···················	34
最 三 決	平成3・2・28	刑集45巻2号77頁〔155〕··················	310

横浜地判	平成 3・4・19	判時1397号114頁〔132〕………………	264
最 二 判	平成 4・12・18	民集46巻 9 号3006頁〔102〕……………	204
最 三 判	平成 5・3・30	民集47巻 4 号3439頁〔29〕………………	58
最 一 判	平成 5・9・9	民集47巻 7 号4814頁〔38〕………………	76
最 一 判	平成 5・12・16	民集47巻10号5423頁〔50〕………………	100
最 一 判	平成 6・1・20	民集48巻 1 号 1 頁〔106〕………………	212
最 一 判	平成 6・7・14	判時1512号178頁〔51〕…………………	102
東京高決	平成 7・2・20	判タ895号252頁〔122〕…………………	244
最 三 判	平成 7・4・25	集民175号91頁〔36〕……………………	72
東京地判	平成 8・6・20	判時1572号27頁〔118〕…………………	236
最 三 判	平成 8・11・12	判時1598号152頁〔72〕…………………	144
最 三 判	平成 9・1・28	民集51巻 1 号71頁〔42〕…………………	84
最 三 判	平成 9・1・28	判時1599号139頁〔15〕…………………	30
札幌高判	平成 9・1・28	資料版商事155号107頁〔65〕……………	130
最 一 判	平成10・11・26	金判1066号18頁〔61〕……………………	122
東京高判	平成11・3・25	判時1686号33頁〔99〕……………………	198
浦和地判	平成11・8・6	判タ1032号238頁〔64〕…………………	128
最 三 判	平成11・12・14	判時1699号156頁〔14〕…………………	28
神戸地尼崎支判	平成12・3・28	判タ1028号288頁〔67〕…………………	134
奈良地判	平成12・3・29	判タ1029号299頁〔71〕…………………	142
大阪地判	平成12・5・31	判時1742号141頁〔146〕…………………	292
最 二 判	平成12・7・7	民集54巻 6 号1767頁〔114〕……………	228
東京地判	平成12・7・27	判タ1056号246頁〔52〕…………………	104
大阪地判	平成12・9・20	判時1721号 3 頁〔115〕…………………	230
東京地判	平成13・1・25	判時1760号144頁〔117〕…………………	234
最 一 決	平成13・1・30	民集55巻 1 号30頁〔121〕………………	242
東京地判	平成14・2・21	判時1789号157頁〔73〕…………………	146
東京高判	平成15・1・30	判時1824号127頁〔44〕…………………	88
最 二 判	平成15・2・21	金判1165号13頁〔138〕…………………	276
最 二 判	平成15・2・21	金判1180号29頁〔100〕…………………	200
大阪地判	平成15・3・5	判時1833号146頁〔39〕…………………	78
東京地判	平成15・10・10	金判1178号 2 頁〔11〕……………………	22
東京地判	平成16・5・13	金判1198号18頁〔70〕……………………	140
東京地決	平成16・6・1	判時1873号159頁〔49〕…………………	98
最 一 判	平成16・7・1	民集58巻 5 号1214頁〔133〕……………	266
東京高決	平成16・8・4	金判1201号 4 頁〔48〕……………………	96
最 三 決	平成16・8・30	民集58巻 6 号1763頁〔152〕……………	304
東京地判	平成16・9・28	判時1886号111頁①事件〔110〕…………	220
名古屋地判	平成16・10・29	判時1881号122頁〔148〕…………………	296
高知地判	平成16・12・24	資料版商事251号208頁〔54〕……………	108
東京高判	平成17・1・18	金判1209号10頁〔125〕…………………	250
最 三 判	平成17・2・15	金判1218号45頁〔104〕…………………	208
東京高決	平成17・3・23	高民集58巻 1 号39頁〔57〕………………	114

東京高決	平成17・6・15	判時1900号156頁〔59〕	118
東京地決	平成17・7・29	判時1909号87頁〔40〕	80
東京地判	平成18・1・17	判時1920号136頁〔153〕	306
大阪地判	平成18・2・23	判時1939号149頁〔129〕	258
最二判	平成18・4・10	民集60巻4号1273頁〔19〕	38
大阪高判	平成18・6・9	判時1979号115頁〔113〕	226
東京地決	平成18・6・30	判タ1220号110頁〔55〕	110
最一決	平成18・9・28	民集60巻7号2634頁〔53〕	106
最一判	平成19・3・8	民集61巻2号479頁〔26〕	52
最二決	平成19・8・7	民集61巻5号2215頁〔58〕	116
東京地判	平成19・9・20	判時1985号140頁〔134〕	268
東京地決	平成19・11・12	金判1281号52頁〔139〕	278
東京地判	平成19・12・6	判タ1258号69頁〔74〕	148
最二判	平成20・1・28	民集62巻1号128頁〔119〕	238
最二判	平成20・1・28	判時1997号148頁〔112〕	224
名古屋地一宮支判	平成20・3・26	金判1297号75頁〔22〕	44
名古屋高判	平成20・4・17	金判1325号47頁〔94〕	188
最三判	平成20・6・10	判時2014号150頁〔149〕	298
東京高決	平成20・6・12	金判1295号12頁〔60〕	120
最二判	平成20・7・18	刑集62巻7号2101頁〔131〕	262
大阪高判	平成20・11・28	判時2037号137頁〔16〕	32
最一決	平成21・1・15	民集63巻1号1頁〔135〕	270
最三判	平成21・2・17	判時2038号144頁〔35〕	70
最三判	平成21・3・10	民集63巻3号361頁〔120〕	240
東京地決	平成21・3・31	判時2040号135頁〔143〕	286
最二判	平成21・4・17	民集63巻4号535頁〔107〕	214
最二判	平成21・4・17	判時2044号74頁〔84〕	168
広島地決	平成21・4・22	金判1320号49頁〔32〕	64
最三決	平成21・5・29	金判1326号35頁〔33〕	66
最一判	平成21・7・9	判時2055号147頁〔116〕	232
横浜地判	平成21・10・16	判時2092号148頁〔43〕	86
最二判	平成21・12・18	判時2068号151頁〔105〕	210
最三判	平成22・3・16	判時2078号155頁〔103〕	206
東京高判	平成22・7・7	判時2095号128頁〔76〕	152
最一判	平成22・7・15	判時2091号90頁〔111〕	222
最三決	平成22・12・7	民集64巻8号2003頁〔34〕	68
東京高判	平成23・1・26	金判1363号30頁〔151〕	302
最三決	平成23・4・19	民集65巻3号1311頁〔144〕	288
最二決	平成24・2・29	民集66巻3号1784頁〔145〕	290
最三判	平成24・4・24	民集66巻6号2908頁〔56〕	112
最二判	平成24・10・12	民集66巻10号3311頁〔150〕	300

● 著者紹介

野田　博（のだ・ひろし）
　　　一橋大学大学院法学研究科教授

＜主な著作＞『会社法の現代的課題』（共編著）（法政大学出版局、2004）、『ビジネス法務大系Ⅲ　企業金融手法の多様化と法』（共編著）（日本評論社、2008）、「コーポレート・ガバナンスにおける法と社会規範についての一考察」中山信弘編集代表＝神田秀樹編『市場取引とソフトロー』（有斐閣、2009）、『川村正幸先生退職記念・会社法・金融法の新展開』（共編著）（中央経済社、2009）、『ポイントレクチャー会社法』（共著）（有斐閣、2009）、『会社法の実践的課題』（共編著）（法政大学出版局、2011）、「CSRと会社法」江頭憲治郎編『株式会社法大系』（有斐閣、2013）

会社法判例インデックス

2013年11月16日　初版第1刷発行

著　者　　野　田　　　博
発行者　　藤　本　眞　三
発行所　　株式会社　商 事 法 務
　　　　　〒103-0025　東京都中央区日本橋茅場町3-9-10
　　　　　TEL 03-5614-5643・FAX 03-3664-8844〔営業部〕
　　　　　TEL 03-5614-5649〔書籍出版部〕
　　　　　　　　http://www.shojihomu.co.jp/

落丁・乱丁本はお取り替えいたします。　印刷／そうめいコミュニケーションプリンティング
©2013 Hiroshi Noda　　　　　　　　　　　　　　　　　Printed in Japan
　　　　　　　　　　　Shojihomu Co., Ltd.
ISBN978-4-7857-2134-3
＊定価はカバーに表示してあります。